Schriftenreihe

EUB

Erziehung - Unterricht - Bildung

Band 79

ISSN 0945-487X

In der Schriftenreihe *EUB* werden neue Erkenntnisse aus dem
Bereich Erziehung, Unterricht und Bildung veröffentlicht.

Verlag Dr. Kovač

Udo Pfahl

Handlungsorientierung als Ausbildungsprinzip

- dargestellt am Beispiel der Entwicklung einer auftragsorientierten Lernortkooperation im Rahmen von Lernfeldern des Handwerks

Verlag Dr. Kovač

VERLAG DR. KOVAČ

Arnoldstraße 49 · 22763 Hamburg · Tel. 040 - 39 88 80-0 · Fax 040 - 39 88 80-55

Die Deutsche Bibliothek - CIP-Einheitsaufnahme

Pfahl, Udo:
Handlungsorientierung als Ausbildungsprinzip : dargestellt
am Beispiel der Entwicklung einer auftragsorientierten
Lernortkooperation im Rahmen von Lernfeldern
des Handwerks / Udo Pfahl. – Hamburg : Kovač, 2000
(Schriftenreihe Erziehung – Unterricht - Bildung ; Bd. 79)
Zugl.: Hamburg, Univ., Diss., 1999

ISSN 0945-487X
ISBN 3-8300-0106-1

© VERLAG DR. KOVAČ in Hamburg 2000

Für

Maike, Hauke, Anika und Malte

Geleitwort

„10 Jahre handlungsorientierter Unterricht als Projektarbeit [...]" - unter dieser Überschrift hat Udo PFAHL anläßlich der „Hochschultage Berufliche Bildung 94" aufgezeigt, wie sich projektorientierte Sequenzen, innerhalb derer die Auszubildenden selbständiges Planen, Durchführen und Kontrollieren entwickeln können, in den Unterricht integrieren lassen (vgl. Anhang). Vor dem Hintergrund lernfeldstrukturierter, auftragsorientierter Lehrpläne wird in der vorliegenden Arbeit nun die Handlungsorientierung als lernortübergreifendes Ausbildungsprinzip fortgeschrieben und berücksichtigt, gestützt auf eine handlungstheoretische Fundierung. Herausgearbeitet werden Qualitätsmerkmale handlungsorientierten Unterrichts. Sie sind didaktische Leitlinien für den Grad der Handlungsorientierung. Die explizierten Qualitätsmerkmale fördern ein gemeinsames Vorverständnis von Handlungsorientierung. Sie unterstützen die Verständigung zwischen Personen, die einen handlungsorientierten Unterricht auswerten (vgl. 3.2.9). Insbesondere für die Beurteilung der Qualität von Unterricht könnte das ein entscheidender Faktor sein.

Auf der Basis seiner Kompetenz als Handwerksmeister und erfahrener Gewerbelehrer sowie Abteilungsleiter einer Berufsschule bleibt Udo Pfahl nicht bei einem erziehungswissenschaftlich-hermeneutisch hergeleiteten Konzept beruflichen Handlungslernens stehen, sondern verbindet seine wissenschaftliche Kompetenz mit seinen langjährigen, einschlägigen pädagogischen und organisatorischen Erfahrungen an den Lernorten beruflicher Bildung in der Ausformung auch eines unterrichtspraktischen, erprobten Beitrags, der seinen theoretisch hergeleiteten und begründeten Forderungen entspricht. Bezüglich der anstehenden Umsetzung des Lernfeldkonzeptes wird im Anschluß an das Unterrichtsbeispiel ein Planungsraster vorgestellt, das die praktische Arbeit von Lehrerinnen und Lehrern im Schulalltag erleichtern soll.

Zur Schaffung „kooperationsfreundlicher Rahmenbedingungen" enthält die vorliegende Arbeit organisatorische und personell-qualifikatorische Vorschläge für eine Lernortkooperation von Betrieben, überbetrieblichen Einrichtungen und Berufsschulen im Hinblick besonders auf die Ausbildung. Damit verbunden sind Überlegungen, die Weiterbildung bereits im Kontext von Ausbildung mitzudenken.

Prof. Dr. Heinrich Meyer

Institut für Berufs- und Wirtschaftspädagogik der Universität Hamburg

INHALTSVERZEICHNIS

1   Einleitung

*Alles Gescheite mag schon siebenmal gedacht worden sein.
Aber wenn es wieder gedacht wurde, in andrer Zeit und andrer Lage, war es nicht mehr dasselbe.
Nicht nur Dein Denken, sondern vor allem das zu Bedenkende hat sich unterdes geändert.*

Ernst Bloch (08. Juli 1885 - 04. August 1977)

1.1   Ausgangslage

1.1.1   Reformpädagogik - einmal hin und zurück

Für den Wirtschaftsstandort Deutschland ist die Qualifikation der Erwerbstätigen eine zentrale strategische Größe (vgl. ZELLER 1997, S. 16). Diesbezüglich stellen die in den letzten Jahren vollzogenen wirtschaftsstrukturellen, betriebs- und arbeitsorganisatorischen Veränderungen mit immer kürzeren Innovationszyklen in den Betrieben sowie gesellschaftliche Umbrüche hohe und sich dynamisch weiterentwickelnde Anforderungen an die Qualifikation der Belegschaften. Es sind Mitarbeiter gefordert, die diesen Ansprüchen nicht nur genügen, sondern den immer schnelleren Wandel selbst aktiv mitgestalten können, d.h.: *„Die Mitarbeiter von heute müssen selbständig planen und organisieren können, komplexe und vernetzte Systeme verstehen und über ihren eigenen Arbeitsplatz hinaus mitdenken, über eine hohe soziale Kompetenz verfügen und Konflikte konstruktiv bewältigen, qualitäts-, kostenbewußt und kundenorientiert handeln"* (bmb+f 1998, S. 1).

Somit ist ein Richtungswechsel von tayloristisch ausgelegten Konzepten (vgl. TAYLOR 1919; vgl. auch BRAND u.a. 1998, S. 196 ff.; LÜTJENS 1999, S. 30 ff.) zu mehr selbständig planenden, steuernden und kontrollierenden Arbeitsformen zu verzeichnen, verbunden mit mehr Komplexität, der Notwendigkeit zur Kooperation sowie einer Abnahme der standardisierten und routinisierten Handlungen. Bereiche, die früher voneinander isoliert waren, verflechten sich miteinander und sind nicht mehr voneinander separierbar, d.h. es ist ein vernetztes System entstanden. Darum sind Probleme „Systemprobleme" geworden, und die Lösung des einen Problems läßt u.U.

mehrere andere entstehen. Die Merkmale der Handlungssituationen beim Umgang mit solchen Systemen sind Komplexität, Intransparenz, Dynamik, Vernetztheit und Unvollständigkeit oder Falschheit der Kenntnisse über das jeweilige System (vgl. DÖRNER 1992, S. 58 ff.; 1994a, S. 16 ff.; vgl. auch ULRICH/PROBST 1991, S. 57 ff.; VESTER 1993, S. 24 ff.).

Lernen muß daher auf die Bewältigung dieser vernetzten Komplexität gerichtet sein. Hierbei ist nach DÖRNER die bislang herrschende Denktradition des monokausalen Denkens in Wirkungsketten statt in Wirkungsnetzen nicht mehr verträglich mit der Notwendigkeit, „vernetzt" zu denken (vgl. 1994b, S. 23 ff.) - anders ausgedrückt: „*Systemisches Denken bedeutet Denken im Kontext und das impliziert grundsätzlich Entfernung vom Konzept der Kausalität*" (LÜTJENS 1999, S. 134).

Kontextuelles Denken kann sich aber nicht durch parzelliertes Lernen entfalten.

Insofern ist die Berücksichtung der „Ganzheitlichkeit und Wechselwirkung" als didaktisches Prinzip erforderlich (vgl. KÖSEL/DÜRR 1995, S. 252). Unter dieser Maßgabe besteht dann die Möglichkeit, Denken in Kontexten, und das sollte immer auch ein folgenkritisches Denken einschließen, durch „komplexes" Handeln zu entwickeln.

Hierdurch entsteht allerdings für das duale System der Berufsausbildung eine fast paradoxe Situation (vgl. WEINBRENNER 1995, S. 118 f.):
In der Vergangenheit mußten reformpädagogische, d.h. ganzheitliche, schüler-, situations- und problemorientierte Didaktikansätze der „Arbeitsschulpädagogik" durchgesetzt werden bzw. konnten nicht durchgesetzt werden, z.B. gegen ein zentralistisch steuerndes sowie auf Einheitlichkeit bedachtes System der Schuladministration (vgl. hierzu EINSIEDLER u.a. 1978, S. 26) oder gegen die Praxisansprüche einer tayloristisch organisierten Wirtschaft, denn die persönlichkeitsfördernden Erziehungsziele „Selbsttätigkeit" und „Selbständigkeit" kontrastierten in ihrer gegebenen Interferenz (vgl. hierzu PÄTZOLD 1992, S. 19) mit einer Facharbeiterqualifikation, die an eine möglichst korrekte und kritiklose Ausführung vorgeschriebener Arbeitsanweisungen gebunden war (vgl. hierzu ECKERT 1992, S. 59 f.). Gegenwärtig ist die Berufsschule seitens der Wirtschaft dem Vorwurf ausgesetzt, daß die beruflichen Handlungskompetenzen für die neuen Produktionskonzepte und integrierten Arbeitsformen von einem immer noch dem tayloristischen Lernen verhafteten

Schulbetrieb sowie dem traditionellen Unterricht mit seinen sterilen „Frage-Antwort-Ritualen" nicht entwickelt werden können - Fazit: *„Es scheint nunmehr eine einzigartige historische Situation zu bestehen, in der berufliche und betriebliche Lernnotwendigkeiten mit pädagogischen und persönlichkeitsorientierten Bildungsansprüchen übereinstimmen"* (WEINBRENNER 1995, S. 119)[1].

In dem durch die neuen Technologien bzw. veränderten Organisationsformen von Arbeit ausgelösten Perspektivenwechsel rückt die Persönlichkeit der beruflich Handelnden also wieder in das Zentrum der Aufmerksamkeit. Aus den zu Planobjekten degradierten Ausführenden werden mit Eigenverantwortung ausgestattete Handelnde, sodaß eine Didaktik, die diesem Perspektivenwechsel gerecht werden will, intentional den gleichen Schritt vollziehen muß, d.h.: *„Aus dem Adressaten der Lernzielorientierung muß der aktiv Lernende - der eigentliche Akteur - des Unterrichts werden"* (ADOLPH 1997a, S. 150).

---

1 Zur Reflexion der vorgelegten bzw. im Hinblick auf die weiteren Ausführungen folgen einige Anmerkungen zum (Selbst-)Verständnis der Arbeitsschule: Im Rahmen der „Reformpädagogik", einem Begriff zur Kennzeichnung pädagogischer Ideen und schulpädagogischer Praxisansätze in der Zeit von ungefähr 1890 bis 1933 (vgl. SCHONIG 1995, S. 1302 ff.), war es die Grundidee der Arbeitsschule, in pädagogisch organisierten Gruppen das selbständige Lernen und Denken der Schüler zu wecken und zu fördern, z.B. nach KERSCHENSTEINER durch „handwerklich gerichtete Arbeit" (vgl. u.a. 1961, S. 33 ff.) oder nach GAUDIG durch „freie geistige Arbeit" (vgl. z.B. 1969, S. 15 ff.; vgl. auch SCHEIBNER 1979, S. 24 ff.). Kerschensteiner machte den Werkstattunterricht der Arbeits- bzw. Fortbildungsschule zum didaktischen Mittelpunkt eines fächerübergreifenden Unterrichtsansatzes (vgl. KEIM 1964, S. 12 ff.) und erhob den „brauchbaren Staatsbürger" (PÄTZOLD 1992, S. 18) zum übergeordneten Erziehungsziel (vgl. WILHELM 1957, S. 131 ff.; STRATMANN 1995, S. 34). Kerschensteiners „Gegenspieler" in Form und Inhalt des Arbeitsunterrichts (vgl. REINHARDT 1994, S. 37) war Gaudig. Er empfahl für Bildungszwecke nur die geistige Arbeit und verband mit dem Arbeitsschulgedanken vor allem die Erziehung des „Zöglings" zur freien geistigen Selbsttätigkeit, in der die Formung der Persönlichkeit zum Leitziel wird. Gaudig betrachtete den Schüler nicht als Objekt einer fremden Tätigkeit, sondern als selbstwirkendes Subjekt (als „Täter seiner Taten"), wobei die Schule im Dienste der werdenden Persönlichkeit zu stehen habe, und der Lehrer Diener dieser werdenden Persönlichkeit sei (vgl. GAUDIG 1979, S. 72 ff.). Die Intentionen der Arbeitsschulpädagogik fanden nach dem Kriege ihre Fortsetzung in der alternativen Schulbewegung bzw. in alternativpädagogischen, persönlichkeitsorientierten Konzepten, die in Regelschulen eingeflossen sind (vgl. EINSIEDLER u.a. 1978, S. 20; GUDJONS 1995, S. 291 f.; OEHLSCHLÄGER 1995, S. 38 ff.; WEINBRENNER 1995, S. 18). Hierzu gehören aus der Kognitionspsychologie stammende Ansätze zur Handlungsregulation, deren Adaption in der vorliegenden Arbeit erfolgen wird, und zwar im Hinblick auf lernortübergreifende Bildungsprozesse.

Insofern kann BACKES-HAASE zugestimmt werden, wenn er in einem Rückblick auf die Reformpädagogik feststellt, daß diese in ihrer durchschnittlichen Verwendung für ein Lernkonzept stehe, *„das die Entfaltung der Lern- und Entwicklungsbedürfnisse der Lernenden stark in den Vordergrund rückte und dabei auf die Semantik einer individuellen Teleologie, welche durch den Lehrenden allenfalls unterstützt werden konnte und durfte, setzte"* (1998, S. 67). Kritisch zu beleuchten ist es allerdings, wenn im Hinblick auf Konzepte beruflichen Lernens pauschal behauptet wird, *„daß diese sich auf dem gegebenen Stand der gesellschaftlich-technologisch-ökonomischen Entwicklung ständig auf neu entstehende komplexe Problemstellungen einrichten müssen, eine Grundorientierung, die reformpädagogischen Lernkonzepten fremd war"* (BACKES-HAASE 1998, S. 67 f.; Hervorhebg. v. Verf.).

Zunächst einmal liegt durch die Persönlichkeitsentwicklung im Rahmen reformpädagogischer Lernkonzepte bereits eine solche Grundorientierung vor, und zwar im Hinblick auf selbständige bzw. -tätige Mitarbeiter, denn nur diese werden in der Lage sein, sich ständig auf neu entstehende komplexe Problemstellungen einzurichten. Allerdings wurde diese Grundorientierung auch dann nicht aufgegeben, als aufgrund tayloristischer Betriebsstrukturen neben materialen Kenntnissen und Fertigkeiten primär personale Verhaltensweisen (z.B. Arbeitstugenden wie Zuverlässigkeit, Pünktlichkeit, Pflichtbewußtsein) eingefordert wurden und weniger formale Fähigkeiten (z.B. selbständiges, kritisches, kreatives Denken) gefragt waren. Persönlichkeitsentwicklung, und hier ist besonders an Gaudig zu denken, kann aus reformpädagogischer Perspektive als eine zeitunabhängige Grundorientierung interpretiert werden, die keinen konjunkturellen Schwankungen zu unterwerfen ist.

Darüberhinaus läßt sich an Kerschensteiner festmachen, daß sich die Reformpädagogik aus ihrer metatheoretischen Position der Persönlichkeitsförderung heraus auch an „gesellschaftlich-technologisch-ökonomischen" Entwicklungen orientierte. Diesbezüglich ist mit STRATMANN (vgl. 1995, S. 39) auf einen reformpädagogischen Ansatz Kerschensteiners aus dem Jahre 1908 hinzuweisen, d.h. auf *„Die Schulwerkstatt als Grundlage der Organisation der Fortbildungsschule"*, deren Ziel es war, die kleinbetriebliche Ausbildung zu verbessern (vgl. KERSCHENSTEINER 1966). So konnte das Niveau der „Meisterlehre", die sich unter dem Druck der immer schärfer werdenden Konkurrenz der Industrie gegen Ende des 19. Jahrhunderts in sichtbarer Auflösung befand, allmählich wieder gehoben werden (vgl. KEIM 1964, S. 9 ff.). Wie weitgehend Kerschensteiners Grundorientierung an der Praxis war, wird daran deutlich, daß zu

Lehrplanberatungen stets auch Arbeitgeber und Arbeitnehmer herangezogen wurden (vgl. WILHELM 1957, S. 33 f.). Offene Curriculummodelle (vgl. KAISER/KAISER 1994, S. 269 ff.) der beruflichen Bildung, deren Anspruch es ist, den Adressaten in den Erstellungsprozeß einzubeziehen, um Lerneinheiten bzw. -felder entwickeln zu können, die aus einer gegenseitigen Anregung von Wissenschaftlern und Praktikern entstanden sind, wo also auch „Prozeßerfahrungen" (vgl. EINSIEDLER u.a. 1978, S. 20) gemacht werden können, stehen demnach in der reformpädagogischen Tradition Kerschensteiners (ein aktuelles Beispiel aus dem Handwerk liefert DOBBERTIN 1993a, S. 25 f.).

Aufgrund der bisherigen Ausführungen ist in Abgrenzung zum Behaviorismus (vgl. z.B. GUDJONS 1995, S. 180 f.), der Lernen unter Einbezug operational definierter Lernziele hauptsächlich als fremdgesteuerten und am Verhalten meßbaren Prozeß begreift, eine vom Handlungspotential des Lernenden ausgehende Didaktik gefordert. Zur Bewältigung komplexer Systeme ist das Prinzip der „Ganzheitlichkeit" zu beachten. Insbesondere unter Berücksichtigung betriebs- und arbeitsorganisatorischer Veränderungen sowie gesellschaftlicher Umbrüche ist die Persönlichkeitsentwicklung dabei zu interpretieren als eine zeitunabhängige Grundorientierung.

Dieser Intention entsprechend wurde im Auftrag des Bundesministers für Bildung und Wissenschaft ein Forschungsprojekt für Handwerksbetriebe durchgeführt. Interessant ist diese Studie vor allem deshalb, weil im Handwerk traditionell im authentischen Kontext zufällig hereinkommender Kundenaufträge ausgebildet wird, und zwar in Form der „Beistell-Lehre" (STRATENWERTH 1991a, S. 30 f.) resp. „Beilehre" oder „en-passant-Lehre" (ABEL 1964, S. 49 ff.) bzw. dem „Imitatioprinzip" (STRATMANN 1995, S. 30 ff.) - einer Lernform, die mit ihrem eingeschränkten Methodenrepertoire auch dann noch betrieben wird, wenn die Veränderungen in der Arbeitsorganisation und eine stärkere Kunden- und Marktorientierung der Handwerksarbeit eine viel weitergehende Nutzung vorhandener Ausbildungspotentiale erforderlich machen (vgl. bmb+f 1998, S. 83).

Das Forschungsprojekt wird im nächsten Abschnitt vorgestellt. Als Ausgangspunkt soll es der vorliegenden Arbeit vorhandene Ausbildungspotentiale betrieblicher Bildungsprozesse zuführen, um deren weitergehende Nutzung durch mögliche Beiträge der Berufsschule untersuchen zu können.

1.1.2 Auftragsorientiertes Lernen im Handwerk (ALiH) [2]

In der Konzeption dieser Studie bildet "*der die handwerkliche Berufsarbeit weithin kennzeichnende komplexe Betriebs- bzw. Kundenauftrag das Zentrum und den Ausgangspunkt für lernorganisatorische Vorschläge, die ein durchdachtes Ausschöpfen des im 'Auftrag' enthaltenen Lernpotentials beabsichtigen*", stellt ORTLEB in seinem Geleitwort (1991) fest. Diesbezüglich ergeben sich im beruflichen Wirkungsraum des Handwerks folgende Merkmale der auftragsbezogenen Handwerksarbeit (vgl. STRATENWERTH 1991a, S. 28 f.; 1992, S. 51 ff.):

- Dezentralität, denn der Handwerksbetrieb produziert nicht für den anonymen Markt, sondern hat unmittelbare Kontakte zu einem konkreten Kunden. Der Auftrag ist im Regelfall ein Kundenauftrag, d.h. eine *„durch einen Kunden ausgelöste Aufforderung, eine spezifische Leistung bzw. ein spezifisches Gut [...] zu erstellen, was nur durch bestimmte Aktionen [...] möglich ist*" (GABLER-WIRTSCHAFTS-LEXIKON 1997a, S. 2334). Mit dem Ziel einer optimalen Losgröße werden ggf. Kundenaufträge zu Betriebsaufträgen derart umstrukturiert, daß eine möglichst gleichmäßige Beschäftigung des Betriebes gesichert ist (vgl. hierzu GÖNNER u.a. 1990, S. 440 f.).

- Leistungsdifferenzierung, weil das Produkt und das Dienstleistungsangebot eines Handwerksbetriebes auf vielfältige und wechselnde individuelle Kundenwünsche ausgerichtet ist (vgl. auch DE FRIES 1991a, S. 81 f.). Von großer Bedeutung sind hierbei die im Schnittstellenbereich von Betrieb und Kunden angesiedelten Betriebs- und Arbeitsfunktionen (vgl. auch MEYER 1991, S. 195 ff.).

- Geringe Fertigungstiefe auf der Ebene der zwischenbetrieblichen Arbeitsteilung, d.h. die Aufträge sind i.d.R. ganzheitlich-komplexe Produkte bzw. Dienstleistungen, in

---

2 "Entwicklung und Erprobung eines Methodenkonzeptes 'Auftragsorientiertes Lernen im Handwerk' (Kurzbezeichung: ALiH-Studie) - Förderung beruflicher Handlungskompetenz über das Lernen am Arbeitsplatz". Das Forschungsprojekt war institutionell dem Forschungsinstitut für Berufsbildung im Handwerk an der Universität zu Köln angegliedert. Der Projektleiter war Prof. Dr. Wolfgang Stratenwerth (vgl. STRATENWERTH 1991a u. 1991b).

denen sich das unmittelbare Kundenbedürfnis widerspiegelt.

- Gestalterisch-innovatorische Anforderungen zur Umsetzung der individuellen und relativ „offenen" Kundenwünsche, sodaß Auftragshandeln in den meisten Fällen „Gestaltungshandeln" ist (vgl. auch BACHMANN 1991a, S. 229 ff.).

- Ganzheitlich-komplexe Arbeitsaufgaben, da in Handwerksbetrieben die dezentrale Arbeitsorganisation mit flachen Hierarchien und wenig formalisierten Entscheidungs- und Kontrollstrukturen dominiert. Die auftragsbezogenen Arbeitsaufgaben reichen bis zur „Ausführungsebene" der Gesellentätigkeit und erfordern entsprechende auftragsbezogene Qualifikationen.

Für eine '"auftragsorientierte" Lernorganisation bilden somit „Auftrag, auftragsorientierte Arbeitsaufgaben, auftragsorientierte Arbeitstätigkeit sowie das auftragsorientierte Lernen und Lehren" das zentrale Bezugssystem, von dem lernorganisatorische Überlegungen ihre substantielle Ausrichtung erfahren.

An realen Arbeitsaufgaben bzw. -aufträgen ausbilden zu wollen bedeutet daher, nicht mit feindifferenzierten Lernzielkatalogen an den Lernort Arbeitsplatz heranzutreten und die hier möglichen Lernprozesse nach diesen Vorgaben zu modellieren, sondern umgekehrt gilt: „Den Ausgangspunkt bildet der jeweilige Arbeitsplatz oder Arbeitszusammenhang in seiner gegebenen Realität, und die Frage lautet, was man unter den Gegebenheiten dieser Situation lernen kann und wie man es angefangen muß, daß dies auch stattfindet [...]. Man lernt nicht nur 'für' das Arbeitsleben, sondern vor allem 'von' ihm" (BRATER 1991, S. 274 f.; Hervorhebg. i. Orig., d. Verf.).

Vor diesem Hintergrund formuliert STRATENWERTH die Intention der ALiH-Studie als Entwicklung eines nach dem Leitkriterium der Auftragsorientierung entworfenen Systems der betrieblichen Ausbildungsorganisation (Lernorganisation), das ein relativ selbständiges Lernen am Arbeitsplatz gewährleistet und, durch adäquate Lernhilfen unterstützt, die berufliche Handlungskompetenz fördert sowie gleichzeitig den Ausbildungsbedingungen der unter Wettbewerbsdruck stehenden Handwerksbetriebe Rechnung trägt (vgl. 1991b, S. 11 f.).

Für den Lernort Arbeitsplatz gestaltet sich das didaktische Regulationssystem dann wie in Abbildung 1 dargestellt.

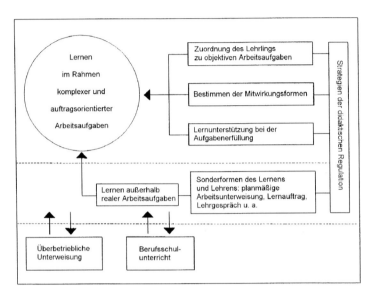

Abb. 1: Strukturbild zur auftragsorientierten Lernorganisation

(Quelle: STRATENWERTH 1991a, S. 56)

Die Einbeziehung der Lehrlinge in den betrieblichen Arbeitsablauf erfolgt also nicht mehr beliebig (z.B. in der bloßen Form der Beistell-Lehre; vgl. 1.1.1), sondern unter Berücksichtigung der didaktischen Intentionen und Implikationen stellt sich die Einbindung der Lehrlinge in den Prozeß der auftragsorientierten Arbeitsaufgaben als didaktisch gestaltete, kontrollierte sowie durch unmittelbare und mittelbare Lernhilfen unterstützte Eingliederung in reale Arbeitsaufgaben bzw. -situationen dar.

Diesbezüglich wird die didaktische Reichweite der „Auftragsorientierung" von DE FRIES/STEXKES durch ein Strukturmodell der Auftragsabwicklung expliziert, wobei der Auftrag einen Teil des betrieblichen Gesamtgeschehens darstellt und in einem komplexen Wechselwirkungsverhältnis zu diesem sowie zur betrieblichen Umwelt steht (vgl. Abb. 2).

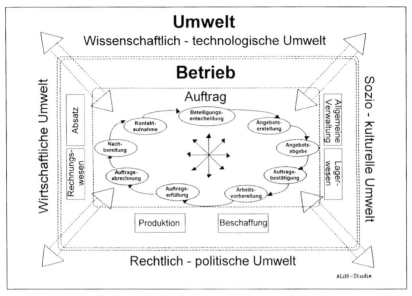

Abb. 2: Strukturmodell der Auftragsabwicklung

(Quelle: DE FRIES/STEXKES 1991, S. 150)

Eine solche Erfassung und Beschreibung betrieblicher Abläufe liefert die Voraussetzung für die Konzeption „ganzheitlicher", auftragsorientierter Lern- und Arbeitsaufgaben, welche in eine Gesamtstruktur betrieblichen Handelns eingebunden sind, d.h. die jeweils vor- und nachgelagerten Tätigkeiten lassen sich im Hinblick auf „vernetztes Denken" (vgl. 1.1.1) z.B. bezüglich „innerbetrieblicher Kunden" (vgl. hierzu HACKER 1998, S. 145) ebenso erfassen wie Aspekte der Kooperation, insbesondere auch unter Einbezug der betrieblichen Umweltsituation (vgl. auch JENEWEIN 1998a, S. 432 ff.).

Im Rahmen einer weiteren Untersuchung zu Gestaltungs- und Lernchancen in Kundenaufträgen führen EHEIM u.a. aus: *„Kundenaufträge (sind) per se als 'vollständige Handlungen' anzusehen und können bei entsprechender Aufbereitung zur Entwicklung einer umfassenden Handlungskompetenz beitragen"* (1997, S. 71 f.; Hervorhebg. i. Orig., d. Verf.).

Allerdings wurde bereits ein Jahr nach Erscheinen der ALiH-Studie anläßlich eines Werkstattgespräches im Bundesinstitut für Berufsbildung zum Thema des auftragsorientierten Lernens im Handwerk angemerkt, daß es den Lehrlingen häufig am Verständnis für den Gesamtauftrag fehle, daß sie oft gar nicht wüßten, was alles zu einem Auftrag gehöre und daß er auch Kosten verursache - mehr noch: *„Lehrlinge dürfen bestimmte Bereiche innerhalb eines Auftrages gar nicht bearbeiten, ja nicht einmal als Beobachter kennenlernen, weil der Meister sich nicht 'in die Karten gucken' lassen will"* (ALBERT/ZINKE 1992, S. 82).

Und auch fünf Jahre später noch weist HAHNE darauf hin, daß Befragungen in Handwerksbetrieben zur tatsächlichen Beteiligung von Auszubildenden in den Phasen des Kundenauftrags ergeben hätten, daß bisher Auszubildende in Akquisition, Planung und Auswertung gar nicht und nur teilweise in die Durchführung einbezogen worden seien (vgl. 1997, S. 6).

Woran also liegt es, daß sich das Handwerk den Intentionen der ALiH-Studie weitgehend verschließt?

1.1.3 Funktionalität als grundlegendes Paradigma der betrieblichen Berufsausbildung im Handwerk

Der funktionale Ausbildungscharakter einer Ausbildung im Handwerk wird mehrfach in den ALiH-Gutachten im Gegensatz zum intentionalen Ausbildungsverständnis großer und mittlerer Industriebetriebe zum Ausdruck gebracht.

So führen KOCH/MEERTEN aus, als kennzeichnend für eine Ausbildung im Handwerk könne angenommen werden, daß sie überwiegend, wenn nicht sogar vollständig, funktional erfolge und auf einem funktionalen Selbstverständnis beruhe (vgl. 1991, S. 327).

Auch STRATENWERTH betont, daß das Lernen am Arbeitsplatz wegen des „Wettbewerbscharakters" der unter „Wettbewerbsdruck" stehenden Handwerksbetriebe auf weiten Strecken mehr oder weniger beiläufig und funktional erfolge (vgl. 1991b, S. 7 ff.).

Im Rahmen einer weiteren Untersuchung stellt ZELLER fest, die Ausbildungsbedingungen vor Ort hätten sich in den letzten Jahren deutlich verschlechtert, denn an den Produktionsarbeitsplätzen sei der Arbeitsdruck gestiegen, und den nebenamtlichen Ausbildern bleibe weniger Zeit, sich um die Auszubildenden zu kümmern (vgl. 1997, S. 18 f.) - und DIEDRICH-FUHS vermerkt: *„In den Unternehmen müssen angesichts des wachsenden Wettbewerbsdrucks alle Möglichkeiten der Kostenreduzierung genutzt und auch Bildungsaktivitäten verstärkt unter Kostenaspekten geprüft werden"* (1996, S. 96). Zum auftragsorientierten Lernen im Handwerk, so der Berufsbildungsbericht 1998, gehöre auch ein zunehmend wirtschaftlicher Beitrag zum Betriebsergebnis, der die Ausbildungskosten für die Betriebe in Grenzen halte und somit entscheidend für die Ausbildungsbereitschaft gerade von kleinen und mittleren Betrieben sei (vgl. bmb+f 1998, S. 83), d.h. bei allen Überlegungen zur Weiterentwicklung der beruflichen Bildung spielt heute der Kosten-Nutzen-Aspekt und stärkeres Effizienzdenken eine wichtige Rolle (vgl. WIEGAND 1996, S. 105).

Diesbezüglich betont DE FRIES in ihrem Gutachten, daß das ALiH-Konzept zu keiner Mehrbelastung, langfristig eher zu einer Entlastung der Ausbilder führen könnte und einem funktionalen Ausbildungsverständnis entgegenkomme (vgl. 1991b, S. 80).

Unter funktionalen Gesichtspunkten wendet MEYER gegen die Vermittlung betriebswirtschaftlicher und arbeitsorganisatorischer Inhalte am Arbeitsplatz eine mögliche Auftragsverzögerung ein, verbunden mit einer verminderten Konzentration der Auszubildenden hinsichtlich der wesentlichen, d.h. technisch-fachlichen Aufgaben. Ferner sei es auch für die Mitarbeiter des Betriebes zeitaufwendig, den Auszubildenden neben den fachlichen auch noch betriebswirtschaftliche und arbeitsorganisatorische Inhalte zu erklären, und der hierdurch entstehende Zeitaufwand sei mit zusätzlichen Kosten verbunden[3]. Abgesehen vom Zeit- und Kostenaufwand könnte es vielen

---

[3] In diesen Zusammenhang paßt das häßliche Beispiel vom Lehrling, der eigentlich nur stört, denn *„[...] zeitliche Restriktionen (zwingen) die Betriebe dazu, die Ausbildung auf gleichförmige, vereinfachte, sich häufig wiederholende Aufgaben zu beschränken, um unnötige Störungen durch die Lehrlinge zu vermeiden und die im Betrieb tätigen Gesellen von zeitaufwendigen (und deshalb kostenintensiven) und routinemäßigen Arbeiten zu entlasten"* (FLOTHOW 1991a, S. 282).

Mitarbeitern peinlich sein, den Auszubildenden hinsichtlich dieser Gebiete als wenig kompetent zu erscheinen (vgl. 1991, S. 219 f.).

In diesem Sinne intendiert auch STEXKES eine Überforderung des Handwerksmeisters, denn in seiner Funktion als Fachmann, als Unternehmer und Kaufmann sowie als Ausbilder falle ihm bei der Ausbildung auch die Aufgabe zu, Kenntnisse und Fähigkeiten im Bereich der EDV zu vermitteln. Hier seien Ansätze nötig, die durch eine Lernortkoordination insbesondere die Ausbildungssituation der Handwerksbetriebe berücksichtigten (vgl. 1991a, S. 372 ff.).

ALBERS verweist in seinem Gutachten auf die Forderung von Handwerksbetrieben nach „Qualifikationsbündelung", d.h. einer Kombination von Kenntnissen, Fertigkeiten und Fähigkeiten aus mehreren handwerklichen Grundberufen sowie einer Verknüpfung von gewerblichen mit kaufmännischen Kenntnissen und Fertigkeiten (vgl. 1991, S. 503 ff.). Hieraus leitet der Gutachter ebenfalls eine Überforderung ab und schreibt: *„Insbesondere für handwerkliche Klein- und Mittelbetriebe, die selbst weder über die zu kombinierenden verschiedenen fachlichen noch über die kaufmännischen Qualifikationen verfügen, böte sich durch eine zweckmäßige Kooperation mit der Berufsschule u.U. überhaupt erst die Möglichkeit, auftragsorientiertes Lernen systematisch durchzuführen"* (ebd., S. 514).

Im Gutachten „Selbstgesteuertes Lernen lehren in der handwerklichen Berufsausbildung" schränkt FLOTHOW ein, daß ein entsprechendes Vorgehen von den Handwerksbetrieben alleine nicht geleistet werden könne und aufgrund des vorherrschend funktionalen Ausbildungsverständnisses mit großer Sicherheit auch nicht geleistet werden würde (vgl. 1991b, S. 201 ff.).

Entsprechend argumentiert FLOTHOW im Gutachten „Umweltbildung im Rahmen einer auftragsorientierten Ausbildung im Handwerk" (vgl. 1991a, S. 266 ff.), indem er verdeutlicht, daß sich Umweltbildung lernortübergreifend vollziehen müsse, und zwar *„bedingt durch einen hohen methodisch-didaktischen Aufwand, der aufgrund der existierenden Rahmenbedingungen von den Handwerksbetrieben alleine nicht geleistet werden kann und aufgrund des vorherrschend funktionalen Verständnisses von Ausbildung mit großer Sicherheit auch nicht geleistet würde"* (ebd., S. 282).

BRATER schließlich zieht in seinem Gutachten (vgl. 1991, S. 261 ff.) aus dem ''Wacker-Modellversuch''[4] den Schluß, daß es am schwierigsten gewesen sei, die Auszubildenden auf das eigentätige, selbstverantwortliche Lernen vorzubereiten und sieht hier - im Gegensatz zur Industrie - ''womöglich'' (Hervorhebung v. Verf.) auch eine Aufgabe der Berufsschule, da eine solche Vorbereitung gerade bei der Rekrutierungsgruppe des Handwerks notwendig sei.

Eine treffende Zusammenfassung der vorstehenden Ausführungen liefern KOCH/MEERTEN in ihrem Gutachten: *„Es ist die feste Überzeugung der Gutachter, daß neue Methoden dem Handwerk nur dann erfolgreich nahegebracht werden können, wenn sie [...] die Funktion der handwerklichen Tätigkeit selbst fördern, und dies mit einem deutlichen Überhang des Nutzens vor dem Aufwand"* (1991, S. 327).

Diesen „Nutzeffekt" hebt bezüglich der Zusammenarbeit von Betrieben und Berufsschule auch SCHWIEDRZIK hervor, d.h. ein erforderlicher Mehraufwand muß sich aus Sicht der Betriebe lohnen (vgl. 1990 , S. 27), ihnen muß der Nutzen einer erweiterten Lernortkooperation einsichtig werden (vgl. WALDEN 1998, S. 54).

FLOTHOW bestätigt ebenfalls in seinem Gutachten diese Auffassung, und zwar als Ergebnis weiterer Modellversuche, z.B. „Zukunftsausbildung im Handwerk (Zack)" der Handwerkskammer Hamburg oder „Kontinuierliche Selbstqualifizierung der Ausbilder im Handwerk" des Technologieberatungszentrums Paderborn (vgl. 1991a, S. 279).

Diesbezüglich stellen KOCH/MEERTEN fest, daß *„[...] neue Methoden in das Handwerk nicht über die Ausbildung Eingang finden, sondern nur über die Organisation der Arbeit selbst"* (1991, S. 333), d.h. nur wenn sich die Berufspädagogik auf die betriebswirtschaftlichen Probleme des Handwerks einlasse, werde sie methodische

---

4 Der Modellversuch wurde durchgeführt von der Firma Wacker-Chemie GmbH, München, in
  Zusammenarbeit mit dem Bundesinstitut für Berufsbildung sowie der Gesellschaft für
  Ausbildungsforschung und Berufsentwicklung e.V. - Titel: „Erprobung arbeitsplatzorientierter Methoden
  für die Ausbildung von Industriekaufleuten unter den Bedingungen neuer Bürotechnologien" (vgl.
  BRATER/BÜCHELE 1991; BÜCHELE 1995).

Hilfen entwickeln können, die nicht wie bisher an der betrieblichen Praxis vorbeigingen (vgl. ebd., S. 333 f.).

Wie im Handwerk selbst mit der Funktionalität kokettiert wird, möge folgende Abbildung belegen:

Abb. 3: Humor nach dem Prinzip der Funktionalität
(Quelle: BÄKO 1998, S. 98)

Fazit:

Mag das aus den Gutachten der ALiH-Studie herausgearbeitete und von weiteren Veröffentlichungen bestätigte Diktat der Funktionalität auch noch so erschreckend sein, nach den vorliegenden Erkenntnissen werden die Beiträge zum auftragsorientierten Lernen im Handwerk stets den „Überhang des Nutzens vor dem Aufwand" berücksichtigen müssen, denn: *„Es kann nicht davon ausgegangen werden, daß Handwerksbetriebe zu überwiegend pädagogischen Anstalten werden. Die Hauptzwecke der handwerklichen Unternehmung bleiben den besonderen wirtschaftlichen Formen des Handwerks verpflichtet. Diese Vorbedingungen haben alle Bemühungen um Verbesserung der handwerklichen Berufsausbildung in Rechnung zu stellen"* (KRAAK 1992, S. 135).

Vor diesem Hintergrund sind auch die Bestrebungen zu sehen, die es gegeben hat bzw. gibt, um das auftragsorientierte Lernen im Sinne einer intentionalen Lernform zu optimieren, sei es z.B.

- als „Arbeitsprojekt" unter den Bedingungen eines Förderungslehrganges

(vgl. ENGGRUBER 1992, S. 97 ff.),

- als auftrags- oder gestaltungsorientierte Arbeitsaufgaben

(vgl. JENEWEIN/SCHULTE-GÖCKING 1997, S. 229 ff.; RAUNER 1998, S. 22 ff.),

- durch mediale Lernhilfen (vgl. HAHNE 1997, S. 3 ff.) oder auch

- durch das Konzept einer „Lerninsel"

(vgl. DERRIKS/RÜTZEL 1992, S. 15 ff.; DEHNBOSTEL 1996, S. 158 ff.),

wobei noch zu hinterfragen sein wird, inwieweit diese Vorhaben den Wettbewerbscharakter vorherrschend funktional ausbildender Handwerksbetriebe negieren (vgl. hierzu 4.4.3.1).

1.2 Aufgabendefinition

Festzuhalten ist zunächst, daß STRATENWERTH die ALiH-Studie intentional ausrichtet auf die Förderung beruflicher Handlungskompetenz am Lernort Arbeitsplatz, und zwar trotz der Zufälligkeit hereinkommender Aufträge sowie der unter Wettbewerbsdruck stehenden Ausbildungsbetriebe. Besonderheit und Realitätsnähe der ALiH-Studie sind demnach gleichermaßen dadurch begründet, daß STRATENWERTH den augenscheinlichen Dualismus „Erwerb beruflicher Handlungskompetenz" versus „Wettbewerbscharakter der Ausbildungsbetriebe" ausdrücklich hervorhebt und dessen Berücksichtigung als Norm setzt.

In einem dialektischen Umschlag erläutert MEYER hierzu: „Am Lernort Betrieb muß die *Entwicklung* und *Nutzung* der Arbeitskraft des Auszubildenden unter Ernstcharakter vom Primat der Ausbildungsorientierung bestimmt sein" (1995a, S. 168; Hervorhbg. v. Verf.).

Zu bedenken ist nämlich, daß es der Wettbewerbs- bzw. funktionale Ausbildungscharakter der Betriebe ist, aus welchem heraus unter dem Eindruck ökonomischer Notwendigkeit die Entwicklung von Qualifikationen zur Bewältigung berufsübergreifender Anforderungen verlangt wird (vgl. IW 1997, S. 19) - eben eine „einzigartige historische Situation" (vgl. Abschn. 1.1.1)!

Durch Erweiterung der ALiH-Studie um einen lernortübergreifenden Ansatz besteht heute die hervorragende Möglichkeit, im „Medium Beruf" (vgl. LAUR-ERNST 1990a, S. 37) unter ökonomischem Druck das zu realisieren, was pädagogische Bemühungen alleine nicht so schnell hätten erreichen können, nämlich Ausbildungskonzeptionen zu gestalten, die stärker als früher auf die Persönlichkeitsentwicklung des Lernenden abzielen (vgl. FLOTHOW 1991b, S. 166).

Die vorliegende Arbeit greift in diesem Sinne die ALiH-Studie auf, denn es ist die umfangreichste Untersuchung ihrer Art, bei der es sich für den Lernort Arbeitsplatz im Bereich des Handwerks zudem um ein Pilotprojekt handelt (vgl. 1.1.2), welches wiederum zahlreiche Forschungsaktivitäten nach sich gezogen hat (vgl. 1.1.3).

Allerdings hat die ALiH-Studie in den Handwerksbetrieben bisher nur wenig Resonanz gefunden, denn aufgrund des vorherrschend funktionalen Ausbildungscharakters wird den Lehrlingen oft das Verständnis für den Gesamtauftrag vorenthalten (vgl. 1.1.2). Die Entwicklung beruflicher Handlungskompetenz erfordert aber ein Lernen unter Einbeziehung möglichst aller Phasen eines Gesamtauftrages und nicht nur die reflexionslose Durchführung einzelner Teilschritte. Hilfreich könnte es demnach sein, das Lernen in den Phasen eines Gesamtauftrages auf die Lernorte Schule und Betrieb zu verteilen, d.h. durch einen lernortübergreifenden Ansatz hätte die ALiH-Studie möglicherweise doch eine Chance auf Umsetzung, und zwar eingedenk des funktionalen Ausbildungsprinzips der unter Wettbewerbsdruck stehenden Handwerksbetriebe.

Im Hinblick auf eine derartige lernortübergreifende Konzeption auftragsorientierten Lernens im Handwerk sollen daher mögliche Beiträge der Berufsschule zur Entwicklung bzw. Förderung beruflicher Handlungskompetenz herausgearbeitet werden resp. ist anschließend aufzuzeigen, wie sich mutatis mutandis die Ausbildung am Lernort Arbeitsplatz verändern sollte.

Hierbei geht es auch darum, wie es in einem Gutachten der ALiH-Studie zum Ausdruck gebracht wird, „den in der Vergangenheit aufgebauten, unrealistischen Anspruch an das

Lehr- und Lernverhalten des Ausbilders wieder auf ein erträgliches Maß zurückzuschrauben und wieder in den Blick zu bekommen, daß die meisten handwerklichen Ausbilder - im Gegensatz zu ihren 'Kollegen' in der Schule - nicht ausschließlich nur mit einer Profession (Lehren) beschäftigt sind, sondern oftmals und in vielfacher Weise Professionalität (als Ausbilder, als handwerklicher Fachmann, als Betriebsinhaber, als Kundenberater und Verkäufer) beweisen müssen" (BACHMANN 1991a, S. 251).

1.3   Vorgehensweise

In einem ersten Schritt wurden die 21 Einzelgutachten der ALiH-Studie ausgewertet (vgl. PFAHL 1998a), u.a. um Hinweise darauf zu bekommen, welche Beiträge die Berufsschule zum auftragsorientierten Lernen im Handwerk leisten könnte.

Diese Hinweise werden in Kapitel 2 vorgestellt. Es wird sich zeigen, daß aufgrund des vorherrschend funktionalen Ausbildungscharakters der Handwerksbetriebe die Entwicklung von Schlüsselqualifikationen in den Verantwortungsbereich der Berufsschule delegiert werden soll. Daher wird sich eine Auseinandersetzung mit dem Konzept der Schlüsselqualifikationen anschließen. Die Schlüsselqualifikationen werden dann zu Kompetenzbereichen gebündelt und in Verbindung mit einer möglichst breit angelegten Grund- und Fachqualifikation letztendlich im Begriff der Handlungskompetenz zusammengeführt.

In Kapitel 3 wird auf handlungstheoretischer Grundlage untersucht, wie der Berufsschulunterricht zu gestalten ist, wenn sich in einer Lernortkooperation Handlungskompetenz entwickeln soll.
Hierbei wird u.a. zurückgegriffen auf die „Väter" des Modells der hierarchisch-sequentiellen Handlungsorganisation, MILLER/GALANTER/PRIBRAM (vgl. z.B. 1991), auf Vertreter der materialistischen Arbeitspsychologie wie HACKER (vgl. z.B. 1998) und VOLPERT (vgl. z.B. 1994), welche das Modell als Kernstück in eine Handlungsregulationstheorie überführt haben sowie auf die Kognitionspsychologie,

verbunden mit Namen wie PIAGET (vgl. 1975) und AEBLI (vgl. z.B. 1993a), die anstelle des gesellschaftlich determinierten Bewußtseins materialistischer Provenience das individuelle gesetzt haben.

Zurückgegriffen wird ebenfalls auf STRATENWERTH, der die hierarchisch-sequentielle Handlungsregulation in den berufs- und wirtschaftspädagogischen Kontext eingeführt und am Handwerksinstitut der Universität Köln zu einem subjektorientierten Didaktikmodell des Lernhandelns ausgestaltet hat (vgl. z.B. 1988). In diesen Kölner Arbeitszusammenhang gehören neben den Autoren der ALiH-Studie auch SCHURER (vgl. z.B. 1984), der die lernerzentrierte Perspektive STRATENWERTHs für arbeitsmotorisches Lernen aufgenommen hat, und DULISCH, der unter besonderer Berücksichtigung des Selbststeuerungsaspektes das Lernhandeln weiterentwickelte (vgl. 1994).

Im darauffolgenden Kapitel 4 wird unter Einbezug des allgemeinbildenden Schulwesens insbesondere von einer empirischen Erhebung des BIBB in Zusammenarbeit mit der Humboldt-Universität Berlin zum Thema Lernortkooperation (vgl. AUTSCH u.a. 1993) ausgegangen, um letztendlich den zuvor definierten Berufsschulunterricht lernortübergreifend in einem Strukturmodell auftragsorientierten Lernens konzeptionell verankern zu können, wobei der Verfasser auch auf eigene Arbeiten zurückgreifen kann (vgl. z.B. PFAHL 1986a/1986b; 1994a/1994b; 1995a; 1996a; 1998a).

Sodann wird im Kapitel 5 das erziehungswissenschaftlich-hermeneutisch[5] hergeleitete Konzept, das handlungstheoretischer Auslegung zufolge inneren Handlungsdispositionen entspricht, einer Kontrolle im äußeren, schulischen Handlungsgeschehen zugeführt.

---

5 Im Rahmen der Berufs- und Arbeitspädagogik geht es erziehungswissenschaftlich um die Erforschung der Voraussetzungen, Durchführungen, Ergebnisse und möglichen Folgen der Berufserziehung. Nach den Bereichen der Berufserziehung wiederum erfolgt in der vorliegenden Arbeit eine Aufteilung der Berufs- und Wirtschaftspädagogik. Demnach befaßt sich die Berufspädagogik mit der Berufserziehung in der gewerblich-technischen, hauswirtschaftlich-pflegerisch-sozialpädagogischen, landwirtschaftlichen sowie bergbauberuflichen Berufsbildung, und die Wirtschaftspädagogik umfaßt die Berufserziehung in der kaufmännisch-verwaltenden Berufsbildung (vgl. SCHELTEN 1991a, S. 31 ff.). Ferner wird der Begriff Arbeitspädagogik mit betrieblicher Arbeitspädagogik gleichgesetzt, „[...] worin sich auch heute das allgemeine Verständnis von Arbeitspädagogik ausdrücken dürfte" (SCHELTEN 1991b, S. 11; hinsichtlich weiterer Abgrenzungen der pädagogischen Disziplinen vgl. exemplarisch und ausführlich PREYER 1978, S. 53 ff.; LENZEN 1995, S. 1112 ff.). Zur hermeneutischen Position können alle Ansätze gezählt werden, die die Aufgabe von Wissenschaft in der verstehensmäßigen Auslegung eines Phänomens (z.B. ein geschriebener Text, ein Film, ein Bild, Musik) sehen, wobei sich „Verstehen" auf das Erfassen von Bedeutung aus wahrnehmbaren Zeichen bezieht (vgl. z.B. KAISER/KAISER 1994, S. 286 ff.; MERKENS 1994, S. 628 ff.). Niemand aber geht voraussetzungslos z.B. an ein Forschungsprojekt heran, jeder bringt schon ein Vorverständnis mit ein, d.h.: „Indem wir von diesem Vorverständnis her einen Text (oder eine Szene) nachvollziehen, erweitert sich unsere (Er-) Kenntnis, mit dieser gehen wir an einen anderen Text heran (oder an denselben), wir bewegen uns im Grunde in einer Art Kreis oder Spirale: dem hermeneutischen Zirkel" (GUDJONS 1995, S. 55; vgl. auch KLAFKI 1971, S. 150; KATH 1983, S. 59 f.). So ergeben sich beispielsweise Vorverständnis und Reflexionshorizont des Verfassers u.a. aus seiner Arbeit als Berufsschullehrer und Dozent in der Erwachsenenbildung sowie aus seiner diesen Tätigkeiten vorgelagerten Biographie, d.h. aus der Beschäftigung als Handwerksmeister. Auf zwei weitere geisteswissenschaftliche Methoden, die am pädagogischen Erkenntnisprozeß beteiligt sind, macht DANNER aufmerksam, und zwar auf die Phänomenologie, also der streng objektiven Aufzeigung und Beschreibung des Gegebenen (der Phänomene), und auf die Dialektik, einer Arbeitsmethode, die ihre Ausgangsposition durch gegensätzliche Behauptungen (These/Antithese) in Frage stellt und in der Synthese beider Positionen eine Erkenntnis höherer Art zu gewinnen sucht, wobei DANNER die Hermeneutik wie folgt in den Kontext von Phänomenologie und Dialektik stellt: „(1) Phänomenologie als beschreibende Bestandsaufnahme, (2) Hermeneutik als Verstehen und Auslegen des beschriebenen Bestandes, (3) Dialektik als weiterführende Reflexion über den beschriebenen und verstandenen Bestand" (1989, S. 192). In der vorliegenden Arbeit wird diese Abfolge als Modell interpretiert, denn der tatsächliche Erkenntnisprozeß ist komplex und vermengt die Methoden miteinander.

Auf empirischer[6] Basis wird die unterrichtsrelevante Umsetzbarkeit des Konzeptes an einem Unterrichtsbeispiel verdeutlicht, und zwar unter dem Gesichtspunkt einer auftragsorientierten Lernortkooperation. Im Anschluß daran erfolgt die Auswertung des vorgestellten Unterrichts anhand vorher explizierter Qualitätsmerkmale, die in ihrer Eigenschaft als didaktische Leitlinien für den Grad der Handlungsorientierung diesbezüglich eine Reflexion und Beurteilung ermöglichen.

Das Kapitel 6 zeigt unter der Maßgabe einer auftragsorientierten Lernortkooperation Konsequenzen bzw. notwendige Veränderungen an den Lernorten Betrieb und Berufsschule auf, nicht zuletzt im Hinblick auf ein Laufbahnmodell im Handwerk, welches sowohl unter pädagogischen Gesichtspunkten entwickelt wurde als auch aufgrund der Erkenntnis, daß sich Gleichwertigkeit beruflicher und allgemeiner Bildung nur herstellen läßt, „[...] wenn die weiteren beruflichen Entwicklungschancen ebenfalls vom sozialen Image her als gleichwertig erscheinen" (HEIDEGGER 1997a, S. 63; vgl. auch BERGER 1998, S. 391 ff.).

Der Leistungsschwerpunkt der vorliegenden Arbeit liegt somit auf der reflexiv-konzeptionellen Ebene. Es geht vorrangig um die Konzeptualisierung eines lernortübergreifenden, für den Weiterbildungssektor durchlässigen Didaktikmodells beruflicher Bildung, um die Herleitung von Strategien für praxisrelevante Problemlösungen sowie um ein erstes, hypothesenhaftes Umsetzen der Leitgedanken in Handlungsempfehlungen für die Dualpartner. Im Hinblick auf einen lernortübergreifenden Modellversuch zum auftragsorientierten Lehren und Lernen im Handwerk hat die vorliegende Arbeit den Charakter einer Vorstudie.

---

6 Das charakteristische Merkmal empirischer Forschung ist das Testen bzw. Prüfen von Theorien in der Realität, um Zusammenhänge, Bedingungen, Wechselwirkungen, Abhängigkeiten von Variablen im Bereich von Erziehung und Unterricht konkret erklären zu können (vgl. ROTH 1991, S. 45; MERKENS 1994, S. 616; SLOANE 1998, S. 566 ff.). Im wesentlichen kommen in der pädagogischen Tatsachenforschung folgende Verfahren in unterschiedlicher Ausprägung zum Zuge: Experiment, Beobachtung, Befragung und Test (vgl. GUDJONS 1995, S. 19 ff.). Die Datenerhebung zur Dokumentation des Unterrichtsbeispiels erfolgte auf der Grundlage von Unterrichtsvor- und nachbereitung sowie - damit in Wechselwirkung stehend - durch Beobachtung und Befragung (vgl. hierzu auch FRIEDRICHS 1990, S. 269 ff.).

Und wenn in diesem Zusammenhang immer wieder die Funktionalität als grundlegendes Paradigma der betrieblichen Ausbildung im Handwerk (vgl. 1.1.3) hervorgehoben wird, so hängt das einerseits damit zusammen, daß das Bemühen um eine quantitative Ausweitung des Ausbildungsplatzangebotes mindestens ebenso wichtig ist, wie Autonomie und Selbstbestimmung im Lern- und Arbeitsprozeß (vgl. DULISCH 1994, S. 242 ff.; vgl. auch MBWFK.SCHL.-H. 1999a), verdeutlicht aus dieser Perspektive aber ebenfalls, und nicht zuletzt vor dem Hintergrund eines subjektorientierten Didaktikanspruchs (vgl. 1.1.1), daß in der vorliegenden Arbeit wissenschaftstheoretisch eine Position vertreten wird, die auch die gesellschaftlich-politische Bedingtheit der Berufs-, Arbeits- und Wirtschaftpädagogik reflektiert und nicht gleichgültig ist gegenüber dem Verwertungszusammenhang von Forschungsergebnissen bzw. -folgen, d.h.: *„Der Wissenschaftler kann sich angesichts der Bedeutung seines Tuns [...] nicht auf den Standpunkt zurückziehen, mit seiner Forschung interesselos nur der reinen Wahrheit dienen zu wollen und Kritik nur als die an der Effizienz seiner Methoden und der Stichhaltigkeit der Ergebnisse zu begreifen"* (KAISER/KAISER 1994, S. 305 f.) [7].

---

7 Diese Position ist u.a. manifestiert in weiterentwickelten Ansätzen der Geisteswissenschaftlichen Pädagogik, im Sinne einer kritisch-konstruktiven Didaktik z.B. bei KLAFKI, wenn dort „kritisch" einschließt, daß Weiterentwicklungen und Veränderungen von Bildungsinstitutionen nur im Zusammenhang mit gesamtgesellschaftlichen Demokratisierungsbemühungen vorangetrieben werden könnten, Bemühungen, die starken gesellschaftlich-politischen Widerständen und Gegenströmungen abgerungen werden müßten bzw., wenn es zur Bestimmung von „konstruktiv" heißt, der Theorie-Praxis-Bezug bestehe nicht nur, wie im vorwaltenden Selbstverständnis der Geisteswissenschaftlichen Didaktik (vgl. hierzu KLAFKI 1975), in der Aufklärung des Praktikerbewußtseins über Voraussetzungen, Möglichkeiten und Grenzen pädagogischen Handelns, *„[...] sondern er schließt Vorgriffe der Theorie, Modellentwürfe für mögliche Praxis, begründete Konzepte für eine veränderte Praxis, für eine humanere und demokratischere Schule und einen entsprechenden Unterricht ein und zugleich für neue Formen der Kooperation von 'Praxis' und 'Theorie'"* (1996, S. 83 ff.; Hervorhbg. i. Orig., d. Verf.; vgl. z.B. auch BLANKERTZ 1982, S. 258 ff.; THIERSCH 1994, S. 1117 ff.) - oder, wie der gesellschaftliche Bezug als ein zentrales Element der Kritischen Erziehungswissenschaft zum Ausdruck kommt, das Erkenntnisinteresse von Hermeneutik und Erfahrungswissenschaft sei gesellschaftskritisch zu problematisieren, *„[...] denn es geht darum, das pädagogische Feld so zu strukturieren, daß die Vernünftigkeit und Selbstbestimmung der Subjekte gefördert und nicht etwa verhindert wird"* (GUDJONS 1995, S. 38 f.; Hervorhbg. v. Verf.; vgl. z.B. auch JANK/MEYER 1994, S. 105 ff.; KECKEISEN 1994, S. 482 ff.)

Vorschläge zur Weiterentwicklung der Zusammenarbeit von Betrieben und Berufsschule müssen sich an den Gegebenheiten der Praxis orientieren, um eine realistische Chance auf Umsetzung zu haben, so formulierten es diesbezüglich BERGER/WALDEN anläßlich einer Fachtagung im Rahmen der 25-Jahr-Feier der Universität Dortmund (vgl. 1995, S. 430) - metatheoretisch eine Orientierung also, die in der weiteren Vorgehensweise stringent durchgehalten werden soll.

2 Das Aufgabengebiet der Berufsschule im Rahmen auftragsorientierten Lernens im Handwerk

2.1 Hinweise in den Gutachten der ALiH-Studie

Grundsätzlich ist festzustellen, daß STRATENWERTH die ALiH-Studie verankert im Beziehungsgeflecht des dualen Ausbildungssystems, wobei der Berufsschulunterricht über das didaktische Regulationssystem auf die betriebliche Lernsituation einwirkt zur Mitgestaltung der auftragsorientierten Lernorganisation (vgl. Abb. 1).

Unter dieser Prämisse sind in den Einzelgutachten der ALiH-Studie Hinweise zum Aufgabengebiet der Berufsschule gegeben, wenn

- STRATENWERTH die Pflicht des Lehrlings betont, Reflexionsbedarf in Schule und Betrieb anzumelden zur Schaffung eines kognitiven Orientierungsrahmens in Ausrichtung auf die individuelle Steigerung der Selbstregulationsfähigkeit (vgl. 1991a, S. 52 f.);

- DE FRIES die Vermittlung metamemorialen Wissens als möglichen Beitrag der Berufsschule markiert bei gleichzeitiger Beachtung einer verbesserten Kooperation von Ausbildern und Lehrern (vgl. 1991b, S. 93 f.);

- MEYER, U., einen Theorie-/Praxis-Verbund mit der Intention einer Verkettung der Lerninhalte von Ausbildungsbetrieb und Berufsschule darstellt bezüglich der Perspektive, daß der Auszubildende die eigene Tätigkeit ggf. unter Berücksichtigung der EDV in betriebliche Gesamtzusammenhänge einzuordnen vermag (vgl. 1991, S. 217);

- FLOTHOW Umweltbildung in Form der Lernortkooperation umsetzen will (vgl. 1991a, S. 282 ff.);

- STEXKES Vorteile der Leittextmethode zur Vermittlung anwendungsbezogener EDV-Qualifikationen erläutert und eine Lernortkoordination anregt (vgl. 1991a, S. 379 ff.);

- ALBERS insbesondere unter der Maßgabe einer offenen Gestaltung berufsschulischen Lernens erkennt, daß durch "exemplarische Aufträge" die Merkmale auftragsorientierten Lernens gefördert werden könnten (vgl. 1991, S. 509 ff.);

- FLOTHOW Aufbau und Intensivierung bzw. Modifikation sowie Erprobung und Überprüfung von Handlungsschemata im Rahmen einer auftragsorientierten Ausbildungskooperation diskutiert (vgl. 1991b, S. 253 f.);

- BRATER die Vorbereitung der Auszubildenden auf das eigentätige, selbstverantwortliche Lernen unter möglicher Beteiligung der Berufsschule erörtert (vgl. 1991, S. 302 ff.);

- KOCH/MEERTEN das funktionale Ausbildungsverständnis der Handwerksbetriebe schildern und vor diesem Hintergrund die Einführung von Leittexten zur Anleitung vollständiger Handlungen in Form verschiedener Kooperationsmodelle für möglich halten (vgl. 1991, S. 327 ff.).

Im nächsten Abschnitt sollen die Hinweise der ALiH-Studie zum Aufgabengebiet der Berufsschule im Rahmen auftragsorientierten Lernens zusammengefaßt und definiert werden.

2.2 Funktionaler Ausbildungscharakter von Handwerksbetrieben und die Delegation der Entwicklung von Schlüsselqualifikationen an die Berufsschule

Folgendes Aufgabenprofil prägt das Selbstverständnis der Berufsschule als Teil der berufsbildenden Schulen bzw. des beruflichen Schulwesens:

- Vertiefung und Erweiterung der Allgemeinbildung,
- Verleihung von Schullaufbahnberechtigungen,
- Beitrag zur beruflichen Qualifizierung innerhalb des dualen Systems,

d.h. der Berufsschulunterricht zielt nicht nur auf Fachtheorie ab (vgl. ALBERS 1991, S. 491 ff.; SEYD 1994, S. 38; PFAHL 1996b, S. 3 ff.). Ganz in diesem Sinne bemühen die Gutachter der ALiH-Studie stets dann die Berufsschule, wenn es sich um Qualifikationen handelt, die in den Betrieben zwar benötigt, dort aber aufgrund der funktionalen Ausrichtung nicht „vermittelt" werden können - es geht um

- die individuelle Steigerung der Selbstregulationsfähigkeit,
- metamemoriales Wissen,
- die Fähigkeit, die eigene Tätigkeit in betriebliche Zusammenhänge einzuordnen,
- Umweltbildung,
- EDV-Qualifikationen,
- multifunktionale Qualifikationsbündelung,
- Aufbau und Intensivierung bzw. Modifikation sowie Erprobung und Überprüfung von Handlungsschemata,
- Umgang mit Leittexten zur Anleitung vollständiger Handlungen,
- das eigentätige, selbstverantwortliche Lernen (vgl. 2.1).

Den geschilderten Sachverhalt erläutern PÄTZOLD u.a. wie folgt: *„Für alle Lerninhalte formaler, allgemeinverwertbarer Art, ob sie im Betrieb genutzt werden können oder nur um des Prüfungserfolgs der Jugendlichen willen vermittelt werden müssen, wird ein kompetenter Partner gesucht, unfreundlicher ausgedrückt: Die Lerninhalte, die den neuen Ausbildungsordnungen ihre neue Qualität verleihen, sollen abgedrängt werden"*

(1995a, S. 436), wobei PÄTZOLD anläßlich der Hochschultage 1996 in Hannover konkretisiert, daß die Berufsschule im Vergleich zu den meisten Ausbildungsbetrieben diese Lerninhalte eher, weil unabhängig von einzelbetrieblichen Erwägungen, vermitteln könne (vgl. 1998, S. 17 f.). Auf diesen veränderten Typus von beruflichen Qualifikationen könne eine weitere Stärkung der betrieblichen Ausbildungsanteile nicht die adäquate Antwort sein, folgert auch KÜHNLEIN, vielmehr wäre eine systematische Aufwertung dieser überfachlichen Ausbildungsinhalte erforderlich, d.h. ein Neu-Zuschnitt der Aufgabenbereiche, die vor allem durch die Berufsschulen erfüllt werden könnten (vgl. 1998, S. 33; vgl. auch ZEDLER 1996, S. 110), und aufgrund arbeitsorganisatorischer Probleme in den Betrieben formuliert LISOP rigoros: *„Solange es staatliche Berufsschulen gibt, ist die übergreifende Kompetenzvermittlung im übrigen zweifelsohne deren Aufgabe"* (1996, S. 173).

Die genannten Qualifikationsmuster werden zusammengefaßt als Schlüsselqualifikationen bezeichnet; ein Begriff, den MERTENS als Leiter des Instituts für Arbeitsmarkt- und Berufsforschung der Bundesanstalt für Arbeit 1974 kreiert hatte - arbeitsmarktpolitisches Ziel war und ist die Fähigkeit, im Berufsleben auf unvorhersehbare neue Anforderungen flexibel und mobil so reagieren zu können, daß die einmal erworbene Berufsqualifikation erhalten bleibt (vgl. 1974, S. 36 ff.). Noch 1988 aber antwortete MERTENS auf die Frage, was denn aus den damaligen Anstößen geworden sei, in einer nüchternen Einschätzung: *„Eigentlich nicht sehr viel mehr als eine etwas abstrakte Diskussion, viel verbale Zustimmung mit wenig Umsetzung, überhaupt wenig Handfestes"* (1988, S. 48).

Und diese Aussage macht zunächst eine Auseinandersetzung mit dem Konzept der Schlüsselqualifikationen erforderlich.

2.2.1 Das Konzept der Schlüsselqualifiaktionen

Mittlerweile gibt es unzählige Veröffentlichungen, die Kataloge mit z.T. utopisch anmutenden Anforderungen an Berufstätige enthalten[8]. Bei der Entstehung dieser Schlüsselqualifikationskataloge dominiert die normative Bestimmung, d.h. es werden als besonders wünschenswert erachtete Bildungselemente beschrieben und aufgelistet im Gegensatz zur empirischen Deduktion, bei der von konkreten Arbeitplätzen Qualifikationsprofile abgeleitet werden (vgl. BECK 1995, S. 18).

Wie sich schon im letzten Abschnitt andeutete, sorgt eine erstaunliche Begriffsvielfalt für Verwirrung:

So bezeichnet LAUR-ERNST die Schlüsselqualifikationen als „berufsübergreifende" Qualifikationen (vgl. 1990a, S. 38 ff.), ein Terminus, den MEYER für trennschärfer hält (vgl. 1995a, S. 17), gleichwohl aber auf die Kategorisierung von REETZ verweist, der wiederum unter berufsübergreifend lediglich allgemeinbildende Kenntnisse und Fertigkeiten subsumiert (vgl. 1990a, S. 30), wobei nach Ansicht des Verfassers hierfür die Vokabel „berufsüberschreitend" passender wäre, denn einem natürlichen Sprachgebrauch folgend könnten mit berufsübergreifend wohl eher interdisziplinäre, also über den Einzelberuf hinausgehende, z.B. auf Berufsfeldbreite angesiedelte Qualifikationen verstanden werden, genau diese aber interpretiert REETZ als „berufsausweitende" Kenntnisse und Fertigkeiten (vgl. ebd.).

Es folgen weitere, der wissenschaftlichen Literatur entnommene Beispiele der „Verschlüsselung", die für den Leser letztendlich per definitionem zur Profanierung der Schlüsselqualifikationen führen können:

Bei gleichwertiger fachlicher Eignung nämlich seien „über- und außerfachliche" Qualifikationen der Bewerber entscheidend für die Einstellung bzw. für den beruflichen Aufstieg, argumentiert BECK (vgl. 1995, S. 16) und meint damit wohl weniger die von CALCHERA/WEBER anhand eines Kompetenzbaumes dargestellten „Basiskompetenzen" (vgl.1990, S. 9), sondern eher „berufsspezifische Schlüsselqualifikationen", d.h. mit solchen „extra-funktionalen" bzw.

---

[8] Zur Systematisierung von Schlüsselqualifikationen vgl. die umfangreiche Gegenüberstellung verschiedener Publikationen bei WILSDORF (1991); einen Überblick über die berufspädagogische Diskussion geben z.B. BEILER/LUMPE/REETZ 1994; REIER 1994, S. 261 ff.; BECK 1995; ARNOLD 1996, S. 57 ff.

„prozeßungebundenen" Qualifikationen werden nach FLOTHOW diejenigen Fähigkeiten und Bereitschaften bezeichnet, die Bestandteil nicht formalisierter Arbeitsanforderungen sind, gleichfalls aber in Stellenbeschreibungen für wichtig gehalten werden - irreführende Begriffe also, folgert der Autor, denn auch diese Qualifikationen würden, wenn gefordert, Bestandteil der formalisierten Arbeitsanforderungen und daher zu „funktionalen" Qualifikationen (vgl. 1991c, S. 165 f.).

Demzufolge also werden entweder Schlüsselqualifikationen zu profanen Qualifikationen degradiert und in das übliche Ensemble einer Stellenbeschreibung aufgenommen oder umgekehrt, es werden auch die herkömmlichen Arbeitsanforderungen in den Stand von Schlüsselqualifikationen erhoben.

Anzumerken ist hier zunächst, daß fachliche Qualifikationen keine Schlüsselqualifikationen an sich sind (vgl. KRATSCH 1991, S. 68), also weder eine berufliche Grundbildung ist gemeint noch sind die Kulturtechniken bezeichnet, mithin das Einüben sowie die sichere Beherrschung von Rechnen, Schreiben und Lesen (vgl. BECK 1995, S. 14 f.). Beides behält zwar seinen vollen Stellenwert, doch über eine möglichst breite Grund- und Fachqualifikation hinaus soll der Auszubildende zusätzlich Schlüsselqualifikationen erhalten und um die geht es, d.h. neben die berufliche Grundbildung treten an die Stelle schwer prognostizierbarer fach- und berufsspezifischer Qualifikationen besser vorhersehbare Qualifikationserfordernisse bzw. -potentiale, *„die den Menschen zum Ausfüllen einer großen Zahl von Positionen und Funktionen befähigen und ihm ermöglichen, Sequenzen von (meist unvorhersehbaren) Änderungen und Veränderungen in seinem (nicht nur beruflichen) Leben zu bewältigen"* (KATH 1990, S. 102). Eine breit angelegte berufliche Grundqualifikation ist in der beruflichen Bildung somit die Basis beim Erwerb von Schlüsselqualifikationen (vgl. MEYER 1995b, S. 167 f.), beide sind jedoch im weiteren Berufsleben untrennbar miteinander verbunden bzw., wie WITT es umschreibt: *„Schlüsselqualifikationen sind keine Alternative zum Faktenwissen, sondern Meta-Wissen für den Umgang mit Faktenwissen"* (1990, S. 95; vgl. auch; DUBS 1995, S. 179). Durch ihren Synergismus verhelfen berufliche Grund- und Fachqualifikationen in Verbindung mit Schlüsselqualifikationen den Betrieben zu flexiblen und mobilen Arbeitnehmern, das ist der funktionale Aspekt, verschaffen aber dem Menschen auch ein Stück mehr Unabhängigkeit sowohl im beruflichen als auch im privaten Bereich - und das ist ein wesentlicher persönlichkeitsorientierter Aspekt der Berufsausbildung.

Diese additive Wirkung von beruflichen Grund- und Schlüsselqualifikationen berücksichtigt REETZ in seiner schon oben erwähnten Kategorisierung - einer Systematik, die sich darüberhinaus durch eine, die Terminologie relevanter Bildungstheorien (vgl. ARNOLD 1990, S. 51 ff.) aufgreifende Einteilung auszeichnet und daher im Interesse einer homologen Darstellungsweise in besonderem Maße geeignet erscheint, berufs-, arbeits- und wirtschaftspädagogische Zielsetzungen transparent zu machen (vgl. 3.2.7.2).

Aus diesen Gründen wird stellvertretend für die zahlreichen Systematisierungsversuche von Schlüsselqualifikationen ein daraus entwickeltes Lernzielsystem vorgestellt. Allerdings wurde hierbei auf die Kulturtechniken verzichtet, da diese, wie schon weiter oben ausgeführt, in der vorliegenden Arbeit nicht als Schlüsselqualifikationen interpretiert, sondern zur Grundbildung gezählt werden, an einer Berufsschule also vorauszusetzen sind - eigentlich ...[9]

In das Lernzielsystem wurden einige handwerksspezifische Modifikationen aufgenommen. So wurde z.B. aus dem „Ausbau von Grundlagen" der „Ausbau handwerklicher Grundqualifikationen", um zu verdeutlichen, daß die handwerkliche Tätigkeit als dominante Be- und/oder Verarbeitungsweise das Kernstück der Berufsausbildung und der Prüfungsordnungen darstellt, und zwar vor dem Einsatz von Maschinen bzw. mikroprozessorgesteuerten Anlagen (vgl. hierzu DÜNNEWALD/FREUND 1987, S. 10 ff.; PFAHL 1995, S. 32).

Hinsichtlich neuaufkommender Kenntnisse und Fertigkeiten wurde der Dienstleistungsbereich in den materialen Sektor des Lernzielsystems einbezogen, weil auch für das Handwerk gilt: „Bei sonst gleicher Leistungsfähigkeit zählt im Wettbewerb das Eingehen auf die Kunden" (BADER 1996, S. 364; vgl. auch BULLINGER 1997, S. 6 f.; BRÜGGEMANN 1998, S. 22 f.).

Hinzugefügt wurde dem anwendungsbezogenen Denken und Handeln, also den formalen Fähigkeiten, die Transferfähigkeit, denn: „Durch die Transferorientierung soll erreicht werden, daß einmal Gelerntes auf veränderte oder neue Situationen angewendet oder bei neu zu Lernendem auf frühere Erfahrungen zurückgegriffen werden kann" (KLEIN 1990, S. 18).

---

9 Vgl. hierzu die Ausführungen i. 4.1 zur Lernortkooperation von Berufsschulen mit Einrichtungen vorberuflicher Bildung.

Das Konzept stellt somit einen modifizierbaren Orientierungsrahmen für Einzelberufe zur Festlegung von möglichen Zielen in der handwerklichen Berufsbildung dar (Abb. 4).

Und wenn HALFPAP schreibt, *„Schlüsselqualifikationen sind nicht lehrbar, sondern lediglich förderbar, weil sie als Persönlichkeitskomponenten im Menschen angelegt sind. Damit wird Abstand vom mechanistischen Denken gewonnen, daß solche Qualifikationen 'vermittelt' werden können"* (1994, S. 191; vgl. ebenso DRÄGER 1988, S. 11; MARWEDE 1994, S. 25 ff.), dann verdeutlicht die an REETZ angelehnte Kategorisierung, daß diesem Postulat zwar hinsichtlich formaler Fähigkeiten und personaler Verhaltensweisen zugestimmt werden kann, nicht aber in bezug auf den materialen Sektor. So sind beispielsweise neuaufkommende, auf handwerklichen Grundqualifikationen aufbauende Kenntnisse und Fertigkeiten sehr wohl „vermittelbar". Um nun sowohl Schlüsselqualifikationen aus dem materialen als auch aus dem formalen und dem personalen Bereich erfassen zu können, wird in der vorliegenden Arbeit im übertragenen Sinne von „(sich) entfalten; (sich) stufenweise herausbilden" (vgl. WISSENSCHAFTLICHER RAT DER DUDENREDAKTION 1989, S. 811) der Terminus „entwickeln" (von Schlüsselqualifikationen) Anwendung finden.

Im nächsten Abschnitt wird dann aufgezeigt, wie aus dem vorgestellten Konzept heraus Schlüsselqualifikationen zu Kompetenzbereichen gebündelt werden können.
Einzelne Schlüsselqualifikationen sind dabei nicht immer eindeutig einem bestimmten Kompetenzbereich zuzuordnen, manche sind für unterschiedliche Bereiche bedeutsam. Das liegt daran, daß die Kompetenzen keine gemeinsame Schnittmenge besitzen, sondern eine konzentrische, aufeinander aufbauende Struktur aufweisen (vgl. CALCHERA/WEBER 1990, S. 6 ff.; BECK 1995, S. 20).

Materiale Kenntnisse und Fertigkeiten	1. Berufsüberschreitende, d.h. allgemeinbildende Kenntnisse und Fertigkeiten; Beispiele: Fremdsprachen, technische, wirtschaftliche und soziale Allgemeinbildung 2. Neuaufkommende Kenntnisse und Fertigkeiten; Beispiele: Elektronische Datenverarbeitung, neue Technologien, Dienstleistungsbereich 3. Vertiefte Kenntnisse und Fertigkeiten Beispiele: Ausbau handwerklicher Grundqualifikationen, Entfaltung während der Erstausbildung erkannter Talente, Fachfremdsprache 4. Berufsübergreifende bzw. -ausweitende, d.h. interdisziplinäre, über den Einzelberuf hinausgehende Kenntnisse und Fertigkeiten; Beispiele: Berufsfeldbreite Bildung, Qualifikationsbündelung im Sinne einer Verknüpfung von gewerblichen und kaufmännischen Kenntnissen und Fertigkeiten
Formale Fähigkeiten	1. Kommunikations-, Kooperations- sowie teamentwicklerische Fähigkeiten zum Gewinnen und Verarbeiten von Informationen 2. Selbständiges, logisches, kritisches, kreatives Denken 3. Selbständiges Lernen, das Lernen lernen, sich etwas erarbeiten können 4. Anwendungsbezogenes, transferorientiertes Denken und Handeln Beispiele: Umstellungen und Neuerungen, Vorschlags- und Entwicklungswesen 5. Entscheidungsfähigkeit, Führungsfähigkeit, Gestaltungsfähigkeit; Beispiele: Selbständigkeit bei Planung, Durchführung und Kontrolle
Personale Verhaltensweisen	1. Verhaltensqualifikationen mit *einzelpersönlicher* Betonung; Beispiele: Selbstvertrauen, Optimismus, Sensibilität, Wendigkeit, Durchhaltevermögen, Anpassungsfähigkeit, Gestaltungskraft, Leistungsbereitschaft, Eigenständigkeit etc. 2. Verhaltensqualifikationen mit *zwischenmenschlicher* Betonung; Beispiele: Ehrbarkeit, Wahrhaftigkeit, Gerechtigkeit, Kooperationsbereitschaft, Verantwortungsbereitschaft, Fairneß, Dienstbereitschaft, Teamgeist, Solidarität etc. 3. Verhaltensqualifikationen mit *gesellschaftlicher* Betonung; Beispiele: Fähigkeit und Bereitschaft zu wirtschaftlicher Vernunft, technologischer Akzeptanz und zum sozialen Konsens etc. 4. Arbeitstugenden Beispiele: Zuverlässigkeit, Pünktlichkeit, Genauigkeit, Sauberkeit, Konzentration, Pflichtbewußtsein, Fleiß, Disziplin, Hilfsbereitschaft, Rücksichtnahme etc.

Abb.4: Schlüsselqualifikationen in der handwerklichen Berufsbildung
(Quelle: Erstellt nach REETZ 1990a, S. 30)

2.2.2 Vom Konzept der Schlüsselqualifikationen zur (beruflichen) Handlungskompetenz

Für Gruppen von Schlüsselqualifikationen bzw. für das Ergebnis resp. die Ausprägung von Qualifikationspotentialen (vgl. CALCHERA/WEBER 1990, S. 8) wird in der Literatur der Begriff „Kompetenz" verwendet, so z.b.

- für materiale Schlüsselqualifikationen, die in stärkerem Maße stoffbestimmt sind, der Ausdruck „Fachkompetenz",

- für personale Lerninhalte, mit denen individuelle und soziale Verhaltensweisen sowie ein bestimmtes Arbeitsverhalten bezeichnet wird, der Terminus „Humankompetenz" bzw. „Sozialkompetenz",

- für formales Lernen, welches denk- und methodengeleitete Fähigkeiten bestimmt, der Begriff „Methodenkompetenz" resp. „Lernkompetenz" (vgl. BECK 1995, S. 20).

In Verbindung mit einer möglichst breit angelegten Grund- und Fachqualifikation führen nun solche Kompetenzbereiche zur „beruflichen Handlungskompetenz", einem Begriff, der die Sachverhalte treffender wiedergibt, weil in ihm der ganzheitliche Aspekt bzw. das Zusammenwirken der unterschiedlichen Qualifikationen bei zielgerichtetem und planvollem Handeln besser zum Ausdruck kommt (vgl. REETZ 1990b, S. 129 ff.), von BADER unter Berufung auf die Empfehlungen des Deutschen Bildungsrats definiert als folgende, einander bedingende Komponenten:

- "**Fachkompetenz** als die Fähigkeit und Bereitschaft, Aufgabenstellungen selbständig, fachlich richtig, methodengeleitet zu bearbeiten und das Ergebnis zu beurteilen;

- **Humankompetenz** als die Fähigkeit und Bereitschaft, als Individuum die Entwicklungschancen und Zumutungen in Beruf, Familie und öffentlichem Leben zu durchdenken und zu beurteilen, eigene Begabungen zu entfalten und Lebenspläne zu fassen und fortzuentwickeln;

- *Sozialkompetenz als die Fähigkeit und Bereitschaft, sich mit anderen rational und verantwortungsbewußt auseinanderzusetzen und zu verständigen"* (1990, S. 9 ff.).

Methodenkompetenz ist hierbei Bestandteil aller drei Komponenten, denn isoliert von Interessen und Gegenständen bleiben Methoden formal, und Lernkompetenz muß ebenfalls innerhalb der drei genannten Kompetenzbereiche entwickelt werden; sie gehört substantiell zu jedem Bereich, denn ohne Lernen stirbt Kompetenz ab (vgl. ebd.), d.h.

- "*Methodenkompetenz bezeichnet die Fähigkeit und Bereitschaft zu zielgerichtetem, planmäßigem Vorgehen bei der Bearbeitung beruflicher Aufgaben und Probleme [...]*;

- *Lernkompetenz ist die Fähigkeit und Bereitschaft, Informationen über Sachverhalte und Zusammenhänge selbständig und gemeinsam mit anderen zu verstehen, auszuwerten und in gedankliche Strukturen einzuordnen [...] Zur Lernkompetenz gehört insbesondere auch die Fähigkeit und Bereitschaft, im Beruf und über den Berufsbereich hinaus Lerntechniken und Lernstrategien zu entwickeln und diese für Weiterbildung zu nutzen"* (1996a, S. 127).

Und was für die Schlüsselqualifikationen im einzelnen gilt, hat auch für deren Zusammenwirken Gültigkeit:
In der beruflichen Bildung erworbene „berufliche Handlungskompetenz" ist über die berufliche Sphäre hinaus auch bedeutsam für private Lebenszusammenhänge, sodaß in der vorliegenden Arbeit allgemein - und somit einem umfassenderen Verständnis folgend - nur noch von „Handlungskompetenz" die Rede sein wird, d.h.

Handlungskompetenz ist die Fähigkeit und Bereitschaft des Menschen, in relevanten Situationen sach- und fachgerecht, persönlich durchdacht und in gesellschaftlicher Verantwortung zu handeln sowie seine Handlungsmöglichkeiten ständig zu erweitern.

2.3 Zusammenfassung und Überleitung

Die gesellschafts- und wirtschaftspolitischen Umwälzungen der Gegenwart stellen hohe, sich dynamisch weiterentwickelnde Anforderungen an die Qualifikation der Belegschaften - Mitarbeiter sind gefordert, die diesen Ansprüchen nicht nur genügen, sondern darüberhinausgehend den immer schnelleren Wandel auch aktiv mitgestalten können. In dieser Situation entsprechen sich berufliche bzw. betriebliche Lernnotwendigkeiten und pädagogische resp. persönlichkeitsorientierte Bildungsansprüche im Hinblick auf Handelnde, die mit Eigenverantwortung ausgestattet sind. Demzufolge, so das Fazit der Ausgangslage (vgl. 1.1.1), sei auch eine vom Handlungspotential des Lernsubjektes ausgehende Didaktik gefordert.

Für das Handwerk wurde in diesem Sinne die ALiH-Studie (vgl. 1.1.2) vorgestellt, in deren Mittelpunkt der Lernort Arbeitsplatz steht, und zwar intentional ausgerichtet auf die Förderung beruflicher Handlungskompetenz.

Aufgrund ihres funktionalen Ausbildungscharakters haben sich aber die unter Wettbewerbsdruck stehenden Handwerksbetriebe den Intentionen der ALiH-Studie bislang weitgehend verschlossen (vgl. 1.1.3).

Vor dem Hintergrund, daß es insbesondere dieser Wettbewerbscharakter ist, der unter dem Eindruck ökonomischer Notwendigkeiten auf persönlichkeitsorientierte Ausbildungskonzeptionen abzielt, stellte sich daher die Frage, welche Beiträge die Berufsschule leisten könne, um in einem lernortübergreifenden Ansatz berufliche Handlungskompetenz zu fördern (vgl. 1.2).

Diesbezüglich wurden zunächst entsprechende Hinweise aus den Einzelgutachten der ALiH-Studie herausgearbeitet (vgl. 2.1).

Dabei wurde deutlich, daß sich die ALiH-Gutachter stets dann der Berufsschule erinnerten, wenn es um Schlüsselqualifikationen ging, die in den Betrieben zwar benötigt, dort aber aufgrund des funktionalen Ausbildungscharakters nicht entwickelt werden können - mit anderen Worten: Die Berufsschule soll für die Entwicklung von Schlüsselqualifikationen zuständig gemacht werden (vgl. 2.2).

Eine Auseinandersetzung mit dem Konzept der Schlüsselqualifikationen (vgl. 2.2.1) bzw. die Bündelung von Schlüsselqualifikationen zu Kompetenzbereichen führte dann zum umfassenden Begriff der Handlungskompetenz, weil die in der beruflichen Bildung erworbene „berufliche Handlungskompetenz" auch ihre Bedeutsamkeit hat für das Privatleben (vgl. 2.2.2). Handlungskompetenz aber, und das ist ein Ergebnis dieser Auseinandersetzung, ergibt sich erst durch das Zusammenwirken von Schlüsselqualifikationen - kurz: Schlüsselqualifikationen sind die Voraussetzung für Handlungskompetenz.

Einerseits also ist die ALiH-Studie intentional dahingehend ausgerichtet, am Lernort Arbeitsplatz die Handlungskompetenz zu fördern, andererseits delegieren die ALiH-Gutachter deren Voraussetzung, nämlich die Entwicklung von Schlüsselqualifikationen, an die Berufsschule.

Schon an dieser Stelle ist demnach festzuhalten, daß der Erwerb von Handlungskompetenz beim auftragsorientierten Lehren und Lernen im Handwerk ohne Berufsschule von den ALiH-Gutachtern nicht für möglich gehalten wird.

Das allerdings steht explizit in keinem der Gutachten!

Im folgenden Kapitel soll nun untersucht werden, wie in der Berufsschule die Handlungskompetenz der Auszubildenden entwickelt werden könnte.

3 Die Entwicklung von Handlungskompetenz im Berufsschulunterricht

Der ALiH-Studie entsprechend fällt die Entwicklung von Schlüsselqualifikationen in den Verantwortungsbereich der Berufsschule, damit auftragsorientiertes Lernen in den Klein- und Mittelbetrieben des Handwerks in Ausrichtung auf die proklamierte Handlungskompetenz überhaupt durchgeführt werden kann (vgl. 2.2).

Wie aber ist der Berufsschulunterricht zu gestalten, wenn sich in lernortübergreifenden Bildungsprozessen Handlungskompetenz entwickeln soll?

Die Forderung nach Entwicklung von Handlungskompetenz führt zu einem Unterricht, der sich didaktisch über die Fachwissenschaft hinaus am Konstrukt der Handlung orientiert - mit anderen Worten zum handlungsorientierten Unterricht.

Ein solcher Unterricht ist zu interpretieren

a) im engeren Sinne, d.h. es werden Voraussetzungen vermittelt zum Handeln-Können außerhalb der Schule;

b) im weiteren Sinne, d.h. es erfolgt das Erlernen des Handelns selbst in der Schule (vgl. SCHELTEN 1991a, S. 160 ff.; ECKERT 1999, S. 90).

Nun sagt der Begriff des handlungsorientierten Unterrichts noch relativ wenig aus über dessen Umsetzung im unterrichtlichen Geschehen.

Im Anschluß an eine theoretische Fundierung werden in den nächsten Abschnitten daher Möglichkeiten aufgezeigt, wie handlungsorientierter Unterricht an einer Berufsschule geplant, wie er durchgeführt und schließlich, wie er kontrolliert bzw. bewertet werden kann unter der Maßgabe, diesen Unterricht letztendlich in ein lernortübergreifendes Strukturmodell beruflicher Bildung integrieren zu können.

3.1 Die Handlungstheorie als Begründungskonzept einer handlungsorientierten Berufsbildung

3.1.1 Vorliegende Begründungsmuster

Nach CZYCHOLL/EBNER können vorliegende theoretische Konzepte zu einer handlungsorientierten Berufsbildung hinsichtlich der Stringenz ihrer Begründungsmuster zu drei Typen verdichtet werden:

- Der erste Typus läßt sich als praxistisches Alltagskonzept kennzeichnen, denn Handlungsorientierung wird ohne systematische theoretische Grundlegung verkürzt auf äußere Aktion, sinnlich-praktisches Tun oder gar manuelle Tätigkeiten wie z.B. das Bedienen eines Tastenfeldes (vgl. hierzu 1989).

- Beim zweiten Typus fungiert „Handlungsorientierung" als Sammelbegriff für eine Unterrichtsgestaltung, die alle Formen der Schüleraktivität einschließt, wobei der Projektunterricht als Höchstform gilt, als „Königsweg" sozusagen (vgl. hierzu PROJEKTGRUPPE HUMMELN 1999, S. 19 ff.).

- Im dritten Typus werden systematisch Begründungsmuster einer Handlungs- bzw. Lerntheorie entfaltet (vgl. 1995, S. 44 f.; CZYCHOLL 1996, S. 119 ff. sowie 3.1.2 - 3.1.5 der vorliegenden Arbeit).

Übereinstimmend gehen handlungstheoretische Ansätze im Gegensatz zum Behaviorismus davon aus, daß die Analyse des menschlichen Verhaltens nur unter Einbeziehung von nicht direkt beobachtbaren, sich im Innern des Menschen vollziehenden Prozessen sinnvoll ist.

Die Handlungstheorien sind somit der kognitionspsychologischen Forschungsrichtung zuzuordnen (vgl. BACHMANN 1988, S. 11 ff.; DULISCH 1994, S. 30 ff.).

3.1.2 Das Dualismusproblem von Denken und Handeln

Grundlage der Handlungstheorie ist ein Welt- und Menschenbild, das sich in Anlehnung an SÖLTENFUSS als „epistemologisches Subjektmodell" (vgl. 1983, S. 49 ff.; vgl. auch JANK/MEYER 1994, S. 354 f.) beschreiben läßt. Demzufolge laufen im Tätigkeitsvollzug verschiedene Transformationsprozesse ab, die subjekt- und objektseitig zu einem Produkt führen (vgl. CZYCHOLL 1996, S. 121), und zwar

- im Zuge der Interiorisierung/Exteriorisierung, geltend für Vertreter der materialistischen Tätigkeitspsychologie wie RUBINSTEIN (vgl. 1968), LEONTJEW (vgl. 1977) und GALPERIN (vgl. 1974), wobei hinsichtlich der Tätigkeiten des Handlungssubjektes die Analyse der gesellschaftlichen Voraussetzungen eine herausragende Rolle spielt; oder

- im Verlauf der Assimilation/Akkommodation, bezeichnend für die neuere Entwicklungs- und Kognitionspsychologie, die das individuelle Bewußtsein an die Stelle des gesellschaftlich determinierten setzt und in erster Linie verbunden ist mit Namen wie PIAGET (vgl. 1975) und seinem Schüler AEBLI (vgl. 1993b).

Übereinstimmend gehen beide paradigmatischen Positionen davon aus, daß der Mensch einerseits in „kooperativer Selbstqualifikation" (vgl. HALFPAP 1996, S. 6 f.) gestaltend auf die Umwelt einwirkt und andererseits entscheidende Prägungen von seiner Umwelt erhält bzw., wie bereits RIEDEL diesen originären Zusammenhang beschreibt, wird der Mensch durch jedes Arbeiten ein anderer und bereits beim zweiten Hammerschlag ist er schon nicht mehr derselbe wie beim ersten, weil er Werkstoff und Werkzeug jetzt besser kennt als zuvor (vgl. 1967, S. 10; vgl. auch MILLER/GALANTER/PRIBRAM 1991, S. 40 ff.). Nach handlungspsychologischer bzw. darauf rekurrierender -theoretischer[10] Interpretation ist das äußere Handeln somit die ursprüngliche Existenzform des

---

10 Nach SCHURER wäre es ohne weiteres möglich, „Handlungstheorie" und „Handlungspsychologie" synonym zu verwenden. In der einschlägigen Literatur indessen finde der Begriff „Handlungstheorie" vielfach nur für die primär kognitivistisch geprägte Richtung Anwendung, während sich für die auf die materialistische Psychologie zurückgehende Handlungstheorie weitgehend die Bezeichnung „Handlungspsychologie" durchgesetzt habe (vgl. 1991, S. 128). In der vorliegenden Arbeit wird die „Handlungstheorie" als Oberbegriff verwendet.

Denkens, welches sich in einem dialektischen Prozeß aus dem praktischen Handeln entwickelt und sich dabei erhebt *„zu der Stufe, auf der die Theorie möglich wird, die der Praxis vorauseilt und als Anleitung zum Handeln dient"* (RUBINSTEIN 1968, S. 431). In diesem Sinne weist die Handlungstheorie die Annahme einer Wesensverschiedenheit von Denken und Handeln zurück (vgl. BECK 1996, S. 10), sie wendet sich gegen den erkenntnistheoretischen, bildungspolitischen und bildungsorganisatorischen Dualismus von Denken und Handeln (vgl. CZYCHOLL/EBNER 1988, S. 110; CZYCHOLL 1996, S. 114 ff.). Nach AEBLI negiert der Dualismus die strukturelle und funktionale Verwandtschaft von Denken und Handeln, sei als dualistische Position aber tief in den westlichen und östlichen Kulturen verankert; dies nicht nur in Bereichen der philosophischen Systeme und der Weltanschauungen, sondern auch in den gesellschaftlichen Institutionen wie z.B. den Schulsystemen: *„Das Gymnasium repräsentiert in dieser Sicht das Denken und die Berufsbildung das Handeln. Es gibt eine Bildungselite, die für sich den Geist in Anspruch nimmt und die das praktische Tun dem 'Volk' zuweist: ein zweitausendjähriges soziales und politisches Denkmuster"* (1993c, S. 15; vgl. auch TRAMM 1994, S. 39 ff.).

Die „kognitive Wende" (vgl. EINSIEDLER u.a. 1978, S. 15 f.) in der Handlungstheorie hingegen weist in eine grundsätzlich andere Richtung, die sich in konzentrierter Form wie folgt zusammenfassen läßt:

Denkstrukturen entwickeln sich dispositional aus verinnerlichten Handlungen, d.h.

- Denken geht aus dem Handeln hervor,
- Denken ordnet das Handeln,
- Denken wirkt auf das Handeln zurück und muß sich in ihm bewähren.

Wenn also Denken das Ordnen des Handelns ist, aus diesem hervorgeht und auf es zurückwirkt, dann sind Wahrnehmung und Denken gleichsam „die Magd des Handelns", ist die Hand „ein Werkzeug des Denkens" (vgl. AEBLI 1993a, S. 320 ff.; 1993c, S. 26 ff.; GUDJONS 1994, S. 43 f.).

Der Begriff „Handeln" erweist sich somit als zentrale Kategorie der Handlungstheorie bzw. des handlungsorientierten Unterrichts. Deshalb wird dieser „Schlüsselbegriff" (vgl. ACHTENHAGEN 1991, S. 196) zunächst grundlegend definiert.

3.1.3 Zum Begriff des Handelns in Abgrenzung zum Verhaltens- und Tätigkeitsbegriff

Vorab ist festzustellen, daß sich eine einheitliche Definition der Begriffe „Handlung" bzw. „Handeln" in der Literatur nicht nachweisen läßt (vgl. LANGEWAND 1994, S. 699 ff.). Ohne auf die zahlreichen Definitionen einzugehen (zu Beispielen vgl. SCHURER 1984, S. 18 ff; BACHMANN 1988, S. 31 ff.; DULISCH 1994, S. 30 ff.), soll hier Handeln verstanden werden als eine spezifische Form menschlichen Verhaltens[11] mit dem charakteristischen Merkmal der Zielgerichtetheit (vgl. STEXKES 1991b, S. 105; vgl. auch HECKHAUSEN 1989, S. 13; HACKER 1998, S. 67).

Aus dem weiten Verhaltensbegriff der kognitiven Theorie gilt für die Abgrenzung von „Verhalten" und „Handeln" dagegen, daß „Verhalten" „ [...] bewußte und unbewußte, willkürliche und unwillkürliche, absichtliche und zufällige usw. Verhaltensweisen umfaßt [...] „ (SCHURER 1984, S. 23). Die Zielgerichtetheit ist somit das wesentliche Kriterium, anhand dessen das menschliche Handeln aus dem übergeordneten Bereich des Verhaltens ausgegrenzt werden kann[12].

Eingedenk der Abgrenzungsschwierigkeiten zwischen „Tätigkeit" und „Handlung" kann und wird im folgenden eine weitgehende inhaltlich und formal-logisch strukturelle Übereinstimmung unterstellt (vgl. SCHURER 1984, S. 21; BACHMANN 1988, S. 68 ff.; STEXKES 1991b, S. 105). Unterscheidungen der beiden Begriffe erfolgen i.d.R. hinsichtlich ihrer quantitativen Komplexität (vgl. HACKER 1998, S. 66 f.). Einzelne Handlungen sind demnach in den größeren Rahmen der Tätigkeit eingebettet (vgl. von CRANACH 1994, S. 69), wobei die Tätigkeit als eine additive Zusammenfassung und

---

[11] In dem Sachverhalt, daß Handeln als eine spezifische Verhaltensform des Menschen aufgefaßt wird, sieht DULISCH eine Begründung, daß in der neueren kognitiv orientierten Psychologie Tierexperimenten und entsprechenden Verhaltensbeobachtungen nur eine geringe Aussagekraft zur Erklärung des menschlichen Verhaltens zugemessen wird (vgl. 1994, S. 32).

[12] Mit folgender Prädikatorenregel läßt sich Verhalten als der umfassendere, aber auch allgemeinere Begriff vom Handeln abgrenzen: „Nicht jedes Verhalten stellt eine Handlung dar, aber 'immer wenn wir von einer Person sagen, daß sie handelt, dann dürfen wir auch sagen, daß sie sich verhält'" (WERBIK 1978, S. 18 - zitiert in SCHURER 1984, S. 23; vgl auch BACHMANN 1988, S. 37).

zielbezogene Verknüpfung von Handlungen aufgefaßt werden kann (vgl. DULISCH 1994, S. 35), z.B. umfaßt die Tätigkeit eines Lehrers Handlungen wie „unterrichten", „korrigieren" usf. als einzelne Tätigkeitselemente.

3.1.4 **Unter dem Aspekt von Ganzheitlichkeit und als Ausgangspunkt der modelltheoretischen Betrachtung: Die Forderung nach dem Lernen in „vollständigen Handlungen"**

Für eine moderne Berufsbildung, wie sie in den Ordnungsmitteln von Berufen, die nach dem Berufsbildungsgesetz neu geordnet worden sind, zum Ausdruck kommt (vgl. u.a. MBWKJS.Schl.-H. 1991; vgl. hierzu auch PAHL 1992, S. 5; BAUER 1996, S. 9), wird ein Lernen in „vollständigen Handlungen", d.h. „ganzheitliches Lernen" (vgl. LAUR-ERNST 1990a, S. 42; SCHELTEN 1991a, S. 164 ff.) gefordert.

Welche Komponenten gehören also zu einer „vollständigen Handlung" und müssen berücksichtigt werden, damit „ganzheitliches Lernen" möglich wird?

Als grundlegende Aussage der Handlungstheorie wurde diesbezüglich der Zusammenhang von Denken und Handeln bzw. die Aufhebung der Dualität zwischen Denken und Handeln herausgestellt.
Das Zusammenspiel von Denken und Handeln soll im folgenden anhand von Modellen einer „vollständigen Handlung" nachvollzogen werden.
Daher wird zunächst die Außenperspektive einer „vollständigen Handlung" in ihrer linearen Verkettung dargestellt, es werden dann deren Komponenten gesondert betrachtet, und zwar einschließlich der Organisation von Aktionsprogrammen eines Handlungssubjektes.
Anschließend wird die innere Struktur einer Handlung aufgezeigt, die erst deutlich wird unter Berücksichtigung des psychischen Regulationsprozesses, einer Perspektive, aus der das Handeln ersichtlich wird als ein komplexes Wechselwirkungsverhältnis seiner Komponenten.

3.1.4.1   Die Komponenten einer „vollständigen Handlung"

Die neuen Ausbildungsordnungen gehen davon aus, daß unter dem Anspruch einer „vollständigen Handlung" die drei großen Bereiche „Planung", „Ausführung" und „Kontrolle" untrennbar zusammengehören (vgl. ECKERT 1992, S. 60). Das Wesentliche der Neuordnungen besteht also darin, alle Fertigkeiten und Kenntnisse unter Einbeziehung selbständigen Planens, Durchführens und Kontrollierens zu vermitteln (vgl. HENSGE/KAMPE 1991, S. 31).

Für die Trias „Planen", „Durchführen" und „Kontrollieren" sind z.B. auch Begriffe wie „Antizipationsphase/-komponente", „Vollzugs- oder Realisationsphase/-komponente" sowie „Kontroll- bzw. Reflexions- resp. Bewertungsphase/-komponente" üblich (eine Übersicht gibt DULISCH 1994, S. 57 f.).

Jede der genannten Phasen bzw. Komponenten läßt sich noch weiter ausdifferenzieren. Im Rahmen aktueller berufs- und arbeitspädagogischer Modelle sind in Anlehnung an die typische Abfolge in der Bearbeitung eines Kunden- bzw. Arbeitsauftrages (vgl. EHEIM u.a. 1997, S. 68 ff.) folgende Denk- und Handlungsschritte zu durchlaufen:

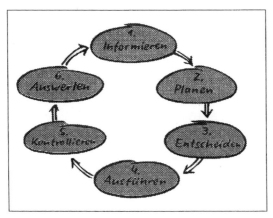

Abb. 5: Eine „vollständige Handlung" in Anlehnung an einen Kundenauftrag
(Quelle: HAHN u.a. 1995, S. 23)

In Entsprechung der klassischen Triade von PESTALOZZI „Kopf-Herz-Hand" gibt es für ganzheitliches Lernen neben der Umschreibung des Lernens in „vollständigen Handlungen" noch eine andere Fassung, die hier erwähnt werden soll:

Werden alle drei Lernzielbereiche, der kognitive („Kopf"), affektive („Herz") und psychomotorische („Hand") gemeinsam in einer Lernstrecke angesprochen, dann liegt ebenfalls ganzheitliches Lernen vor (vgl. MEYER 1994a, S. 29 ff.).

SCHELTEN macht darauf aufmerksam, daß bei einem Lernen in „vollständigen Handlungen" immer alle drei Lernzielbereiche zugleich angesprochen sein dürften - allerdings:

„Umgekehrt dürfte gelten, wenn Lernstrecken durchlaufen werden, indem der kognitive, affektive und psychomotorische Lernzielbereich gemeinsam angesprochen werden, so kann dies nur bei einem Lernen in 'vollständigen Handlungen' geschehen. So gesehen schließt die eine Umschreibung ganzheitlichen Lernens die andere mit ein" (vgl. 1991a, S. 165 f.).

Die einzelnen Komponenten einer „vollständigen Handlung" sollen in den nächsten Abschnitten charakterisiert werden.

3.1.4.1.1   Die Komponente der Antizipation

Die Antizipationskomponente umfaßt

a) die Zielbildung, zu unterscheiden

- nach der variierenden Klarheit bei der internen Zielrepräsentation in geschlossene und

  offene Zielzustände,

- hinsichtlich des Zielcharakters in resultats- und ausführungsakzentuierte

  Zielhandlungen,

- in Handlungs- bzw. Leitziel mit den eingeschlossenen Teilzielen und den

  Handlungsfolgen, d.h. den Werk- und Wirkzielen[13];

b) die Motivreflexion bzw. -bildung, d.h. intrinsisch oder extrinsisch motiviert ermißt der

  Handelnde, welche Bedeutung das Handlungsergebnis für ihn hat, sodaß die

  Zielvorstellungen nicht alleine auf Zweck-Mittel-Überlegungen beruhen, sondern durch

  die Motivreflexion auch Schaden-Nutzen-Abwägungen einbeziehen[14];

---

13 Mit Werkziel und Wirkziel wird das übersetzt, was in der Lehrweise des Scholastizierens (vgl.
     REINHARDT 1994, S. 26) 'finis operis' und 'finis operantis' genannt wird.

     Den Zusammenhang verdeutlicht WELTY in einer Schrift über das Arbeitsverständnis des Scholastikers
     Thomas von AQUIN:

     „[...] Werkziel ist der dem Akt immanente nächste, gegenständliche Sinn; [...] Wirkziel dagegen ist das,
     was der Handelnde mit einem Akt beabsichtigt [...]" (1946, S. 18 f., zit. i. DULISCH 1994, S. 33).

     Daß daraus folgernd Werk- und Wirkziel zwar zusammenfallen können, es aber keineswegs müssen,
     bzw., wiederum daraus schließend, daß eine gelungene Handlung nicht immer auch erfolgreich sein
     muß, soll folgendes Beispiel aus dem Handwerk unterstreichen:

     Einem Bäckermeister ist gemäß seiner „gedanklichen Vorwegnahme" ein Kuchen hervorragend gelungen
     - das Werkziel wurde erreicht.

     Nun konnte der Kuchen aber nicht verkauft werden, und somit war die Handlung des Bäckermeisters
     zwar gelungen, für ihn jedoch nicht erfolgreich.

14 Um die Illustration der vorigen Fußnote aufzunehmen:

     Mit weiteren, ebenfalls gelungenen, jedoch nicht erfolgreichen Backwaren wird der Bäckermeister
     aufgrund einer „Schaden-Nutzen-Abwägung" diese Gebäcke entsprechend aromatisiert zu Rumkugeln
     wirken, welche dann freilich, und zwar im exakten Sinne des Wortes, ebenfalls der Interdependenz von
     Werk- und Wirkziel unterliegen ...

c) das Entwerfen von Aktionsprogrammen, also wie und mit welchen Maßnahmen das Handlungsziel realisiert werden kann (vgl. BACHMANN 1988, S. 101 ff.; STEXKES 1991b, S. 113 ff.).

Bezüglich der Aktionsprogramme ist anzumerken, daß aufgrund der hierarchischen Organisation von Handlungen die jeweils betrachtete Tätigkeit unterschiedlich komplex sein kann, weil sich jede Handlung in Relation zu anderen Handlungen sowohl als Teilhandlung einer umfassenderen Tätigkeit als auch als Handlungskomplex, bestehend aus weiteren Teilhandlungen mit unterschiedlichen Funktionen und Verknüpfungen, verstehen läßt.

Eine Ausprägung von Teilhandlungen sind Operationen. Im Sinne der Handlungstheorie ist eine Operation eine effektive, vorgestellte (innere) oder in ein Zeichensystem übersetzte Handlung, bei deren Ausführung der Handelnde seine Aufmerksamkeit ausschließlich auf die der Handlung inhärente Struktur richtet - kurz, eine Operation ist eine abstrakte Handlung (vgl. AEBLI 1993b, S. 203 ff.) bzw., wie STRATENWERTH es formuliert, sind Operationen gedanklich verallgemeinerte Teilhandlungen i.s. von Verfahrensweisen, die durch Wiederholung oder Übung als Teil eines Operationskomplexes auch automatisiert werden können, sodaß sie nicht mehr bewußtseinspflichtig sind (vgl. 1988, S. 129; vgl. auch STEXKES 1991b, S. 110 f.).

Gemäß dieser Organisation wird nun dem Handlungs- bzw. Leitziel ein entsprechendes Aktionsprogramm zugeordnet, in dem der Handlungsablauf antizipiert wird. Innerhalb solcher Programme werden Teilziele des Handelns festgelegt und zeitlich koordiniert, sodaß sich in Verfolgung dieses Prinzips wiederum jedem Teilziel ein Aktionsprogramm zuordnen läßt, das weitere untergeordnete Teilziele enthält.
Die Generierung hierarchisch geordneter Ziele und Pläne erfolgt in diesem Sinne als Dekodierung eines Aktionsprogrammes (vgl. BACHMANN 1988, S. 83 ff.; DULISCH 1994, S. 47 ff.; HACKER 1998, S.203 ff.).
Beispielhaft stellt HACKER in Abb. 6 eine Hierarchie seiner Tagesaufgaben vor:

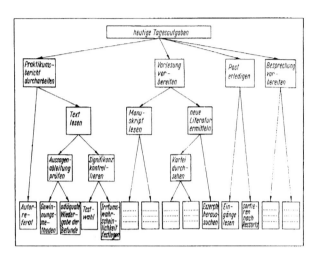

Abb. 6: Ein Beispiel zur hierarchischen Struktur der Aufgabendekodierung

(Quelle: HACKER 1998, S. 204)

In Erweiterung dieses Ansatzes, der darstellt, **was** miteinander verkettet ist, stellt AEBLI zusätzlich heraus, **wie** diese Verkettung zustande kommt, indem er zwei unterschiedlich organisierte Wissensstrukturen unterscheidet:

a) das assoziative, kumulative Wissen, von AEBLI bezeichnet als der „Steinbruch", *„in dem sich das Handeln und das Denken die Elemente holen, um ihre hierarchischen Strukturen aufzubauen"* (1993c, S. 162) und

b) das echte Handlungswissen, in welches die kumulativen Wissenselemente nach folgendem Algorithmus eingebunden sind: Die untergeordnete Handlung realisiert eine Bedingung, auf welcher die übergeordnete Handlung operiert - zusammengefaßt:

Das assoziative, kumulative Wissen liefert dem Handlungswissen das Material, das in die hierarchische Handlungsstruktur eingebaut wird (vgl. ebd., S. 158 ff.).

Doch das menschliche Handeln hat nicht nur eine hierarchische, sondern auch eine sequentielle Struktur.

In Anlehnung an VOLPERT (vgl. 1979, S. 26) verdeutlicht DULISCH den Grundgedanken der hierarchisch-sequentiellen Handlungsorganisation in einer formalisierten Weise (vgl. Abb. 7) und erläutert:

„Die ausführenden Handlungselemente auf der untersten Analyseebene sind sequentiell geordnet. Diese sequentielle Ordnung ist das Ergebnis von hierarchisch strukturierten Planungs- und Prüfprozessen" (1994, S. 48).

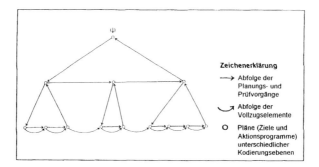

Abb. 7: Formalisierte Darstellung der hierarchisch-sequentiellen Handlungsorganisation

(Quelle: DULISCH 1994, S. 49)

3.1.4.1.2 Die Komponente der Realisation

Im Rahmen des Handlungsvollzugs werden die Aktionsprogramme in sequentiell koordinierte Operationen umgesetzt. Über den Vollzug dieser Operationen wirkt das Handlungssubjekt verändernd auf den Handlungsgegenstand ein und versucht so, sein Handlungsziel zu realisieren. Die Ausführungsoperationen können nach ihrer Funktion in der jeweiligen Handlungssituation wie folgt differenziert werden:

- Handlungsgegenstandsbezogene Operationen, die sich in unmittelbarer Funktionserfüllung direkt auf den Handlungsgegenstand zur Realisierung des Handlungsziels richten. Der Handlungsgegenstand repräsentiert hierbei sowohl Objekte, Personen oder Bewußtseinsinhalte aus der Umwelt des Handelnden (umweltgerichtetes Handeln) als auch das Handlungssubjekt selbst (selbstgerichtetes Handeln).

- Hilfsoperationen, zu unterscheiden wiederum in personale Operationshilfen und materielle Operationsmittel.

Ausgehend von der hierarchisch-sequentiellen Handlungsorganisation (vgl. Abb. 6 u.7) veranschaulicht DULISCH in Abb. 8 die Beziehung zwischen den sequentiell geordneten Ausführungselementen und den hierarchisch organisierten Planungs- und Kontrollprozessen, und zwar auf der Grundlage eines Modells von VOLPERT (vgl. 1983, S. 42 f.) über das „Durcharbeiten eines Planes" bezogen auf die Vollzugsebene des Handelns (vgl. 1994, S. 63 ff.; vgl. auch BACHMANN 1988, S. 105 ff.; STEXKES 1991b, S. 111 f. u. 118).

Das Modell macht einerseits die Verknüpfungen zwischen planenden und realisierenden Prozessen transparent, verweist andererseits aber auch auf die Wechselwirkung mit den Phasen der Handlungskontrolle.

55

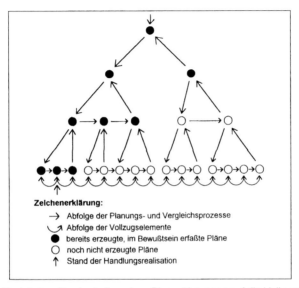

Zeichenerklärung:

→ Abfolge der Planungs- und Vergleichsprozesse
⤾ Abfolge der Vollzugselemente
● bereits erzeugte, im Bewußtsein erfaßte Pläne
○ noch nicht erzeugte Pläne
↑ Stand der Handlungsrealisation

Abb. 8: Modell des „Durcharbeiten eines Planes" bezogen auf die Vollzugsebene des Handelns (Quelle: DULISCH 1994, S. 65)

Im nächsten Abschnitt soll die Komponente der Handlungskontrolle analytisch aus dem Handlungsverlauf getrennt und explizit untersucht werden.

3.1.4.1.3   Die Komponente der Handlungskontrolle

In Abhängigkeit ihrer zeitlichen Stellung während einer „vollständigen Handlung" kann zwischen folgenden Formen der Handlungskontrolle unterschieden werden:

- Die antizipative Kontrolle, auch „prognostische" oder „planende" Kontrolle, umfaßt im Sinne eines „geistigen Probehandelns" alle Kontrollvorgänge, die vor dem Vollzug einzelner Handlungsschritte durchgeführt werden, sodaß vom Handlungssubjekt in vorausschauender Weise die Angemessenheit und Realisierbarkeit von Aktionsprogrammen im Hinblick auf das Handlungsziel überprüft werden kann.

- Die aktions- bzw. ausführungsbegleitende Kontrolle, auch als „Verlaufskontrolle" bezeichnet, prüft, ob der Handlungsvollzug den Aktionsprogrammen entspricht, ggf. werden Abweichungen zwischen dem antizipierten und dem realen Handlungsverlauf registriert, ausgewertet und in weiteren, modifizierten Planungsprozessen berücksichtigt. Somit wird es dem Handlungssubjekt durch die begleitende Kontrolle ermöglicht, die jeweiligen situationsspezifischen Bedingungen einer Handlungssituation einzubeziehen und flexibel zu reagieren.

- Die resultative Kontrolle, auch benannt als „Ergebniskontrolle", prüft, ob das geplante Handlungsergebnis erreicht wurde. Liegt bei der resultativen Kontrolle eine dem Handlungssubjekt hinreichende Übereinstimmung zwischen dem antizipierten und dem tatsächlichen Handlungsergebnis vor, dann wird die Handlung beendet.
Auch in dieser Hinsicht ist zwischen Handlungsergebnis und Handlungsfolgen zu unterscheiden. PLATZKÖSTER weist darauf hin, daß das Ergebnis als unmittelbares Produkt einer Handlung mehrere Folgen nach sich ziehe - Handlungsfolgen also nur mittels eines Ergebnisses erreichbar seien (vgl. 1983, S. 15; zur Handlungskontrolle vgl. BACHMANN 1988, S. 103 ff.; STEXKES 1991b, S. 119 ff.; DULISCH, S. 68 ff.).

Zusammengenommen bestehen die dargestellten Kontrollprozesse aus dem Erfassen des Ist-Zustandes, des Soll-Zustandes und einem anschließenden Soll-Ist-Vergleich. Die Integration dieser Kontrollprozesse in einem Handlungsverlauf kann durch das von MILLER/GALANTER/PRIBRAM entwickelte Modell der „**TOTE**-Einheit" (vgl. Abb. 9) verdeutlicht werden, welches - in Abgrenzung zu der bis dahin in der Psychologie vorherrschenden „Reiz-Reaktions-Einheit" der Behavioristen - den Menschen als rational und hypothesenprüfend beim Handeln auffaßt (vgl. 1991, S. 34 ff; vgl. auch GUDJONS 1994, S. 43). Das genannte Akronym (Test - Operate - Test - Exit) kennzeichnet im Hinblick auf das Handlungsziel den permanenten Austausch zwischen Prüfphasen (Test) und Handlungsphasen (Operate) im Vollzug einer Handlung (ähnlich bei HACKER als VVR-Einheiten → „Vergleichs-Veränderungs-Rückkoppelungseinheiten" ← in einem z.B. für Umweltrückwirkungen offenen Kreisprozeß dargestellt; vgl. 1998, S. 215 ff.).

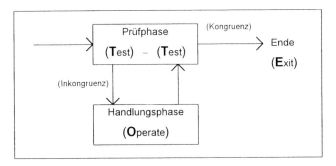

Abb. 9: Das Modell der **TOTE** - Einheit zur Verdeutlichung der Integration von Kontrollprozessen in einem Handlungsverlauf (Quelle: Erstellt nach MILLER/GALANTER/PRIBRAM 1991, S. 34)

Nachdem bisher die einzelnen Komponenten einer „vollständigen Handlung" gesondert betrachtet worden sind, wird im nächsten Abschnitt deren Regulationsstruktur aufgezeigt.

3.1.4.2 Die Regulationsstruktur einer „vollständigen Handlung"

Das folgende Regelkreismodell (vgl. Abb. 10) zeigt das verschachtelte und komplizierte Zusammenwirken der psychoregulativen Funktionen von Antizipations-, Realisations- und Kontrollphase.

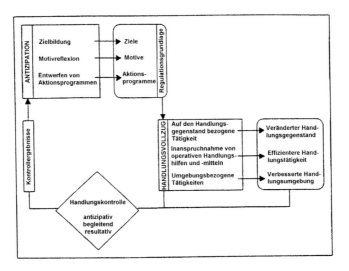

Abb. 10: Regulationsstruktur einer „vollständigen Handlung"
(Quelle: STRATENWERTH 1990; zit. i. STEXKES 1991b, S. 121)

Hierbei ist zu beachten, daß die zeitliche Beziehung der Phasen nicht als linear, d.h. zeitlich aufeinanderfolgend, interpretiert werden darf, sondern daß die einzelnen Handlungsphasen einander wechselseitig bedingen und durchdringen.

Das Konstrukt einer Handlung „allgemein" präsentiert sich in der Realität in vielfältigen Formen.

Unter Hinführung zum berufs- und arbeitspädagogisch relevanten „Lernhandeln" werden im nächsten Abschnitt zunächst Formen menschlichen Handelns erläutert.

3.1.4.3 Formen menschlichen Handelns

Auf einer ersten Deutungsebene sind folgende Handlungsformen zu unterscheiden (vgl. SCHURER 1984, S. 156 ff.; BACHMANN 1988, S. 46 ff.; STEXKES 1991b, S. 122 ff.; DULISCH 1994, S. 36 ff.):

- Nach dem Kriterium der Wahrnehmbarkeit gibt es ein von außen wahrnehmbares ("äußeres") und ein verdecktes ("inneres") Handeln, d.h. unter äußerem Handeln können alle zielgerichteten Aktivitäten subsumiert werden, die motorische Bestandteile umfassen, wobei aus kognitions- und handlungspsychologischer Sichtweise solche Bewegungshandlungen immer auch innere Komponenten, vor allem die an der Handlungsregulation beteiligten Antizipations- und Kontrollprozesse, aufweisen, während innere Handlungen als informationsverarbeitende Prozesse ausschließlich intern, mithin ohne wahrnehmbare äußere Aktivitäten ablaufen, wie insbesondere beim Denkhandeln (*"Wir sprechen von Denktätigkeit, weil Denken ein Handeln im Kopfe ist"*; HACKER 1998, S. 560);

- hinsichtlich der handlungsleitenden Zielvorstellungen läßt sich das Handeln in umweltgerichtete und selbstgerichtete Handlungen differenzieren;

- aufgrund der Einbindung der Handlungen in die Grundformen der Lebenstätigkeit definiert sich das Arbeits-, Sport-, Spiel- und Lernhandeln als Mischform aus Denk- und Bewegungshandlung.

Nicht zuletzt unter dem eingangs formulierten Aspekt von Ganzheitlichkeit und der Forderung nach einem Lernen in „vollständigen Handlungen" wird im folgenden der Zusammenhang obiger Handlungsformen dargestellt am Beispiel der Lernhandlung.

3.1.5 Unter dem Aspekt von Ganzheitlichkeit und als Ergebnis der modelltheoretischen Betrachtung: Die „vollständige Handlung" als Lernhandlung

Das auftragsorientierte Lernen im Handwerk erhält unter ganzheitlichem Gesichtspunkt vom komplexen Kundenauftrag seine substantielle Ausrichtung (vgl. 1.1.2). HACKER spricht in diesem Zusammenhang von „Komplexaufträgen" als Grundlage vollständiger Handlungstätigkeiten, d.h.: „*Komplexaufträge ermöglichen zyklisch (also hinsichtlich des Vorbereitungs-, Organisations-, Ausführungs- und Kontrollzyklus') sowie hierarchisch (also hinsichtlich der beteiligten automatisierten, wissens- bzw. denkgestützten Regulationen) vollständigere Tätigkeiten*" (1998, S. 144).

Aufgrund dieser Prämisse kann der Kundenauftrag als Handlungsrahmen verstanden werden, d.h. als eine Aufgabenstellung mit einer oder mehreren Aufgaben (vgl. BACHMANN 1991a, S. 254), so daß in der Folge, lerntheoretisch betrachtet, die Lerntätigkeit aus einer oder mehreren Lernhandlungen besteht, denn:

Analog zur Handlungstätigkeit „allgemein" kann auch die Lerntätigkeit je nach der Komplexität des betrachteten Lernsystems aus einer oder mehreren Lernhandlungen mit unterschiedlichen Lernzielen bestehen, wobei jede Lernhandlung sowohl als Teilhandlung oder Lernoperation einer übergreifenden Handlung als auch als Komplex untergeordneter Teilhandlungen interpretierbar ist.

Wegen der strukturellen Identität läßt sich entsprechend einer vollständigen Handlung „allgemein" auch die Lernhandlung zu Analysezwecken aufgliedern in die Komponenten der Antizipation, Realisation sowie der Kontrolle und ergibt dann die Regulationsstruktur der Lernhandlung.

In Abb. 11 wird das entsprechende Modell einer „Lernhandlung" vorgestellt und anschließend unter Rückgriff auf STRATENWERTH (vgl. 1978, S. 290 ff.; 1988, S. 127 ff.) erläutert (vgl. hierzu auch STEXKES 1991b, S. 135 ff.; SCHURER 1991, S. 144 ff.; 1995, S. 23 ff.; VOLPERT 1994, S. 15 ff.; KOCH 1998a, S. 7 ff.; 1998b).

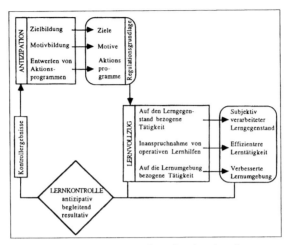

Abb. 11: Regulationsstruktur einer Lernhandlung

(Quelle: STRATENWERTH 1988, S. 131)

Die Antizipationsphase stellt eine gedankliche Vorwegnahme der mit der Lernhandlung beabsichtigten Ergebnisse als subjektive Vorstellungen des Lernenden über sein Lernziel sowie der möglichen Konsequenzen dar, die der Lernende bei der Motivbildung reflektiert, wobei die Aktionsprogramme die Verfahrensweisen zur Zielerreichung umfassen und sich sowohl direkt auf den Lerngegenstand beziehen können in Form von handlungsgegenstandsbezogenen Operationen als auch auf operative Hilfen in Form von Einschubhandlungen. Sollten sich Schwierigkeiten bei Inanspruchnahme der Hilfen ergeben, können diese auch die Funktion eines Lerngegenstandes annehmen unter der Zielsetzung des Lernenden, die entsprechende Hilfe effektiv zu nutzen.

Während des Lernvollzugs erfolgen Rückmeldungen von der Ausführungs- zur Planungsebene, wo über die weitere Abarbeitung der Aktionsprogramme entschieden wird, um gegebenenfalls neue zu entwerfen.

Beim normalerweise mehrmaligem Durchlaufen von Antizipation, Vollzug und Kontrolle werden, wenn erforderlich, neben einer Veränderung und zielbezogenen Anpassung von Teilhandlungen und Operationen auch Ziele und Motive präzisiert und optimiert.

Bezüglich des nicht linear-sequentiellen Phasenverlaufes ist zu berücksichtigen, daß die Trennung von Antizipation, Realisation und Kontrolle und ihre modellhafte Anordnung keine zeitliche Reihenfolge in dem Sinne vor- bzw. wiedergibt, als zunächst jeweils alle einer Komponente zugehörigen Aktivitäten durchzuführen sind, bevor die nächsten bearbeitet werden. Vielmehr können einzelne Aktionsprogramme unmittelbar ausgeführt und kontrolliert werden. Anschließend werden nachfolgende bzw. ergänzende Teilhandlungen antizipiert, realisiert und kontrolliert.

Die Regulation einer Lernhandlung erfordert schon deshalb eine derart verschachtelte Interpretation, da die Notwendigkeit, Aktionsprogramme zur Inanspruchnahme von Hilfen zu entwerfen, häufig erst bei der Realisation der Wirkoperationen und ihrer begleitenden oder resultativen Kontrolle deutlich wird und damit Einschubhandlungen bzw. Hilfsoperationen begründet.

Bezüglich des auftragsbezogenen Lernens im Handwerk ist die der Arbeitshandlung immanente Verbindung von Kognition und Aktion hervorzuheben, wobei unter Bezug auf SCHURER in knapper Formulierung *"Arbeit als Veränderung von Objekten und Lernen als Veränderung des Subjektes"* (1984, S. 68) charakterisiert werden kann, d.h. Arbeitshandeln ist eine umweltgerichtete und Lernhandeln eine selbstgerichtete Tätigkeit, wobei sowohl Arbeits- als auch Lernhandeln jeweils aus Denk- und Bewegungshandeln bestehen können, also nach dem Kriterium der Wahrnehmbarkeit externe und interne Handlungen bzw. Operationen zu unterscheiden sind.

Weil die relevanten Ausbildungsmaßnahmen darauf abzielen, gemäß ihrer Förderung der Handlungsfähigkeit das Erlernen der Arbeitshandlungen zu unterstützen bzw. zu ermöglichen, erfordern sie unter didaktischen Aspekten weitreichende Konsequenzen zur Gestaltung von Lernsituationen. Wenn zur Veranschaulichung ein Anfänger im Skilaufen ins Bewußtsein gerufen wird, der die Bewegungstechnik zwar theoretisch erfaßt hat („Skilaufen in Wort und Bild"), aber noch nicht in eine adäquate Motorik umsetzen kann, dann läßt sich hinsichtlich der Berufs- und Arbeitspädagogik feststellen: Wird beispielsweise beim Erlernen von Arbeitshandlungen der Schwerpunkt auf das Entwickeln von kognitiven Schemata gelegt ohne Berücksichtigung der Aktion, also des Handlungsvollzugs, dann hat der Handelnde aufgrund fehlender Rückmeldungen von der Vollzugsebene zur Regulationsebene keine Kontrolle darüber, ob er "tat-sächlich" den Handlungsvollzug beherrscht[15]. Hingegen kann ein alleiniges oder schwerpunktmäßiges Erfassen der ausführenden Anteile beim Erlernen von Arbeitshandlungen nur unzureichend den Aufbau von Regulationsmustern fördern, da diese, wie beim Erlernen jeder Handlung, nur durch den individuellen Handlungsvollzug

---

15 Hierzu paßt folgendes Bonmot von Werner Mitsch (dt. Aphoristiker): *„Gibt es einen Unterschied zwischen Theorie und Praxis? Es gibt ihn. In der Tat."*

enstehen - somit wird über die Ausklammerung der Bewußtheit und des Subjekthaften dem Lernenden die Möglichkeit genommen, den Handlungsvollzug zu regulieren, d.h. über einen zu entwerfenden Handlungsplan seine Tätigkeit zu steuern und zu kontrollieren mit der Konsequenz einer Automatisierung von Bewegungen, nicht jedoch der Handlungsfähigkeit des Lernenden.

Zu erkennen ist anhand dieser Betrachtung:
Beim Erlernen von Arbeitshandlungen müssen Handlungsschemata aufgebaut werden. Und genau diesem Anspruch dient die Lernhandlung. Das Lernhandeln zielt darauf ab, Handlungsschemata zu entwickeln, die zur Regulation anderer Handlungsformen bzw. - schemata angewendet werden können, insbesondere für die im Rahmen auftragsorientierten Lernens interessierenden Arbeitshandlungen, aber, umfassender formuliert, auch im Hinblick auf weitere anwendungsbezogene Mischformen aus Denk- und Bewegungshandlungen (vgl. Abb. 12).

Abb. 12: Die Bedeutung des Lernhandelns

3.1.6 Zwischenbilanz und Überleitung

Ausgehend von der Handlungstheorie als Begründungskonzept wurde über das Konstrukt „Handeln" intentionales Lernen in seinem Handlungscharakter dargelegt und analytisch strukturiert.

Und über das Handlungskonstrukt wurden „Denk- und Bewegungshandlungen" sowie deren didaktisch bedeutsame Mischformen „Lern- und Arbeitshandlungen" zurückgeführt auf das gemeinsame interne Gesamtsystem, die kognitiven Strukturen, was wiederum eine strukturelle Identität dieser Handlungsformen impliziert.

Vor diesem Hintergrund können folgende Gemeinsamkeiten und Unterschiede zwischen typisch schulischem Lernen und dem typischen Erlernen von Arbeitshandlungen skizziert werden:

- Gemeinsam ist dem Lernen an beiden Lernorten, wie überhaupt allem Lernen, die Konstruktion von mentalen Handlungsregulationsgrundlagen;

- Arbeitslernen ist somit strukturell identisch mit ausdrücklich kognitivem Lernen;

- Unterschiede gibt es dahingehend, daß dem Lernen im schulischen Unterricht zumindest vielfach die unmittelbare finale Bindung an den externen Handlungsvollzug fehlt, Lernen ist dann "Handeln im verkürzten Sinn"[16] mit der Gefahr, daß das eigentliche Lernziel auf der kognitiven Ebene liegt, und die Umsetzung von innerer Handlungsdisposition in äußeres, eigentliches Handeln lediglich als mehr oder weniger fernes Lernziel gesehen wird, allenfalls als Mittel dient, wie z.B. im Falle einer operationalen Lernzielkontrolle;

- demgegenüber bleibt das typische Arbeitslernen nicht auf der kognitiven Veränderungsebene stehen, bezweckt nicht nur die Erzeugung geistiger Handlungsdispositionen, sondern die Erzeugung konkreter Handlungen - eine Beschränkung auf die interne Ebene ist zwar auch beim Arbeitslernen möglich, hat

---

16 Es fehlt der finale Vollzug, d.h. der Übergang „*von der contemplatio der Wirklichkeit zur actio*", wie AEBLI formuliert (vgl. 1993c, S. 16; Hervorhebg. i. Orig. d.Verf.).

hier aber episodischen Charakter (vgl. SCHURER 1991, S. 135 f.; 1995, S. 24; HALFPAP 1992, S. 143 ff.)[17].

Festzuhalten bleibt somit aufgrund übereinstimmender Handlungsregulationsprozesse die prinzipielle Strukturidentität von schulischem und betrieblichem Lernen. Unbeschadet einer didaktisch-methodischen Schwerpunktsetzung unterscheidet sich das - motorisch akzentuierte - Lernhandeln im Betrieb vom - kognitiv akzentuierten - Lernhandeln in der Berufsschule also lediglich in der relativen Gewichtung seiner Komponenten.

In dieser ganzheitlich-dualistischen Form erhält die zyklische Struktur einer vollständigen Lernhandlung den Status einer *„pädagogisch-normativen Kategorie"* (CZYCHOLL 1996, S. 123) bzw. eines Ordnungsprinzips und kann als Medium subjektiver Lerntätigkeit der Dialektik einer Berufsausbildung in Schule und Betrieb zugeführt werden. Aus dem „Strukturmodell" der Lernhandlung können in diesem Sinne für berufliches Lernen wesentliche „Strukturmerkmale" des Lernhandelns abgeleitet, im pädagogischen Kontext diskutiert und derart ausgeweitet als „Qualitätsmerkmale des handlungsorientierten Unterrichts" festgemacht werden.

---

[17] Mit der Begriffswahl „Arbeitslernen" soll in der einschlägigen Literatur die „reale Arbeit als Lernmedium" (BRATER 1991, S. 273) sprachlich erkennbar gemacht und diesbezüglich inhaltlich verdeutlicht werden, *„daß aus handlungstheoretischer Sicht zum Zweck der Ausbildung und damit zur Förderung der beruflichen Handlungsfähigkeit Arbeiten und Lernen verknüpft werden"* (HALFPAP 1992, S. 143; vgl. auch PETERSEN u.a. 1994, S. 58 ff.). Es geht also darum, durch das Lernhandeln Handlungsschemata aufzubauen, die dann in Arbeitshandlungen angewendet werden können. Im Interesse einer einheitlichen Terminologie soll dieser Sprachweise vermittels einer entsprechenden Akzentuierung in der vorliegenden Arbeit der Vorzug gegeben werden.

3.2 Strukturmerkmale des Lernhandelns und deren Übertragung zu Qualitätsmerkmalen des handlungsorientierten Unterrichts

Die Strukturmerkmale beziehen sich sowohl auf das gegenständlich-materielle als auch auf das sozial-kommunikative Handeln. In Anlehnung an LAUR-ERNST erscheint diese Perspektive vielleicht überraschend und unverständlich, weil, so die Autorin, bislang die auch von der Handlungsregulationstheorie (vgl. hierzu 3.1.4.2 u. Abb. 10) getragene Sichtweise dominiert habe, daß es hierbei in erster Linie oder gar ausschließlich um das Lernen festgelegter Operationen/Arbeitsabläufe gehe, bei dem nicht nur das Ergebnis, sondern ebenso der optimale Weg vorher festgelegt sei - wörtlich:

„Hier ist z.B. HACKER zu zitieren, der als Handlungs-(Arbeits-)ziel stets das vorweggenommene, ideal bereits existierende Resultat (also ein bestimmtes Produkt) sieht und das möglichst optimale, rationelle Erreichen dieses Ziels als wesentlichen Aspekt heraushebt (HACKER 1978, S. 54). So werden - folgt man seinen Überlegungen - Gestaltungs- und Lernmöglichkeiten von vornherein stark begrenzt, so daß m.E. die ebenfalls von ihm betonte Persönlichkeitsförderung kaum stattfinden kann" (1990b, S. 152).

An anderer Stelle führt HACKER diesbezüglich aus, Hauptbedeutung für die Eigenschaften der Arbeit habe der Sachverhalt, daß im wirtschaftlichen Prozeß, dessen Bestandteil die Arbeitstätigkeit sei, ein für andere auf dem Markt nützliches Resultat unter festgelegten Bedingungen erzielt werden müsse (vgl. 1998, S. 46).

Zu diesen Aussagen um eine Stellungnahme gebeten, antwortet Hacker u.a., er könne der Argumentation von Laur-Ernst nicht folgen, denn: *„Arbeit findet unter Bedingungen (Arbeitsbedingungen) statt [...]. Das macht Arbeit gerade zum Problemlösen"* (vgl. HACKER/PFAHL 1999).

Die von HACKER angeführten Arbeitsbedingungen umfassen z.B. Vorgabezeiten, Sicherheitsvorschriften, Gesundheitsschutzanordnungen oder technische Einrichtungen, und zwar in ihrem dialektischen Verhältnis zu den personalen Bedingungen.
Unter den personalen Bedingungen sind individuelle Lern- bzw. Leistungsvoraussetzungen zu verstehen, zu unterscheiden in habituelle, mithin

körperliche sowie psychophysische/psychische Voraussetzungen, und aktuelle, also während der Auseinandersetzung mit dem Arbeitsauftrag entstehende Voraussetzungen (vgl. 1998, S. 90; vgl. dort auch Tab. 4.1, S. 91 f.: „Herkunft der Arbeitsbedingungen"). Somit müssen Arbeitsauftrag und Erfüllungsbedingungen unter dem Gesichtspunkt optimaler Vorgehensweise laufend auf das Neue abgestimmt werden, wodurch zumindest Teilaufgaben den Charakter von aufzuwerfenden und zu lösenden Problemen tragen können, d.h. es geht um die Verfahrenswahl als Mittel-Weg-Festlegung (vgl. HACKER 1998, S. 505 ff.; vgl. auch GNIZA 1994, S. 12 ff.; SKELL 1994, S. 138 ff.).

Vor diesem Hintergrund läßt sich aus dem Streben nach rationeller Erfüllung des Arbeitsauftrages und aus der Forderung nach Persönlichkeitsentwicklung im Rahmen beruflicher Bildungsprozesse folgende Synthese gestalten:

Das Lehren disponibler diagnostischer und prognostischer Schritte bei der Verfahrenswahl[18] hat maßgebliche Bedeutung sowohl für das Steigern der Arbeitsproduktivität als auch im Hinblick auf das subjektive Erfassen bzw. Nutzen objektiver Freiheitsgrade für die Persönlichkeitsentwicklung, wobei dem Lernen bezüglich des Handlungs- resp. Tätigkeitsspielraumes zwei verschiedene Inhalte zugeschrieben werden können: *„Lernen kann einerseits die überhaupt gesehenen und nutzbaren Freiheitsgrade vergrößern bis hin zum Erfassen und Stellen neuer Ziele im Orientieren. Andererseits kann und muß Lernen bei Bedingungskonstanz zur Einschränkung der Freiheitsgrade beim **Ausführen** führen. Dabei ist entscheidend: Je umfassender und angemessener die objektiven Vorgehensmöglichkeiten zunächst erfaßt wurden, desto wahrscheinlicher ist die Auswahl und Festigung einer besonders zweckmäßigen Realisierungsmöglichkeit"* (HACKER 1998, S. 519; Hervorhebg. i. Orig.; vgl. auch MILLER/GALANTER/PRIBRAM 1991, S. 93 ff.; BERGMANN 1994, S. 117 ff.; VOLPERT 1994, S. 22 ff.).

Angemessen sind lernförderliche Aufgaben dann, wenn sie sich in ihrer Schwierigkeitsstufe zwischen Über- und Unterforderung befinden (vgl. SKELL 1994, S. 140 ff.) bzw.: *„Motivierend wirken Ziele, welche an der oberen Grenze der*

---

18 Bei diagnostischen Aufgaben sind aus einer Gesamtheit relevanter Merkmale die für eine bestimmte Zielstellung zutreffenden zu ermitteln, und prognostische Aufgaben betreffen das Auswählen zweckmäßiger Handlungsschritte aus dem Kreis der überhaupt möglichen vermittels antizipativer Bedingungs- und Folgenanalyse (vgl. HACKER 1998, S. 506 ff.).

Leistungsmöglichkeiten liegen, ohne sie zu übersteigen" (HACKER/SKELL 1993, S. 209). Doch es sind nach BERGMANN längst nicht mehr nur psychologische Gründe, welche die Gestaltung lernförderlicher und motivierender Aufgaben begründen: So gebe es Beispiele, die belegten, daß anspruchsvollere Arbeitsaufgaben über die damit ausgelösten Qualifizierungsprozesse erhebliche Vorteile hinsichtlich der Produktstabilität zur Folge hätten sowie Fluktuationssenkungen und Reduzierungen von Fehlzeiten bewirken könnten (vgl. 1994, S. 118).

Nicht zuletzt aus diesem Grund bleibt festzuhalten, daß der Arbeitsauftrag potentiell ein schöpferisches Moment besitzt mit einem inhärent hohen Motivationspotential. Unter Berücksichtigung dessen wird die Handlungsregulationstheorie - gerade durch ihr Bestreben, Arbeitsverfahren zu optimieren - das auftragsorientierte Lernen im Handwerk nicht auf vorher festgelegte Operationen/Arbeitsabläufe einengen, sondern Handlungs- bzw. Tätigkeitsspielräume eröffnen und somit auch die Handlungskompetenz resp. die Persönlichkeitsentwicklung fördern.

Die Beziehung zwischen Handlungskompetenz und Persönlichkeitsentwicklung ist dabei folgende:
Nach TOMASZEWSKI (1978, S. 20) kann der Mensch dargestellt werden "*[...] als ein autonomes Subjekt von gerichteten Tätigkeiten, fähig zur Regulierung der eigenen Beziehungen mit der Umwelt und zur Selbstregulation*". Diese Fähigkeit zur Regulierung der eigenen Beziehungen mit der Umwelt und zur Selbstregulation, also zur Handlungsregulation, bezeichnen FREI u.a. (vgl. 1984, S. 33) als Potential der menschlichen Persönlichkeit, wobei der Grad der Annäherung an dieses - individuell unterschiedliche - Potential die betreffende Handlungskompetenz beschreibt, deren „Qualität" wiederum von der Differenziertheit der einzelnen Regulationsfunktionen abhängt (vgl. FLOTHOW 1991c, S. 192).
Handlungskompetenz ist damit keine eigenständige und isoliert zu vermittelnde Teilqualifikation, sondern integrierter Bestandteil der Gesamtpersönlichkeit, denn „*was jemand an seinem Arbeitsplatz denkt, fühlt, tut, ist nicht allein das Resultat von Berufsbildung, sondern Ausdruck und Ausschnitt seiner bisherigen Biographie* (LAUR-ERNST 1984, S. 108), ein weitgehend durch die bisherige Lerngeschichte festgelegtes Bedingungspotential (vgl. STRATENWERTH 1988, S. 128).
Handlungskompetenz ist auch keine Eigenschaft, die der Mensch hat oder nicht hat, und sie besitzt keinen Endzustand, der abgetestet werden kann, vielmehr entwickelt sich

Handlungskompetenz als Teil der Gesamtpersönlichkeit z.B. durch die im „Arbeitslernen"

bzw. Lernhandeln (vgl. Fußnote 17) vollzogene Aneignung von handlungs-, tätigkeits-

resp. verhaltensregulierendem Gedächtnisbesitz (vgl. 3.1.3 u. Fußnote 12).

In diesem Sinne lassen sich aus dem Regelkreismodell einer Lernhandlung (vgl. Abb.

11) folgende Strukturmerkmale des Lernhandelns (vgl. TRAMM 1992, S. 105) bzw.

lernwichtigen Merkmale des Handelns (vgl. LAUR-ERNST 1990b, S. 150 ff.; BECK 1996,

S. 10 ff.) ableiten:

- hierarchisch sequentielle Organisation bzw. Regulation, denn Lernhandeln ist

hierarchisch gegliedert und sequentiell geordnet (vgl. auch 3.1.4.1.1), resp. hat es eine

zyklische Regulationsstruktur (vgl. auch 3.1.4.2);

- Intentionalität, denn Lernhandeln erfolgt zielgerichtet, beinhaltet die Motivbildung bzw.

-reflexion und bezieht sich auf eine bestimmte Aufgabe resp. Situation (vgl. auch 3.1.3

u. 3.1.4.1.1);

- Subjektivität, denn, wie STRATENWERTH es im Strukturmodell einer Lernhandlung

(vgl. Abb. 11) ausdrücklich hervorhebt, der Lerngegenstand wird subjektiv verarbeitet,

d.h. Lernhandeln hat immer Freiheitsgrade (individuelle Varianten), verfügt über

Gestaltungsspielräume (Alternativen) und ist daher nicht standardisierbar (dies kann

nur auf der Ebene von Operationen geschehen; vgl. hierzu 3.1.4.1.1);

- Prozeßhaftigkeit, denn Lernhandeln ist im Zuge antizipativer, aktionsbegleitender und

resultativer Kontrolle (vgl. auch 3.1.4.1.3) ein dynamischer, sich zeitlich erstreckender

Prozeß, der nicht in allen Schritten vorher festgelegt sein muß bzw. kann, wobei gilt:

Innerhalb des Handlungsprozesses sind Widerstände zu überwinden, ist

Unvorhergesehenes zu bewältigen, sind wechselnde Bedingungen zu berücksichtigen,

und es werden Flexibilität sowie situationsspezifisches Agieren und Reagieren

erforderlich;

- Bewußtheit, denn Lernhandeln geschieht unter Einschluß automatisierter Elemente

individuell bewußt (vgl. auch 3.1.2 u. 3.1.3)) und ist im Rahmen seiner Kontrollprozesse

diskutier- sowie abänderbar;

- Gestaltbarkeit, d.h. beim Lernhandeln wirkt das Lernsubjekt im Verlauf der Interiorisierung/Exteriorisierung bzw. Assimilation/Akkommodation einerseits gestaltend auf die Umwelt ein und erhält andererseits entscheidende Prägungen von seiner Umwelt (vgl. auch 3.1.2);

- Komplexität, denn Lernhandeln ist hinsichtlich seiner Lernzielbereiche mehrdimensional (vgl. auch 3.1.4.1), bezieht also unterschiedliche Komponenten ein, wobei verschiedene Qualifikationen entwickelt bzw. angewendet werden müssen;

- Resultat, denn Lernhandeln mündet in ein Ergebnis, welches wiederum Handlungsfolgen nach sich zieht (vgl. auch 3.1.4.1.1 u. 3.1.4.1.3), mithin Wirkungen und Konsequenzen hat.

Die aufgeführten Strukturmerkmale des Lernhandelns werden in den folgenden Abschnitten hinsichtlich ihrer Bedeutung für den handlungsorientierten Unterricht diskutiert. Sodann werden sie in einer Synopse zu relevanten Qualitätsmerkmalen zusammengefaßt, und zwar in ihrer Eigenschaft als didaktische Leitlinien für den Grad der Handlungsorientierung beruflichen Lehrens und Lernens.

3.2.1 Hierarchisch-sequentielle Organisation bzw. Regulation

Lernhandeln

- ist hierarchisch sequentiell organisiert,
- hat eine zyklische Struktur.

Daraus folgt für den handlungsorientierten Unterricht:

Die Leistungsfähigkeit des Hierarchisierungsprinzips besteht darin, die in Lernprozessen vorhandene Fülle und Verschiedenartigkeit der Informationen in angemessener Weise begrenzen und systematisieren zu können, d.h. es treten jeweils nur die situativ-aktuellen Ziele bzw. Aktionsprogramme in den Vordergrund, während die übrigen Vorhaben (Ziele) dem Schüler nur grob strukturiert präsent sind (vgl. BACHMANN 1988, S. 88 f.). In diesem Zusammenhang sei noch einmal auf die Konstruktion der hierarchischen Handlungsstrukturen verwiesen, derzufolge die übergeordnete Handlung auf der (Lern-) Voraussetzung operiert, welche die untergeordnete Handlung geschaffen hat. Die Struktur der Handlungsregulation erfordert Lernarrangements, in denen der Zyklus einer „vollständigen Handlung" zunehmend eigenständig durchlaufen wird (vgl. LAUR-ERNST 1990a, S. 42 f.; CZYCHOLL 1996, S. 123). Die Handlungskomponenten liefern hierzu folgende Aufschlüsse:

- Das „selbständige Planen" kann auf einfache Lernaufgaben begrenzt oder aber bewußt auf komplexe, sich länger erstreckende Projekte ausgedehnt werden; zu bedenken ist hierbei sowohl der Zielcharakter, also handelt es sich um resultats- und/oder ausführungsakzentuierte Zielhandlungen, als auch das eigentliche Handlungsziel mit den eingeschlossenen Teilzielen, sodaß ggf. Einschubhandlungen in der Planung zu berücksichtigen sind - für Lehrkräfte ein bedeutsamer Zeitfaktor und für Schüler eine Einsicht, die sich ihnen im Rahmen der antizipativen Kontrolle prozeßorientiert erschließen wird.

- Das „selbständige Durchführen" kann Fragen zur Arbeitsteilung und Kooperation, zum Zeitbedarf, zu den entsprechenden Verfahren sowie zu personalen Operationshilfen bzw. materiellen Operationsmitteln einbeziehen, oder es werden hierzu Vorgaben seitens der Lehrkraft gemacht und damit der Entscheidungsspielraum der Lernenden zunächst eingeschränkt.

- Das „selbständige Kontrollieren und Bewerten" kann darin bestehen, daß vorgegebene Kriterien lediglich angewendet werden oder darin, daß die Schüler selbst Kriterien zur Überprüfung des Lernergebnisses auswählen und diese Auswahl auch begründen können. Weiterhin ist zu unterscheiden in aktionsbegleitende und/oder resultative Kontrolle, d.h., wird nur das Ergebnis oder auch der zum Ergebnis führende Lernprozeß einschließlich seiner Folgen bewertet (vgl. 3.2.8) - Fragen, die sich ein Team mit ansteigendem Professionalisierungsgrad bereits in der Antizipationsphase stellen wird.

Zusammengenommen liefern die Modelle der hierarchisch-sequentiellen Handlungsorganisation bzw. -regulation eine theoretische Erklärung für menschliches Zielverhalten, welches zum besseren Verständnis von Vermittlungsprozessen beitragen kann (vgl. BACHMANN 1988, S. 88 f.; SCHURER 1995, S. 24).

3.2.2 Intentionalität

Lernhandeln
- erfolgt zielgerichtet,
- beinhaltet die Motivbildung bzw. -reflexion und
- bezieht sich auf eine bestimmte Aufgabe/Situation.

Daraus folgt für den handlungsorientierten Unterricht:

3.2.2.1 Die Bildung von Zielhierarchien

Lernhandeln als zielgerichtetes Tun bildet den Kern handlungstheoretischer Konzepte. Es beruht auf der Antizipation eines als wertvoll erachteten Ergebnisses bzw. dessen erwartete Konsequenzen sowie der Ausrichtung und Regulation der Handlung auf das Erreichen dieser Ziele hin in Verbindung mit subjektiver Zwecksetzung.

Entsprechend dieser Definition muß mit Berufsschülern schon am Anfang ihrer Berufsausbildung eine individuelle Zielhierarchie erarbeitet werden, d.h. von der Einteilung der gesamten Lehrzeit, und zwar incl. der Möglichkeit ausbildungsbegleitender Hilfen oder etwaiger Weiterbildungsmaßnahmen, bis zur ganzheitlichen Struktur der Auftragsabwicklung in ihrem komplexen Wechselwirkungsverhältnis mit der betrieblichen Umwelt (vgl. Abb. 2), sodaß in der Folge Teilziele generiert und individuell zu Aktionsprogrammen dekodiert werden können.

In diesem Zusammenhang fordert HAHNE zur Weiterentwicklung der ALiH-Studie eine mediale Unterstützung durch die Berufsschule in Form kundenauftragsorientierter Leittexte, um auch die vernachlässigten Phasen in die Mitwirkung der Lehrlinge am Gesamtauftrag mit einbeziehen zu können (vgl. 1997, S. 6 f.) - nach Ansicht des Verfassers allerdings zu interpretieren als Einordnung der Tätigkeit des Lehrlings in betriebliche Gesamtzusammenhänge, um in der Erstausbildung ein Grundverständnis zu schaffen z.B. auch für betriebswirtschaftliche und arbeitsorganisatorische Belange, auf welche während der anschließenden Berufstätigkeit aufgebaut werden kann, nicht zuletzt im Hinblick auf den kaufmännischen Teil der Meisterprüfung (vgl. auch MEYER, U. 1991, S. 213 f.; vgl. auch 6.2.1.5.2.6 u. Fußnote 115).

Hinsichtlich der vorgeschalteten Vermittlung von Zusammenhängen mit einhergehender Zielklarheit macht VESTER (vgl. 1994, S. 124 ff.) darauf aufmerksam, daß die Reihenfolge des angebotenen Lernstoffes eine bedeutende Rolle spielt. Aufmerksamkeit und Einordnung für einen neuen, fremden Stoff bleiben aus, wenn er nicht so aufgebaut ist, daß zunächst einmal der größere, sinngebende Zusammenhang aufgezeigt wird. Es tritt sonst der bekannte Fehler auf, daß mit den Details eines neuen Stoffes begonnen wird, die, wenn überhaupt, nur notdürftig irgendwo im Gehirn assoziiert werden können und meist an der der falschen Stelle. Die Folge ist dann, daß das Erfolgserlebnis des Wiedererkennens und Einordnens ausbleibt und zusätzlich Frustation sowie Streß einsetzen, und zwar einhergehend mit Denkblockaden sowie vermehrten Assoziationsschwierigkeiten. Hierbei gilt:

Selbst wenn nun endlich (hinterher) der größere Zusammenhang erklärt, wenn das Skelett für all diese Details angeboten wird, ist es dafür zu spät, denn das Ultrakurzzeit-Gedächtnis ist längst abgeklungen und die Details nicht mehr greifbar. Mithin handelt es sich um vertane Zeit, in welcher die Schüler mit neuen Einzelinformationen, Vokabeln oder Spezialausdrücken berieselt werden, sofern nicht vorher die Möglichkeit gegeben wird, entsprechende Informationen sinnvoll zu verankern - VESTER wörtlich:

"Auch dies führt wieder zu einer Grundforderung: vor neuen Einzelinformationen immer den größeren Zusammenhang, sozusagen das Skelett anzubieten.Die nicht allzu fremde Information eines solchen größeren Zusammenhangs wird sich auf vielen Ebenen im Gehirn verankern und nun ein empfangsbereites Netz für die ankommenden Details bieten. Ja, es wird diese - statt daß sie wie im anderen Fall in den Kopf hineingepreßt werden müssen - direkt saugend in sich aufnehmen [...] - so, als wenn man zu einem Spiel interessante Regeln hat und nun auch gern die Steinchen hätte, damit man endlich spielen kann" (1994, S. 124).

Die Knotenpunkte des von VESTER beschriebenen Netzes ensprechen dem "Knotenpunktwissen" (vgl. ARNOLD/MÜLLER 1992, S. 105; AEBLI 1994, S. 247 f.; 270 ff.), an welches sich nun ständig neue Wissensinhalte anlagern können.

Durch die Verknüpfung der Knotenpunkte zu einem Netz werden die Wissensinhalte zueinander in Beziehung gesetzt, es entfaltet sich auf der Grundlage kognitionspsychologischer Gedächtnismodelle die Organisation des menschlichen Wissens in sog. "semantischen Netzwerken" (vgl. DULISCH 1994, S. 23 ff.).

Diesbezüglich beschreibt DÖRNER neben der epistemischen Struktur (ES) zur problembezogenen Um- und Neustrukturierung der Wissensinhalte eine heuristische Struktur (HS) und verdeutlicht beider Beziehungen anhand seiner immer noch unübertroffenen "Tintenfischhypothese":

"Die Beziehungen zwischen HS und ES sehen ungefähr so aus, wie die Beziehungen zwischen einem Tintenfisch und einem Fischernetz, welches dieser in seinen Tentakeln hält. Das Fischernetz entspricht der ES, und die Knoten des Netzes, die gerade von den Tentakeln gehalten werden, sind die Inhalte des Kurzzeitgedächtnisses (der Tintenfisch hat gerade acht Tentakeln, was der Kapazität des Kurzzeitgedächtnisses ganz gut entspricht). Wenn der Tintenfisch sich an dem Netz mit seinen Tentakeln entlangtastet, indem er jeweils von den Knotenpunkten ausgehend, die er festhält, andere Knotenpunkte aufnimmt, dann entspricht dieser Vorgang den heuristischen Prozessen" (DÖRNER 1979, S. 37).

Anschließend schränkt DÖRNER die Tintenfischanalogie allerdings etwas ein, denn außer mit der Fähigkeit, ein vorhandenes Netz abzutasten, müsse der Tintenfisch z.B. noch mit Strickzeug und einer Schere ausgestattet werden, damit er in der Lage sei, das Netz zu verändern und zu erweitern, was dann, so DÖRNER, für den Tintenfisch vielleicht doch eine Überforderung wäre (vgl. ebd., S. 37)[19].

Gleichwohl wird durch diese köstliche Methapher deutlich, daß das im Langzeitgedächtnis gespeicherte Netz ausschnittsweise im Kurzzeitgedächtnis, auch Arbeitsspeicher genannt, aktiviert wird (vgl. DULISCH 1994, S. 28), um beispielsweise neue, über das sensorische Register (Ultrakurzzeit-Gedächtnis) aufgenommene Informationen mit vorhandenen Inhalten verknüpfen zu können.

In diesem Zusammenhang unterscheidet AEBLI seine kumulativen, nicht hierarchisch strukturierten Netze von dem echten Handlungswissen (vgl. Abschn. 3.1.4.1.1).

Aus handlungsorientierter Perspektive wird somit ein „kognitiver Orientierungsrahmen" geschaffen als Grundlage der „Selbstregulationsfähigkeit" (vgl. STRATENWERTH 1991a, S. 52, 60; ADOLPH 1997b, S. 167). Aufgrund der gewonnenen Zielklarheit

---

19 Vielleicht, denn mittlerweile fragt auch DER SPIEGEL angesichts entsprechender Beobachtungen verwundert: *"Besitzen Tintenfische Intelligenz"* (27/1997, S. 150 ff.)?

können die Lernenden einerseits zielstrebiger am Ausbildungsprozeß teilnehmen und den eigenen Lernprozeß aktiv mitgestalten, andererseits gilt:

„Durch die Orientierung der Schüler über den geplanten Unterrichtsablauf wird die Verbindlichkeit der Arbeit gesichert" (MEYER 1994b, S. 130)[20].

Und so gehört MAGER keineswegs in die „Mottenkiste" (vgl. SINDERN 1995, S. 8 ff.), wenn er in seiner Seepferdchenparabel schreibt:

"Wenn man nicht genau weiß, wohin man will, landet man leicht da, wo man gar nicht hin wollte" (MAGER 1983, S. V).

Unter Einbezug eines von Lehrenden und Lernenden gemeinsam geteilten intentionalen Bezugrahmens (vgl. SUIN DE BOUTEMARD 1978, S. 32.) soll aber schon an dieser Stelle darauf hingewiesen werden, daß eingedenk des Prozeßcharakters selbständigen Lernens das Maß der Fremdeinwirkung auf dem Weg zum Ziel entscheidend ist, und es sich anläßlich der Handlungskompetenz als Richtziel um eine dynamische Größe handelt (vgl. FLOTHOW 1991b, S. 213 ff.), die nicht durch Taxonomien endgültig zu definieren ist.

---

20 Darum ist auch in den meisten Schulgesetzen der Bundesländer eine Informationspflicht der Lehrkraft rechtlich festgeschrieben, für Schleswig-Holstein gilt beispielsweise: *„Die Schülerin und der Schüler sollen ihrem Alter und ihrer Entwicklung entsprechend über den Stoffplan [...] unterrichtet werden"* (§31 Abs. 2 SchulG).

3.2.2.2 Motivbildung und -reflexion

Hinsichtlich der Motivbildung bzw. -reflexion ist zu bedenken:

Wenn es unter Handlungsaspekten bei der Motivbildung *„um die gedanklich-emotionale Abklärung der subjektiven Bedeutsamkeit des in Aussicht genommenen Tuns"* (STRATENWERTH 1988, S. 130) geht bzw., wie es in der subjektorientierten Didaktik heißt, das „Interesse" als sinnstrukturierendes Element vom Subjekt aus aufzunehmen ist, denn *„im Interessensbegriff ist eine Zielgerichtetheit von Handeln gegeben [...]"* (PETERS 1995, S. 322 ff.), wenn weiter der Begriff der Motivation als zielgerichtete Kraft die Energetisierung und Aufrechterhaltung des Handelns (vgl. HECKHAUSEN 1989, S. 10 ; RHEINBERG 1994, S. 1072) erfaßt, dann wird auch aus dieser Perspektive die Zielklarheit als essentielle Kategorie herausgestellt, denn:

Wie sollen Schüler zielgerichtet ihr Handeln „energetisieren" können, wenn sie gar kein klares Ziel vor Augen haben?

In diesem Zusammenhang stellt LAUR-ERNST fest, daß der *„ [...] Jugendliche in so mancher Hinsicht vorab - ohne genauere Kenntnis des Gegenstandes - gar nicht sagen kann, ob er ihn interessiert"* (1984, S. 133), ein weiteres Argument also für klar zu umreißende Ziele und - eigentlich - eine banale Forderung, jedoch:

„Wer die Schulen von innen kennt, weiß, daß sehr viele Lehrer Tag für Tag dieses Gesetz brechen!" (MEYER 1994b, S. 131).

Desweiteren können individuell ausgeprägte Zielhierarchien mit einhergehender Motivbildung resp. -reflexion dazu beitragen, daß im Sinne der Leistungsmotivation bei den Auszubildenden die Motivtendenz "Hoffnung auf Erfolg" zum Tragen kommt und nicht die "Furcht vor Mißerfolg" (vgl. HECKHAUSEN 1989, S. 237). Schüler, die überwiegend Mißerfolge erfahren, sind in erster Linie auf das Vermeiden von Mißerfolg eingestellt, hingegen nicht so sehr auf das Suchen nach Erfolg (vgl. SCHMIEL 1980, S. 64 ff.; RHEINBERG 1994, S. 1073).

3.2.2.3 Der Situationsbegriff im handlungsorientierten Unterricht - dargestellt am Beispiel der „Handlungslern- bzw. Schlüsselsituation"

Lernhandeln bezieht sich unter dem Strukturmerkmal der Intentionalität auf bestimmte Aufgaben bzw. Situationen. Nun ist jede Lernhandlung eingebettet in den Kontext einer Situation (Lernhandlungssituation), d.h. der Begriff hat eine relationale Funktion und dient als gedankliches Bindeglied zwischen der Handlung als solcher einerseits und ihrem personinternen und -externen Umfeld andererseits (vgl. STRATENWERTH 1988, S. 132 f.; vgl auch GUDJONS 1994, S. 119; BECK, K. 1996, S. 87 ff.).

Handlungstheoretisch fundiert hat HALFPAP in diesem Sinne aus der Kombination von „Handlungsfeld" und „Handlungssituationen" das Lernorganisationskonzept „Handlungslernsituationen" entwickelt (vgl. 1996, S. 26 ff.):

- Handlungsfelder umfassen demnach Handlungssituationen mit beruflichen sowie lebens- und gesellschaftsbedeutsamen Aufgaben und Problemen, zu deren Bewältigung qualifiziert werden soll.

- Die Handlungssituationen orientieren sich an konkreten Aufgabenstellungen und Handlungsabläufen, wobei sie erkennen lassen, auf welche fachwissenschaftlichen Bezüge zurückzugreifen ist.

- Handlungslernsituationen sind dann „fachbezogen bzw. fachübergreifend/ fächerverbindend didaktisch aufbereitete und strukturierte Handlungssituationen in der Regel aus einem Handlungsfeld , die zu ganzheitlichem Handlungslernen durch „Einsatz" und Erweiterung fachlicher und fachübergreifender Qualifikationen führen" (ebd., S. 28).

Derartige Situationen werden in der Literatur auch als „Schlüsselsituationen" bezeichnet (vgl. z.B. BECK 1996, S. 11).

In Anwendung dieser „Schlüsselmetapher" (vgl. BECK, K. 1996, S. 88) sind „Schlüsselsituationen" als Voraussetzung für die Entwicklung von „Schlüsselqualifikationen" aufzuspüren (vgl. DUBS 1995, S. 175).

„Schlüsselcharakter" in diesem Sinne erhalten konkrete berufliche Situationen des Lernens dann, wenn sie:

„1. Gewissermaßen als induktive Basis für Abstraktionsprozesse fungieren, also vom Konkreten zum Abstrakten führen, und

2. wenn sie eine angemessene Komplexität und Problemhaltigkeit aufweisen und so ein Lernen unter erweiterten Handlungsspielräumen ermöglichen" (REETZ 1990, S. 25; vgl. denselben 1994, S. 41; vgl auch 3.2.7.2, dort werden entsprechende Lernsituationen unter dem Gesichtspunkt von Persönlichkeitsentwicklung vorgestellt).

Zu beachten ist aber, daß sich „Schlüsselsituationen" in Lehr-/Lernprozessen auch erst entwickeln können, also nicht immer planbar sind, gleichwohl aber im Zuge aktionsbegleitender Kontrolle auf ihre lernrelevante Bedeutung hin überprüft werden sollten (vgl. PETERSEN u.a. 1994, S. 64 ff.).

Aus handlungstheoretischer Sicht verpflichtet somit der Situationsbegriff die Lehrenden, das Lernhandeln durch Schaffung und Kontrolle geeigneter Lernsituationen zu unterstützen, d.h. dem Lernsubjekt Möglichkeiten zu eröffnen, seine Lernhandlungen zu regulieren.

3.2.3   Subjektivität

Lernhandeln

- hat immer <u>Freiheitsgrade</u> (individuelle Varianten),

- verfügt über <u>Gestaltungsspielräume</u> (Alternativen),

- ist nicht <u>nicht standardisierbar</u>; dies kann nur auf der Ebene von Operationen geschehen.

<u>Das bedeutet für den handlungsorientierten Unterricht</u>:

Das Merkmal der Subjektivität hebt vor allem die untrennbare Bindung der Handlungstätigkeit an ein bestimmtes Handlungssubjekt hervor, d.h. im Falle des Lernhandelns ist die Lerntätigkeit an deren Träger, also das mit spezifischen körperlichen und psychischen Eigenschaften ausgestattete Lernsubjekt gebunden (vgl. Abb. 13):

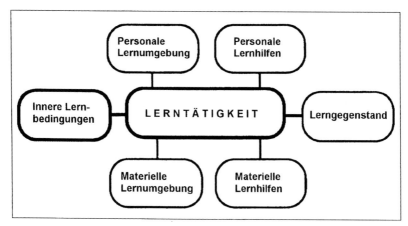

Abb. 13: Strukturmodell subjektorientierter Lerntätigkeit
(Quelle: STRATENWERTH 1988, S. 127)

Das Modell verdeutlicht die der Handlungstheorie immanente Sichtweise, denn die Objektperspektive wird nicht nur mit Einzelmomenten einer Subjektorientierung angereichert (vgl. PETERS 1995, S. 322). Vielmehr steht im Sinne dieser subjektorientierten Didaktik, welche durch den Konstruktivismus eine theoretische Begründung erfährt, die individuelle Lerntätigkeit des Lernsubjektes bei der Modellierung von Lernwelten konsequent im Mittelpunkt der Betrachtung (vgl. KÖSEL/DÜRR 1995, S. 249 ff.). Auf den Lernenden wirken interne und externe Bedingungen ein, die in Wechselwirkungen wiederum von seiner Lerntätigkeit beeinflußt werden. Das Lernen gestaltet sich aus dieser subjektorientierten bzw. konstruktivistischen Perspektive als ein individueller Aneignungsprozeß, d.h.:

„Jeder Mensch erfaßt das Wissen aus subjektiver Sicht, weil er es aus seinem Erleben individuell erfährt und interpretiert (ihm seine persönliche Bedeutung gibt" (KRAFT 1999, S. 10; vgl. auch DUBS 1995, S. 172 f.; BACKES-HAASE 1998, S. 63 ff.; LÜTJENS 1999, S. 140 ff.; REBMANN 1999, S. 3 ff.).

Durch diese betont anthropozentrische Ausrichtung grenzen sich handlungsorientierte Konzepte in erster Linie von behavioristischen Ansätzen ab.

Somit impliziert dieses Merkmal, daß tendentiell offene Ausbildungs- und Arbeitssituationen mit einem gewissen Gestaltungsspielraum für das Handlungssubjekt eher positive Effekte zeitigen als Situationen, die in gegenläufiger Tendenz zum „Verursacherprinzip" dem Handelnden eine unabänderbare, als fremdbestimmt zu klassifizierende Aufgabenstellung vorgeben (vgl. BACHMANN 1988, S. 41 ff.; STEXKES 1991b, S. 108). Nur wenn entsprechende Freiheitsgrade gewährt werden, liegt eine zielgerichtete „Beeinflußbarkeit" vor. Das fundierte Entscheiden setzt aber die Durchschaubarkeit der Lern- bzw. Arbeitssituation voraus (vgl. HACKER 1998, S. 131). Der (Lern-) Handelnde muß somit über den Verlauf seiner Handlungstätigkeit, und dazu gehören auch Ergebnisse und Folgen, möglichst lückenlos informiert sein, um sich durch Auf- bzw. Ausbau sowie durch Anwendung eigener Handlungsschemata aktuell und zukünftig zielgerichtet einbringen zu können.

3.2.4 Prozeßhaftigkeit

Lernhandeln

- ist ein dynamischer, sich zeitlich erstreckender Prozeß und
- muß nicht in allen Schritten vorher festgelegt sein.

Innerhalb des Handlungsprozesses

- sind Widerstände zu überwinden,
- ist Unvorhergesehenes zu bewältigen,
- sind wechselnde Bedingungen zu berücksichtigen, und
- es werden Flexibilität sowie situationsspezifisches Agieren und Reagieren erforderlich.

Daraus folgt für den handlungsorientierten Unterricht:

Die genannten Merkmale des Handlungsprozesses stehen im Gegensatz zum isolierten Kenntniserwerb gemäß Lehrervortrag oder mittels Lesen eines Buches. Beides erhält allerdings die Funktion einer „Einschub- bzw. Mittelhandlung", wenn der Lernende während des Handlungsprozesses merkt, daß er unbedingt etwas nachlesen muß, um sein Ziel zu erreichen oder wenn der Lehrer gebeten wird, z.B. für die nächste Unterrichtsstunde einen Fachvortrag zur Mitschrift auszuarbeiten (vgl. BRATER 1991, S. 288).

„Im Zuge des Handlungsprozesses findet Lernen statt, denn hier geschieht die entscheidende Auseinandersetzung mit der jeweiligen Realität (dem Gegenstand, Problem, den anderen Personen)", erläutert LAUR-ERNST diese Zusammenhänge (1990b, S. 151).

Und wenn REETZ unter dem Stichwort „Lernen lernen als Schlüsselqualifikation" postuliert: „Es wird das Lernen selbst zum Ziel des Lernens erhoben, und in der Doppelung der Begriffe Lernen lernen kommt zum Ausdruck, daß auch das Lernen eine Fähigkeit ist, die gelernt sein will" (1992, S. 6), dann wird durch die Verknüpfung beider Aussagen deutlich, daß das „Lernen lernen" ebenfalls in Handlungsprozessen stattfindet, die der Prozeßhaftigkeit unterliegen.

Auf den Prozeßcharakter selbständigen Lernens nach handlungstheoretischem Lernverständnis weist auch FLOTHOW hin (vgl. Abb. 14):

83

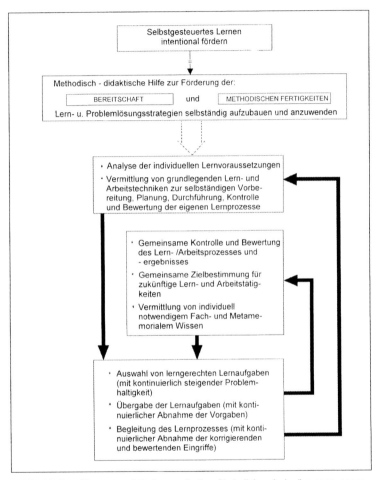

Abb. 14: Das Phasenmodell eines selbstlernförderlichen Lehr-/Lernprozesses

(Quelle: FLOTHOW 1991b, S. 247)

FLOTHOW stellt heraus, daß vollständig selbständiges bzw. selbstgesteuertes Lernen eine Utopie sei, und in Anlehnung an VETTINGER u.a. (vgl 1979, S. 171 f.) die Fähigkeit zur Mitbestimmung über die eigenen Lernprozesse in einem nicht geringen Umfang durch Fremdeinwirkung bzw. Fremdbestimmung erst entwickelt werden müsse (vgl.

1991b, S. 213 f.; vgl. auch NEBER 1978, S. 33 ff.; WENZEL 1987, S. 19 ff.; DULISCH 1994, S. 233 ff.; DÖRIG 1997, S. 13 f.)[21].

Aus konstruktivistischer Sicht (vgl. 3.2.3) betont KRAFT, mehr Eigenaktivität und Selbststeuerung im Lernprozeß bedeute de facto nicht, die Lernenden im Lernprozeß allein zu lassen: *„Gerade selbstgesteuerte Lernprozesse sind sehr störanfällig und benötigen verschiedene Unterstützungsformen durch Lehrende, Medien u.a."* (1998, S. 11).

Hinsichtlich solcher Unterstützungsformen macht SIMONS darauf aufmerksam, daß Maßnahmen zur Realisierung selbstregulierten Lernens mit anderen Betreuern/Bezugspersonen abzustimmen seien („Betreuungsprinzip"; vgl. 1992, S. 260 ff.), d.h. im Rahmen einer Lernortkooperation dürfen sich die Vorgehensweisen von Ausbildungsbetrieben und Berufsschule nicht widersprechen. Nur wenn zwischen Lehrern und Ausbildern eine übereinstimmende Betreuung als Prinzip prozeßorientierten Lernens besteht, können positive Ergebnisse erwartet werden (vgl. hierzu 4.4.2).

Fremd- und Selbsteuerung schließen sich also nicht gegenseitig aus, sondern selbstgesteuertes Lernen wird erst mittels fremdgesteuertem Lernen möglich, und zwar durch eine prozeßorientierte Verschiebung der Lenkungsfunktion vom Lehrenden zum Lernenden.

Die zunehmende Autonomie eines Schülers sei abschließend mit AEBLI wie folgt beschrieben: *„Immer weniger hat er dabei die führende Hand eines Erziehers nötig, immer mehr ist er also 'e-man-zipiert': aus seiner Hand genommen (ex manu captus), in die Selbständigkeit entlassen. Immer mehr sind die Schemata und die Gesetze seines Handelns die eigenen. Er ist autonom, 'eigen-gesetzlich' geworden. Aber immer wieder gibt es auch Probleme, die er aus eigener Kraft nicht zu lösen vermag. Dann ist es gut, wenn er jemanden findet, der ein Stück weiter sieht und ihn bei ihrer Lösung zu stützen vermag"* (1993b, S. 382).

---

21 Der Begriff „selbstgesteuertes" Lernen läßt sich wie folgt abgrenzen: " *'Selbstgesteuertes Lernen' zielt wie 'Schülerorientiertes Lernen' auf die Individualisierung der Lernprozesse, jedoch bringt der Begriff der 'Selbststeuerung' gegenüber den anderen Begriffen* (z.B. "Selbständiges", "Selbstbestimmtes" oder "Selbstorganisiertes" Lernen, Erg. v. Verf.) *stärker zum Ausdruck, daß die Lenkungsfunktion beim Lernenden liegt […]* " (FLOTHOW 1991b, S. 215).

3.2.5 Bewußtheit

Lernhandeln

- geschieht unter Einschluß automatisierter Elemente (z.B. bestimmte Handgriffe oder Routinen) bewußt und
- ist diskutier- sowie abänderbar.

Daraus folgt für den handlungsorientierten Unterricht:

Die im Lern- und Arbeitshandeln gemachten Erfahrungen und gewonnenen Einsichten bedürfen der kritischen Reflexion und Diskussion, um weitere Handlungsmöglichkeiten durch subjektives Erfassen objektiv existierender Freiheitsgrade zu eröffnen (vgl. 3.2).

Die Berufsschule ist diesbezüglich der ideale Ort, denn: Das Wort "Schule" stammt von scholé, gr., und meint "das Innehalten (in der Arbeit)" (WISSENSCHAFTLICHER RAT DER DUDENREDAKTION 1989, S. 653) - eine vorzügliche Gelegenheit also, losgelöst von dem in der Wirtschaft üblichen Wettbewerbsdruck (vgl. KÖBLER/OBERHOFER 1998, S. 16) betriebliche Besonderheiten im Sinne einer Horizonterweiterung aufzugreifen, in Ruhe zu vergleichen und ggf. als Impuls weiterer unterrichtlicher und/oder betrieblicher Unternehmungen zu nutzen.

„Es geht darum, Lehr-Lern-Prozesse an Erfahrungen der Lernenden zu binden, das, was im Beruf erlebt und beobachtet wird, aufzuklären, damit aus Erfahrung Verstehen, aus Verstehen Handlungsfähigkeit erwächst" (BADER 1998, S. 73).

Im Rahmen auftragsorientierten Lernens erhält die Berufsschule nach JENEWEIN/SCHULTE-GÖCKING hierbei eine besondere didaktische Funktion:

"Indem sie die an einzelnen betrieblichen Lernorten erworbenen Praxiserfahrungen in den Mittelpunkt ihres Unterrichts stellt, trägt sie dazu bei, daß Auszubildende von ihrer eigenen - jeweils betriebsspezifischen - betrieblichen Praxiserfahrung abstrahieren, diese in den Kontext der betrieblichen Praxiserfahrung anderer Auszubildender einbringen, sie reflektieren und aufarbeiten" (1997, S. 235).

3.2.6 Gestaltbarkeit

Lernhandeln

- impliziert ein Wechselwirkungsverhältnis, d.h. es

- eröffnet dem Menschen unter auftragsorientiertem Aspekt die Möglichkeit zu kreativ-
konstruktiver Veränderung der Umwelt und

- verändert unter persönlichkeitsbezogenem Aspekt durch die Auseinandersetzung mit
dem Arbeitsauftrag den Menschen selbst.

Daraus folgt für den handlungsorientierten Unterricht:

Hier hat Handeln seine besondere Nähe zum Handwerk, weist aber über Fertigkeiten
deutlich hinaus und schließt ebenso planerische, organisatorische, soziale und geistige
Bereiche mit ein.

In diesem Sinne beschreibt BACHMANN mit Akzentuierung der Persönlichkeitsbildung
das gestaltungsbezogene Lernen wie folgt: "*Aus der Sicht der Handlungssubjekte
betrachtet präsentiert sich Gestaltung als **individueller Ausdruck der handelnden
Persönlichkeit** ('Das Werk gibt Auskunft über seinen Schöpfer', z.B. über dessen
Sorgfalt im handwerklichen Materialgebrauch, über dessen Geduld und
Konzentrationsfähigkeit, aber auch über dessen Risikobereitschaft, Kreativität und
Innovationsfreude), indem in der handelnden (lernenden) Auseinandersetzung mit dem
zu gestaltenden Gegenstand Persönlichkeitseigenschaften eingesetzt und ausgeformt
werden*" (1991a, S. 255; vgl. auch EBNER 1992, S. 45; TULODZIECKI 1996, S. 99 ff.).

In der neueren handlungstheoretischen Diskussion wird das Qualitätsmerkmal der
Gestaltung von den Protagonisten sogar als Signum verwendet, um die
Handlungsorientierung besonders zu akzentuieren:

„*Die Handlungsorientierung soll einen spezifischen Akzent bekommen, mit dem die
Selbsttätigkeit des Individuums noch deutlicher ins Zentrum gerückt wird. Das nennen
wir Gestaltungsorientierung in der Berufsbildung [...]*" (HEIDEGGER/RAUNER 1997, S.
93; vgl. auch RAUNER 1995, S. 50 ff.). Im handlungstheoretischen Sinne kann also
„Gestaltungsorientierung" definiert werden als Handlungsorientierung mit besonderer
Betonung des Strukturmerkmals Gestaltbarkeit.

3.2.7 Komplexität

Lernhandeln

- ist mehrdimensional und
- bezieht unterschiedliche Komponenten ein.

Es müssen verschiedene Qualifikationen entwickelt bzw. angewendet werden:
- fachliche und soziale,
- planerische und kooperative,
- methodische und emotionale etc.

Daraus folgt für den handlungsorientierten Unterricht:

3.2.7.1 Handlungsorientierter Unterricht im Spannungsverhältnis von Chaos und Ordnung

Wer seine Schüler von der Subjekt- in die Objektrolle verweist, wer „seinen" Unterricht ab-handelt und Lehrgegenstände per se auch für Lerngegenstände bzw. Lehr- für Lernmittel[22] hält, der wird sich um Komplexität kaum Sorgen machen müssen. Wer hingegen seinen Schülern im Hinblick auf deren Handlungskompetenz einen handlungsorientierten Unterricht, dem dieses Etikett auch gebührt, anbieten möchte, der wird sich mit dem Strukturmerkmal der Komplexität intensiv auseinandersetzen müssen.

Die Komplexität von Handlungen zur Bewältigung vernetzter Systeme bzw. einer „vernetzten Komplexität" (vgl. 1.1.1) variiert beträchtlich, jedoch sind grundsätzlich

---

22 BONZ unterscheidet z.B. „*Lehrmittel, die in der Regel die lehrende Position im Unterricht unterstützen und gleichsam in der Hand der Lehrenden ihre Funktion entfalten, sowie Lernmittel, die in der Regel die Lernenden dank ihrer Anmutungsqualität direkt 'ansprechen' und dabei Lernprozesse initiieren und unterstützen können"* (1996, S. 59)

mehrere Qualifikationsdimensionen zu verknüpfen, im Handeln werden damit breitere Lernchancen eröffnet, betont LAUR-ERNST (vgl. 1990b, S. 151).

Für STOMMEL hingegen wird durch die Gestaltung komplexer, ganzheitlicher Handlungssituationen der klassische Anfängerfehler, sich zuviel auf einmal vorzunehmen, zum unterrichtlichen Ideal erklärt: *„Das handlungsorientierte Integrations-bzw. Additionsergebnis [...] stellt eine unterrichtliche Überforderung des Lernvermögens der Schüler immer dann dar, wenn es um Grundlegendes, Strukturelles, Prinzipielles [...] geht"* (1996, S. 8 f.) - und daß die Überforderung nicht sofort auffalle, liege daran, daß im handlungsorientierten Ansatz Grundlegendes, Prinzipielles etc. ausgeschlossen und durch emsig geschäftige, oberflächliche Schülersimulationstätigkeit verdeckt werde (vgl. ebd., S. 9; vgl. auch 1997, S. 125 ff.).

Ist handlungsorientierter Unterricht also grundsätzlich permissiv angelegt und läßt daher die systematische Vermittlung von Fachwissen (Kombination von deklarativem und prozeduralem Wissen; vgl. DUBS 1995, S. 179) nicht zu?
Unter dieser Fragestellung soll die herbe Kritik von STOMMEL konstruktiv aufgenommen werden, und zwar aus der Perspektive eines handlungsorientierten Unterrichts, der sich auf die Handlungstheorie im zuvor beschriebenen Sinne als Begründungskonzept stützt.

Zunächst einmal ist festzustellen, daß im handlungsorientierten Unterricht hierarchische Handlungs- und Denkstrukturen unter Einbezug kumulativen Wissens auf- bzw. ausgebaut werden sollen (vgl. AEBLI 1993c, S. 162), resp., wie es im Ansatz der strukturtheoretischen Didaktik[23] formuliert wird, gilt es, die Lernenden *„beim Auf- und Ausbau orientierungs- und handlungsleitender kognitiver Strukturen zu unterstützen"* [...] *Entscheidend ist, daß die Qualität der kognitiven Strukturen gleichermaßen bestimmt wird durch das Netz ihrer inhaltlichen Elemente und Beziehungen sowie durch die Fähigkeit, mit diesen Elementen zu operieren"* (ACHTENHAGEN 1992, S. 6; Hervorhbg. i. Orig.). Diese Ausführungen bekräftigen die Bedeutung von Grundlagenwissen, d.h.: *„Ganzheitliches, vernetztes Denken setzt ein breites, gut strukturiertes Wissen in möglichst allen Wissenschaftsbereichen voraus [...] Fehlt ein breites Grundlagenwissen,*

---

23 Die strukturtheoretische Didaktik hat zwei dominante Bezugssysteme: die Wissenschaften in ihren (systematischen) Strukturiertheiten und die Kognitionspsychologie (vgl. LIPSMEIER 1995, S. 239).

so ist ganzheitliches und vernetztes Denken unmöglich. Deshalb muß den Lernenden ein breites, gut strukturiertes Begriffs- und Verfahrenswissen vermittelt werden" (DUBS 1993a, S. 228 f.; vgl. auch ALBERS 1995, S. 9; LIPSMEIER 1998, S. 83 ff.; BADER 1998, S. 73; PÄTZOLD 1999, S. 14; PUKAS 1999, S. 98), denn *„wer nichts weiß, kann auch nicht vernetzt denken"* (BECK 1996, S. 129 f.).

Handlungsorientierter Unterricht wird also die systematische Vermittlung inhaltlicher Wissenselemente nicht vernachlässigen, er unterliegt nicht der „Fülle des oberflächlichen Augenscheins", wie sie ihm von STOMMEL unterstellt wird (vgl. 1996, S. 8), denn *„Systematik ist ebenso wichtig wie Lebensnähe"* (AEBLI 1993a, S. 327) - nur, statt dem nach Wissenschaftsgebieten bzw. Schulfächern getrennten „Akkumulieren isolierter Fakten, Regeln, Begriffe oder Verfahren" (vgl. LAUR-ERNST 1990a, S. 43), losgelöst also von beruflichen Handlungsvollzügen und auch vom Erkenntnisweg zur Erlangung des Wissens (vgl. PÄTZOLD 1995d, S. 159), berücksichtigt der handlungsorientierte Unterricht: *„Lebendiges Wissen ist kontextgebunden. In einem Handlungskontext eingebunden, ist es besser erinnerbar als Wissen, das nur in logisch-systematischen Strukturen geordnet ist. Die Erinnerungsleistung ist noch einmal gesteigert, wenn es um eigene Handlungserlebnisse geht. Das ergibt sich aus der Ganzheitlichkeit der Wissensverarbeitung in Problemsituationen, in denen nie 'nur der Kopf' beteiligt ist"* (ADOLPH 1997b, S. 200)[24].

Daher konstituiert sich der handlungsorientierte Unterricht durch ein integratives Lernkonzept mit dem kurzphasigen Rhythmus **Handeln** (das Denken geht aus dem aktiven, gestaltenden Umgang mit der konkreten und abstrakten Umwelt hervor) - **Denken** (ordnendes Tun) - **Handeln** (das Denken wirkt auf das Handeln zurück und muß sich in neuen Situationen bewähren), d.h. es unterscheidet sich von dem dualistischen Konzept des Vorratslernens mit dem langphasigen Rhythmus **Wissenserwerb** - **Anwendung** insbesondere dadurch, daß dem Handeln nicht erst beim Anwenden (z.B. Arbeitshandeln), sondern in Form des Lernhandelns bereits beim Erwerb von Wissen eine große Bedeutung zukommt (vgl. DUBS 1995, S. 173; BECK 1996, S. 26 f.).

---

24 Diese Intention wird auch bei GUDJONS im Hinblick auf menschliche Behaltensleistungen bestätigt: *„Danach behalten wir 20 % von dem, was wir hören, 30 % von dem, was wir sehen, 80 % von dem, was wir selber formulieren können und 90 % von dem, was wir selbst tun"* (1994, S. 50).

In diesem Sinne sind zum Aufbau von Handlungsschemata fachliche Grundqualifikationen und Schlüsselqualifikationen integriert zu vermitteln bzw. zu entwickeln (vgl. STILLER 1990, S. 8; LAUR-ERNST 1990a, S. 43).

„Entscheidend [...] sind hierfür erforderliche Organisationsformen der Lernprozesse, die es den Schülerinnen und Schülern bzw. den Auszubildenden am Beispiel komplexer Aufgabenstellungen ermöglichen, vernetztes und interdisziplinäres, selbstorganisiertes Lernen und Arbeiten etc. im Team zu praktizieren" (MARWEDE 1995, S. 3). Auf diese Kontextorientierung verweist auch DUBS, denn Lernprozesse und Rückbesinnung u.a. auf das eigene Lernen seien in den Sachkundeunterricht zu integrieren und dürften nicht selbständig unterrichtet werden, z.B. in einem eigenständigen Fach „Lernen lernen" (vgl. 1996, S. 35; ders. 1995, S. 180) bzw. „Methoden geistigen Arbeitens" (vgl. MBWJK.SCHL.-H. 1992)[25].

Wenn also STOMMEL unter Rückgriff auf BUER (vgl. 1992, S. 14) behauptet, wichtig seien dem handlungsorientierten Unterricht *„[...] nicht die zu vermittelnden Inhalte, sondern die Methoden ihrer Vermittlung"* (vgl. 1996, S. 8), dann steht die oben dargestellte Kontextorientierung dieser Behauptung entgegen.

Basierend auf der hierarchisch-sequentiellen Handlungsorganisation resp. -regulation ist darüberhinaus zu bedenken, daß die Schüler nicht unter Verweis auf eine „abstrakte, nebelhafte Zukunft" (vgl. ADOLPH 1997a, S. 153) „prophylaktisch mit einem Fundus an Kenntnissen" (vgl. ALBERS 1995, S. 6) ausgestattet werden, denn *„nur wenige Schüler lassen sich durch das Versprechen, daß ihnen der Stoff des Unterrichts 'später einmal' nützen werde, zur Arbeit anspornen"* (AEBLI 1993b, S. 337) - eine pädagogische Idylle, wie LÜTJENS vermerkt, da eine solche Situation von dem naiven Glauben ausgehe, daß sich später alles einrenken werde, und man dann erkennen könne, daß sich die Mühe letztendlich doch gelohnt habe (vgl. 1999, S. 222).

---

25 Zu den „Methoden geistigen Arbeitens" wird vermerkt: *„Lehrern stellt sich die Aufgabe, die zu erlernenden - später dann die erlernten - Methoden geistigen Arbeitens in den Unterricht zu ihren Fächern einzubeziehen; z.B. im Sinne handlungsorientierten Unterrichts"* (MBWJK.SCHL.-H. 1992, S. II).

Sowohl aus der Perspektive von Behaltensleistungen als auch unter motivationalen Aspekten ist STOMMEL somit zu widersprechen, wenn er schreibt, der handlungsorientierte Unterricht *„nimmt [...] doch nur simulierend mehr schlecht als recht vorweg, was das Berufsleben vor Ort und zu gegebener Zeit besser, nachhaltiger, formgerechter: schlicht wirklichkeitsnäher lehren wird, und zwar dann, wenn es, und soweit, wie es wirklich verlangt wird"* (1996, S. 8).

Und damit die Motivation als zielgerichtete Kraft des Handelns über längere Zeit aufrechterhalten werden kann, also auch über „Durststrecken" hinwegkommt (vgl. GUDJONS 1994, S. 54), ist es unter Einbezug der im Hierarchisierungsprinzip begründeten Zielklarheit nötig, *„daß laufend gewisse Zwischenergebnisse erreicht und die entsprechenden Erfolgserlebnisse ermöglicht werden. Zugleich muß mit jedem gesicherten Schritt das neue Teilproblem sichtbar werden"* (AEBLI 1993a, S. 138). Insofern gehören zum handlungsorientierten Unterricht immer wieder Phasen der Wissensvermittlung bzw. der Abstraktion der im Handeln gewonnenen Erfahrungen und Einsichten zur wissensbasierten Strukturierung und Systematisierung - fehlt diese Spannung zwischen Handeln und Einordnung, Ausschnitt und Ganzem, dann allerdings endet handlungsorientierter Unterricht im „Zufälligkeits- und Gelegenheitslernen" (vgl. LAUR-ERNST 1990b, S. 145 f.; ADOLPH 1992, S. 177 f.; GUDJONS 1994, S. 120 f.; LIPSMEIER 1996, S. 215).

Fazit:

Handlungsorientierter Unterricht ist nicht permissiv angelegt, denn er folgt einer aus der hierarchisch-sequentiellen Handlungsorganisation bzw. -regulation hervorgehenden Ordnung menschlichen Zielverhaltens und realisiert als ein integratives Konzept mit dem kurzphasigen Rhythmus **Handeln - Denken - Handeln** die systematische Vermittlung soliden Fachwissens als Grundlage vernetzten Denkens.

Es ist naheliegend, daß STOMMEL in seinem Aufsatz auf die ersten beiden Typen der von CZYCHOLL/EBNER vorgelegten und in dieser Arbeit rezipierten Begründungsmuster (vgl. Abschn. 2.1.1) rekurriert. Ein handlungstheoretisch fundierter Unterricht kann seiner Kritik standhalten.

92

Die Diskussion über das Strukturmerkmal der Komplexität hat zum Begriff der „Kontextorientierung" geführt. Dieses Stichwort soll zum Anlaß genommen werden, den handlungsorientierten Unterricht bildungstheoretisch einzuordnen.

3.2.7.2 Einordnung des handlungsorientierten Unterrichts aus Sicht der Bildungstheorie

In das Problemfeld einführend folgende Aussagen:

- Der Aufbau von Schlüsselqualifikationen dürfe weder zu einer Wiederbelebung einer inhaltsneutralen formalen Bildung noch zu einer beruflichen Allgemeinbildung mit dem Ziel der „Entberuflichung" führen (vgl. LAUR-ERNST 1990a, S. 41 ff.; dieselbe 1991, S. 121 ff.).

- DUBS stützt sich in einer entsprechenden Erörterung zunächst auf das von ZABECK (vgl. 1991, S. 47 ff.) thematisierte „Schlüsselqualifikations-Dilemma":
„- Je allgemeiner und unspezifischer die Schlüsselqualifikationen definiert werden, desto wahrscheinlicher ist es, daß der Transfer mißlingt.
- Je enger und situationsspezifischer die Schlüsselqualifikationen gefaßt werden, desto weiter entfernen sie sich von der ihnen zugesprochen Form".

Dieses Dilemma, folgert DUBS dann, verweise auf den alten Streit zwischen materialer und formaler Bildung[26]. Dort, wo Schlüsselqualifikationen ohne Bezug auf Inhalte nur im Sinne von Fähigkeitskatalogen beschrieben würden, finde kein Transfer statt. Fähigkeitskataloge stellten nur dann keinen Rückfall in die überholte Theorie der formalen Bildung dar, wenn auch gesagt werde, mit welchen Inhalten diese Fähigkeiten einzuüben seien (vgl. 1995, S. 177).

---

26 Diese Diskussion hat eine lange historische bzw. bildungspolitische Tradition, z.B. in den Kontroversen zwischen Realschulen und Gymnasien in der ersten Hälfte des 19. Jahrhunderts (vgl. ECKERT 1992, S. 64 und dort Fußnote 4).

Um diese Aussagen für die bildungstheoretische Einordnung des handlungsorientierten Unterrichts fruchtbar zu machen, sei noch einmal daran erinnert, daß die unterrichtliche Verwirklichung von Schlüsselqualifikationen zur Förderung der Handlungskompetenz eben diesen handlungsorientierten Unterricht legitimiert. Bildungstheoretisch gesehen indiziert mithin die herausgestellte Kontextorientierung zur Entwicklung von Schlüsselqualifikationen, daß es sich beim handlungsorientierten Unterricht um einen zwischen der formalen und materialen Position vermittelnden Ansatz kategorialer Prägung handelt, denn:

→ Bildung wird nicht nur inhaltlich definiert, es geht nicht um einen "didaktischen Materialismus", wie es DÖRPFELD schon im vorigen Jahrhundert in seiner gleichnamigen Streitschrift (1. Auflage 1879) formuliert hat (vgl. 1905, S. 6), also um jene Vielwisserei, die WAGENSCHEIN versinnbildlicht als "enzyklopädische Hydra" (vgl. 1965, S. 324), denn die materialen Bildungsinhalte unterliegen einem zeitlichen Wandel und die formale Bildung ist eher zeitunabhängig - ein wichtiger Aspekt in einer Zeit schneller technischer Veränderungen (vgl. SCHELTEN 1991a, S. 21), allerdings

→ Bildung wird auch nicht im Geiste eines "didaktischen Formalismus" (vgl. STÖCKER 1984, S. 56 f.) vom Subjekt her überbetont, indem Inhalte als "neutral" behandelt werden, als austauschbar (vgl. ECKERT 1992, S. 64), mit der Folge, "[...] daß solch 'formale', von den vermittelten Inhalten sich ablösende Bildungswirkung letztlich für jedweden Unterrichtsgegenstand in Anspruch genommen werden könnte"(SCHWENK 1994, S. 218), von REINISCH formuliert als „die weitgehende Ausklammerung der inhaltlichen Dimension beruflichen Lernens, die mit einer systematischen Unterbewertung des Fachwissens einhergeht" (1995, S. 317), sondern

→ Bildung wird definiert als "Erschlossensein einer dinglichen und geistigen Wirklichkeit für einen Menschen - das ist der objektive oder materiale Aspekt; aber das heißt zugleich: Erschlossensein dieses Menschen für diese seine Wirklichkeit - das ist der subjektive oder formale Aspekt zugleich im >funktionalen< wie im (vom Bezug auf die jeweiligen Inhaltsbereiche gelösten; Anmerkung v. Verf.) >methodischen Sinne<"

(KLAFKI 1975, S. 43; Hervorhbg. i. Orig.), und durch diese kategoriale Bildungstheorie[27] versucht KLAFKI, die bleibenden Wahrheitsmomente jener fälschlich isolierten und verabsolutierten Positionen in einem übergreifenden Ansatz aufzuheben, mithin *„den Einseitigkeiten vorwiegend objektbezogener (materialer) und vorwiegend subjektbezogener (formaler) Didaktiken durch dialektische Verschränkung beider Ansätze auf didaktisch-inhaltlicher Ebene zu entgehen* (JANK/MEYER 1994, S. 144), wodurch sich für die Berufsbildung folgende Frage ergibt: *"Wie lassen sich die inhaltlichen Anforderungen in einer für die Personwerdung und Entwicklung des Einzelnen fruchtbaren Weise vermitteln?"* (ARNOLD 1990, S. 52).

Zur Beantwortung dieser, auf die Persönlichkeitsentwicklung (vgl. 3.2) abzielenden Frage: In Übereinstimmung mit der subjektorientierten Didaktik, die für sich definiert, daß berufliches Lernen seinen Ausgangspunkt am Ort des Interesses, dem Arbeitsplatz, nimmt, sind Lernen und Arbeiten aufeinander zu beziehen (vgl. PETERS 1995, S. 326; vgl. auch KMK 1997a, S. 5), und zwar über die Kundenaufträge in ihrer Eigenschaft als „Lieferanten der inhaltlichen Anforderungen".

Diesbezüglich sind zur Förderung der Handlungskompetenz bzw. zur *„[...] Konstitution der Subjektperspektive für die Persönlichkeitsgestaltung [...]"* entsprechende Handlungslern- resp. Schlüsselsituationen (vgl. 3.2.2.3) verstärkt so zu arrangieren (vgl. hierzu FLOTHOW 1991c, S. 196 f.; PETERS 1995, S. 322 ff.; HACKER 1998, S. 792), daß sie z.B.

- vollständige Handlungen ermöglichen, d.h. Aufbau, Überprüfung, Modifikation sowie

---

27 Diese im Bildungsbegriff enthaltene Auffassung von der dynamischen Beziehung des (sich entwickelnden) Menschen zur historischen Wirklichkeit hat in der zitierten Fassung nach wie vor ihre prinzipielle Gültigkeit, wird von KLAFKI aber in seiner kritisch-konstruktiven Didaktik wie folgt modifiziert: *„Die Weiterentwicklung und Präzisierung meiner heutigen Auffassung von 'kategorialer Bildung' im Verhältnis zur ursprünglichen Fassung besteht darin, daß ich in der Beziehung von 'Subjekt' und 'Wirklichkeit' beide Seiten des Beziehungsverhältnisses deutlicher als früher als gesellschaftlich mitbedingte bzw. vermittelte (d.h. aber nicht: total determinierte) Momente verstehe. Dementsprechend muß auch der Vermittlungs- / Aneignungsvorgang selbst als von gesellschaftlichen Verhältnissen mitbedingter Prozeß untersucht bzw. - unter Berücksichtigung jenes Tatbestandes - jeweils neu ermöglicht und reflektiert werden"* (1996, S. 96; vgl. hierzu auch Fußnote 7 der vorliegenden Arbeit).

Differenzierung von Handlungsschemata gestatten, und zwar vom einzelnen selbst, aber auch in einer und durch eine Gruppe;

- Möglichkeiten bieten zum Anwenden, zur Erhaltung und zur lernbedingten Erweiterung der erworbenen individuellen Lern- bzw. Leistungsvoraussetzungen, insbesondere der geistigen Befähigung zum disponiblen Erzeugen von Arbeitsverfahren, d.h. Lern- und Arbeitssituationen einbinden, die durch eine gewisse Problemhaltigkeit zu einem umfangreichen und differenzierten Transfer handlungsrelevanten Wissens in der jeweiligen Handlung nötigen und so Kreativität, Antizipationsfähigkeit und Flexibilität im Handeln entwickeln helfen;

- das subjektive Interesse als sinnstrukturierendes, zielgerichtetes Element des Handelns berücksichtigen;

- Lern- und Arbeitshandlungen ermöglichen, die die Eingebundenheit, aber auch die Gestaltungsmöglichkeiten in der Gruppe, dem Betrieb, der Umwelt bewußt machen und Änderungen auch zulassen;

- wertvolle Leistungen im Sinne einer Bestätigung des Persönlichkeitswerts anerkennen.

Zu ergänzen ist, daß gerade auch im Interesse der Schülerorientierung eine innere und äußere Differenzierung des Unterrichts bzw. eine Beratungsdifferenzierung durch den Lehrer ermöglicht werden sollte (vgl. KLAFKI/STÖCKER 1996, S. 173 ff.; ADOLPH 1997, S. 205 f.; KMK 1997a, S. 6).
Diese Komplexität sehr wohl berücksichtigend, verweist die kategoriale Bildungstheorie unter Reduktionsgesichtspunkten auf das exemplarische Lehren und Lernen (vgl. KLAFKI 1996, S. 145 ff.). Inwieweit diese Entlastungsstrategie mit dem handlungsorientierten Unterricht kompatibel ist, soll im nächsten Unterpunkt überprüft werden[28].

---

28 Vgl. hierzu auch SCHILLING/WALTER, die auf die innere Konsistenz von Ausbildungsordnungen und Lehrplänen aufmerksam machen, d.h. auf deren mögliche Überfrachtung, denn wenn in der jeweiligen Präambel das selbständige Planen, Durchführen und Kontrollieren gefordert wird, muß auch der inhaltliche Teil z.B. hinsichtlich der Zeitrichtwerte damit übereinstimmen (vgl. 1990, S. 76).

3.2.7.3 Die didaktische Reduktion aus handlungsorientierter Perspektive

Die didaktische Reduktion als Konzept wurde von GRÜNER mit seinem vielbeachteten Aufsatz „Die didaktische Reduktion als Kernstück der Didaktik" (vgl. 1967) in enger Anlehnung an HERINGs Konzept der „Didaktischen Vereinfachung" (vgl. 1959) vorgestellt und „befreite" den Lehrer durch die horizontale und vertikale didaktische Reduktion (vgl. ARNOLD 1990, S. 56 ff.) von der HERINGschen Forderung nach Beibehaltung des Gültigkeitsumfangs beim Vereinfachen (vgl. KAHLKE/KATH 1984, S. 16).

Vor dem Hintergrund rasanter technologischer, wirtschaftlicher, gesellschaftlicher und politisch-rechtlicher Veränderungsprozesse bzw. Komplexitätserweiterungen erfährt der Ansatz der didaktischen Reduktion wieder zunehmende Bedeutung[29]. Diesbezüglich werden in der einschlägigen Literatur z.B. Empfehlungen gegeben, die aus bildungstheoretischen resp. lehr-lerntheoretischen Reduktionsansätzen abgeleitet und zusammengestellt worden sind (vgl. PÄTZOLD 1995d, S. 159 f.). Allerdings darf sich nicht nur die Frage nach einer *„bloßen Reduktion der Unterrichtsinhalte"* (JANK/MEYER 1994, S. 81) stellen, sondern es erhebt sich auch die Frage *„nach dem Bildungsprozeß selbst, in welchem sich der Lernende handelnd mit Inhalten auseinandersetzt und sich dabei gleichzeitig mehr als nur inhaltliches Wissen anzueignen vermag"* (ARNOLD/LIPSMEIER 1995, S. 14).

Insofern ist in Ausrichtung auf eine handlungsorientierte Neuinterpretation der didaktischen Reduktion eine weitergefaßte Arbeitsdefinition notwendig, die nicht nur den Lehrenden in den Blick nimmt, sondern alle am Bildungsprozeß beteiligten Handlungssubjekte umfaßt - und das bedeutet für die Berufs- und Arbeitspädagogik:

---

29 Mit dem Vorgang der didaktischen Reduktion bzw. Vereinfachung haben sich Menschen schon sehr früh beschäftigt. So führt REINHARDT (vgl. 1994, S. 17 ff.) die **didaktische Reduktion** auf Platons <u>Idee als Grundform der Dinge</u> (4. Jh. v. Chr.) zurück und die **didaktische Vereinfachung** insbesondere auf Luther (16. Jh.), d.h. auf dessen <u>Übersetzung der Bibel ins Deutsche</u>, und zwar in die sächsische Kanzleisprache, wodurch diese - wegen des breiten Gebrauchs dieser Bibel auch als Schulbuch - zur neuhochdeutschen Schriftsprache wurde, auf den <u>„Kleinen</u> Katechismus" sowie auf die Herausgabe eines <u>Gesangbuches mit eingängigen Texten</u> und Melodien.

Unter didaktischer Reduktion sollen alle Bemühungen subsumiert werden, die tendentiell eine Entlastung des jeweiligen Handlungssubjektes (Lehrender, Lernender, Arbeitender) mit sich bringen.

Diesbezüglich kann der Vorgang der Reduktion aus der Sicht eines Handlungssubjektes mit den Vorstellungen einer auf sich selbst bezogenen Entlastung in Verbindung gebracht werden, indem das Individuum die Komplexität und/oder Kompliziertheit seiner Umwelt aufzulösen versucht, um eine spezifische Handlungssituation besser bewältigen zu können.

In dieser Überlegung schwingt zugleich das dem Reduktionsgedanken ebenfalls innewohnende allgemein-menschliche Bedürfnis nach individueller Orientierung in einer Situation mit (vgl. SALZMANN 1982, S. 548). Gemeinsam ist allen Handlungssubjekten, daß sie die jeweilige Handlungssituation (Lehr-, Lern-, Arbeitssituation) aus ihrer eigenen Perspektive erleben und subjektiv verarbeiten; daher richten sich ihre Aktivitäten vor allem auf eine Verbesserung der eigenen Position.

Hinsichtlich dieser mit dem eher sachbezogenen Entlastungs- bzw. eher personenbezogenen Orientierungsgedanken angesprochenen Stabilisierung der eigenen Tätigkeit ist es unerheblich, ob z.B.

- aus der Perspektive eines Lehrenden durch angemessene Strukturierungshilfen zunächst ein beruflicher Orientierungsrahmen erarbeitet wird, um Grundlagenwissen als Voraussetzung vernetzten Denkens einordnen zu können, sodaß im Verlauf weiterer Lernhandlungen keine Verwirrung infolge unnötiger Einschubhandlungen entsteht;

- aus der Perspektive eines Lernenden selbstgewählte Strukturierungshilfen zum besseren Verständnis und zur leichteren Einordnung der eigenen Lerntätigkeit in übergeordnete Zusammenhänge Anwendung finden;

- aus der Perspektive eines Arbeitenden durch eine verbesserte Abstimmung der Lernorte berufs- und arbeitspädagogische Intentionalität und Funktionalität (lehr-) ökonomischer miteinander verknüpft werden können.

In diesem umfassenden Sinne hat BACHMANN eine Untersuchung traditioneller Ansätze vorgenommen mit dem Ziel, das hinter den einzelnen Ansätzen verborgene grundlegende Phänomen zu erfassen und anschließend für eine handlungsorientierte

Neuinterpretation der didaktischen Reduktion zu nutzen (vgl. 1989, S. 90 ff.; auch:

KAHLKE/KATH 1984 u. KATH/KAHLKE 1985) [30].

Eine Bestandsaufnahme kann wie folgt zusammengefaßt werden:

- Die „didaktischen Prinzipien" als lehrtechnische Reduktionsverfahren im Sinne von

Entlastung (vgl. FUCHS 1986, S. 416) und Orientierung (vgl. KLEIN 1976, S. 19 f.)

ziehen sich wie ein roter Faden durch alle Ansätze, so sind z.B. die Prinzipien der

Altersgemäßheit, Anschauung und Selbsttätigkeit schon in den historischen Ansätzen

von COMENIUS (vgl. 1993, Kap. 16-18) und DIESTERWEG (vgl. 1958, Block I-IV)

enthalten, während sich in der bildungstheoretischen Didaktik die

Reduktionsmaßnahmen auf die auswahlbezogenen Leistungen der didaktischen

Prinzipien u.a. des Elementaren (vgl. SPRANGER 1948, S. 324 f.) sowie des

exemplarischen Lernens (vgl. FLITNER 1968, S. 36 ff.) und Lehrens (vgl.

WAGENSCHEIN 1968 S. 10 ff.) konzentrieren bzw. das Prinzip resp. die Forderung

nach Wissenschaftsorientierung und Faßlichkeit (vgl. HERING 1959, S. 42) als

grundlegendes Paradigma der Entwicklung und Anwendung lehr-lerntheoretischer

---

[30] Analysiert wurden:

- historische Lösungsansätze

von COMENIUS /1592 - 1670/ (vgl. 1993), DIESTERWEG /1790 - 1866/ (vgl. 1958),

DÖRPFELD /1824 - 1893/ (vgl. 1905), KERSCHENSTEINER /1854 - 1932/ (vgl. 1931);

- bildungstheoretische Ansätze

von SPRANGER (vgl. 1948), FLITNER (vgl. 1968), WAGENSCHEIN (vgl. 1965),

KLAFKI (vgl. 1975, 1996), PETERS (vgl. 1943), RUMPF (vgl. 1968, 1970),

GOLAS/STERN/VOSS (vgl. 1976), SALZMANN (vgl. 1970, 1982);

- lehr-lerntheoretische Ansätze

von HERING (vgl. 1959), HERING/LICHTENECKER (vgl. 1966), GRÜNER (vgl. 1967),

KIRSCHNER (vgl. 1971), PAHL/VERMEHR (vgl. 1987), HAUPTMEIER (vgl. 1968,

1980), WITT (vgl. 1982), JONGEBLOED (vgl. 1983), HAUPTMEIER/KELL/LIPSMEIER

(vgl. 1975);

- ausgewählte unterrichtstechnologische Ansätze

von REINHARD (vgl. o.J.), FEHM/LERCH (vgl. 1974), MÖHLENBROCK (vgl. 1982),

SALZMANN/KOHLBERG (vgl. 1983), LYDING (vgl. 1987), FINKE/HAUPTMEIER (vgl.

1981), d.h. hierunter versteht BACHMANN Problemaspekte, „die ihre Zuordnung zur didaktischen

Reduktion nicht in erster Linie ihrer Zugehörigkeit zu einer bestimmten didaktischen Richtung

(bildungstheoretisch, lehr-lerntheoretisch) verdanken, sondern der expliziten und oftmals originellen

Interpretation eines bestimmten, thematisch relevanten Merkmals" (1989, S. 273).

Ansätze zugrundeliegt (vgl. auch KAISER/KAISER 1994, S. 245 ff.).

- Und was sich bezüglich der didaktischen Prinzipien schon andeutete, läßt sich auf einer weiteren Betrachtungsebene wie folgt präzisieren: Während sich die bildungstheoretische Didaktik unter Reduktionsgesichtspunkten vorrangig mit der Auswahl von Lehrinhalten beschäftigt[31], wird dieser Problembereich von lehr-lerntheoretischen Ansätzen weitgehend ausgeklammert, hingegen führt das Problem der methodenbezogenen Präsentation entsprechend aufbereiteter Lehrinhalte direkt in das Zentrum der lehr-lerntheoretischen Reduktionsdiskussion.

- Die Ansätze verstehen allesamt und ausschließlich die didaktische Reduktion als ein Instrument für Lehrpersonen und implizieren, daß Lehrer- und Lernerperspektive grundsätzlich übereinstimmen - verbunden mit der Gefahr, Lehr- und Lerninhalte unter Mißachtung individueller Lernvoraussetzungen gleichzusetzen.

- Gemeinsam ist allen Ansatzpunkten ihre Bezugnahme auf unterrichtliches Geschehen. Wird demnach der Lernort als mögliches Einteilungskriterium für die didaktische Reduktion herangezogen, so wird offenbar, daß sich die Berufsschule als der Lernort herausstellen läßt, wo mit Hilfe der explizierten Ansätze didaktisch reduziert werden soll und kann, wohingegen der Betrieb als Lernort im Rahmen didaktischer Reduktionsvorgänge gar nicht thematisiert und problematisiert worden ist.

Vor diesem Hintergrund stellt BACHMANN unter Verwendung der Handlungstheorie als Rahmentheorie ein dreistufiges handlungsorientiertes Analyseschema vor, welches - lernortübergreifend - zur Beobachtung und Beurteilung von didaktisch relevanten Situationen hinsichtlich ihres spezifischen Reduktionspotentials und -charakters eingesetzt werden kann: Jeder Aspekt markiert dabei eine bestimmte

---

31 Das Problem der methodenbezogenen Präsentation eines aufbereiteten Lehrinhalts wurde in der bildungstheoretischen Didaktik als untergeordnetes Problem betrachtet. Das ursprüngliche Primat der Didaktik über die Methode wurde von KLAFKI zwar formal zum umfassenden Primat der Zielentscheidungen über Inhalt und Methode relativiert, in seiner konzeptionellen Grundstruktur jedoch keineswegs angetastet (vgl. 1996, S. 116 ff.).

Reduktionsperspektive, deren weiterführende Ausdeutung nur im Zusammenspiel mit den anderen Analyseschichten gelingen kann, wobei als Schichtungen

- die Handlungssituation,
- die Handlungssubjekte in der Handlungssituation und
- die Handlungsstrategien bestimmter Handlungssubjekte in der Handlungssituation

unterschieden werden können (vgl. Abb. 15).

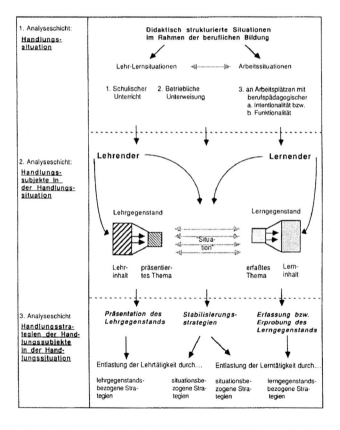

Abb.15: Handlungsorientiertes Analyseschema zur didaktischen Reduktion

(Quelle: BACHMANN 1989, S. 363)

101

Die als Ziel dieser Überlegungen herausgestellten Handlungsstrategien der gesondert betrachteten Lehr- und Lernsubjekte beschreiben schließlich den Bereich, welcher als handlungsorientierte Reduktion bezeichnet werden kann. Daher geht es in der dritten Analyseschicht darum, eine Verbindung von den traditionellen Reduktionsansätzen zur handlungsorientierten Neuinterpretation herzustellen (vgl. Abb. 16).

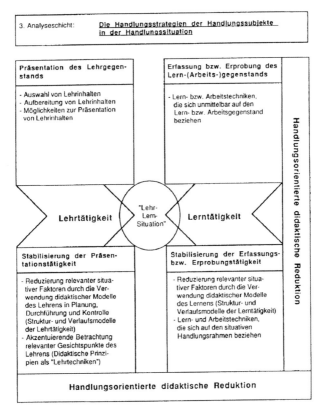

Abb. 16: Die Zusammenführung der einzelnen subjektbezogenen Handlungsstrategien in ein Konzept der handlungsorientierten didaktischen Reduktion (3. Analyseschicht) (Quelle: BACHMANN 1989, S. 378)

Die handlungsorientierte Interpretation der didaktischen Reduktion kann somit als eine innovative Weiterentwicklung der traditionellen Konzepte angesehen werden. Ein konsequentes Durchdenken handlungsorientierten Gedankenguts deutet darauf hin, daß es im Rahmen didaktischer Reduktionskonzepte auf keinen Fall nur auf das Anfertigen von ausgeformten Wissensstrukturen für geschlossene Lehr-Lernsituationen ankommt, sondern vielmehr geht es darum, mit Hilfe handlungsorientierter Reduktionsansätze z.B.

„- auch offene, weitgehend undeterminierte und komplexe Handlungssituationen zu erfassen und die in ihnen enthaltenen Gestaltungsspielräume kreativ zu nutzen,

- [...] Lehr-Lernsituationen oder Arbeitssituationen [...] ganzheitlich [...] zu erfahren [...], und nicht zuletzt

- die pädagogische Phantasie mit einem bewußten Wechsel der eigenen Betrachtungsperspektiven oder im Erproben und Anwenden neuer Techniken, Methoden und Konzepte anzuregen und sich so neue Möglichkeiten für das eigene Handeln als Lehrender oder Lernender zu eröffnen" (BACHMANN 1989, S. 394).

In diesem Sinne ist die handlungsorientierte didaktische Reduktion als ein Entlastungs- und Orientierungsschema zu interpretieren, welches integrativ auch neu entwickelte Reduktionsmaßnahmen im Rahmen der Präsentation, Erfassung und Stabilisierung in sich aufnehmen kann, z.B.

- als unterrichtsmethodische Zuspitzung der Reduktionsproblematik in Form einer „Didaktischen Inszenierung" (vgl. JANK/MEYER 1994, S. 80 ff.);

- als komplexitätsauflösende, der Entlastung und Orientierung dienende Reduktions- und Konzentrations- bzw. Ordnungs- und Entmischungsstrategien (vgl. LIPSMEIER 1995, S. 159 f.);

- als „subjekt- und prozessual orientierter" Ansatz (vgl. LISOP 1996, S. 162 ff.; vgl. auch 1995, S. 313 ff.), in welchem das exemplarische Lehren (vgl. WAGENSCHEIN 1968) nach soziologischen Gesichtspunkten (vgl. NEGT 1975) fortgeschrieben wird zur „Arbeitsorientierten Exemplarik" als Erkenntnisprinzip unter Einbezug gesellschaftlicher Implikationszusammenhänge.

Spätestens an dieser Stelle stellt sich die Frage, warum die handlungsorientierte didaktische Reduktion angesichts ihres Stellenwertes keine Erwähnung in der Studie zum auftragsorientierten Lehren und Lernen im Handwerk findet, zumal BACHMANN, der häufig kritisiert hatte, daß keine auf das Handwerk bezogenen Beiträge zur didaktischen Reduktion bestünden (vgl. 1989, S. 267, 268, 269, 364, 380), in eben dieser ALiH-Studie als Gutachter fungiert.

Thematisiert wird der Begriff der didaktischen Reduktion ohne Anbindung an eine Theorie lediglich im Gutachten von OVER, in welchem die Fähigkeit zur qualitativen und quantitativen didaktischen Reduktion der methodenspezifischen Handlungskompetenz von Ausbildern zugeordnet wird (vgl. 1991, S. 417).

BACHMANN beantwortet obige Frage mit dem Hinweis, daß sich die Arbeiten an der ALiH-Studie und an seiner Veröffentlichung zur handlungsorientierten didaktischen Reduktion überschnitten hätten, mittlerweile aber finde die handlungsorientierte didaktische Reduktion - der Zuordnung von OVER Rechnung tragend - Anwendung auf dem Gebiet der auftragsorientierten Ausbilderqualifizierung (vgl. BACHMANN 1998).

Sinnvoll ist dementsprechend auch der Einsatz in der Berufsschule, sodaß die Handlungstheorie als Rahmentheorie dann stringent sowohl den handlungsorientierten Unterricht als auch entsprechende Reduktionsmaßnahmen begründet.

Darüberhinaus zwingt die handlungsorientierte didaktische Reduktion zu einer ganzheitlichen Betrachtungsweise von Lehr-, Lern- und Arbeitssituationen. In Ausrichtung auf lernortübergreifende Handlungsstrategien stellt das handlungsorientierte Reduktionskonzept somit ein einheitliches Analyseschema zum Auffinden möglicher Reduktionspotentiale dar und kann auf beiden Seiten des dualen Systems subjekt- und prozeßorientierte Entlastungs- bzw. Orientierungsmaßnahmen initiieren. -

Diskutiert worden sind bislang, und das könnte aufgrund der ausführlichen Erörterung des Strukturmerkmals „Komplexität", seiner Darlegung sowie der gezeitigten Ergebnisse und Folgen, ein wenig aus dem Blick geraten sein, außerdem die Merkmale „Hierarchisch-sequentielle Organisation", „Intentionalität", „Bewußtheit", „Subjektivität", Prozeßhaftigkeit" und „Gestaltbarkeit".

Abschließend wird nun noch das lernwichtige Merkmal „Resultat" in seiner Bedeutung für den handlungsorientierten Unterricht dargestellt, sodaß dann die Strukturmerkmale des Lernhandelns zusammengefaßt werden können zu Qualitätsmerkmalen handlungsorientierten Unterrichts.

3.2.8   Resultat

Lernhandeln

- mündet in ein Ergebnis, das positiv oder negativ, nützlich oder weniger brauchbar, zufriedenstellend oder ärgerlich sein kann;
- hat Wirkungen und Konsequenzen, die bewertbar, kritisierbar sowie bezüglich ihrer subjektiven und umweltrelevanten Bedeutung zu analysieren sind.

Das bedeutet für den handlungsorientierten Unterricht:

Das Resultat einer Handlung wird u.U. nicht allen objektiven Anforderungen genügen, kann aber subjektiv ein Erfolg sein. Gerade dieses „Folgen-Haben" von Handlungen ist für das Lernen entscheidend wichtig, denn der Lehrling bzw. Berufsschüler erfährt im Hinblick auf sein Verantwortungsbewußtsein etwas über die Wirkungen eigener Handlungen. Und diese unter ergebnisorientiertem Gesichtspunkt getroffene Aussage manifestiert das duale System der Berufsausbildung in seinem Bestand, denn verantwortungsbewußtes Handeln entwickelt sich nach Ansicht des Verfassers z.B. weit weniger im „wattierten" Bereich einer Produktionsschule als unter Ernstcharakter im Betrieb, bedarf aber gleichwohl der wissensbasierten Strukturierung und Systematisierung (vgl. 3.2.7.1) im pädagogischen Schonraum der Berufsschule, wo Lerngesichtspunkte vor ökonomischen den Vorrang haben.

Hinsichtlich der Analyse von Wirkungen und Konsequenzen ist zu bedenken, daß eine solche Reflexion nicht im unmittelbaren Interesse der Schüler liegt, denn ist das Handlungsziel erreicht worden, herrscht große Zufriedenheit, ansonsten überwiegt die Resignation, die unangenehme Erfahrung des Mißerfolgs soll möglichst schnell vergessen werden, sodaß eine Diskussion der Leitfragen

- „Haben wir unser Ziel erreicht?" und
- „Welche Ursache hatte der Erfolg/Mißerfolg?"

nahezu unmöglich ist (vgl. RÖSELER 1978, S. 54 f) [32].

Dabei kann sich gerade unter sozial-kommunikativen Aspekten ein großer Vorteil einer „Arbeitsrückschau" auf die Bewältigung der Bezugshandlung (Lernaufgabe) und des Lernprozesses (vgl. BECK 1996, S. 57) entfalten bzw. kann im Rahmen der aktionsbegleitenden Kontrolle (vgl. 3.2.1) eine Prozeßreflexion stattfinden. So kann in einer solchen Phase der verbalen und/oder non-verbalen Metainteraktion, also in einer „herausgehobenen Auseinandersetzung", innegehalten werden, um über das Abgelaufene oder das gerade Passierende miteinander zu kommunizieren, wobei im allgemeinen die vier nachstehenden Zwecke verfolgt werden:

- Schüler und Lehrer besinnen sich auf ihren gemeinsam geteilten intentionalen Bezugsrahmen (vgl. 3.2.2.1);

---

32 Der fehlende Ernstcharakter von Produktionsschulen, für die sich nach GREINERT/MEYSER (vgl. 1996, S. 135 ff.) drei Organisationstypen herausgebildet haben (1. Einfacher Produktionsschultyp = „Training cum Production"; 2. Entwickelter Produktionsschultyp = „Training and Production"; 3. Entwickelter Produktionsschultyp in Form der Lernfabrik = „Production Training Corporation"), wird unterschiedlich beurteilt. So ordnet LÜTJENS Produktionsschulen dem „Lernen im simulierten Arbeits- und Produktionsprozeß" zu (vgl. 1999, S. 178 ff.) und stellt fest, daß das Lernen in Produktionsschulen auf keinen Fall unter realen Arbeitsbedingungen stattfinde, sie aber bereits alles das böten, „was angesichts der aktuellen berufspädagogischen Debatte um Ganzheitlichkeit, Handlungsorientierung und auftragsorientiertes Lernen in zunehmendem Maße eingefordert wird" (1999, S. 191), wobei an der Stelle nicht weiter expliziert wird, was alles das sein soll. BRATER hingegen beschreibt in seinem ALiH-Gutachten u.a. alles das, was anläßlich der Hochschultage Berufliche Bildung 1994 unter dem Gesichtspunkt eines drohenden „Praxisschocks" diskutiert wurde (vgl. BROY/MEYER 1995, S. 146 f.), wie folgt: „Jedenfalls sind die 'fachübergreifenden' Qualifikationen nicht oder nur sehr beschränkt in simulierten oder verschulten Lernsituationen zu entwickeln, weil es eben einen Unterschied macht etwa im Umgang mit Verantwortung oder in der Forderung nach Konzentriertheit des Arbeitens oder in der sachgemäßen Reaktion bei Störungen, ob man es mit einer Ernstsituation oder mit einem unverbindlichen Spiel zu tun hat" (1991, S. 270; vgl. auch 5.8 u. Fußnote 102 der vorliegenden Arbeit). Dem ist trotz der Erfahrung des „Praxisschocks" aus bildungspolitischer Perspektive entgegenzuhalten, daß Produktionsschulen derzeit im Zeichen hoher Jugendarbeitslosigkeit eine bedeutsame Rolle spielen (vgl. MBWFK.SCHl.-H.1999a). Zudem lassen sich Elemente der „Lernfabrik" in den Unterricht einer Berufsschule integrieren, z.B. ein „Auftrag" seitens der Innung, der dann gruppengesteuert in einem lernort- und fächerübergreifenden Ansatz zu bearbeiten ist. Ein solches Verfahren bietet sich u.a. im Hinblick auf eine Öffentlichkeitsarbeit des Handwerks an (vgl. hierzu 4.4.3.1).

- sie vertiefen oder problematisieren einen Strang der ablaufenden Aktivitäten, gehen diesen noch einmal durch und benutzen dabei besonders intensiv eine der vereinbarten Umgangsformen;

- die Teilnehmer schaffen Distanz zu den Normal- bzw. Hauptaktivitäten, indem sie das Betätigungsmedium wechseln und somit die Besonderheiten resp. die folgende Bedeutung der Hauptaktivitäten herausstellen;

- es werden Beziehungsprobleme an die Oberfläche geholt und aufgearbeitet, d.h. diese werden nicht als störende Randerscheinungen abgetan, sondern direkt angegangen (vgl. FREY 1990, S. 143 ff.).

Zum Einstieg in eine Metainteraktion bzw. in eine Prozeßanalyse können z.b. folgende Fragen hilfreich sein:

- Inwieweit wurde der vereinbarte Rahmen für die Auseinandersetzung berücksichtigt?
- Welche Betätigungswünsche konnten bisher eingelöst werden bzw. kamen nicht durch?
- Ist ausreichend Flexibilität gegeben, kann mitgestaltet werden?
- Müßten die Teilnehmer jetzt etwas anderes tun, um das Normalgeschehen bzw. die Hauptaktivitäten aus der Distanz zu sehen, zu würdigen oder zu kritisieren?
- Gibt es Störungen in der Zusammenarbeit oder im Verhältnis zum Betätigungsgebiet?
- Welcher Strang der bisherigen Tätigkeiten erscheint im Nachhinein besonders gelungen, welcher war problematisch oder gar mißlungen?
- Entspricht das Handeln in Berufsschule und Betrieb den Vorstellungen von Berufsausbildung (vgl. FREY 1990, S. 148 f.; vgl. auch LANGMAACK 1995, S. 154; SEIFERT 1997, S. 71 ff.)?

Die Anwendung eines solchen Fragenkataloges sollte nicht schematisch erfolgen. Ein derartiges Instrument zur Prozeßreflexion soll das „Gespür" des Lehrers ergänzen, aber nicht ersetzen, der eigene Körper, die eigene Psyche spüre nach LANGMAACK recht gut, wie es in einer Klasse stehe, die eigenen Gefühle und körperlichen Anspannungen wie z.B. Verspannungen oder Kopfschmerzen oder innere Unruhe seien ein Indikator insbesondere für Unstimmigkeiten in der Klasse bzw. zwischen der Klasse und dem Lehrer und damit eine ernstzunehmende Information für eine Prozeßanalyse, wobei gleichermaßen gilt, daß auch die Schüler an der Prozeßsteuerung beteiligt sind, d.h. sie steuern mit - „ [...] oder gegen, bewußt oder unbewußt, offen oder versteckt. Störungen oder Widerstand sind oft verdeckte Versuche, in die Prozeßsteuerung einzugreifen und den Prozeß in eine andere Richtung zu lenken" (1995, S. 152 f.).

Im Interesse selbstlernförderlicher Lehr-/Lernprozesse (vgl. 3.2.4) müssen demnach die Schüler ihren Anteil an der Prozeßanalyse erhalten, um ihren Prozeß und dessen Ursachen, Ergebnisse und Folgen zu verstehen und zunehmend autonomer steuern zu können.

Und schließlich ist festzuhalten: Wenn die Fehlersuche und -analyse gemeinsam vorgenommen wird und - wo möglich - keine persönlichen Schuldzuweisungen erfolgen, werden auch Mißerfolge gemeinsam getragen. Unter diesem Gesichtspunkt dann schließt sich der Kreis: Der Tendenz „Motivation durch Vermeidung von Mißerfolg" wird entgegengewirkt, wenn die Gründe für den Mißerfolg aufgearbeitet werden, und das Erkennen der Fehler als Erfolg gewertet wird. Fehlerkombinationen werden aufgedeckt und können in Zukunft systematisch vermieden werden (vgl. PFAHL 1986a, S. 63f.; 1995a, S. 34 f.) Daher „[...] bieten auch die negativen Folgen [...] die Möglichkeit zur Korrektur und sind insofern für die Organisation zukünftigen Verhaltens von allergrößter Wichtigkeit" (DÖRNER 1992, S. 266 f.).

Nicht zuletzt in diesem Sinne kann eine kritische Arbeitsrückschau bzw. Prozeßreflexion auch immer wieder Impulse geben und Ausgangspunkt sein für vertiefende oder neue Unterrichtsvorhaben (vgl. KAISER/KAMINSKI 1994, S. 284 f.).

Handeln in der beruflichen Bildung hat Wirkungen und Konsequenzen, die bewertbar sind, sodaß sich auch die Frage nach Lernerfolgskontrollen und Prüfungen im Zeichen der Handlungsorientierung stellt. Diesbezüglich führte das Strukturmerkmal des Lernhandelns „Komplexität" zur Diskussion über Systematik im handlungsorientierten Unterricht (vgl. Abschn. 3.2.7.1). Herausgestellt wurde, daß handlungsorientierter Unterricht keine unruhige "Projektbude" nach sich ziehen oder zu einem Massenkurs in Gruppendynamik verkommen muß (vgl. MEYER 1994a, S. 103) - handlungsorientierter Unterricht ist vielmehr die schulische Antwort auf die ALiH-Studie und darf keineswegs die Systematik vernachlässigen.

Diesem Anspruch dient sowohl die gemeinsame Einteilung der Lehrzeit, aber auch eine sorgfältige Ordnerführung, in welchen die Unterrichtsergebnisse zu fixieren sind. Auf diese Aufzeichnungen soll in der beruflichen Praxis ggf. zurückgegriffen werden können.

Insofern sollte den Schülern der Wert ihrer Ordner z.B. bereits anläßlich ihrer Klassenarbeiten bewußt werden. Allerdings müßten die Schüler ihre Aufzeichnungen dann auch benutzen dürfen, was wiederum eine über das reine Faktenwissen hinausgehende Fragestellung erfordert. Und das ist in hohem Maße ein handlungsorientiertes Anliegen, denn es soll kein kumulatives, irgendwo im Steinbruch des semantischen Gedächtnisses angehäuftes Faktenwissen „entsorgt" werden, sondern es steht nach den Maßstäben der auftragsorientierten Lernortkooperation echtes Handlungswissen zur Disposition.

Insofern sind auch zentralisierte Prüfungsaufgaben gefährlich, weil es den Prüfungsausschüssen vor Ort kaum bzw. gar nicht mehr möglich ist, beispielsweise Inhalte lernortübergreifender Vorhaben zur Leistungsmessung heranzuziehen.

Das pädagogische Leistungsprinzip sollte sich aber nicht nur auf fachliche Inhalte beschränken, sondern ebenfalls Schlüsselqualifikationen einbeziehen, welche prozeßorientiert zu evaluieren sind - hinsichtlich von Zwischen- und Abschlußprüfungen bedeutet das: *"Langfristig ist auf eine Überarbeitung der Kammerprüfungen hinzuwirken, die prozessuale und überfachliche Qualifikationen stärker als bisher berücksichtigen, um das Spannungsverhältnis zwischen Unterrichtskonzeption der Berufsschule und Prüfungsform der Kammern zu reduzieren"* (HEIMERER/SCHELTEN 1996, S. 319).

Eine solche Überarbeitung von Prüfungen bzw. deren Umsetzung wird in vielen Fällen noch einige Zeit dauern, aber kein Lehrer sollte sich aus Angst vor dem „heimlichen Lehrplan", den eine Prüfung darstellt, vom handlungsorientierten Unterricht abhalten lassen. Handlungskompetente Schüler können auch auf eine Prüfung vorbereitet werden bzw. sich vorbereiten, die zunächst noch faktenorientiert ist - es bedarf dann aber einer rechtzeitigen gemeinsamen Planung[33].

In diesem Zusammenhang noch ein Hinweis: Auch eine abgeschlossene Gesellenprüfung sollte bezüglich Ergebnis und Folgen nachbereitet werden.

"Ich habe versagt ': diese Erkenntnis kann einem labilen [...] Jugendlichen schwer zu schaffen machen. Daher stellt sich an die Durchführung nicht selten ein

---

[33] Zur Gestaltung handlungsorientierter Lernerfolgskontrollen vgl. ROHLFING/SCHENK 1991, S. 505 ff.; WALTER 1996, S. 26 ff. Zum Thema Zwischenprüfungen auf der Grundlage handlungsorientierten Unterrichts vgl. SCHIERZ u.a. 1995, S. 331 ff.; mit handlungsorientierten Abschlußprüfungen befassen sich KLOFT/MAICHLE 1996, S. 166 ff.; SCHIERZ/ERKEN 1997, S. 17 ff.; ferner vgl. zum Erfassen und Bewerten von Teamfähigkeit OTT u.a. 1997, S. 191 ff.

Beratungsproblem. Es ist notwendig, dem Schüler das Ergebnis und die Gründe, die zu ihm geführt haben, zu deuten und ihm zu helfen, es zu verarbeiten" (AEBLI 1993a, S. 365) - und das gilt nicht nur für Schüler, die ihre Prüfung nicht bestanden haben. Unter der Prämisse des lebenslangen Lernens ist eine sorgfältige Nachbereitung der Abschlußprüfung für alle Schüler bedeutsam, denn es wird wohl für keinen die letzte Prüfung gewesen sein. Da hilft es auch wenig, sich im Anschluß an eine Prüfung noch einmal schulterklopfend zusammenzustellen, vielmehr sollte zur Nachbereitung ein Berufsschultag eingeplant werden - zusammen mit den Schülern und begründetermaßen.

3.2.9 Qualitätsmerkmale des handlungsorientierten Unterrichts

Die im pädagogischen Kontext diskutierten Strukturmerkmale des Lernhandelns lassen sich aufgrund entsprechender Simultaneitäten durch „vertikale" und „horizontale" Reduktion (vgl. ARNOLD 1990, S. 56 ff.; BECK 1996, S. 56 ff.) verdichten bzw. unter den entsprechenden Oberbegriffen subsumieren. Im Sinne einer komplexitätsauflösenden, der Orientierung dienenden Konzentrationsstrategie (vgl. 3.2.7.3) ergeben sich dann drei Qualitätsmerkmale handlungsorientierten Berufsschulunterrichts. Diese Qualitätsmerkmale lassen sich wie folgt erklären:

- Handlungstheoretische Fundierung, d.h. die hierarchisch-sequentielle Handlungsorganisation bzw. -regulation dient als pädagogisch-normative Kategorie resp. als Ordnungsprinzip (vgl. 3.1.5), wobei insbesondere darauf hinzuweisen ist, daß die antizipative, aktionsbegleitende und die resultative Kontrolle im Hinblick auf die Bezugshandlung (Lernaufgabe) und den Lernprozeß Schülern und Lehrern eine individuelle Reflexionsgrundlage bietet (vgl. 3.2.1; 3.2.8).

- Ganzheitlichkeit, ein Qualitätsmerkmal, das nach ALBERS mit handlungsorientiertem Lernen in einem konstitutiven Zusammenhang steht, jedoch vage und unverbindlich sei (vgl. 1995, S. 9; vgl. auch 3.1.4), somit ein Schlagwort, unter dem bald jedermann etwas anderes verstehe (vgl. DUBS 1993b, S. 4) mit dem Ergebnis, daß das, was Ganzheitlichkeit ausmachen solle, im Dunkeln und dem Zufall überlassen bleibe (vgl. MILLER/DRESCHER 1994, S. 299). Werden jedoch die in der vorliegenden Arbeit diskutierten Strukturmerkmale des Lernhandelns zugrundegelegt, dann läßt sich der Begriff „Ganzheitlichkeit" als Qualitätsmerkmal handlungsorientierten Berufsschulunterrichts präzise erfassen, und zwar

a) subjektseitig, weil das Strukturmerkmal der hierarchisch-sequentiellen Organisation bzw. -regulation auf ein Lernen in „vollständigen Handlungen" verweist (vgl. 3.2.1), einhergehend mit dem kognitiven, affektiven und psychomotorischen Lernzielbereich (vgl. 3.1.4.1) sowie, und auch das ist unter ganzheitlichem Gesichtspunkt zu beachten, der Bildung einer individuellen Zielhierarchie, hervorgehend aus dem Strukturmerkmal „Intentionalität" (vgl. 3.2.2.1);

b) objektseitig, denn Ziele, Motive und konkrete Aufgaben/Situationen können sich nur ergeben unter Berücksichtigung der ganzheitlichen Struktur der Auftragsabwicklung in ihrer komplexen Wechselwirkung mit der betrieblichen Umwelt (vgl. Abb. 2), wobei in präventiver Ausrichtung darauf hinzuweisen ist, daß auch Bildungsprozesse im Rahmen von „Handlungslernfeldern" (vgl. 3.2.2.3) der systematischen Vermittlung von Fachwissen als Basis vernetzten Denkens bedürfen - gleichermaßen Ergebnis und Folge der Diskussion des Strukturmerkmals „Komplexität" (vgl. 3.2.7.1).

- Subjektorientierung, denn in kontextorientierten Lernprozessen sind Schlüsselqualifikationen zu entwickeln zur Förderung der Handlungskompetenz, also gleichbedeutend mit Persönlichkeitsbildung (vgl. 3.2.7.2), auf deren Ausprägung insbesondere das gestaltungsbezogene Lernen in seiner Wechselwirkung Mensch/Umwelt einwirkt (vgl. 3.2.6). Grundsätzlich erfordert das Strukturmerkmal „Subjektivität", das Lernsubjekt konsequent in den Mittelpunkt der Betrachtung zu stellen (vgl. 3.2.3; Abb. 13; vgl. auch 3.2.7.1), also auch betriebliche Besonderheiten in der Berufsschule aufzunehmen (vgl. 3.2.5), einvernehmlich mit der „Prozeßhaftigkeit", derzufolge das zunehmend selbstgesteuerte Lernen durch eine prozeßorientierte Verschiebung der Lenkungsfunktion vom Lehrenden zum Lernenden bewirkt wird (vgl. 3.2.4) und unter situationsspezifischen Aspekten (vgl. 3.2.2.3) im Interesse der Schülerorientierung eine innere und äußere Differenzierung des Unterrichts bzw. eine Beratungsdifferenzierung ermöglicht werden sollte (vgl. 3.2.7.2). Schließlich ist auch die didaktische Reduktion zu interpretieren als subjekt- und prozeßbezogene Entlastungs-

bzw. Orientierungsstrategie des jeweiligen Handlungssubjektes (vgl. 3.2.7.3).

Festgestellt wurde aufgrund übereinstimmender Handlungsregulationsprozesse die prinzipielle Strukturidentität schulischen und betrieblichen Lernens (vgl. 3.1.5). Insofern gelten die Qualitätsmerkmale in ihrer Eigenschaft als didaktische Leitlinien für den Grad der Handlungsorientierung nicht nur für die Berufsschule, sondern auch für den Betrieb - und sie zeigen beiden Lernorten an, daß zwischen Reiz und Reaktion ein Lernsubjekt steht mit seinem individuellen Bedingungspotential, ein Mensch nämlich mit Kopf, Herz und Hand.

In der nachfolgenden Synopse werden die Qualitätsmerkmale handlungsorientierten Unterrichts zusammenfassend dargestellt (vgl. Abb. 17).

Qualitätsmerkmal	Erläuterung
Handlungstheoretische Fundierung	Die hierarchisch-sequentielle Handlungsorganisation bzw -regulation dient als pädagogisch-normative Kategorie resp. als Ordnungsprinzip.
Ganzheitlichkeit	Gekennzeichnet durch: - Lernen in „vollständigen Handlungen", und zwar der einzelne selbst, aber auch in einer und durch eine Gruppe; - Mehrdimensionalität (kognitiver, affektiver, psychomotorischer Lernzielbereich); - Bildung einer individuellen Zielhierarchie zur Schaffung eines kognitiven Orientierungsrahmens als Grundlage der Selbstregulationsfähigkeit; - Berücksichtigung der ganzheitlichen Struktur der Auftragsabwicklung in ihrem komplexen Wechselwirkungsverhältnis mit der betrieblichen Umwelt; - ein integratives Lernkonzept mit dem kurzphasigen Rhythmus Handeln - Denken - Handeln zur systematischen Vermittlung von Fachwissen als Basis vernetzten Denkens.
Subjektorientierung	In kontextorientierten Lernprozessen sind Schlüsselqualifikationen zu entwickeln zur Förderung der Handlungskompetenz sowie der einhergehenden Persönlichkeitsbildung. Hinsichtlich der Gestaltung entsprechender Handlungslern- bzw. Schlüsselsituationen ist u.a. zu beachten: - Das Lernsubjekt steht mit seinen individuellen Lern- bzw. Leistungsvoraussetzungen und Interessen konsequent im Mittelpunkt der Betrachtung; - betriebliche Besonderheiten sind in der Berufsschule aufzunehmen und auf den aktuellen Lerngegenstand zu fokussieren; - Lehrgegenstände sind nicht automatisch Lerngegenstände bzw. sind Lehrmittel nicht immer gleich Lernmittel; - das zunehmend selbstgesteuerte Lernen wird durch eine prozeßorientierte Verschiebung der Lenkungsfunktion vom Lehrenden zum Lernenden bewirkt; - gestaltungsbezogenes Lernen in seiner Wechselwirkung Mensch ↔ Umwelt ist zuzulassen; - innere und äußere Differenzierung des Unterrichts ist zu ermöglichen bzw. ist Beratungsdifferenzierung durchzuführen; - die didaktische Reduktion ist zu interpretieren als subjekt- und prozeßbezogene Entlastungs- bzw. Orientierungsstrategie des jeweiligen Handlungssubjektes.

Abb. 17: Qualitätsmerkmale des handlungsorientierten Berufsschulunterrichts

Die angeführten Qualitätsmerkmale bieten nunmehr eine Möglichkeit, den handlungsorientierten Unterricht zu kontrollieren bzw. zu beurteilen.

Folglich unterliegen sie als ein System zur Erhebung diagnostischer Informationen auch dem Anspruch von Gütekriterien: Von vorrangiger Bedeutung sind hierbei die klassischen Kriterien der Objektivität, Validität und Reliabilität (vgl. z.B. SCHELTEN 1991a, S. 225 ff.; AEBLI 1993a, S. 371 ff.; GUDJONS 1995, S. 62 f.; WESTMEYER 1995, S. 1515 f.):

Die Objektivität (Vorurteilslosigkeit) bezieht sich darauf, wieweit die Selbst- oder Fremdevaluation des handlungsorientierten Unterrichts unabhängig ist vom Standpunkt des Diagnostikers. In diesem Sinne wirken die Qualitätsmerkmale einem unterschiedlichen Vorverständnis von Handlungsorientierung (vgl. 3.1.1) entgegen und verengen die Möglichkeit, daß verschiedene Personen, die einen handlungsorientierten Unterricht auswerten, sei es in antizipativer, aktionsbegleitender oder resultativer Kontrolle, dabei zu divergierenden Ergebnissen bzw. Interpretationen kommen, die wiederum abweichende Folgen nach sich ziehen können (vgl. 3.1.4.1.3). Den Gütekriterien Validität (Gültigkeit) und Reliabilität (Genauigkeit, Zuverlässigkeit) wird ebenfalls entsprochen, denn mit Hilfe der Qualitätsmerkmale wird tatsächlich das, was es zu kontrollieren bzw. zu beurteilen gilt, einer sach- und fachgerechten Einschätzung unterzogen, d.h. die Handlungsorientierung des Unterrichts wird genau und zuverlässig bestimmt, wird z.B. nicht verwechselt mit „hantieren" im Unterricht.

Somit werden die aufgeführten Qualitätsmerkmale im weiteren Verlauf der vorliegenden Arbeit noch dazu dienen, ein vorgestelltes Unterrichtsbeispiel hinsichtlich seiner Handlungsorientierung zu evaluieren (vgl. 5.7).

Die Umsetzung der Qualitätsmerkmale erfolgt durch den sog. „methodischen Gang" des Unterrichts. Unter dieser methodentheoretischen Perspektive wird im nächsten Abschnitt der handlungsorientierte Unterricht begrifflich definiert.

3.3 Methodentheoretische Perspektive

Handlungsorientierter Unterricht ist zunächst einmal keine Unterrichtsmethode, sondern ein Konzept von Unterricht, innerhalb dessen alle herkömmlichen Lehr- und Lernmethoden anwendbar sind (vgl. SCHELTEN 1994, S. 143; BAUER 1996, S. 9), und zwar unter Berücksichtigung der hierarchisch-sequentiellen Handlungsorganisation bzw. -regulation.

An dieser Stelle nun sollen die Ebenen methodischen Handelns weiter ausdifferenziert werden. Wenn hierbei eine Anlehnung an MEYER erfolgt, so aus zwei Gründen:

1. In den begrifflich-konzeptionellen Vorbemerkungen zur ALiH-Studie greift auch STRATENWERTH auf MEYER zurück und ordnet die „Auftragsmethode" als das substantielle Korrelat der Methodenkonzeption „Auftragsorientiertes Lernen" ebenso wie die Projekt- oder Lehrgangsmethode begriffsklassifikatorisch den „methodischen Großformen" zu (vgl. MEYER 1994a, S. 143 ff.) d.h. es handelt sich um Methodenbegriffe, *„die auf hoher Abstraktionsebene angesiedelt sind und eine große Reichweite in bezug auf die mit ihnen erfaßten methodenrelevanten Sachverhalte haben"* (vgl. STRATENWERTH 1991a, S. 27). Somit ist es vorteilhaft, wenn ein lernortübergreifendes Modell im Interesse einer begrifflich übereinstimmenden Darstellungsweise hinsichtlich beider Lernorte des dualen Systems mit einheitlichen methodischen Grundbegriffen definiert wird.

2. Hinsichtlich der Wahl seiner Termini greift MEYER stets auf eine der handlungsorientierten Logik verpflichteten Sichtweise zurück, indem er alle beteiligten Handlungssubjekte in den Blick nimmt, so z.B. wenn der Autor
   - den Begriff "Handlungssituation" abgrenzt gegenüber der "Lernsituation" und der "Unterrichtssituation" mit der Begründung, es könne sowohl das methodische Handeln der Schüler als auch das des Lehrers begrifflich erfaßt werden (vgl. MEYER 1994a, S. 116), wobei Übereinstimmung mit der ALiH-Studie besteht, und zwar durch deren modelltheoretische Betrachtung der Handlungssituation (allgemein) mit der Transfermöglichkeit auf das Lern-, Lehr- bzw. Arbeitshandeln;
   - von "Handlungsmuster" spricht, weil Ausdrücke wie "Aktionsformen des

Lehrers" oder einfach nur "Lehrformen" zu lehrerzentriert seien (vgl. ebd., S. 125);

- bezüglich der "Unterrichtsschritte" dafür plädiert, den Schülern müsse die Kompetenz vermittelt werden, "*selbsttätig und selbständig zu vernünftigen Phasierungen ihres Lernprozesses zu gelangen*" (ebd., S. 133);

- den Begriff "Sozialform" zwar bevorzugt, weil dieser sich in der Bundesrepublik nahezu flächendeckend durchgesetzt habe, aber darauf hinweist, daß der Begriff "Kooperationsform" eigentlich genauer sei (vgl. ebd., S. 136) - Bedenken, über die sich der Verfasser hinwegsetzen wird, denn nach seiner Ansicht umschließt der Begriff "Kooperationsform" die Interaktionsprozesse von Handlungssubjekten präziser, wobei sich nach der Grenzöffnung die geographische Metapher "flächendeckend" ohnehin relativiert hat und kein Grund für Ressentiments bestehen sollte, dogmatisch unbelastete Begriffe der DDR-Didaktik[34] bei erkannter Überlegenheit zu übernehmen.

Im Zuge einer weiteren Ausdifferenzierung also hat MEYER zunächst die genannten methodischen Grundbegriffe vom Einfachen zum Komplexen in einer aufsteigenden Linie geordnet und diese dann unter Rückgriff auf KLINGBERG (vgl. 1982, S. 257 f.) für den institutionellen Rahmen schulischen Unterrichts in einem Strukturmodell methodischen Handelns zusammengefaßt, d.h. der Unterrichtsprozeß konstituiert sich in:

- Handlungssituationen;
- drei Dimensionen methodischen Handelns, die untereinander sowie zu der Ziel- und Inhaltsdimension in Wechselwirkung stehen, also in Sozial- bzw. Kooperationsformen, Handlungsmuster und Unterrichtsschritte;
- Differenzierungs- und Integrationsformen, Verlaufsformen des Unterrichts und methodischen Großformen, zu denen sich die Dimensionen methodischen Handelns verfestigen (vgl. MEYER 19994a, S. 234 ff.).

---

34 Der Begriff "Kooperationsform" ist bei KLINGBERG, einem Didaktiker aus der ehemaligen DDR, veröffentlicht (1982, S. 292).

Wenn nun diese Struktur lernortübergreifenden Charakter erhalten soll, ist es zweckmäßig, den Terminus "Unterricht" bzw. "Unterrichtsschritte" sinngemäß auf den Sprachgebrauch der „betrieblichen Bildungsarbeit" (vgl. ARNOLD 1995, S. 294 ff.) zu übertragen, obwohl GRÜNER diesbezüglich betont, es sei auch von "berufspraktischem Unterricht" oder von "Instruktion" die Rede (vgl. 1982, S. 11 f.) bzw. von „betrieblichem Unterricht", weil „[...] vor dem Hintergrund der gestiegenen kognitiven Anforderungen in vielen Berufen der berufsschulische Unterricht nicht mehr ausreicht [...]" (FULDA u.a. 1994, S. 111). Gleichwohl hat sich in der Arbeitspädagogik „flächendeckend" der Begriff "Unterweisung" durchgesetzt und beschäftigt sich einem natürlichen Sprachgefühl folgend mit praktischen Inhalten, wobei "unter" soviel bedeutet wie "innerhalb" oder wie "unten" und daher "von Grund aus Richtung gebend" (vgl. SCHELTEN 1991b, S. 65), während "weisen" mit "wissend machen" erklärt werden kann (vgl. WISSENSCHAFTLICHER RAT DER DUDENREDAKTION 1997, S. 807). "Unterweisung" steht also für "von Grund aus wissend machend" durch organisiertes Lehren und Lernen (vgl. REFA 1976, S. 66 ff.) für den Erwerb einer Arbeitstätigkeit. Da die Unterweisung im Betrieb in vielgestaltiger Form auftritt, wählt GRÜNER (vgl. 1982, S. 14 ff.) folgende Einteilungsgesichtspunkte:

- Unterweisungsort (Arbeitsplatz, Ausbildungsplatz, Unterweisungsraum);
- Anzahl der Auszubildenden (Einzel- oder Gruppenunterweisung);
- Unterweisungsinhalt (arbeitstechnische, werkstoffkundliche u.
  betriebsorganisatorische Unterweisung sowie Geräte- und Unfallunterweisung);
- Kontakt des Ausbilders zum Auszubildenden (direkte und indirekte
  Unterweisung);
- Zeitpunkt der Unterweisung (vorbereitend, übungsbegleitend, abschließend).

SCHELTEN unterscheidet ebenfalls zwischen einer einführenden, begleitenden sowie abschließenden Unterweisung und faßt diese drei Schritte dann zu einer Unterweisungseinheit mit unterschiedlichen Sozial- bzw. Kooperationsformen und Unterweisungsmethoden zusammen (vgl. 1991b, S. 66 ff.; vgl. auch ARNOLD/KRÄMER-STÜRZL 1996, S. 246 ff.; zur betrieblichen Lernorganisation vgl. 6.1.1 der vorliegenden Arbeit).

Und, damit es nicht zu Mißverständnissen kommt, eine solche Unterweisungsmethode ist auch die von STRATENWERTH unter der Rubrik "Besondere Organisationsformen des

Lernens und Lehrens" positionierte "Planmäßige Arbeitsunterweisung", welche, in der Regel als vierstufiges Artikulationsschema aufgebaut, *"[...] auf die Vermittlung von berufspraktischen Handlungsvollzügen mit hohem sensumotorischen Leistungsanteil (Fertigkeitserlernung) gerichtet ist [...]"* (STRATENWERTH 1991a, S. 45). Nicht zuletzt in diesem Sinne wird für das angestrebte lernortübergreifende Schema hinsichtlich der betrieblichen Ausbildung der Begriff "Unterricht" durch "Unterweisung" und in der Folge "Unterrichtsschritte" durch "Unterweisungsschritte" ersetzt. Die Unterweisungsschritte regeln daher die Prozeßstruktur der Unterweisung.

Somit ist das didaktische Regulationssystem für beide Seiten des dualen Systen begrifflich definiert und kann aus dieser Perspektive einem lernortübergreifenden Strukturmodell zugeführt werden (vgl. Abb. 21).

3.4 Zusammenfassung und Überleitung

Die Auswertung der ALiH-Studie hat ergeben, daß die Entwicklung von Schlüsselqualifikationen zur Förderung der Handlungskompetenz von der Berufsschule übernommen werden soll, und zwar aufgrund des vorherrschend funktionalen Ausbildungscharakters der unter Wettbewerbsdruck stehenden Handwerkbetriebe (vgl. 2.2).

Durch einen handlungsorientierten Unterricht, der sich auf die Handlungstheorie als Begründungskonzept stützt, könnte die Berufsschule diesem Anspruch gerecht werden (vgl. 3.1).

Im Hinblick auf einen solchen Unterricht wurden die Qualitätsmerkmale „Handlungstheoretische Fundierung", „Ganzheitlichkeit" und „Subjektorientierung" als didaktische Leitlinien für den Grad der Handlungsorientierung herausgearbeitet (vgl. 3.2) bzw. wurde der handlungsorientierte Unterricht aus methodentheoretischer Perspektive definiert (vgl. 3.3).

Schlüsselqualifikationen allerdings werden in einem kategorial geprägten Ansatz kontextgebunden entwickelt, d.h. im Zusammenhang mit fachlichen Grundqualifikationen (vgl. 3.2.7.2). Und hier gilt nach wie vor, daß berufliches Lernen seinen Ausgangspunkt am Ort des Interesses nimmt, dem Ausbildungsbetrieb nämlich, sodaß die unter Ernstcharakter zustandegekommenen, komplexen Kundenaufträge die inhaltlichen Anforderungen „liefern" und den Handlungsrahmen bilden. Insofern können Schlüsselqualifikationen in der Berufsschule zwar entwickelt werden, aus ihrer Kontextorientierung heraus aber nur in Zusammenarbeit mit den Betrieben.

Fazit:

Bevor der handlungsorientierte Unterricht in ein lernortübergreifendes Konzept integriert werden kann, ist eine Auseinandersetzung mit dieser „Lernortfrage" erforderlich. Überlegungen zu lernortübergreifenden Modellen werden im nächsten Kapitel diskutiert.

4   Die Zusammenarbeit der Lernorte im dualen System der Berufsbildung

In den Gutachten der ALiH-Studie (vgl. 2.1) wird das Zusammenwirken der Lernorte mit einer Vielzahl von Begriffen verknüpft und - im Hinblick auf die Entwicklung von Schlüsselqualifikationen (vgl. 2.2) - appellierend deklariert

- als Theorie-/Praxis-Verbund intentional ausgerichtet auf eine Verkettung der Lerninhalte,
- als auftragsorientierte Ausbildungskooperation,
- als Lernortkooperation,
- als Lernortkoordination,
- unter Beachtung einer verbesserten Kooperation von Ausbildern und Lehrern,
- als exemplarische Aufträge,
- mit dem Hinweis auf eine „mögliche" Beteiligung der Berufsschule.

Dieser Ruf nach lernortübergreifenden Modellen erfordert zunächst einmal eine Begriffszuordnung.

Anschließend wird eine empirische und normative Bedarfsbestimmung der Lernortkooperation vorgelegt bzw. werden Kooperationsverständnisse resp. -aktivitäten definiert und in einer Matrixdarstellung gegenübergestellt.

Vor diesem Hintergrund wird dann herausgearbeitet, welche Hindernisse einer Verschränkung von Kooperationsverständnis und -aktivität im Sinne einer intentionalen Lernform entgegenstehen bzw., unter Einbindung handwerksspezifischer Einflußgrößen, wie durch einen dialektischen Umschlag auf dem Verhandlungswege eine Lernortkooperation erreicht werden kann, die Intentionalität und Funktionalität miteinander verknüpft.

Nach dieser Fundierung erfolgt eine weitere Ausgestaltung der Lernortkooperation im Handwerk, und zwar in Form auftragsorientierter, didaktisch parallel verlaufender Lernfelder, wobei den Auszubildenden eine aktive Rolle hinsichtlich der Kommunikation zwischen den Lernorten zukommen wird.

4.1 Pluralitätsvarianten der Lernorte

Als Begriff wurde der Lernort von der Bildungskommission des Deutschen Bildungsrates (1965 - 1975) in die pädagogische Fachsprache eingeführt: In den Empfehlungen "Zur Neuordnung der Sekundarstufe II" hat die Bildungskommission (1974) Lernorte als im Rahmen des öffentlichen Bildungswesens anerkannte Einrichtungen definiert (auch in privater Trägerschaft), die Lernangebote organisieren und dabei nicht nur räumlich und rechtlich selbständige Einheiten darstellen, sondern sie unterscheiden sich gleichzeitig durch ihre je spezifisch pädagogisch-didaktische Funktion bei der Vermittlung allgemeiner und beruflicher Qualifikationen (vgl. PÄTZOLD 1995b).

Unter dem Leitmotiv "Pluralität der Lernorte als Optimierungsparadigma", zu interpretieren als gezielter und abgestimmter Einsatz verschiedener Lernorte im Hinblick auf ein von diesen gemeinsam zu sicherndes qualifikatorisches Ziel, sind nach MÜNCH im dualen System der Berufsbildung verschiedene Pluralitätsvarianten zu unterscheiden:

- die Lernortkombination,
- der Lernortverbund,
- die Lernortkooperation (vgl. 1995, S. 98 ff.).

Mit dem Begriff Lernortkombination ist die Kombination betriebsinterner Lernorte gemeint, z.B. Arbeitsplatz, Lehrwerkstatt, innerbetrieblicher Unterricht u.s.w. (vgl. ebd., S. 99 f.).

Bei einem Lernortverbund oder Ausbildungsverbund bzw. einer Verbundausbildung (vgl. SELKA 1995; 1997) geht es darum, daß verschiedene Betriebe miteinander und/oder mit anderen Bildungseinrichtungen (z.B. überbetrieblichen Ausbildungsstätten) kooperieren und z.T. erst dadurch in der Lage sind, eine Ausbildung zu gewährleisten, die den Vorgaben der Ausbildungsordnung entspricht. Diesbezüglich gibt es folgende Verbundmodelle:

- Auftragsausbildung, d.h. es werden einzelne Ausbildungsabschnitte aus fachlichen Gründen oder wegen fehlender Kapazität an andere Betriebe oder Bildungsträger vergeben;

- Konsortium, d.h. mehrere Unternehmen stellen jeweils Auszubildende ein und tauschen diese zu vereinbarten Phasen aus;

- Leitbetrieb mit Partnerbetrieben, d.h. der Leitbetrieb ist für die Ausbildung insgesamt verantwortlich, er schließt die Ausbildungsverträge ab und organisiert phasenweise Ausbildung bei den Partnerbetrieben;

- Ausbildungsverein, d.h. es schließen sich mehrere Betriebe auf vereinsrechtlicher Grundlage zusammen, wobei der Verein als Ausbilder auftritt und die Steuerung der Ausbildung übernimmt bzw. von den Mitgliedern finanziell getragen wird (vgl. bmb+f/BMWi 1997, S. 12)[35].

Als Lernortkooperation im dualen System der Berufsbildung wird das organisatorische sowie das inhaltliche und pädagogische Zusammenwirken des Lehr- und Ausbildungspersonals der beteiligten Lernorte verstanden, wobei Lernorte unterschiedlicher Lernortträger miteinander kooperieren können (vgl. PÄTZOLD 1995c, S. 3; BIBB 1997, S. 1), im Handwerk z.B. Ausbildungsbetriebe einer Innung, überbetriebliche Ausbildungswerkstatt[36] und Berufsschule.

Und nicht erst seit jenem denkwürdigen Interview, in welchem der damalige Bundesbildungsminister kritisierte, "*Sie können heute nicht mehr davon ausgehen, daß der Absolvent einer deutschen Schule rechnen, schreiben und lesen kann*" (RÜTTGERS 1997, S. 24; vgl. auch: IW 1997, S. 18; DIHT 1998, S. 6 f.; HERGERT 1998, S. 142), d.h. die Arbeitgeber beklagten zu Recht, daß viele Schulabgänger heute nicht

---

35 Hinsichtlich der Verbundmodelle macht BADER darauf aufmerksam, daß es nicht zu einem Wildwuchs sogenannter Bildungsträger kommen dürfe, "*die Finanzmittel der öffentlichen Hand 'mitnehmen' und sich staatlicher Aufsicht weitgehend entziehen können*" (vgl. 1994, S. 280), woraufhin KORB aus Sicht der neuen Bundesländer in einer Gegendarstellung antwortet, es sei kein Wildwuchs zu befürchten, denn der Hauptanteil der betrieblichen Ausbildung finde in den KMU selbst statt (vgl. 1994, S. 379). Übrigens: KMU, das sind kleine, mittelständische Unternehmen ... (vgl. ebd.).

36 In diesem Falle erfolgt die Kooperation z.B. auf Vollversammlungsbeschluß der Handwerkskammer (vgl. BERGER 1995a) für Betriebe eines Kammerbezirkes und ist nicht zu verwechseln mit einem Lernortverbund.

ausbildungs- und damit berufsschulreif seien[37], also nicht erst seit dem Zeitpunkt ist bekannt, daß auch eine Kooperation von Berufsschulen und Einrichtungen vorberuflicher Bildung hilfreich ist, u.a. könnten Lehrer allgemeinbildender Schulen erfahren, worauf sie ihre Schüler bezüglich elementarer Berechnungen in der fachbezogenen Mathematik vorbereiten müßten (vgl. PFAHL 1991, S. 13) - gegenseitiger Erfahrungsaustausch ist daher im Interesse einer verbesserten Ausbildungsreife dringend geboten (vgl. HABBEN-GOEBELS/PFAHL 1983, S. 8 ff.; KÜHL 1998, S. 1; MBWFK.SCHL.-H. 1999b, S. 2 f).

Mit AEBLI ist anzufügen, daß die Arbeit eines Lehrers, und gemeint sind Lehrer allgemeinbildender Schulen, nicht nur Intelligenz, sondern auch viel praktisches Wissen voraussetze: *„Er sollte nicht nur in seiner Studierstube zu Haus sein, sondern auch mit dem Handwerk, der Landwirtschaft, der Industrie [...] vertraut sein. Betrachtet er diesen Kontakt - aus intellektuellem Hochmut etwa - als seiner nicht würdig, so gehört er nicht in das Klassenzimmer, und ein Staat, der keine Lehrer besitzt, die mit beiden Füßen in*

---

37 Nicht ganz so brachial wie der Bundesbildungsminister, sondern mit (Galgen-) Humor und Weitblick machte das Handwerk schon 1984 auf diese Misere aufmerksam. Unter der Überschrift *"Und noch etwas zum Schmunzeln"* wurde seinerzeit in einer Fachzeitung (vgl. LORENZEN 1984, S. 16) die Entwicklung der Schule wie folgt beschrieben:

Volksschule 1950

Ein Konditormeister verkauft eine Torte für 20,--DM. Die Erzeugungskosten betragen 4/5 des Erlöses. Wie hoch ist der Gewinn?

Realschule 1960

Ein Konditormeister verkauft eine Torte für 20 Mark. Die Erzeugungskosten betragen 16 Mark. Berechne den Gewinn!

Gymnasium 1970

Ein Konditormeister verkauft eine Menge Torten (T) für eine Menge Geld (G). G hat die Mächtigkeit 20. Für die Menge g aus G gilt: g ist eine Mark. In Strichmengen müßtest du für die Menge G "zwanzig" (/////////////////////) Strichlein machen, für jedes Element g eines. Die Menge der Erzeugungskosten (E) ist um "vier" (////) Strichlein weniger mächtig als die Menge G. Zeichne ein Bild der Menge E als Teilmenge der Menge G und gib die Lösungsmenge (L) an für die Frage: Wie mächtig ist die Gewinnmenge?

Integrierte Gesamtschule 1980

Ein Konditormeister verkauft eine Torte für 20 Mark. Die Erzeugungskosten betragen 16 Mark, der Gewinn beträgt 4 Mark. Aufgabe: Unterstreiche das Wort "Torte" und diskutiere mit deinem Nachbarn darüber!

Weiterreformierte Schule 1990 (Man könnte auch sagen: Schule nach der Rechtschreibreform; d. ferv.)

ein kapitalistisch-priviligierter konditormeister bereicherd sich one rechtfärtigunk an eine Torte um 4 mark. untersuche den text auf inhaldlische gramatische ortografische und zeichsätzungsfeler, korigiere die aufgabenstälunk und demonstriere gegen die lösung.

der Wirklichkeit stehen, wird die Folgen zu spüren bekommen" (AEBLI 1993b, S. 229; vgl. zur Beziehung von „intellektuellem Hochmut" und Berufsorientierung auch BEINKE 1999a, S. 19 ff.).

Zusammenfassend kann festgestellt werden, daß im dualen System der Berufsbildung eine Lernortkombination betriebsinterne Lernorte bezeichnet, ein Lernortverbund auf die betrieblich-institutionelle Kooperation verweist und eine Lernortkooperation das organisatorische bzw. das inhaltliche und pädagogische Zusammenwirken des Lehr- und Ausbildungspersonals der beteiligten Lernorte akzentuiert[38].

Nach dieser Begriffszuordnung soll nun die Frage nach dem Bedarf an Lernortkooperation gestellt werden.

Hierzu ist eine Klärung des Begriffes „Bedarf" notwendig, weil dieser nicht einheitlich verwendet wird:

In der Literatur läßt sich feststellen, daß es sich um eine vorwiegend ökonomische Kategorie handelt, d.h. um ein Ergebnis objektivierbarer Bedürfnisse, die meßbar und in Zahlen ausdrückbar sind (vgl. GABLER-WIRTSCHAFTS-LEXIKON 1997b, S. 434).

Beim Bedarf an Lernortkooperation geht es aber um Aktivitäten, also um Kontakte und Zusammenarbeit. Ein entsprechender Ansatz wird im nächsten Abschnitt vorgestellt.

---

[38] In der ALiH-Studie wird ferner der Begriff Lernortkoordination benutzt.

Die Übersetzung von Koordination lautet *"gegenseitiges Abstimmen"* (WISSENSCHAFTLICHER RAT DER DUDENREDAKTION 1994, S. 773), koordinieren bedeutet *"in ein Gefüge einbauen"* (WISSENSCHAFTLICHER RAT DER DUDENREDAKTION 1989, S. 377), d.h. eine Lernortkoordination setzt entsprechende Kooperation bereits voraus.

Auf einen Theorie-/Praxis-Verbund wird noch eingegangen, und zwar unter der Fragestellung, ob eine solche Trennung eingedenk ganzheitlicher Modelle noch zeitgemäß ist - doch unabhängig davon impliziert ein Verbund als Bezeichnung für *"ergänzende Zusammenarbeit von ..."* (ebd. 1989, S. 83) auch immer eine Kooperation, ist aber gleichzeitig als Lernort-<u>Verbund</u> schon definitorisch anders belegt. Deutlich wird an diesem Beispiel, daß der Begriff Lernortkooperation Merkmale eines Hyperonyms aufweist.

4.2 Der Bedarf an Lernortkooperation

WALDEN/BRANDES nehmen eine Begriffsbestimmung vor, die an den Trägern des Bedarfs ansetzt und untergliedern den Bedarf in drei Kategorien:

- individueller Bedarf, d.h. der Bedarf an Lernortkooperation, der von den Betroffenen reklamiert wird;
- institutioneller Bedarf, der von den Lernorten zur Aufgabenerfüllung gesehen wird;
- politischer (bzw. sozialer) Bedarf, der von außen durch verschiedene gesellschaftliche Gruppen an das duale Sytem herangetragen wird (vgl. 1995, S. 127 f.).

In einem nächsten Schritt soll es um die Bedarfsermittlung gehen. Diesbezüglich hat das Bundesinstitut für Berufsbildung in Zusammenarbeit mit der Universität Dortmund und der Humboldt-Universität Berlin eine empirische Erhebung über die in der Praxis tatsächlich vorfindbaren Kontaktformen und -anlässe für eine Lernortkooperation vorgenommen und diese als Gestaltungsmerkmale der Kooperation von Betrieben, Berufsschulen und überbetrieblichen Ausbildungsstätten bezeichnet (vgl. AUTSCH u.a. 1993, S. 32 ff.).

WALDEN/BRANDES kommen zu dem Schluß, daß das soziale Umfeld sehr unterschiedliche Bedarfsstrukturen produziere, es also problematisch an der ausschließlich empirischen Bedarfsbestimmung sei, auf diese Weise einen Orientierungsrahmen für eine Weiterentwicklung von Lernortkooperation abzuleiten (vgl. 1995, S. 130).

Demgegenüber hat PÄTZOLD eine normative Bedarfsbestimmung geleistet und aus berufs- und arbeitspädagogischer Perspektive das Kooperationsverständnis in vier Ebenen gegliedert:

- Beim pragmatisch-formalen Kooperationsverständnis gehen Aktivitäten der Zusammenarbeit ausschließlich auf äußere formale Veranlassung zurück;

- beim pragmatisch-utilitaristischen Kooperationsverständnis gehen
  Kooperationsaktivitäten unmittelbar aus subjektiven Problemerfahrungen in den
  täglichen Arbeitszusammenhängen hervor - allerdings,

ob nun formal oder subjektiv begründet, unter motivationalen Aspekten gleichen
sich beide Ebenen in dem Bestreben, den jeweiligen Dualpartner im Sinne eines
lernort- oder arbeitsplatzspezifischen Interesses zu vereinnahmen - hingegen
betreffen die nächsten Verständnistypen das berufs- bzw. arbeitspädagogische
Selbstverständnis, denn

- beim didaktisch-methodisch geleiteten Kooperationsverständnis werden
  lernortkooperative Aktivitäten aus der handlungsleitenden Bezugnahme auf
  didaktisch-methodische Konzepte beruflichen Lernens, die den
  Gesamtzusammenhang der Ausbildung in den Blick nehmen und betonen,
  begrüßt, empfohlen oder eigeninitiativ eingeleitet;

- beim bildungstheoretisch intendierten Kooperationsverständnis wird zusätzlich zur
  vorherigen Ebene auf eine umfassende Bildungstheorie zurückgegriffen - welche
  aus entsprechenden Zielperspektiven für das gesellschaftliche Handeln abgeleitet
  ist -, und aus der sich auch die Entscheidung über das didaktisch-methodische
  Vorgehen herleitet,

wobei hinsichtlich einer empirischen Belegung obiger Typisierung in der Praxis fast
ausschließlich die ersten beiden Kooperationsverständnisse anzutreffen sind (vgl.
1995a, S. 150 f.; 1995c, S. 6 f.).

Anzumerken ist nun, daß eine solche Typologie des Kooperationsverständnisses nicht
ausreicht für eine differenzierte Beschreibung der Kooperationspraxis.
Daher haben BERGER/WALDEN, gestützt auf das schon erwähnte Forschungsprojekt
(vgl. AUTSCH u.a. 1993, S. 32 ff.), einen Ansatz entwickelt, welcher sich auf die in der
Praxis anzutreffenden Kooperationsaktivitäten bezieht und diese zu den folgenden fünf
Kooperationstypen zusammengefaßt:

- Keine Kooperationskontakte, d.h. es sind Ausbildungsbetriebe, die sich der
  Berufsschule gegenüber kooperationsabstinent verhalten, wobei die einzige Form

126

der Abstimmung auf der politisch-administrativen Ebene erfolgt (e), und zwar bei der Erstellung der Ordnungsmittel;

- sporadische Kooperationsaktivitäten, d.h. es handelt sich um Berufsschulkontakte, die bei einem Auszubildenden im Betrieb seltener als einmal/Halbjahr bzw. bei zwei und mehr Auszubildenden seltener als einmal/Vierteljahr erfolgen, häufigere Kontakte gelten als kontinuierlich;

- kontinuierlich-probleminduzierte Kooperationsaktivitäten, d.h. vorwiegend als unmittelbare Reaktion auf punktuell wahrgenommene Ausbildungs- bzw. Prüfungsprobleme, wobei der jeweils andere Lernort anders als beim sporadischen Typ als hilfreicher Ansprechpartner akzeptiert und gesucht wird;

- kontinuierlich fortgeschrittene Kooperationsaktivitäten, zu unterscheiden in
a) kontinuierlich organisierte Aktivitäten, bei denen die Ausbilder neben individuell veranlaßten Berufsschulkontakten regelmäßig über die Mitarbeit in lernortübergreifenden Gremien mit Berufsschullehrern zusammentreffen;
b) kontinuierlich-curriculare Kooperationsaktivitäten, bei denen die Ausbilder nur individuell veranlaßte Berufsschulkontakte unterhalten und auch zu gegenseitigen Informationen bzw. Abstimmungen auf methodisch-didaktischem Gebiet nutzen;

- kontinuierlich-konstruktive Kooperationsaktivitäten, d.h. hier verfestigen sich die bereits im vorangegangenen Typ dargestellten Ansätze zu organisierten Formen der Lernortkooperation unter Einbeziehung methodich-didaktischer Inhalte (vgl. 1994, S. 3 ff.).

Anschließend konnten in sich ergänzender Weise die Kooperationstypen in Form einer Matrixdarstellung mit den Ebenen des Kooperationsverständnisses[39] verbunden werden (vgl. Abb. 18).

---

[39] Der bildungstheoretische Verständnistyp wird ausgeblendet, da er sich in der Realität lt. BERGER/WALDEN nicht findet (vgl. 1994, S. 8).

Verständnisse / Aktivitäten	pragmatisch-formal	pragmatisch-utilitaristisch	didaktisch-methodisch
Kooperationsabstinenz	**	0	0
sporadisch	**	**	0
kontin.-probleminduziert	*	**	0
kontin.-fortgeschritten	0	**	*
kontin.-konstruktiv	0	**	*

0 unwahrscheinlich
* möglich
** wahrscheinlich

Abb. 18: Kooperationsaktivitäten und -verständnisse
(Quelle: BERGER/WALDEN 1995, S. 429)[40]

Die Gegenüberstellung zeigt, daß in der Praxis didaktisch-methodisch geleitete Kooperationsformen nur in Ausnahmefällen anzutreffen sind - von dem bildungstheoretischen Verständnistyp ganz zu schweigen.

Aus der Sichtweise eines berufs- bzw. arbeitspädagogischen Selbstverständnisses liegt somit ein augenscheinlicher Mangel vor, sodaß sich die Frage erhebt: Wie läßt sich eine berufs-, aber auch arbeitspädagogisch intendierte Lernortkooperation zumindest im Sinne eines didaktisch-methodisch begründeten Verständnisses an das duale System herantragen - bzw., nach Festlegung dieser Norm, welche Hindernisse gilt es zu beseitigen?

---

40 Das abgebildete Tableau zeigt, daß der erste Typ der Bezeichnung "Kooperationsaktivität" nicht ganz gerecht wird, weil er die kooperationsabstinenten Ausbildungsbetriebe umfaßt - darauf weisen BERGER/WALDEN ausdrücklich hin (vgl. 1995, S 5).

4.3 Probleme der Lernortkooperation

Diesbezüglich ist der Zeitfaktor schon ausreichend, um eine Lernortkooperation zu behindern, und hier sticht das Handwerk hervor, denn dort scheint sich die berufliche Belastung der Ausbilder besonders nachteilig auf das Kontaktverhalten zur Berufsschule auszuwirken (vgl. AUTSCH u.a. 1993, S. 35)[41].

Noch deutlicher werden DREES u.a., denn sie verknüpfen anhand ausgewählter Beispiele kleiner Handwerksbetriebe, welche gering strukturierte Ausbildungsbereiche aufweisen, die berufliche Belastung mit pekuniären Interessen:

"Die Betriebsinhaber aber sind selbst in die betrieblichen Arbeitsabläufe einbezogen. Die Zeit, die für Formen der Zusammenarbeit mit der Berufsschule aufgebracht würde, müßte von dieser Tätigkeit abgezweigt werden und sich dieser gegenüber durch einen betrieblichen Nutzen ausweisen, ansonsten muß sie als Verdienstausfall verbucht werden. Derselbe Grund hindert sie, Mitarbeiter für solche Außenkontakte abzustellen. [...] Kontakte zu anderen Lernorten müßten [...] erkennbare Vorteile erbringen" (1995, S. 9 f.).

WALDEN/BRANDES erkennen individuelle Probleme seitens der Ausbilder und Berufsschullehrer in den jeweiligen „Vorurteilen und Zuweisungen" (vgl. Abb. 19). Sie vermerken darüberhinaus als institutionelle Probleme einer Lernortkooperation die geringen Interdependenzen der beteiligten Lernorte im Sinne nebeneinander stehender, autonomer Systeme, und zwar sowohl aus pädagogischer Sichtweise, d.h.

---

41 Hierzu muß berücksichtigt werden, daß sich im Handwerk i.d.R. Ausbildender und Ausbilder in der Person des Betriebsinhabers vereinigen, wobei im Zuge der Auftragsbearbeitung ein Großteil der Ausbildungsinhalte an die Gesellen delegiert wird, d.h. von Ausbildern im eigentlichen Sinne, (pädagogisch geschulten) Mitarbeitern also, die sich nur um die Lehrlinge kümmern, kann gar keine Rede sein.

BERGER/WALDEN sprechen diesbezüglich von "nebenamtlichen Ausbildern" (vgl. 1995, S. 422), welche die Ausbildung „on the job" wahrnehmen (vgl. BAUSCH 1997, S. 8 ff.). ZELLER vermerkt zusätzlich den „geringeren Professionalisierungsgrad" nebenamtlicher Ausbilder in mittelständischen Unternehmen (vgl. 1997, S. 18).

- die Ausbildung im Betrieb sei den wirtschaftlichen Zielen untergeordnet,
- die Berufsschule sei dem gesetzlichen Bildungsauftrag verpflichtet und
- Orientierungspunkt der überbetrieblichen Berufsbildungsstätten sei die
  Durchführung der in einem Programm spezifizierten Lehrgänge[42] ,

als auch bezogen auf die administrative und politische Ebene, incl. der Überwachung durch unterschiedliche Organe - wobei, und das wird als zentrale These formuliert, eine Intensivierung der Zusammenarbeit einer Organisation der Lernortkooperation bedürfe, zu unterscheiden in

a) eine Zielebene, bei der es darum geht
   - Kooperationsverständnis zu entwickeln durch gemeinsame
     Weiterbildungsveranstaltungen,
   - Vorurteile abzubauen und
   - Formen der Zusammenarbeit zu schaffen, z.B. durch gemeinsame Projekte[43]
     oder Erkundungsaufträge[44] sowie

b) eine Instrumentenebene mit drei unterschiedlichen Klassen, nämlich
   - Normen, die festzusetzen sind, z.B. zur Berücksichtigung berufsschulischer
     Leistungen in der Abschlußprüfung,
   - Appelle, z.B. in Richtung entsprechender Modellversuche und
   - Errichtung regionaler Kooperationsinstitutionen mit Unterstützungs- und
     Beratungsfunktion, z.B. einzurichten in der Kammer (vgl. 1995, S. 132 ff.).

---

42 TILCH definiert einen Lehrgang als "eine Bildungsmaßnahme von zeitlich begrenzter Dauer mit fester organisatorischer Form, fest umschriebenem Teilnehmerkreis und festem inhaltlich-thematischen Rahmen (vgl. 1977, S. 428 ff.; vgl. auch PÄTZOLD 1995d, S. 160 ff.).
Zu den Lehr- und Lernprozessen in überbetrieblichen Berufsbildungsstätten des Handwerks vgl. BERGER 1995b, S. 275 ff; zur Entstehung und damit verbundenen Intentionen vgl. PREYER 1978, S. 218 ff.

43 vgl. PÄTZOLD u.a. 1990, S. 204 ff.; auch: Abschn. 4.4.3.1 u. Fußnote 60, dort werden Unterschiede zwischen „Projektunterricht" und „projektorientiertem Unterricht" aufgezeigt.

44 vgl. KAISER/KAMINSKI 1994, S. 291 ff.; in Abschn. 5.4.2 bzw. Fußnote 90 wird die Erkundung anhand eines Unterrichtsbeispiels thematisiert.

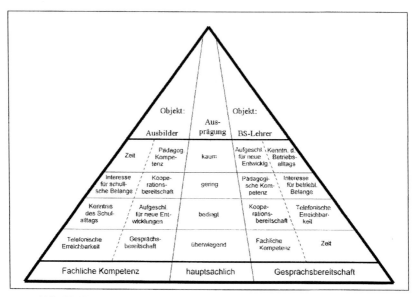

Abb. 19: Vorurteile und Zuweisungen bei Ausbildern und Berufsschullehrern
(Quelle: WALDEN/BRANDES 1995, S. 133)

In einer Zusammenschau soll im folgenden speziell auf das Handwerk eingegangen werden.

131

4.4 Lernortkooperation im Handwerk

4.4.1 Zur Situation der Lernortkooperation

Bezüglich der ALiH-Studie ist zunächst festzustellen, daß aufgrund des vorherrschend funktionalen Ausbildungscharakters der Betriebe die Entwicklung benötigter Schlüsselqualifikationen an die Berufsschule delegiert werden soll (vgl. 2.2). Somit handelt es sich um ein pragmatisch-utilitaristisches Kooperationsverständnis, denn der Dualpartner soll im Sinne des eigenen lernort- bzw. arbeitsplatzspezifischen oder auch auftragsorientierten Interesses instrumentalisiert werden (vgl. 4.2). Unter Bezugnahme auf die empirische Erhebung von AUTSCH u.a. (vgl. 1993, S. 32 ff. sowie 4.2 der vorliegenden Arbeit) zu den Gestaltungsmerkmalen der Lernortkooperation läßt sich zudem vermerken:

- Grundsätzlich gibt es deutliche Unterschiede zwischen einzelnen Handwerksberufen;

- es herrscht ein reaktives Kooperationsverhalten vor, d.h. die Kontaktanlässe sind zumeist begründet durch "Auffälligkeiten" der Auszubildenden wie z.B. Disziplin- oder Lernschwierigkeiten[45];

- zur Kontakthäufigkeit lassen sich keine generalisierenden Aussagen hinsichtlich bestimmter Berufe machen, allerdings haben größere Betriebe (ü. 50 Beschäftigte) eindeutig häufiger Kontakt zur Berufsschule als kleinere[46]; wie schon erwähnt, wirkt sich hier die berufliche Belastung der Ausbilder

---

45 Nicht vergessen werden sollte jener "Kontaktanlaß", aufgrund dessen dem Klassenlehrer mitgeteilt wird, der Auszubildende könne nicht zur Berufsschule kommen, weil er im Betrieb gebraucht werde.

46 Hier relativiert PÄTZOLD allerdings, denn insgesamt geringe Kontakthäufigkeiten dürften nicht über das massive Interesse eines Teils der Betriebe an den Leistungen der Berufsschule hinwegtäuschen, sie seien vielmehr Zeichen der gelungenen Routinisierung der Arbeitsteilung - und er fügt hinzu: *"Gelegentlich darf sich die Berufsschule sogar besonderer Fürsorge solcher Betriebe erfreuen, die entsprechend durchsetzungsfähig sind und konsequent ihr Programm der 'schlanken' Ausbildung (in Anlehnung an Lean production) verfolgen"* (vgl. 1995a, S. 154).

nachteilig aus (vgl. 4.3); ferner weisen Betriebe, deren Ausstattung für die Ausbildung ergänzt oder erweitert werden müßte, einen höheren Anteil von Kontakten auf - zu werten als Hinweis, und damit direkt einmündend in das oben definierte Kooperationsverständnis, daß die Kontakte dann zunehmen, wenn das Handwerk in besonderer Weise zur Erreichung des Ausbildungszieles auf die Berufsschule angewiesen ist[47];

- die Kooperationspraxis der Ausbilder in überbetrieblichen Berufsbildungsstätten deutet mit Ausnahme des Kooperationsfeldes "Zwischen- und Abschlußprüfung" infolge beruflicher Belastung der Ausbilder auf ein reaktives Kooperationsverhalten hin, eine konzeptionell ausgerichtete Zusammenarbeit von ÜBS und Ausbildungsbetrieb bzw. Berufsschule hat sich bei der Mehrheit der Ausbildungsstätten noch nicht herausgebildet (vgl. hierzu auch PAREY 1998, S. 48 ff.).

Unbeschadet anders strukturierter Einzelfälle können somit dem Handwerk allgemein[48] aufgrund des überwiegend reaktiven Kooperationsverhaltens ("Auffälligkeiten" der Lehrlinge in Abhängigkeit der Anzahl der Berufsschulkontakte) sporadische bzw. kontinuierlich-probleminduzierte Kooperationsaktivitäten bescheinigt werden und sind nach Auswertung der ALiH-Studie dem pragmatisch-utilitaristischen Verständnistyp gegenüberzustellen. Nicht kompatibel hingegen sind die genannten Kooperationsaktivitäten mit dem didaktisch-methodischen Verständnis (vgl. Abb. 18), denn es fehlt diesen Ansätzen eine organisierte Form der Lernortkooperation unter Einbeziehung didaktisch-methodischer Inhalte (vgl. 4.2).

---

47 REINISCH kennzeichnet die Berufsschule hinsichtlich derartiger Fälle als "Reparaturbetrieb" (1995, S. 296; vgl. auch: KÜHNLEIN 1998, S. 32), d.h. sie ist nurmehr eine subsidiäre Einrichtung, und der Dualitätsgedanke reduziert sich auf das Subsidiaritätsprinzip (vgl. STRATMANN 1990, S. 67 f.).

48 Wenn es in der vorliegenden Arbeit heißt "das Handwerk", ist immer vom Handwerk allgemein auszugehen, d.h. berufsübergreifend, wobei es hinsichtlich des Kooperationsverständnisses bzw. der Kooperationsaktivitäten stets Ausnahmen geben wird.

4.4.2   Grundlagen einer Lernortkooperation im Handwerk

Wenn eine didaktisch-methodisch orientierte Lernortkooperation angestrebt werden soll, muß sich das Handwerk in Richtung der korrespondierenden, d.h. kontinuierlich-fortgeschrittenen sowie kontinuierlich-konstruktiven Kooperationsaktivitäten bewegen.

Diesbezüglich aber ist es wenig hilfreich, auf einer Zielebene zu formulieren, es müsse dem Handwerk im Zuge entsprechender Weiterbildungsveranstaltungen[49] nur ein anderes Kooperationsverständnis vermittelt werden und zu glauben, in der Folge würden sich auch die Kooperationsaktivitäten ändern. Ebenso wie die Berufsschule werden nämlich die unter Wettbewerbsdruck ausbildenden Handwerksbetriebe ihre Zielvorstellung nicht aus den Augen verlieren - und das heißt im Sinne ihres utilitaristischen Verständnisses eine zumindest kostenneutrale[50], zum Externalisieren neigende Ausbildung durchzuführen (vgl. 2.2). Daher stehen sich hinsichtlich der Lernortkooperation zwei unterschiedliche Motive[51] bzw. Zielvorstellungen gegenüber: Berufspädagogische Intentionalität versus Kostenneutralität.

---

49 Ohnehin schränken PÄTZOLD u.a. hinsichtlich derartiger Veranstaltungen ein:

"Die meist aus Großbetrieben stammenden Befürworter unter den Ausbildern finden allerdings auch die besten Bedingungen zur Realisierung solcher gemeinsamer Kooperationsaktivitäten vor. Ob das Handwerk entsprechende Freiräume für die vor Ort tätigen Lehrgesellen (>!<; d. Verf.) anbieten kann bzw. will, ist mehr als fraglich" (1993, S. 31).

50 So argumentiert z.B. KAU, daß im Handwerk spätestens ab dem dritten Lehrjahr die betrieblichen Ausbildungskosten durch Erlöse aus den marktgängigen Arbeitsleistungen von Lehrlingen kompensiert werden können (1995, S. 59 ff.); vgl. auch KLAUSER 1998, S. 155 ff. bzw. bmb+f/BMWi 1997, S. 36 ff., wo die finanzielle Förderung der Ausbildung für die einzelnen Bundesländer dargelegt wird; vgl. ebenfalls SENGER, dort wird zwar nicht für das Handwerk, aber hinsichtlich gleich strukturierter Ausbildungsbetriebe für angehende Gärtner vorgerechnet: *"Solange pro Woche nicht mehr als vier Stunden für die Betreuung eines Auszubildenden aufgewendet werden, liegen die Kosten eines Auszubildenden noch unter denen eines Gehilfen"* (1996, S. 10 ff.).

51 *"Ein Motiv ist eine Zielvorstellung mit einem umschriebenen Inhalt, welche Handlungen auslöst, die zu ihrer Verwirklichung (Konstruktionshandlungen, Interaktionen) und zur Herstellung des Kontaktes mit dem Zielobjekt (Annäherungshandlungen, Erwerbshandlungen, Wahrnehmungstätigkeit) führen"* (AEBLI 1993a, S. 141).

Und wie schon in der letzten Fußnote angedeutet, soll an dieser Stelle eine Annäherung der beiden Positionen unter Rückgriff auf Erkenntnisse der Motivationspsychologie bzw. Handlungstheorie unternommen werden. Darum noch einmal AEBLI: *"Die Energie fließt von der Zieltätigkeit oder ihrer Vorstellung, also der Zielvorstellung, in die Mittelhandlung. [...] Die Mittelhandlung empfängt ihr Interesse vom Ziel her. Sie ist nur interessant, weil sie der Zielerreichung dient. Sie ist extrinsisch motiviert"* (1993a, S. 139; vgl. auch 1993b, S. 186 ff.; ADOLPH 1992, S. 178 f.; GUDJONS 1994, S. 54; HACKER 1998, S. 226).

Bezüglich der beiden Lernorte Ausbildungsbetrieb und Berufsschule läßt sich entsprechend dieser Feststellung folgern: Die Lernortkooperation ist eine extrinsisch motivierte Mittelhandlung mit divergierender Zielvorstellung - anders ausgedrückt: Lernortkooperation ist nur interessant, weil sie der jeweiligen Zielerreichung dient.

Wenn demnach die Lernortkooperation als Mittelhandlung weiterhin interessant bleiben soll[52], müssen die Dualpartner im Verlauf ihrer aktionsbegleitenden bzw. resultativen Handlungskontrolle weitere Handlungsschritte unter Berücksichtigung der jeweils inkongruenten Zielvorstellung des anderen regulieren. Verändert wird somit nicht die Zielvorstellung, sondern im Rahmen der Handlungsregulation die Komponente des Handlungsvollzugs - genauer, und im Kontext des vorliegenden Problems: Es ändern sich die Aktivitäten der Lernortkooperation.

Unter dieser Prämisse sollten zunächst keine Weiterbildungsveranstaltungen durchgeführt werden, um für ein didaktisch-methodisches Kooperationsverständnis zu werben (vgl. 4.3), sondern auf dem Verhandlungswege sollte in Anlehnung an offene Curriculummodelle (vgl. 1.1.1) klar Position bezogen und ein Interessenausgleich angestrebt werden. Diesbezüglich gelten folgende Grundlagen:

- Das auftragsorientiert ausbildende Handwerk erklärt, daß es die Lernortkooperation im Hinblick auf eine möglichst lange Anwesenheit der Lehrlinge im Betrieb in Verbindung mit einer kostengünstigen Ausbildung durchzuführen gedenkt;

- die Berufsschule verweist auf ihren Bildungsauftrag und leitet daraus ihr methodisch-didaktisches Kooperationsverständnis ab;

---

52 Vgl. hierzu die aussagenlogischen Sequenzen von Fragen und Antworten, die der Entscheidung zum Handeln zugrundeliegen (HECKHAUSEN/RHEINBERG 1980, S. 19).

- dieser intentional ausgerichtete Unterricht wird vom Handwerk akzeptiert, wobei die Berufsschule ihrerseits anerkennt, daß das Handwerk unter hohem Wettbewerbsdruck ausbilden muß und den daraus resultierenden funktionalen Ausbildungscharakter respektiert;

- in diesem Sinne bekundet die Berufsschule ihre Fähigkeit und Bereitschaft, offen und flexibel für Modelle zu sein, welche den Lehrlingen unter Wahrung der vorgeschriebenen Zeitrichtwerte des Berufsschulunterrichts ein Höchstmaß an betrieblicher Präsenz ermöglichen;

- vor diesem Hintergrund wird von den Dualpartnern ein Gesamtcurriculum[53] über die sachliche und zeitliche Gliederung hinaus erarbeitet, in welchem die Kooperationsaktivitäten sowohl Ambitionen des Handwerks als auch der Berufsschule berücksichtigen, z.B. die Vorbereitung der Auszubildenden auf das eigentätige, selbstverantwortliche Lernen (vgl. 1.1.3) einhergehend mit dem „Betreuungsprinzip" (vgl. 3.2.4);

- dieses Gesamtcurriculum einer auftragsorientierten Lernortkooperation bildet für die Handelnden im Sinne einer Entlastungs- bzw. Orientierungsstrategie einen zeitsparenden Orientierungsrahmen und ist für die Dualpartner verbindlich[54];

---

53 Zur Verbesserung der Abstimmung zwischen den unterschiedlichen Lernorten Gesamtausbildungspläne zu erarbeiten, die eine Zuordnung von Ausbildungsinhalten ermöglichen - einer solchen Vorstellung stehen zwei Drittel der betrieblichen Ausbilder und über 70 % der Berufsschullehrer positiv gegenüber (vgl. AUTSCH u.a.1993, S. 39).

54 Ein verbindlicher Rahmen wird von mehr als der Hälfte der Berufsschullehrer abgelehnt, während von den Ausbildern rd. 60 % dieser Vorstellung keine Absage erteilen (vgl. AUTSCH u.a. 1993, S. 39), was von PÄTZOLD u.a. als Tendenz zur Festlegung und Verbindlichkeit gewertet wird (vgl. 1993, S. 30). Hier erhebt sich allerdings die Frage, warum ein Gesamtcurriculum überwiegend positiv bewertet wird, während ü. die Hälfte der Berufsschullehrer gegen dessen Verbindlichkeit sind. Wenn schon Gesamtausbildungspläne gemacht werden, um viele unnötige Besprechungen, Telefonate usw. zu sparen, dann sollten diese Pläne auch verbindlich sein, denn nicht zuletzt aus Kostengründen gibt es im Rahmen der Ausbildung für die notwendige Abstimmung enge zeitliche Spielräume (vgl. DIEDRICH-FUHS 1996, S. 96; vgl. auch Abschn. 1.1.3).

- abschließend wird eine prozeßorientierte Abstimmung der Lernorte vereinbart, z.B. im Hinblick auf Zwischen- und Abschlußprüfungen oder auch hinsichtlich lernortübergreifender Unternehmungen, die aktuell in die laufende Bildungsarbeit eingeschoben werden sollen (vgl. hierzu 4.4.3.1)[55].

Fazit:

Auf dem Verhandlungswege können durch realistische Einschätzung der „strukturellen und personalen Vorbedingungen" (PÄTZOLD 1998, S. 18) die Aktivitäten der Lernortkooperation so abgestimmt werden, daß keine Seite ihre Zielvorstellung aufgeben muß - "klare Linie" also, wie MÜHRENBERG jene eindeutigen Absprachen beschreibt, die auch in der Hektik des Betriebsalltags umzusetzen sind (vgl. 1996, S. 2), wobei bedacht werden sollte, daß ja auch die Berufsschule nicht immer ein Ort der Ruhe und der inneren Einkehr ist ...

Und erspart bleibt allen Beteiligten die desillusionierende Vorstellung einer Weiterbildungsveranstaltung, anläßlich derer ein Pädagoge mit missionarischem Eifer Überzeugungsarbeit leisten will und zwecksdessen nach Aufforderung bzw. sendungsbewußter Zielansprache Filzstifte, Karteikarten, Klebepünktchen etc. verteilt hat und nun vor seiner Metaplan-Stellwand steht, vermittels Wolken bereit zur Ideenstrukturierung, entschlossen zur Clusterbildung ... - und dabei doch nur auf eine

---

55 Neben individuellen Abstimmungen plädiert UHE für Abstimmungsausschüsse "vor Ort" (vgl. 1995, S. 2). Um Kooperationsprozesse zu stabilisieren und zu verstetigen, werden regional operierende Arbeitskreise von Ausbildern und Berufsschullehrern empfohlen, die sich regelmäßig treffen (vgl. z. B. WIEGAND 1996, S. 104; BIBB 1997, S. 2; PÄTZOLD 1998, S. 30; JENEWEIN 1998, S. 289), wobei HERGERT betont, daß bislang „viele Klein- und Mittelbetriebe, die das Hauptkontingent der Ausbildungsstellen liefern, nicht in diesen Arbeitskreisen vertreten sind" (1998, S. 143), und WALDEN macht darauf aufmerksam, daß nebenberufliche Ausbilder nur über ein begrenztes Zeitbudget verfügten, zum Austausch wesentlicher Informationen aber ein bis zwei Treffen pro Jahr ausreichen dürften (vgl. 1998, S. 55). Realistisch im Handwerk ist es in diesem Sinne daher z.B., wenn sich ein entsprechender Arbeitskreis -neben individuellen Abstimmungsgesprächen - jeweils vor einer Innungsversammlung trifft. Eine solche Vorgehensweise spart nicht nur Zeit, sondern im Anschluß an die Sitzung des Arbeitskreises können sofort die Kollegen der Innungsversammlung involviert werden. Auf die Möglichkeit einer Kommunikation im Internet sei an dieser Stelle ebenfalls verwiesen. Hier könnten neben den Berufsschulzeiten der jeweiligen Berufe z.B. „aktuelle Informationen" der Berufsschule erscheinen.

Handvoll verstörter Handwerksmeister blickt, die eigentlich bloß erzählen wollten, daß man nicht mehr ausbilden werde, wenn nicht endlich dieser verdammte zweite Berufsschultag ... ![56]

Aufgrund der oben dargestellten Verhandlungen wird das Handwerk "Kurs halten" können, die Lernortkooperation wird sich unter Beibehaltung seines pragmatisch-utilitaristischen Verständnisses in Richtung kontinuierlich-konstruktiver Aktivitäten verschieben, d.h. wenn den Dualpartnern ein verbindliches Gesamtcurriculum vorliegt, werden sich die Aktivitäten durch diesen Kanon zu einer organisierten Form verfestigen, wobei der Abstimmungsaufwand durch das Gesamtcurriculum im Sinne einer Entlastungs- bzw. Orientierungsstrategie minimiert wird, denn es dient Berufsschule und Betrieben gleichzeitig als Leitfaden (vgl. auch Fußnote 53).

Nach den vorliegenden Ausführungen wird das auftragsorientiert ausbildende Handwerk keineswegs ein methodisch-didaktisches Kooperationsverständnis aufbringen, weil Nützlichkeitserwägungen die Ausbildung majorisieren und immer handlungsleitend bleiben werden. Das methodisch-didaktische Verständnis muß die Berufsschule in diese Partnerschaft aus pädagogischen Haupt- und Nebenamtlern einbringen (vgl. Fußnote 41).

Darum sei noch einmal zusammenfassend festgestellt:

Eine Lernortkooperation im Handwerk ist seitens der Betriebe gekennzeichnet durch den pragmatisch-utilitaristischen und seitens der Berufsschule durch den methodisch-didaktischen Verständnistyp, wobei sich durch ein verbindliches Gesamtcurriculum die Abstimmungsbemühungen zu kontinuierlich-konstruktiven Kooperationsaktivitäten verfestigen können.

Womit Lehrer, Meister und Gesellen benannt wären - aber wo bleiben eigentlich die jungen Menschen, um die es hier geht und von denen PÄTZOLD berichtet: *"Die*

---

56 In einer Genredarstellung ist die Zuspitzung oft ein wirksames Hilfsmittel. Hinsichtlich einer Besprechung zu Gerhart Hauptmann "Der Biberpelz" sagt BRINKMANN es so: *"An einer einzelnen Gestalt lassen sich die einander widerstreitenden Tendenzen und Kräfte eines Zeitalters oft besser erkennen und erläutern als am großen Haufen"* (o. Jg., S. 55).

Mehrzahl der Auszubildenden 'erlebt' eine 'Kooperation über sie' ... auch gar nicht, es sei denn, als Boten von Briefen, ..." (1995a, S. 153), und das, obwohl durchschnittlich 90 % der Lehrer und Ausbilder die Auszubildenden als Hauptinformationsquelle angeben (vgl. AUTSCH u.a., 1993, S. 27). Wenn es sich in dieser Beziehung darum handelt, inwieweit betriebliche und schulische Ausbildungsinhalte aufeinander bezogen werden, dann hängt diese Art der Abstimmung, so haben BERGER/WALDEN hinsichtlich kooperationsabstinenter Betriebe festgestellt, im wesentlichen ab von:

" - der individuellen Fähigkeit der Auszubildenden, Zusammenhänge
zwischen beiden Lernfeldern herzustellen;

- der Motivation und Fähigkeit der Auszubildenden, den Ausbilder bzw. den
Berufsschullehrer über den Ausbildungsstand am jeweils anderen Lernort
angemessen zu informieren;

- dem Interesse und der Fähigkeit der im Betrieb Ausbildenden bzw. der
Berufsschullehrer, die vom Auszubildenden erhaltenen Informationen
lernfördernd in die eigene Berufsbildungsarbeit einzubeziehen" (1995, S. 416).

Unter welchen Umständen also können Lehrlinge bzw. Berufsschüler durch ihre "Korrespondententätigkeit" selbst zu einer Organisation der Lernortkooperation beitragen, wenn sie einerseits Informationsbedarf anmelden und andererseits diese Informationen auf den richtigen Nährboden treffen? Kann sich durch diesen Perspektivenwechsel doch noch eine Lernortkooperation entwickeln, die seitens der Handwerksbetriebe zwar nicht auf einem methodisch-didaktischen Verständnis basiert, sich aber aus pragmatisch-utilitaristischer Perspektive daran orientiert, weil sie kostengünstig verläuft, daher also auch begrüßt, akzeptiert und unterstützt wird?

4.4.3 Ausgestaltung einer Lernortkooperation im Handwerk

Hinsichtlich einer auftragsorientierten Lernortkooperation ist zu beachten, daß Betriebe und Berufsschule dem Auszubildenden Möglichkeiten bieten müssen, sich im Verlauf ganzheitlicher Aufgaben mit offenen Aufgabenstellungen hinreichend qualifizieren zu können, und zwar durch Schaffung geeigneter Lern- bzw. Handlungslern- oder Schlüsselsituationen (vgl. 3.2.2.3).

Zur Aufgabenstellung sei BRATER angeführt, der die Dominanz der Lernzielkataloge über die reale Arbeitssituation umzukehren gedenkt, d.h. nicht mit vorgefertigten Exemplaren an den Lernort Arbeitsplatz herantreten und die hier möglichen Lernprozesse nach eben diesen Vorgaben modellieren will, sondern der als Ausgangspunkt den jeweiligen Arbeitsplatz oder Arbeitszusammenhang in seiner gegebenen Realität sieht und die Frage stellt, was man unter den Gegebenheiten dieser Situation lernen könne und wie man es anfangen müsse, damit dieses auch stattfinde (vgl. 1.1.2).

Beide Seiten des dualen Systems haben zudem die individuellen Lernvoraussetzungen des Lehrlings zu berücksichtigen als Ergebnis vorausgegangener Lernprozesse und somit als konstitutiven Bestandteil jeder Lernsituation (vgl. SCHURER 1984, S. 503).

In diesem Zusammenhang gewinnen die von STRATENWERTH reklamierten notwendigen Rückkoppelungen und Abstimmungen hinsichtlich aufwendiger Prozesse der Informationsgewinnung und -verarbeitung (vgl. 1991b, S. 60) lernortübergreifenden Charakter und zwingen Ausbilder und Berufsschullehrer dazu, dem, auch beim Dualpartner erworbenen, aktuellen Ausbildungsstand des Lehrlings Rechnung zu tragen, um beispielsweise weitere Impulse geben zu können u.a. auch zur Vertiefung am anderen Lernort.

Hinsichtlich der adäquaten Gestaltung derartiger Lehr-/Lernprozesse erkennt ZELLER jedoch einen erheblichen Effektivitätsverlust durch die „Lernort-Isolierung":

- Vom schulischen Lernort abgeschnitten, sei es Ausbildern kaum möglich, die schulischen Lernergebnisse systematisch aufzunehmen und an ausgewählten problemhaltigen Situationen zu vertiefen.

- Die Lehrer auf der anderen Seite hätten ensprechende Probleme, denn sie stünden vor Schülern, die betriebliche Arbeitsprozesse nur schwer auf das Lehrbuchwissen beziehen könnten, d.h.: *„In Kenntnis und Abstimmung mit der betrieblichen Lernpraxis der Jugendlichen, mit Bezugnahmen auf die Lerninhalte des anderen Lernorts wäre es leichter, die Systematik der Ausbildungsinhalte in den Zusammenhang der betrieblichen Erfahrungswelt der Schüler zu stellen [...]"* (1997, S. 19).

Die skizzierten Funktionshindernisse signalisieren demnach Handlungsbedarf.

Was aber ist zur Durchführung eines lernortübergreifenden Ansatzes im Sinne des auftragsorientierten Lernens im Handwerk zu fordern? Wie lassen sich die individuellen Lernvoraussetzungen im Verlauf ganzheitlicher, durch die Auftragsorientierung induzierter Aufgaben mit offenen Aufgabenstellungen denn lernortübergreifend einbringen als jeweils konstitutives Element einer neuen Lernsituation - und zwar systematisch?

Eine Möglichkeit wurde bereits im letzten Abschnitt angedeutet: Durch ihre „Korrespondententätigkeit" könnten die Lehrlinge bzw. Berufsschüler dazu beitragen, inhaltliche Zusammenhänge zwischen den Lernorten herzustellen, also eine *„lernbiographische Integration von Berufsschule und Ausbildungsbetrieb"* (GEIßLER 1994, S. 114) herbeiführen, und sie könnten dabei gleichzeitig die eigene Selbstregulationsfähigkeit steigern. Zentraler Punkt einer solchen Transferkompetenz ist die gegenseitige Bezugnahme der schulischen und betrieblichen Lernerfahrungen aufeinander, d.h. die Verbindungen müssen selbst zum Lerngegenstand werden, zunehmend selbständig von den Lernenden hergestellt und auf diese Weise bewußtgemacht werden (vgl. EULER 1996, S. 196 ff.).

In diesem Sinne sollte die Initiative z.B. für „Lehrgespräche" im Betrieb sooft wie möglich vom Lehrling selbst ausgehen, wobei das Anfordern und Umgehen mit Lehrgesprächen für den Lehrling neu ist und erst „erlernt" werden muß[57], d.h. *„aus der Zielperspektive der Förderung beruflicher Handlungskompetenz kann das Anfordern von*

---

57 Die „Sprachlosigkeit" wird z.B. deutlich, wenn sich Berufsschüler beim Lehrer darüber beklagen, daß ihnen in Ermangelung entsprechender Gespräche keine Themen zur Eintragung in die dafür vorgesehene Spalte ihres Berichtsheftes einfallen.

Beratungsgesprächen[58] *und das Gesprächsverhalten als Ausbildungsinhalt (Ausbildungsgegenstand) betrachtet werden, mit dem, abgesehen von der konkreten Hilfeleistung, wesentliche sozialkommunikative Schlüsselqualifikationen vermittelt werden können*" (STRATENWERTH 1991b, S. 51 f.). Eine derartige "didaktische Korrespondenz", also die Herstellung inhaltlicher Zusammenhänge zwischen den Lernorten durch gegenseitige Bezugnahme, wird nun allerdings sehr erschwert bzw. gar unmöglich, wenn den Auszubildenden nicht einsichtig ist, *„welcher Stellenwert bestimmten Ausbildungsinhalten zukommt, und sie vielfach nicht erkennen (können), inwieweit Theorie und praktische Anwendung, situatives Handeln und kritische Reflexion aufeinander bezogen oder zu beziehen sind*" (LENNARTZ/WALTER-LEZIUS 1994, S. 118; vgl. auch ZEDLER 1996, S. 111), d.h. wenn der Unterweisung im Betrieb ein anderes Thema zugrundeliegt als dem theoretischen Fachkundeunterricht in der Berufsschule. Das Durcheinander wird erweitert, wenn dann in der Berufsschule im Rahmen der Praktischen Fachkunde ein drittes Thema auf dem Plan steht, und es entwickelt sich ein Chaos, wenn dann auch noch im Fachrechnen, völlig losgelöst von der Fachkunde und möglichst unterrichtet von einem fachfremden Mathematiklehrer, "Türme" gerechnet werden.

Aufgabe des Lehr- und Ausbildungspersonals sowie der Berufsbildungsplanung wäre es nunmehr, hinsichtlich einer effektiveren Lernortkooperation entsprechende Abstimmungen herbeizuführen und diesbezüglich angemessene, „kooperationsfreundliche Rahmenbedingungen" (WALDEN 1998, S. 53; vgl. auch: STILLER 1996, S. 7) zu setzen.

---

58 Neben Problem-, Orientierungs- und Reflexionsgesprächen ist das Lernberatungsgespräch eine Variante der Lehrgespräche (vgl. STRATENWERTH 1991b, S. 50 ff.).

4.4.3.1 Probleme der Abstimmung zwischen Betrieben und Berufsschule

Eine lernortübergreifende Wechselwirkung zur konstituierenden Nutzung individueller Lernvoraussetzungen kann nur von Effizienz geprägt sein, wenn die Lerntätigkeit innerhalb der jeweiligen Lernsituation in Schule und Betrieb auf einen übereinstimmenden Lerngegenstand gerichtet ist - kurz:

Es ist das didaktisch-curriculare Problem der Abstimmung zwischen Berufsschulunterricht und der Betriebsausbildung zu lösen.

Nun ist dieses Problem gewiß nicht neu.

Nach Einführung der Sonntagsschule (1739), der Entstehung beruflich orientierter Schulen (1768) und der Gründung einer gewerblichen Sonntagsschule (1786), nach Umwandlung von Sonntags- in Fortbildungsschulen (1846) und einer Einführung der Fortbildungsschulpflicht in vielen deutschen Staaten (1874) erscheint im im Jahre 1900 KERSCHENSTEINERS Schrift "Wie ist unsere männliche Jugend von der Entlassung aus der Volksschule bis zum Eintritt in den Heeresdienst am zweckmäßigsten für die bürgerliche Gesellschaft zu erziehen?" und wird als "Gründungsurkunde" der Berufsschule im heutigen Sinne bezeichnet[59], sodaß schon im Kaiserreich (1912) durch

---

59 Demgegenüber hebt STRATMANN die Badische Zunftordnung für das Baugewerbe von 1769 hervor, wo es für das Erlernen des technischen Zeichnens heißt, wenn *"einer der alten und bisherigen Meistere solches nicht selbst verstünde und doch Jungen halten würde; So hat derselbe Meistere diesen seinen Jungen das Reissen und Riß machen in seinen Kösten bey einem anderen Meister, oder wer sonsten das Reissen verstehet, lehren zu lassen"*, wobei die entsprechende Unterweisung *"alle Woche zweymahl auf Werk-Tägen auf Sonn- und Feyertäge aber jedesmahl, statt der anderen Lehr-Arbeit"* erfolgen sollte - und das sei die eigentliche "Gründungsurkunde" des dualen Systems, so STRATMANN, und nicht die auf staatsbürgerliche Erziehung fokussierte Berufsschule Kerschensteinerscher Provinienz (vgl. 1995, S. 30 ff.; Hervorhebg. i. Orig., d. Verf.; vgl. auch Fußnote 1). Diesem "Historikerstreit" möchte der Verfasser mit folgendem Kompromiß begegnen: Da lt. obiger Zunftordnung einzelne Ausbildungsabschnitte aus fachlichen Gründen an andere Betriebe vergeben werden, ist der historische Text aus der Badischen Zunftordnung für das Baugewerbe von 1769 die "Gründungsurkunde" des Lernortverbundes (vgl. hierzu 4.1).

Erlaß des Ministers für Handel und Gewerbe die Beteiligten im sich entwickelnden dualen System auf gegenseitige "Abstimmung" verpflichtet werden (vgl. GERLACH 1993, S. 7 ff.).

Und eingebunden in den historischen Kontext artikuliert sich mehr oder weniger fein nuanciert im Zeichen der "Abstimmung" auch das Ringen um Ausgewogenheit bzw. Vorherrschaft im dualen System, z. B.

- in der Weimarer Republik, wenn im Jahre 1921 in den Leitsätzen zur „Reichsgesetzlichen Regelung des Lehrlingswesens" von der Zentralarbeitsgemeinschaft der industriellen und gewerblichen Arbeitgeber und Arbeitnehmer Deutschlands die gegenseitige Ergänzung von Lehre und Berufsschule formuliert wird (vgl. PÄTZOLD 1982, S. 53), und zwar vor dem Hintergrund der auf dem 10. Gewerkschaftskongreß 1919 gefaßten Nürnberger Beschlüsse zur „Regelung des Lehrlingswesens" (vgl. ebd., S. 49 ff.).

- im NS-Staat, wenn der Erlaß des Reichserziehungsministers vom 6.August 1937 vorsieht, daß die Bildungsstoffe der praktischen Ausbildung sach- und sinngemäß von der Berufsschule gedanklich zu unterbauen seien und somit Reichslehrpläne gezeitigt wurden, die alles über oder neben das Berufsbild Hinausgehende untersagten (vgl. KÜMMEL 1980, S. 208 ff.), was STRATMANN (vgl. 1990, S. 49) in seiner Konsequenz für das duale System als "krude Unterordnung" der Berufsschule unter die betrieblichen Belange" bezeichnet;

- nach 1945, als der Sprachgebrauch vom "berufsbegleitenden Charakter" der Berufsschule in den 50'er-Jahren (vgl. GRÜNER 1978, S. 8 ff.) über das "Nebeneinander" von Betrieb und Berufsschule im Jahre 1966 (vgl. MÜNCH 1971, S.31) bis zu hin zu einem "System von, Betrieb, Schule und überbetrieblicher Ausbildungsstätte" reichte, für welches die BMBW-Markierungspunkte1973 vorsahen, daß jedem Lernort seine besondere Bedeutung zukomme, und jeder Lernort jeweils die Aufgaben zu erfüllen habe, die er fachlich und pädagogisch am besten zu leisten vermöge (vgl. BMBW 1973), mithin, so STRATMANN in Anlehnung an SCHMIEL (1976), MÜNCH u.a. (1981), FRANKE u.a. (1987), jenes duale System aufgelöst wurde, in dem neben dem Lernort Arbeitsplatz jeder andere Lernort nur als berufsbegleitend zu begründen war (vgl. 1990, S. 228 ff.) - ein System also, für welches sich in den

80'er und 90'er Jahren Begriffe wie "Lernortverbund" oder "Ausbildungsverbund" in Verbindung mit der "Lernortkooperation" durchsetzten und in Abhängigkeit der Ausbildungsplatzkapazitäten konjunkturellen Schwankungen unterlagen bzw. unterliegen und wohl auch in Zukunft unterliegen werden.

Die berufs- und arbeitspädagogische Intention der Markierungspunkte findet sich ebenfalls im ALiH-Gutachen "Der Beitrag der Berufsschule zum auftragsorientierten Lernen im Handwerk" wieder, und zwar unter dem Gesichtspunkt, daß die Dualpartner im Sinne einer bestmöglichen Ergänzung jeweils qualitativ begründete Lernortvorteile berücksichtigen sollten - wörtlich schreibt ALBERS:

"Mögliche Überlegungen zu einer ausschließlichen Anpassung der Berufsschule an betriebliche Belange müssen jedoch berücksichtigen, daß ein bedeutsamer Vorteil einer dualen Ausbildung grade in der Unterschiedlichkeit der Partner liegt. Aus dieser Unterschiedlichkeit sollte eine bestmögliche Ergänzung in dem Sinne erfolgen, daß der jeweils eine Partner macht, was er besser als der andere kann, nicht hingegen eine Annäherung in dem Sinne, daß beide das gleiche machen" (1991, S. 490). Diesbezüglich schlägt ALBERS ein auftragsorientiertes Lernen auf der Grundlage "exemplarischer Aufträge" vor in Analogie zu Konzeptionen des Projektunterrichts und verweist auf Bemühungen, Projekttage auch an Teilzeitberufsschulen durchzuführen, die überwiegend an der Weigerung der Betriebe gescheitert seien, ihre Auszubildenden hierfür freizustellen, mithin setze auftragsorientiertes Lernen durch Projekte[60] auch "entsprechende Bereitschaften" (Hervorhebung v. Verf.) der Ausbildungsbetriebe voraus (vgl. 1991, S. 509 ff.).

---

[60] Nach MEYER sind die Übergänge zwischen "Projekt", "Projektwoche", "Projektorientierter Unterricht", "Projektunterricht" und "Projektarbeit" fließend (vgl. 1994a, S. 211). Im Idealfall läuft ein Projektunterricht nach BEHR so, daß die Schülergruppe selbst nach Abwägung ihrer Bedürfnisse und Interessen ihr Ziel bestimmt, den Plan zur Verwirklichung entwirft, die Mittel wählt, Fehlentscheidungen korrigiert, das Projekt durchführt, die Verwendung der Ergebnisse bestimmt und den Gesamterfolg des Projektes sowie die individuelle Leistung beurteilt (vgl. 1978, S.68). Der nachgezeichnete Idealfall kann nach Ansicht des Verfassers unter den gegebenen Schul- und Lernbedingungen aber nur angestrebt werden. Somit kann Unterricht mit dem Ziel, ein Projekt durchzuführen, sich nur an dem Projekt orientieren - oder, anders ausgedrückt: Es kann "nur" ein projektorientierter Unterricht durchgeführt werden (vgl. PFAHL 1986a, S. 2 ff.; 1994b, S. 3 ff.).

Hier nun gilt es anzumerken, daß sich die Berufsschule nicht anmaßen sollte, irgendwelche Themen für einen projektorientierten Unterricht euphorisch vorzugeben, denen dann die Betriebe zu folgen haben - nur, um anschließend in einem Prozeß der Desillusionierung zu beklagen, der Dualpartner habe nicht mitgezogen.

Allerdings gibt es Ausnahmen, und zwar sind "entsprechende Bereitschaften" auch bei thematischer Vorgabe durch die Berufsschule immer dann vorhanden, wenn die Ausbildungsbetriebe unter dem Primat der Funktionalität einen Nutzen für sich sehen, also z.B. wenn

- es sich um Nachwuchswerbung handelt (vgl. ROOLFS 1996, S. 3),
- es um eine Image-Kampagne geht (vgl. EIMERS 1991, S. 4),
- den Betrieben profitable Neuentwicklungen in Aussicht gestellt werden (vgl. DOBBERTIN 1993b, S. 24 f.; ZINKE 1997, S. 20),

kurz, wenn der Berufsschulunterricht zusätzlich den Charakter einer Dienstleistung für die Branche annimmt.

Doch zurück zum Scheitern von Projekttagen an Teilzeitberufsschulen[61]:

Realistischer als Projekttage ausschließlich in der Berufsschule anzusiedeln, erscheint ALBERS eine Kooperation von Schule und Betrieben bei der Durchführung projektartigen Auftraglernens (vgl.1991, S. 514).

Im Bereich der Elektro- und Metallberufe wird diese Überlegung in den Modellversuchen GoLo (Gestaltungsorientierte Berufsausbildung im Lernortverbund; vgl. RAUNER 1998, S. 22 ff.) und „Lernortkooperation Duisburg" (vgl. JENEWEIN/SCHULTEGÖCKING 1997, S. 229 ff.; HEISE/JENEWEIN 1998, S. 81 ff.) erprobt. Zentrales methodisch-didaktisches Konzept des auf industrielle Unternehmen der Metall- und Elektrobranche abgestimmten Lernortverbundes GoLo sind die gestaltungsorientierten Lern- und Arbeitsvorhaben, welche von Ausbildern, Lehrern, Ausbildungskoordinatoren und wissenschaftlicher Begleitung aus den Geschäfts- und Arbeitsprozessen der beteiligten Betriebe identifiziert

---

61 Viele Beschreibungen beziehen sich auf Berufsschulen mit Vollzeitunterricht wie z.B. auf das BGJ oder BVJ. Dort einen projektorientierten Unterricht durchzuführen ist aufgrund des zusammenhängenden Zeitumfanges wesentlich unproblematischer als an Teilzeitberufsschulen.

resp. so aufbereitet werden, daß sich für die Auszubildenden gestaltungsorientierte Aufgabenstellungen ergeben. Hierfür sind wöchentliche Sitzungen der Arbeitsgemeinschaften notwendig. Die Gestaltungspotentiale können in Ausrichtung auf den Erwerb von Handlungskompetenz sowohl die Vorgehensweise als auch die Lösungen der Aufgabe betreffen (vgl. HEERMEYER u.a. 1998, S. 67 ff.) - kurz: *„Es geht darum, die Fähigkeit zur Gestaltung - einschließlich der Wahrnehmung der eigenen Interessen - gerade der einzelnen Arbeitnehmer (vor allem in Arbeitsgruppen) zu fördern, und zwar durch berufliche Bildung"* (HEIDEGGER 1997, S. 11 f.).

Beim Modellversuch „Lernortkooperation Duisburg", der handwerkliche und industrielle Elektroberufe umfaßt, wurden auftragsorientierte Lern- und Arbeitsaufgaben zu einem didaktischen Konstrukt, den „Auftragstypen", gebündelt, und zwar als Grundlage wiederum für die Ausgestaltung eines - mit Leittexten aufbereiteten - Ausbildungsmediums, dem sog. „Auftragstypenhandbuch" (vgl. SCHULTE-GÖCKING 1998, S. 198 ff.; RÖMER 1998, S. 216 ff.; NICOLAUS/WECKING 1998, S. 230 ff.; vgl. auch SCHONHARDT/WILKE-SCHNAUFER 1998, S. 117 ff., dort wird ein solches Anleitungssystem als „Textheft" bezeichnet).

Hinsichtlich der Berufsfelder Elektro- und Metalltechnik ist darauf zu verweisen, daß viele Betriebe auf einen Lernortverbund mit entsprechendem Rotationsprinzip angewiesen sind, um vor dem Hintergrund ihrer Spezialisierung überhaupt eine eigene Ausbildung durchführen zu können (vgl. HEERMEYER u.a. 1998, S. 70 f.).

Und, ob mit oder ohne Auftragstypenhandbuch bzw „Textheft" als steuerndes Element, deutlich tritt hervor: *„Die Auszubildenden übernehmen im Rahmen des Lern- und Arbeitsvorhabens in erheblichem Umfang auch Aufgaben der Koordination zwischen den beteiligten Betrieben sowie der Berufsschule. Dadurch entsteht ein doppelter Effekt. Auf der einen Seite entlasten sie besonders die nebenamtlichen Ausbilder und auf der anderen Seite erhalten sie zusätzliche Qualifikationen in ihrer Ausbildung"* (ebd., S. 71; vgl ebenfalls: NICOLAUS/WECKING 1998, S. 249 f.) - anders ausgedrückt bzw. in Vollzug des angekündigten Perspektivenwechsels (vgl. Abschn. 4.4.2) formuliert:

Aus der pragmatisch-utilitaristischen Sichtweise des Handwerks orientiert sich eine derartige Ausbildung am didaktisch-methodischen Verständnistyp, weil die Auszubildenden - sofern die Lern- und Arbeitsaufgaben von der zuständigen AG herauskristallisiert worden sind, sogar ohne großen Mehraufwand für den Betrieb - bei gleichzeitiger Steigerung der eigenen Selbstregulationsfähigkeit aktiv daran beteiligt sind, individuelle Abstimmungen zwischen den Lernorten herbeizuführen. Eine zentrale Rolle kommt hierbei der Berufsschule zu, weil sie unterschiedliche Betriebserlebnisse aufnehmen, reflektieren und koordinieren muß. Somit aber können sich die „Selbstorganisationskräfte" einer Berufsschulklasse entfalten, es wird die Selbstorganisation der Lernenden zum „didaktischen Prinzip" erhoben (vgl. ARNOLD 1994, S. 45 ff.). EULER weist in diesem Zusammenhang darauf hin, daß es nicht nur lernförderlicher, sondern auch zeitsparender sei, wenn Auszubildende bzw. Berufsschüler aktiviert würden, Verbindungslinien zwischen den Lernorten selbst zu erarbeiten und zu präsentieren (vgl. 1996, S. 202).

Unter dem Gesichtspunkt der dargestellten „didaktischen Korrespondenz" ist ALBERS also zuzustimmen, wenn er es hinsichtlich projektartigen Auftragslernens im Handwerk grundsätzlich für möglich hält, die Lernerfordernisse zwischen Berufsschule und Betrieben aufzuteilen und zeitlich zu parallelisieren (vgl. 1991, S. 514).

Auf dieser Betrachtungsebene allerdings grenzt sich die vorliegende Arbeit von den dargestellten Modellversuchen insofern ab, daß durch ein verbindliches Gesamtcurriculum weniger Arbeitssitzungen der beteiligten Ausbilder und Lehrer erreicht werden sollen. Auch wenn nach Ablauf der Modellversuche die wöchentlichen Treffen auf 10 - 15 mal pro Jahr gesenkt werden sollen (vgl. HEERMEYER u.a. 1998, S. 68 f.; vgl zum Aufwand auch NICOLAUS/WECKING 1998, S. 230 ff.; MÖLLGAARD/SIEBEL 1998, S. 45 ff.), so ist diese Zahl für das Handwerk mit seinen nebenamtlichen Ausbildern immer noch zu hoch (vgl. Fußnoten 41, 49, 55)[62].
Wie aber mit möglichst geringem Aufwand eine Lernortkooperation bewerkstelligt werden könnte, das soll Gegenstand weiterer Betrachtungen sein.

---

62 Um zu realistischen Zahlen zu gelangen, sei mit CZYCHOLL/EBNER darauf hingewiesen, daß Modellversuche oftmals - z.B. aus bildungspolitischen Gründen oder um negative Auswirkungen auf die Organisationsentwicklung möglichst zu vermeiden - unter dem Druck stünden, erfolgreich sein zu müssen; damit werde eine kritische Analyse des Versuchs von vornherein zumindest behindert und nicht zuletzt deute sich an, „daß die oftmals in der sog. wissenschaftlichen Begleitung formierte Personalunion von Konstrukteuren und Evaluatoren der Erkenntnisgewinnung nicht immer dienlich ist" (1995, S. 46; zur Selbst- und Fremdevaluation von Modellversuchen vgl. auch TENBERG 1998, S. 527 ff.; KAISER 1998, S. 337 ff.).

4.4.3.2 Didaktische Parallelität als Basis der Lernortkooperation

4.4.3.2.1 Problemaufriß anhand der ALiH-Studie

Das zeitliche und inhaltliche „Gleichlauf-Prinzip" (LIPSMEIER 1995, S. 237) von Berufsschulunterricht und Betriebsausbildung wird in der einschlägigen Literatur als "didaktische Parallelität" bezeichnet (vgl. z.B. KELL/LIPSMEIER 1976, S. 86; KAISER 1995, S. 379 ff.; ZEDLER 1996, S. 116 f.; PÄTZOLD 1998, S. 33).

Und ALBERS geht noch einen Schritt weiter, denn der Autor macht hinsichtlich einer Kooperation zwischen Betrieben und Berufsschule im Interesse auftragsorientierten Lernens die Fähigkeit und Bereitschaft der Betriebe zur Bedingung, auch untereinander zu kooperieren - Zitat:

"*Da in der Berufsschule Lehrlinge aus etlichen Betrieben zusammentreffen, kann sie die Betriebe nur dann sinnvoll unterstützen, wenn das auftragsorientierte Lernen dort hinsichtlich der Gegenstände und des zeitlichen Ablaufs weitgehend gleich ist. Dies setzt ein exemplarisches, d.h. von betrieblichen Besonderheiten losgelöstes Auftragslernen voraus*" (1991, S. 516).

Auch HERGERT macht darauf aufmerksam, daß eine engere Kooperation bei der Vermittlung der Ausbildungsinhalte zwischen Betrieb und Berufsschule nicht zu einer Unorganisierbarkeit des Unterrichts aufgrund unterschiedlicher Anforderungen von verschiedenen Ausbildungsbetrieben führen dürfe (vgl. 1998, S. 142).

Aus mehreren Gründen entfernt ALBERS sich allerdings von der ALiH-Studie, die ihre substantielle Ausrichtung vom Kundenauftrag als maßgebende Größe erfährt:

a) Es kann im Handwerk sinnvollerweise kein von betrieblichen Besonderheiten losgelöstes Auftragslernen geben, denn lt. "Struktur- und Entwicklungsanalyse des Handwerks" (vgl. DE FRIES 1991a; vgl. auch AX 1998, S. 2 ff.; FISCHER 1998, S. 1 f.) läßt sich für "Deutschlands vielseitigsten Wirtschaftszweig" (vgl. Abb. 20) aus dem Anspruchsniveau der Kunden ja gerade ein gestiegener Bedarf nach Individualität, Spezialität und Ästhetik ableiten.

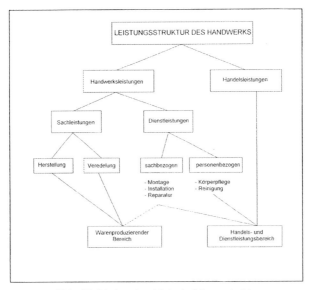

Abb. 20: Die handwerkliche Leistungsstruktur
(Quelle: KORNHARDT 1986, S. 22; Zit. in: 1991a, S. 39).

Wie unter diesen Gesichtspunkten der Lehrling eingedenk ganzheitlicher, komplexer Aufgaben mit offenen Aufgabenstellungen von den jeweiligen betrieblichen Besonderheiten "losgelöst" werden soll - mehr noch, wie die Lehrlinge aller Betriebe hinsichtlich der Gegenstände und zeitgleich um die betrieblichen Besonderheiten herummanövriert werden sollen bzw. wie dann mit der Berufsschule eine effiziente didaktische Parallelität resp. didaktische Korrespondenz zur konstituierenden Nutzung der individuellen Lernvoraussetzungen aufgebaut werden soll, darauf geht ALBERS nicht ein, es sei denn, der Gutachter hat den Ausbilder vice versa BRATER (vgl. 1991, S. 274) wie folgt im Blickfeld:

b) In einem kleinen oder mittleren Handwerksbetrieb beginnt der Ausbilder unter Umgehung betrieblicher Besonderheiten mit dem Ausbildungsplan in der Hand die Arbeitsrealität nach passenden Ausbildungsinhalten und optimalen Lernsituationen abzusuchen, wird aber bei diesem Suchprozeß wegen der permanent wechselnden Auftragsstrukturen, Arbeitssituationen sowie flexibler Arbeitsorganisationen niemals zu einem Ende kommen. In diesem Sinne nämlich zeichnet STRATENWERTH das kuriose Bild einer perfekt nach Plan abgewickelten Ausbildung (vgl. 1991a, S. 60) und widerlegt damit eindrucksvoll das Ansinnen von ALBERS, denn wenn die Ausbilder mit ihrer Sucherei nie zu Ende kommen, haben sie zwangsläufig auch keine Zeit, das auftragsorientierte Lernen mit anderen Betrieben gleichzuschalten - es sei denn, die Ausbilder beginnen, ihren eigenen Suchprozeß zu parallelisieren ...

Durch diese invertierte Version der Forderung BRATERS, die Dominanz der Lernzielkataloge über die reale Arbeitssituation umzukehren, wird die Realitätsferne der Aussage ALBERS deutlich, Auftragslernen habe sich losgelöst von betrieblichen Besonderheiten und weitgehend gleichgeschaltet zu vollziehen, wird aber auch die Definition STRATENWERTHS ad absurdum geführt, wo es heißt, das dem Lernort Arbeitsplatz zugeordnete didaktische Grundprinzip sei ein Lernen durch Mitarbeit an realen Arbeitsaufträgen unter den ökonomisch-technologischen und sozialen Bedingungen des jeweils ausbildenden Handwerksbetriebes (vgl. 1991a, S. 32 ff.). Und gerade den "Besonderheiten" des jeweils ausbildenden Handwerksbetriebes trägt die Ausbildungsverordnung Rechnung, wenn es bezüglich des Ausbildungsrahmenplanes unter § 6 heißt: "*Eine von dem Ausbildungsrahmenplan innerhalb der beruflichen Grundbildung und innerhalb der beruflichen Fachbildung abweichende sachliche und zeitliche Gliederung des Ausbildungsinhaltes ist insbesondere zulässig, soweit betriebspraktische Besonderheiten die Abweichung erfordern*" (BMW 1983, S. 1; vgl. auch: SEYD 1994, S. 143 ff.; ALEF 1995, S. 74 ff.). Diese Stichworte erleichtern die Überleitung zu einem weiteren Grund, der gegen die von ALBERS vorgeschlagene Verfahrensweise spricht:

c) Mit dem Begriff "Qualifikationsbündelung" weist ALBERS weiter oben zwar auf den funktionalen Ausbildungscharakter der Betriebe hin, unterschätzt diesen aber in seiner letzten Konsequenz. Handwerksbetriebe werden doch im Berufsalltag ohne äußeren Druck ihre Arbeitsplätze nicht so umgestalten, daß ein Lernen auf der Grundlage exemplarischer Aufträge möglich wird - geschweige denn werden diese Betriebe sich der Mühe unterziehen, die so entstandenen "Schonräume" ihrer Lehrlinge auch noch nach Lerngegenständen zu ordnen und zeitlich weitgehend gleichzuschalten, um letztendlich dann ensprechende Übereinkünfte mit der Berufsschule zu finden. Warum wohl baut STRATENWERTH äußerst behutsam eine auftragsorientierte Lernorganisation um tradierte Lehr- bzw. Lernverfahren herum auf (vgl. Abb. 1), und weshalb wohl hebt dieser Gutachter wiederholt den "Wettbewerbscharakter" der unter "Wettbewerbsdruck" stehenden Handwerksbetriebe hervor (vgl. 1.1.3), verbunden mit der Warnung, eine didaktisch oder betriebsökonomisch provozierte Herauslösung des Lernens und Lehrens aus dem Produktions- und Arbeitsprozeß konterkariere das dem Lernort Arbeitsplatz zugrundeliegende didaktische Grundprinzip, verschule die betriebliche Ausbildung und *" [...] führt wahrscheinlich in der Tendenz bei kleinen und mittleren Handwerksbetrieben zum Ausbildungsverzicht [...] "* (STRATENWERTH 1991b, S. 10)? Aus welchem Grund wohl verbindet SCHURER den Novitätsanspruch handlungsorientierter Methodenkonzepte hinsichtlich der betrieblichen Ausbildung mit der Feststellung, das Charakteristische, Neue, liege ganz allgemein in einer besseren didaktischen Strukturierung des zuweilen kritisierten Übermaßes an unkontrollierter Delegation, welches die Lehrlinge zu sehr sich selbst überlasse (vgl. 1991, S. 127 f.) und, um ein letztes Beispiel zu nennen, wie kommt es, daß BURCHARD die Kritik an Aufbau und Umsetzung der Vier-Stufen-Methode relativiert mit deren Beliebtheit (>!<) und praktischer Relevanz (vgl. 1991, S. 354 ff.)?

In Beantwortung dieser Fragen ist die Konsequenz hervorzuheben, mit welcher der funktionale Ausbildungscharakter von Handwerksbetrieben auch dann zu beachten ist, wenn zur Optimierung auftragsorientierten Lernens erfolgreich eine Lernortkooperation auf der Grundlage didaktischer Parallelität realisiert werden soll.

Um es also vorsichtig zu formulieren:

Es ist bei ALBERS im Sinne auftragsorientierten Lernens kein Überhang des Nutzens vor dem Aufwand festzustellen. Und somit hat das Konzept exemplarischer Aufträge in der vorgestellten Ausprägung keine Chance!

Doch im Rahmen der ALiH-Studie finden sich noch weitere Gutachten, in denen zwar über den funktionalen Ausbildungscharakter der Handwerksbetriebe geschrieben, diesem aber im Hinblick auf eine Abstimmung der Lernorte merkwürdigerweise nicht entsprochen wird.

So verzahnt FLOTHOW die Lernorte unter Verweis auf das "Phasenmodell" (vgl. Abb. 14) nach dem Motto, in der Schule könne die Auftragsbearbeitung vorbereitet werden, in der überbetrieblichen Lehrwerkstatt würden entsprechend die fachlichen Fertigkeiten im "Trockenkurs" (>!<) eingeübt, und die Erprobung bzw. Überprüfung der erworbenen Kenntnisse und Fertigkeiten könne dann im Zuge der betrieblichen Auftragsbearbeitung erfolgen (vgl. 1991b, S. 253 f.).

Mit welchem Aufwand soll dieses Modell eigentlich organisiert werden, wenn z.B. zwanzig Innungen ihre Lehrlinge über das ganze Jahr verteilt zur überbetrieblichen Ausbildungsstätte schicken, und wie soll dann eine Abstimmung mit den Berufsschulen erfolgen? [63]

Hier entsteht der Eindruck von „Sandkastenspielen".

---

[63] "Eine ganzjährige Auslastung setzt [...] voraus, daß die Lehrgangstermine eines Jahrgangs über das ganze Jahr verteilt werden müssen. Die daraus folgende Problematik, daß die überbetrieblichen Ausbildungskurse nicht zeitgerecht zum theoretischen Berufsschulunterricht abgehalten werden können, wurde seinerzeit von allen Beteiligten als unvermeidbarer Nachteil bewußt in Kauf genommen" , so die HWK LÜBECK in einem Rundschreiben (1996, S. 1). Der beklagte „unvermeidbare Nachteil" muß allerdings nicht in Kauf genommen werden. In Abschn. 6.3. wird eine auftrags- bzw. handlungsorientierte Möglichkeit der Abstimmung vorgestellt.

Bestenfalls könnte ein solches Vorhaben doch gelingen unter der Annahme, daß alle Lehrlinge eines Ausbildungsjahres aus demselben Betrieb kommen und

1.) einen ausschließlich auf sie abgestimmten Berufsschulunterricht besuchen, zwischendurch dann

2.) zum "Trockenkurs" einer nur auf sie ausgerichteten überbetrieblichen Lehrwerkstatt eilen, um anschließend

3.) im auf sie wartenden Betrieb ihre Fertigkeiten und Kenntnisse jeweils zu erproben und zu überprüfen,

wobei dann die Wahrscheinlichkeit groß ist, daß diese Lehrlinge ihre Ausbildungszeit als Meister im Dreisprung beenden werden ...

Und schließlich entdeckt BRATER hinsichtlich der Übertragung des "Wacker-Modellversuchs" (vgl. Abschn. 1.2 u. Fußnote 4) auf die handwerkliche Ausbildung die seines Erachtens interessante Möglichkeit, "[...] *den Auszubildenden im Betrieb eine intensive projektorientierte Einführungsphase angedeihen zu lassen, bei der sie noch nicht in den Arbeitsprozeß integriert sind, sondern zunächst einmal Gesamtzusammenhänge erarbeiten und Gesamtüberblicke erhalten und zugleich in einem gewissen Schonraum ihr Lernverhalten entwickeln können*" (1991, S. 304). Auch darauf werden sich Handwerksbetriebe nicht einlassen, aber BRATER sieht hier, wie schon erwähnt, "womöglich" auch eine Aufgabe der Berufsschule[64].

---

[64] Nach BROCK besteht das einzige Kriterium, sich nicht als wahnhafter, heilsgeschichtlicher Erfüllungsgehilfe zu erweisen, darin, seine eigenen Ansichten ironisch zu brechen (vgl. 1998, S. 96). Aus dieser Perspektive heraus ergibt sich ein wirklich „zukunftsträchtiges Konzept" auftragsorientierten Lernens erst durch eine Kombination der Gutachten von ALBERS, FLOTHOW sowie BRATER, und zwar in dieser Reihenfolge:

Zunächst erhalten die Lehrlinge betrieblicherseits in einem gewissen Schonraum eine intensive projektorientierte Einführungsphase, bei der sie noch nicht in den Arbeitsprozeß integriert sind. Dann erfolgt die Loslösung von betrieblichen Besonderheiten und eine weitgehende Gleichschaltung des zeitlichen Ablaufs mit den anderen Betrieben, um anschließend in der Berufsschule die exemplarischen Aufträge zu planen, diese dann im Trockenkurs in der überbetrieblichen Lehrwerstatt zu üben bzw., nach diesem Vorlauf, im Betrieb zu erproben und zu überprüfen ...

Na, da würden die Handwerker aber staunen, z.B. die Tischler-, Maler- und Klempnermeister auf ihren Baustellen, die Bäcker-, Konditoren- und Fleischermeister in ihren Geschäften, und - so ist zu vermuten - sie werden begeistert weitere Ausbildungsplätze zur Verfügung stellen ...!

Wie aber läßt sich in einer lernortübergreifenden Ausbildungskonzeption zwischen Funktionalität und notwendiger didaktischer Parallelität vermitteln?

4.4.3.2.2 Didaktische Parallelität - doch eine Illusion?

Eine Lernortkooperation, "*die auf örtlicher Ebene auf eine inhaltlich und zeitlich didaktische Parallelität der Lernortcurricula für Berufsschule und Betrieb bzw. überbetriebliche Ausbildungsstätte abstellt, beruht auf Wunschdenken und illusionären Voraussetzungen*", so jedenfalls formuliert es KAISER (1995, S. 389) und begründet seine (nach eigenen Aussagen) provokative These damit, daß sich das funktionale Ausbildungsverhalten der Betriebe nicht mit dem Curriculum einer Berufsschule verträgt (vgl. ebd., S. 389 f.).

Der Versuch des Lehrers, theoretisches Wissen und berufspraktische Erfahrungen der Schüler sinnvoll aufeinander zu beziehen, werde durch den Mangel an zeitlichem Gleichlauf von schulischer und betrieblicher Ausbildung erschwert, wenn nicht gar unmöglich gemacht, stellen auch HOLLING/BAMMÉ (vgl. 1982, S. 53) fest und bemängelten insbesondere:

"*Selbst untereinander stimmen die betreffenden Unternehmen die zeitliche Gestaltung ihrer betrieblichen Ausbildung nicht ab [...] , so daß der Lehrer gezwungen ist, Schüler zu unterrichten, die sich in völlig unterschiedlichen Phasen ihrer Ausbildung befinden. Obwohl sie formal im selben Ausbildungsjahr sind, verfügen sie doch über völlig unterschiedliche Kenntnisse. Der Lehrer ist deshalb, schon aus Gründen der Chancengleichheit, oftmals gezwungen, bei der Vermittlung theoretischen Wissens von diesen so unterschiedlichen berufspraktischen Kenntnissen der Schüler zu abstrahieren*" (ebd., S. 53 f.).

Und das, obschon 1930 an die Stelle der allgemeinen Berufsbezogenheit aus den Lehrplänen der gewerblichen Fortbildungsschule[65] der unmittelbare Bezug getreten war,

---

65 vgl. z.B. den "Leipziger Lehrplan" (1895) für Fleischerklassen (Deutsche Fleischer-Zeitung, 24. Jahrg., 03. Februar, 09. u. 12. März 1896; zit. i. Keim 1985, S. 357 f.)

d.h. die direkte Parallele zum Ausbildungsgang im Betrieb: *"Das Problem des Gleichlaufs zwischen Praxis und Theorie war geboren"*, folgert KEIM (1985, S. 358) und faßt die Ende der fünfziger Jahre im Vorfeld neuer Bildungspläne aufkommende Kritik am Grundsatz des Gleichlaufs wie folgt zusammen:

- Parallelität zwischen Ausbildung im Betrieb und Berufsschule sei pädagogisch wenig sinnvoll, denn im Betrieb führe der mithelfende Lehrling nach Maßgabe seines wachsenden praktischen Könnens einzelne Handgriffe aus, und zwar aus jenem Gesamtzusammenhang des Produktionsvorganges herausgelöst, der ihnen erst ihren Sinn gebe, z.b. werde erst in der Oberstufe der Berufsschule geklärt, was schon in der Unterstufe angesprochen worden sei;

- Parallelität zwischen praktischer Ausbildung und theoretischem Unterricht sei nicht möglich, denn einerseits komme es zu Beginn der betriebpraktischen Ausbildung zu einer Häufung des für den Lehrling Neuen, dessen Aufarbeitung im Unterricht länger dauere als die Phase der Einarbeitung im Betrieb und andererseits wäre eine Voraussetzung für den Gleichlauf von Praxis und Theorie auch der Gleichlauf der Ausbildungsschritte in den verschiedenen Betrieben - eine Vorstellung, die für das kleinhandwerkliche Gewerbe nicht realistisch sei;

- Parallelität werde auch deswegen verhindert, weil die sachlogisch aufgebauten, naturwissenschaftlich orientierten Lehrplaneinheiten in der Unterrichtspraxis zur Naturlehre führten, nicht aber zur Fachkunde, d.h. zu einer Aufgliederung des Stoffes in naturkundliches Vorbereitungswissen und in ein später zu erlernendes anwendungsbezogenes Praxiswissen (vgl. ebd., S. 361 f.).

Somit läßt sich konstatieren:

Abweichungen vom Ausbildungsplan aufgrund utilitaristisch intendierter Unterweisung in den Betrieben auf der Basis zufällig hereinkommender Kundenaufträge sowie fachwissenschaftlich konzipierte Lehrpläne seitens der Berufsschule sorgen für Disparitäten hinsichtlich der Vermittlung materialer Kenntnisse und Fertigkeiten, verstärkt noch durch die Übereinkunft, der Betrieb sei zuständig für die Praxis und die Berufsschule für die Theorie - kurz:

Das Betriebserlebnis des Lehrlings läßt sich nicht in Einklang bringen mit dem Unterricht des Berufsschülers.

Womit dann wohl eindeutig geklärt wäre, wie KAISER es eingangs provokativ formuliert hatte, daß es sich bei der didaktischen Parallelität um Wunschdenken handelt, um eine illusionäre Vorstellung?

4.4.3.2.3 Auftragsorientierte Lernfelder als Grundlage der didaktischen Parallelität

Die strikte Aufteilung von Theorie und Praxis liefert das Stichwort, und diesbezüglich lenkt auch KAISER wieder ein, denn diese weitverbreitete tradierte Vorstellung sei nicht länger tragfähig - Begründung:

Handlungsorientierte Didaktikkonzepte gingen von der Grundannahme aus, daß es im Hinblick auf die Realisierung erfolgreicher Lernprozesse insbesondere darauf ankomme, Lehr- und Lernarrangements so zu gestalten, daß die Lernenden die Möglichkeit erhielten, durch weitgehend selbstgesteuertes Lernen theoretisches Wissen im Zusammenhang mit praktischen Problemstellungen und Handlungsvollzügen aufzubauen (vgl. S. 390 f.).

Deutlich wird an dieser Stelle ebenfalls, daß sich die Diskussion um didaktische Parallelität nicht auf die Vermittlung materialer Kenntnisse und Fertigkeiten verengen darf, sondern auch (und gerade) die Entwicklung formaler Fähigkeiten und personaler Verhaltensweisen in den Blick genommen werden muß.

Ganz in diesem Sinne regt KAISER das Prinzip der Verwendung "multipler Perspektiven" (Anführungsz. i. Orig.; d. Verf.) an, denn es verweise auf die Attraktivität, die berufliche Bildungsprozesse erhalten könnten, wenn berufliches Lernen im Rahmen eines einheitlichen beruflichen Gesamtkonzeptes sich an unterschiedlichen Lernorten vollziehe (vgl. ebd., S. 391). Durch ein solches Gesamtkonzept entstehen strukturschaffende Verbindungslinien, die Lernerfahrungen an den Lernorten stehen nicht mehr beziehungslos nebeneinander und das bedeutet nach PÄTZOLD, die Auszubildenden hätten bei der (Selbst-)Organisation (Klammer i. Orig.; d. Verf.) ihrer Lernprozesse an den oder zwischen den Lernorten nicht mehr die Schwierigkeit, fragmentierte Lernerfahrungen zu einem vollständigen Lernergebnis zu vereinen (vgl. 1995a, S. 145)[66].

Unter einer solchen Rahmenbedingung ist MÜNCH zuzustimmen, wenn er vermerkt: *"Ein 'gemäßigter' Parallellauf mit kleineren 'Vorläufen' und 'Nachläufen' scheint von allen denkbaren und realen negativen Einflußfaktoren auf den pädagogisch-didaktischen Ertrag des Pluralitätskonzeptes von geringstem Nachteil zu sein"* (1995, S. 102; vgl. auch: PÄTZOLD 1998, S. 33), wobei gerade die besagten Vor- und Nachläufe noch Gegenstand weiterer Betrachtungen im Rahmen der Ausgestaltung adäquater Lern- bzw. Handlungssituationen sein werden (vgl. 6.2.1.3).

Zunächst aber soll festgestellt werden:

Wird der funktionale Ausbildungscharakter der Handwerksbetriebe akzeptiert, so läßt sich unter dieser Prämisse die angestrebte didaktische Parallelität nur verwirklichen, wenn der zu betreibende Aufwand für die Betriebe minimiert wird, und zwar insbesondere der Aufwand erforderlicher Abstimmung.

Der Abstimmungsaufwand bezieht sich hierbei nicht nur auf die korrespondierende Wechselwirkung zwischen Berufsschule und Betrieben, sondern auch, wie schon mehrfach dargelegt, auf die Betriebe untereinander. Diesbezüglich gilt nun:

Je detaillierter die Vorgaben hinsichtlich der Lerngegenstände sind, desto aufwendiger wird die Abstimmung - bzw. umgekehrt:

Je weniger differenziert die Vorgaben für die Betriebe, desto geringer der Aufwand an Abstimmung.

---

66 Hier tritt z.B. der Unterschied von Fremdsteuerung und Eigenaktivität im Unterricht hervor: Bei HOLLING/BAMMÉ flüchtet sich der nach behavioristischem Selbstverständnis handelnde Lehrer eingedenk unterschiedlicher berufspraktischer Erfahrungen seiner Schüler hilflos in die Abstraktion. Im Rahmen eines handlungsorientierten Ansatzes hingegen stellen *Kaiser* und *Pätzold* das Lernsubjekt konsequent in den Mittelpunkt ihrer Betrachtung mit der Intention, Lernsituationen zu gestalten, die eine eigene Organisation der Lernprozesse ermöglichen, beispielsweise könnten auf der Basis von Kompromissen Strategien zur Durchsetzung einer sachlich und zeitlich geordneten Lehre erarbeitet werden.

Die Entwicklung der personalen Fähigkeit, eigene Interessen durchzusetzen, entfaltet sich somit als Schlüsselqualifikation zum Erwerb materialer Kenntnisse und Fertigkeiten, und zwar nicht fragmentarisch, sondern in Ausrichtung auf Zusammenhangwissen als Grundlage beruflicher Handlungskompetenz.

Im Sinne der ALiH-Studie gibt es auch nicht viel zu differenzieren, denn das didaktische Grundprinzip ist ja gerade ein Lernen durch Mitarbeit an realen, d.h. komplexen Arbeitsaufträgen - allerdings, bevor der Verdacht aufkommt, es solle der althergebrachten "Beistell-Lehre" das Wort geredet werden, sei mit SCHURER noch einmal darauf hingewiesen, daß die Delegation des Lehrlings einer besseren didaktischen Strukturierung unterzogen werden müsse (vgl. Abschn. 4.4.3.2.1).

Wenn also der Kundenauftrag mit seiner komplexen, offenen und unter Ernstcharakter stehenden Aufgabenstellung erhalten bleiben, wenn das auftragsorientierte Lernen im Handwerk als eine am Original ausgerichtete Ausbildungsform mit inhärent hohem Motivationspotential (vgl. BRÜGGEMANN 1991, S. 298 ff.) auch weiterhin Bestand haben soll, müssen mit möglichst geringem Aufwand geeignete Lernsituationen geschaffen werden, die es den Lehrlingen in allen Betrieben eines Berufsschulbezirkes ermöglichen, ihre Lerntätigkeit zeitgleich auf übereinstimmende Lerngegenstände, d.h. Kundenaufträge, zu richten - und zwar nicht unter Umgehung betrieblicher Besonderheiten.

Demzufolge müssen die Kundenaufträge parallelisiert werden.

Auf den ersten Blick ist ein solches Ansinnen eingedenk der unzähligen und vielgestaltigen Aufträge, die das Handwerk täglich ereilen, sicherlich ein hoffnungsloses Unterfangen - jedoch:

Fertigkeiten und Kenntnisse zur Erfüllung von Kundenaufträgen wurden 1969 im Zuge der Berufsbildungsreform (vgl. PREYER 1978, S. 100 ff.) zusammengefaßt und manifestieren sich heute im sog. "Ausbildungsberufsbild", wo sie unter dem Dach der Ausbildungsordnung nach § 25, Abs. 2 BBiG zu den Sachverhalten gehören, die einen Ausbildungsberuf charakterisieren (vgl. BENNER 1994, S. 104 f.)[67].

Die Gegenstände des Ausbildungsberufsbildes wurden ferner im Hinblick auf eine vermeintliche Systematisierung der Ausbildung zerlegt und finden sich im Ausbildungsrahmenplan bzw. im Ausbildungsplan ihrer Komplexität beraubt wieder, konterkarieren also das dem auftragsorientierten Lernen zugrundeliegende "Prinzip der progressiven Ausdifferenzierung" einer komplexen Arbeitsaufgabe, wodurch sich dann die Transferproblematik getrennt vermittelter Qualifikationselemente ergibt (vgl. STRATENWERTH 1991a, S. 57 ff.)[68].

In die gleiche Richtung geht die Kritik von MÜNCH, und er bezieht auch die Berufsschule mit ein, wenn er schreibt: *"Die (fast) übergroße 'Feindifferenzierung' der Lernziele sowohl in den Ausbildungsrahmenplänen für die Betriebe als auch in den Rahmenplänen für die Berufsschule geben doch eher zur Besorgnis Anlaß"* (1995, S. 102). Jedenfalls, so MÜNCH weiter, werde *dadurch* (Hervorh. i. Orig.; d. Verf.) der intendierte Parallellauf zwischen betrieblicher Ausbildung und berufsschulischer Unterrichtung nicht gesichert und verbessert, denn die Praxis zeige, daß es zahlreiche Imponderabilien gebe, die ein zu fein gesponnenes Abstimmungsnetz immer wieder zerreißen würden (vgl. ebd.).

Demnach ist es empfehlenswert, in Anlehnung an das Ausbildungsberufsbild die Lehre nach fachlichen und didaktischen Gesichtspunkten in thematische Einheiten zu gliedern, oder, im Sinne des zugrundeliegenden Methodenkonzeptes formuliert, in auftragsorientierte Lerngebiete bzw. Lernfelder. Um nämlich den Berufsbezug als strukturelles Leitkriterium in den Vordergrund zu stellen, wird für die Berufsschulen das unter fachdidaktischer Perspektive bis dahin maßgebende Lerngebiet in den zukünftigen Rahmenlehrplänen durch das Lernfeld ersetzt, welches die Zusammenhänge, die sich aus den Handlungsabläufen in der betrieblichen Ausbildung ergeben, als strukturelles Gliederungsprinzip übernimmt und ganzheitliches Lernen anregen soll (vgl. KMK 1996b, S. 2 f.), d.h. nicht die Fach-, sondern die Handlungssystematik wird zum vorrangigen didaktischen Kriterium (vgl. PÄTZOLD 1999, S. 13), *„ [...] um das Konzept der Handlungsorientierung in der Berufsschule abzustützen"* (BADER 1998, S. 73), wobei LIPSMEIER darauf hinweist, daß die Vorteile von Fachsystematik beim Aufbau geordneter Wissensstrukturen nicht übersehen oder außer acht gelassen werden dürften (vgl. 1998, S. 84; vgl. auch HERRMANN/ELSING 1998, S. 355 f. u. PUKAS 1999, S. 84 ff. sowie 3.2.7 u. Abb. 17 der vorliegenden Arbeit).

---

67 Analog gilt für das Handwerk § 25, Abs. 2 HWO

68 Die „progressive Differenzierung" geht auf AUSUBEL zurück, d.h. wird *„der Lehrstoff in Übereinstimmung mit den Prinzipien progressiver Differenzierung programmiert, werden die allgemeinsten und inklusivsten Ideen zuerst präsentiert und dann progressiv im Hinblick auf Detail und Spezifität differenziert"* (1974, S. 164).

Insofern fließen die Intentionen einer handlungstheoretisch fundierten Auftragsorientierung in die Lernfelder mit ein, denen somit folgende Definition zugrunde liegt: *"Lernfelder sind durch Zielformulierungen beschriebene thematische Einheiten. Sie sollen sich an konkreten beruflichen Aufgabenstellungen und Handlungsabläufen orientieren"* (KMK 1996a, S. 22).

BADER/SCHÄFER konkretisieren die Lernfelder noch durch Lernsituationen (vgl. 1998, S. 229 ff.; vgl. auch PFAHL 1996a, S. 6 ff.; PUKAS 1999, S. 86 f.).

Im Sinne von Handlungsorientierung wurde in der vorliegenden Arbeit allerdings der Begriff „Lernsituation" abgegrenzt gegenüber dem der „Handlungssituation", denn:

Die Bezeichnung „Handlungssituation" stellt das jeweilige Handlungssubjekt in den Mittelpunkt der Betrachtung (vgl. 3.2.3), erfaßt mithin alle didaktisch strukturierten Situationen im Rahmen der beruflichen Bildung, also Lehr-, Lern- und Arbeitssituationen (vgl. 3.3 u. Abb. 15). Innerhalb des Lernfeldkonzeptes repräsentieren somit Handlungssituationen exemplarisch (vgl. 3.2.7.3) die Lernfelder bzw., in der Terminologie der ALiH-Studie, die auftragsorientierten Lernfelder. Auf dieser Ebene können dann an den Lernorten Schule und Betrieb konkrete Unterrichts- resp. Unterweisungseinheiten geplant, durchgeführt und kontrolliert werden.

Durch die Unterscheidung der beiden Reflexionsstufen „Lernfeld" und „Handlungssituation" kann nunmehr auch die didaktische Parallelität präzisiert werden, denn während die Lernfelder parallel verlaufen, wird es zwischen den Handlungssituationen in Schule und Betrieb zu den von MÜNCH vermerkten „Vor- und Nachläufen" kommen (vgl. 1995, S. 102).

In diesem Zusammenhang noch ein Hinweis zu den betrieblichen Besonderheiten, von denen ALBERS das Auftragslernen im Interesse der didaktischen Parallelität lösen will, nicht zuletzt als Voraussetzung auch einer Kooperation der Betriebe untereinander (vgl. 4.4.3.2.1):

Selbstverständlich wird es innerhalb der auftragsorientierten Lernfelder zu betriebsindividuellen Abweichungen kommen. Diese sind dann aber von der Berufsschule aufzunehmen und auf den aktuellen Lerngegenstand zu fokussieren (vgl. 3.2.5), konstituieren also im gleichen Lernfeld eine neue Handlungssituation am anderen Lernort.

Durch einen derartigen lernortübergreifenden Ansatz haben die Berufsschüler die Möglichkeit, von den eigenen Praxiserfahrungen zu abstrahieren und diese im Kontext der Praxiserfahrungen ihrer Mitschüler zu reflektieren und aufzuarbeiten, d.h. der einzelbetriebliche Arbeitsprozeß, an dem der jeweilige Lehrling beteiligt ist, hat dann nicht mehr eine prototypische, sondern vielmehr eine exemplarische Funktion (vgl. 3.2.5; vgl. auch PÄTZOLD 1999, S. 19 ff.).

Somit wäre es geradezu eine Sünde, die Ausbildungsbetriebe auf ein von betrieblichen Besonderheiten losgelöstes Auftragslernen verpflichten zu wollen.

Veränderungen im Sinne einer Verbesserung der Abstimmung zwischen den Lernorten beginnen bei der konzeptionellen Arbeit neuer Ausbildungsordnungen und Rahmenlehrpläne. Die Erarbeitung von Ausbildungsordnungen und Rahmenlehrplänen sollte daher schon auf Bundesebene mit einer gemeinsamen Klausur von Rahmenlehrplanausschüssen und Sachverständigenkommissionen beginnen, wo die Zielrichtungen für die Ordnungsmittel eines jeweiligen Ausbildungsberufes in gemeinsamer Diskussion gesetzt werden, d.h. gemeinsame Sitzungen beider Gremien sollten nicht nur am Ende der Verordnungsarbeit stattfinden (vgl. VOJTA 1996, S. 92). Anzustreben ist vor diesem Hintergrund, daß für die betriebliche Ausbildung die Fertigkeiten und Kenntnisse des Ausbildungsberufsbildes berufsschuladäquat ebenfalls zu Lernfeldern gebündelt werden, sodaß sie im Ausbildungsrahmenplan bzw. Ausbildungsplan transparent gemacht und dem Rahmenlehrplan resp. Lehrplan der Berufsschule gegenübergestellt werden können, denn *„didaktische Parallelität erfordert ein Gesamtcurriculum"* (ZEDLER 1996, S. 117).

Genaugenommen, und das soll an dieser Stelle ausdrücklich betont werden, müssen die Lernfelder der betrieblichen Seite in gemeinsamer Klausur obengenannter Gremien zuerst gestaltet werden, denn im Sinne der ALiH-Studie geben die Kundenaufträge die substantielle Ausrichtung, und sie konstituieren auf einer höheren Abstraktionsebene das Ausbildungsberufsbild. Integrative Ausbildungs- und Unterrichtsansätze gehen von einer ganzheitlichen Ausbildungsdidaktik aus: *„Als Ausgangspunkt wird die betriebliche Praxis des jeweiligen Ausbildungsberufs gesehen; aus dieser Praxis werden [...] Aufgabenstellungen für berufliches Lernen abgeleitet"* (JENEWEIN 1998b, S. 283 f.).

Doch unabhängig davon, welche Seite der Sozialpartner den Reigen der Neuordnung eröffnet:

Die auftragsorientierten Lernfelder lassen sich, da weniger differenziert, ohne großen Aufwand im Rahmen der "betrieblichen Lernorganisation" durch die Gestaltungsstrategien didaktischer Regulation (vgl. Abb. 1) betriebsübergreifend abstimmen, bilden mithin - unter Wahrung betrieblicher Besonderheiten - jene geschlossene Einheit als Grundlage didaktischer Parallelität, die ALBERS eingangs (vgl. 4.4.3.2.1) als Voraussetzung einer sinnvollen Unterstützung durch die Berufsschule gefordert hatte.

4.5 Zusammenfassung und Überleitung

Die Entwicklung von Schlüsselqualifikationen wurde aufgrund des funktionellen Ausbildungscharakters der Handwerksbetriebe in den Verantwortungsbereich der Berufsschule delegiert (vgl. 2.2).

Handlungstheoretisch fundiert wurde dann herausgestellt, daß Schlüsselqualifikationen zwar in der Berufsschule entwickelt werden können, aus ihrer Kontextorientierung heraus aber nur in Zusammenarbeit mit den Betrieben, denn die unter Ernstcharakter zustandegekommenen Kundenaufträge „liefern" die inhaltlichen Anforderungen und bilden somit den Handlungsrahmen (vgl. 3.3.7.1 u. 3.2.7.2).

Diesbezüglich werden lernortübergreifende Modelle mit einer Vielzahl von Begriffen belegt. Zunächst wurde daher folgende Begriffszuordnung vorgenommen: Im dualen System der Berufsbildung bezeichnet eine Lernortkombination betriebsinterne Lernorte, ein Lernortverbund verweist auf die betrieblich-institutionelle Kooperation und eine Lernortkooperation akzentuiert - im Interesse einer verbesserten Ausbildungsreife auch unter Einbeziehung des allgemeinbildenden Schulwesens - das organisatorische bzw. das inhaltliche und pädagogische Zusammenwirken des Lehr- resp. Ausbildungspersonals der beteiligten Lernorte (vgl. 4.1).

Die Lernortkooperaration zwischen den Handwerksbetrieben und der Berufsschule wurde herausgestellt als eine extrinsisch motivierte Mittelhandlung mit divergierender Zielvorstellung der Dualpartner: Berufspädagogische Intentionalität seitens der Berufsschule versus (mindestens) Kostenneutralität der Handwerksbetriebe. Unter Beibehaltung dieser inkongruenten Zielvorstellungen wurde durch eine dialektische Verschränkung beider Positionen im Zuge der Handlungsregulation die Komponente des Handlungsvollzugs verändert, d.h. die Aktivitäten der Lernortkooperation (vgl. 4.4.2).

In diesem Sinne sorgt ein verbindliches Gesamtcurriculum für weniger Abstimmungsaufwand (vgl. die Fußnoten 53, 54, 55), wobei unter Beachtung des Prozeßcharakters selbstgesteuerten Lernens sowie einer übereinstimmenden Betreuung durch die Bezugspersonen (vgl. 3.2.4) die Selbstorganisation der Lernenden zum „didaktischen Prinzip" erhoben wurde (4.4.3.1).

Durch die Schaffung auftragsorientierter Lernfelder (vgl. 4.4.3.2.3) haben Ausbilder und Berufsschullehrer die Chance, sich, nach Maßgabe des Prozeßcharakters selbständigen Lernens (vgl. Abb. 14), mit dem Lehrling abzustimmen in einem Vorgang, der sich mit zunehmender Selbstregulationsfähigkeit umkehrt, d.h. der Lehrling wird dann im Rahmen auftragsorientierten Lernens verstärkt auf seinen Ausbilder bzw. Lehrer zugehen, er wird die Abstimmung suchen, wird seiner „Pflicht" nachkommen, Reflexionsbedarf in Schule und Betrieb anzumelden - kurz:

Unter ganzheitlichem Aspekt kann sich der Lernende zur Regulierung seiner Lernhandlung auf beiden Seiten des dualen Systems gezielt mit Informationen versorgen, kann ggf. Einschubhandlungen bzw. Hilfsoperationen auf den jeweils anderen Lernort verlagern, weil die auftragsorientierten Lernfelder gleichgeschaltet wurden.

Diese Ausführungen provozieren eine Horizonterweiterung des verengten, die Lernorte isolierenden Blickes:

Eine „vollständige Handlung" (vgl. 3.1.4.1) muß sich nicht auf die Schule oder den Betrieb beschränken, d.h. es könnte z.B. innerhalb eines Lernfeldes im Betrieb ein Auftrag geplant und im Rahmen einer Arbeitsunterweisung (vgl. 3.3) betriebsindividuell bearbeitet werden, dieser Auftrag könnte anschließend in der Schule aktionsbegleitend, u.a. durch den Vergleich betriebsspezifischer Praxiserfahrungen (vgl. 3.2.5) in der Lehrwerkstatt, kontrolliert und wiederum im Betrieb unter Ernstcharakter weitergeführt werden, es könnten dann in der Schule Ergebnisse und Folgen im Klassenverband diskutiert sowie Abstraktionen und Systematisierungen (vgl. 3.2.7.1) vorgenommen werden etc., sodaß sich auf diese Weise das Blickfeld des Lernenden „hermeneutisch" (vgl. Fußnote 5) erweitert und ihm helfen wird, sich die Berufswelt zu erschließen.

Vor dem Hintergrund der dargestellten - handlungstheoretisch begründeten - Strukturidentität von kognitiv akzentuiertem Lernhandeln in der Schule bzw. motorisch akzentuiertem Lernhandeln im Handwerksbetrieb (vgl. hierzu 3.1.5) wird somit eine Synthese möglich im Sinne der Verknüpfung einzelner Teile zu einem höheren Ganzen.

Gefragt ist daher ein lernortübergreifendes Planen, Durchführen und Kontrollieren unter dem Dach einer auftragsorientierten Lernortkooperation - ein entsprechender Ansatz ist als Strukturmodell in Abb. 21 konzeptionell verankert. Zu dieser auftragsorientierten Lernortkooperation gehören die betriebliche (einschließlich überbetriebliche) und die schulische Handlungssituation unter Beachtung ihrer jeweiligen Besonderheiten, d.h. nach dem Lernfeldkonzept erhält der prototypische Charakter des einzelbetrieblichen Lernhandelns eine exemplarische Funktion im Lernhandeln der Berufsschule (vgl. 4.4.3.2.3). Durch die didaktischen Regulationssysteme (vgl. 3.3) wird die kontextorientierte (vgl. 3.2.7.1 u. 3.2.7.2), lernortübergreifende und sich an Kundenaufträgen orientierende Entwicklung von Schlüsselqualifikationen (vgl. 2.2.1) berücksichtigt und führt letztendlich zur Handlungskompetenz mit einhergehender Persönlichkeitsbildung (vgl. 2.2.2 u. 3.2). Auftragsorientierte Lernfelder als Grundlage didaktischer Parallelität ermöglichen es den Auszubildenden, inhaltliche Zusammenhänge zwischen den Lernorten herzustellen (vgl. 4.4.3 u. 4.4.3.1), d.h. durch diese zunehmend selbstorganisierte didaktische Korrespondenz werden die individuellen Lernvoraussetzungen bzw. Interessen gewürdigt, und zwar in ihrer Eigenschaft als jeweils konstitutives Element einer neuen Handlungssituation (vgl. PFAHL 1996a, S. 3 ff.). In dem vorgelegten Strukturmodell wird für beide Lernorte des dualen Ausbildungssystems der Begriff des Lernhandelns verwendet. Hierdurch sollen Kognition und Aktion in ihrer handlungsrealen Einheit dargelegt sowie in ihrer strukturellen Konkordanz zum Ausdruck gebracht werden (vgl. 3.1.6 u. Fußnote 17). Für die Berufs-, Wirtschafts- und Arbeitspädagogik (vgl. Fußnote 5) hat das Modell somit eine berufsübergreifende Bedeutung, denn es ist relevant sowohl für motorisch akzentuierte als auch für kognitiv akzentuierte Berufsbilder. Dem Lernhandeln wurden darüberhinaus die Spezifika „prototypisch" für den Betrieb und „exemplarisch" für die Berufsschule zugeordnet. Durch diese Darstellung werden im Sinne einer bestmöglichen Ergänzung qualitativ begründete Lernortvorteile der Dualpartner hervorgehoben (vgl. 4.4.3.1), wie sie weiter oben beschrieben oder z.B. unter dem Gesichtspunkt der handlungsrelevanten Strukturmerkmale „Bewußtheit" (vgl. 3.2.5) und „Komplexität" (vgl. 3.2.7) geschildert bzw. diskutiert worden sind.

Nach dem vorliegenden Konzept entfällt in Abgrenzung zu den vorgestellten Modellversuchen (vgl. 4.4.3.1) die aufwendige Identifikation exemplarischer Aufgabenstellungen, entfallen ebenso wöchentliche Arbeitssitzungen von Ausbildern und

Berufsschullehrern, sodaß eine Chance auch über einen Modellzeitraum hinaus besteht, nach dem Modell der „auftragsorientierten Lernortkooperation" zu arbeiten.

Im folgenden Kapitel erfolgt die Anwendung des vorgestellten Modells, und zwar am Beispiel einer Handlungssituation aus einem „Lernfeld" des schleswig-holsteinischen Bäckerhandwerks.

Für diesen Handwerksberuf deshalb, weil der Verfasser selbst gelernter Bäcker- und Konditormeister ist und auch seit Jahren Auszubildende und Meisteranwärter dieser Berufe unterrichtet - für Schleswig-Holstein daher, weil sich dort das Praxisfeld des Verfassers befindet, er dort als Berufsschullehrer tätig ist und in Prüfungsausschüssen bzw. im Berufsbildungsausschuß mitarbeitet.

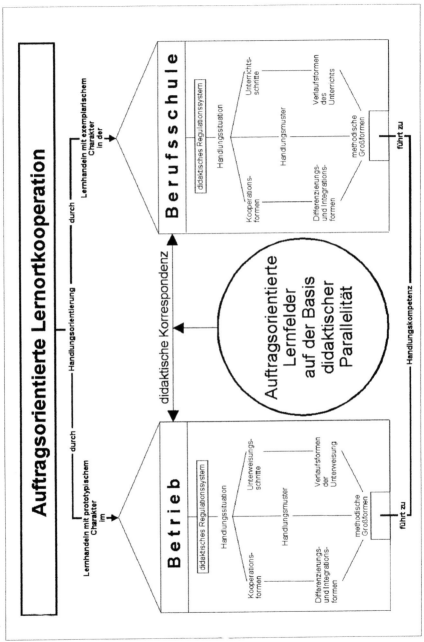

Abb. 21: Auftragsorientierte Lernortkooperation von Betrieb und Berufsschule

5 Handlungsorientierter Unterricht im Rahmen einer auftragsorientierten Lernortkooperation - dargestellt am Beispiel des Bäckerhandwerks

Das vorliegende Kapitel soll aus gegebenem Anlaß mit einem Zitat von DUBS eingeleitet werden: *„In vielen Fällen beschränken sich die wissenschaftlichen Auseinandersetzungen auf theoretische Abhandlungen. Veränderungen anhand neuer Ansätze erfordern aber für den Alltagsunterricht brauchbare Anwendungsbeispiele. Zwar steigt die Zahl der Wissenschaftler, die Unterrichtsbeispiele vorlegen. Leider sind sie aber oft nicht unter alltäglichen Situationen getestet (z.B. nur in einer Versuchsschule mit unüblichen Freiheiten, mit einer bestimmten Gruppe von Schülerinnen und Schülern, unter unrealistischen Zeitverhältnissen), so daß sie im Schulalltag häufig nicht eingesetzt werden können"* (1995, S. 172; Hervorhebg. v. Verf.).

Die nächsten Abschnitte sollen daher transparent machen, wie ein handlungsorientierter Unterricht unter alltäglichen Situationen vom Lehrer vorbereitet, wie er mit den Schülern geplant und durchgeführt wurde bzw. wie die Auswertung erfolgte, d.h. einerseits durch antizipative, aktionsbegleitende und resultative Kontrolle im Hinblick auf die Bezugshandlung und den Lernprozeß, andererseits aber auch bezüglich der didaktischen Leitlinien für den Grad der Handlungsorientierung (vgl. 3.2.9 sowie Abb. 17 u. 21). Aus diesen Vorgaben resultiert der Aufbau des zugrundeliegenden Kapitels - es folgen also:

1. Das Unterrichtsthema
   Diesbezüglich wird die Entscheidung, die der Lehrer vorläufig getroffen hatte, verdeutlicht.

2. Die Vorbereitungsphase
   Hier werden vom Lehrer begründetermaßen eigene Lehrziele sowie Hypothesen über Handlungsziele der Schüler formuliert, wobei auch veranschaulicht wird, daß Lehrer und Schüler zunächst durchaus mit unterschiedlichen Intentionen an ein Unterrichtsvorhaben herangehen können - eine Inkongruenz, die vor allem unter dem

Aspekt der „Gestaltungsorientierung" im Rahmen der Unterrichtsvorbereitung zu berücksichtigen ist.

3. Die Einstiegsphase

Zunächst wird hier angestrebt, einen handlungsbezogenen Einstieg in das neue Thema zu organisieren, und zwar lernortübergreifend, damit individuelle Betriebserlebnisse in ihrer Eigenschaft als Lernvoraussetzungen bzw. -interessen aufgenommen und auf den aktuellen Lerngegenstand fokussiert werden können. Anschließend werden mit den Schülern Handlungsergebnisse vereinbart - nicht zuletzt, um seitens der Schüler die Fähigkeit und Bereitschaft zu entwickeln, den Unterricht mitzuplanen bzw. für den Unterricht auch Verantwortung zu übernehmen.

4. Die Durchführungsphase

Diese besteht aus drei Stadien, und zwar der Informationsbeschaffung, -auswertung und -anwendung. Dargestellt wird u.a., wie sich im Rahmen des Lernfeldkonzeptes die synergistische Wechselwirkung von betrieblichen und schulischen Handlungssituationen entfalten kann, insbesondere unter der Maßgabe, daß die Auszubildenden in kontextorientierten Lernprozessen durch eigene Organisationstätigkeiten die inhaltliche Bezugnahme zwischen den Lernorten herstellen und dabei ihre Selbstregulationsfähigkeit kontinuierlich steigern. Ausgeführt wird auch, wie im Zuge des nicht nur lernortübergreifenden, sondern, schulintern betrachtet, auch fächer-, klassen- und berufsübergreifend angelegten Unterrichts mit seinen unterschiedlichen Kooperationsformen und Handlungsmustern immer wieder Phasen der systematischen Wissensvermittlung eingeschoben werden können bzw. sogar müssen, weil sie von Schülern im Verlauf ihrer Handlungsregulation aus informationsbedinger Problemsichtigkeit angefordert werden - ganzheitlich evoziert also den Status einer Mittelhandlung erhalten und im Gegensatz stehen zum isolierten Kenntniserwerb. Damit wird dem weitverbreiteten Vorurteil begegnet, der handlungsorientierte Ansatz lasse die systematische Vermittlung von Fachwissen als Grundlage vernetzten Denkens nicht zu und fördere statt dessen emsig geschäftige, oberflächliche Schülersimulationstätigkeit (vgl. z.B. 3.2.7.1). Darüberhinaus wird deutlich werden, daß in Form einer „herausgehobenen Auseinandersetzung" auch innerhalb der Durchführungsphase eine Prozeßreflexion stattfinden kann, d.h. unter sozial-kommunikativen Erwägungen können evtl. auftretende Unstimmigkeiten reflektiert und Erfolgserlebnisse „ausgekostet" werden. Schließlich werden sich auch Möglichkeiten und Grenzen einer Leistungsdifferenzierung abzeichnen.

5. Die Reflexionsphase

Die Arbeitsergebnisse werden hier kontrolliert, hinsichtlich ihrer Folgen abgeschätzt, ggf. modifiziert und möglicherweise veröffentlicht. Diesbezüglich wird eine methodische Hilfe vorgestellt, um dem etwaigen Desinteresse der Schüler an einer ausführlichen Reflexion der Bezugshandlung und des Lernprozesses zu begegnen. Ferner wird der fließende Übergang vom abgeschlossenen zum neuen Thema dargelegt und somit die Kontinuität handlungsorientierter, lernortübergreifender Bildungsprozesse aufgezeigt.

Als Orientierungshilfe für den Schulalltag werden die Prinzipien handlungsorientierten Unterrichts sodann vom dargestellten Beispiel abstrahiert und in ein Planungsraster übertragen, dessen numerische Ordnung den Abschnitten des vorliegenden Kapitels entspricht. Abschließend wird der vorgestellte Unterricht hinsichtlich seiner Handlungsorientierung überprüft bzw. bewertet.

Die Datenerhebung für die Dokumentation des Unterrichtsbeispiels erfolgte auf der Grundlage der Unterrichtsvorbereitung und -nachbereitung. Weitere Daten wurden gewonnen durch die empirischen Methoden der Beobachtung und Befragung (vgl. hierzu auch Fußnote 6).

In der qualitativen Forschung wird zwischen teilnehmender und nicht-teilnehmender Beobachtung unterschieden. Da der Verfasser als Lehrer den Unterricht selbst durchführte, handelte es sich hinsichtlich der Beobachtung um eine teilnehmende Beobachtung, denn:

„Die teilnehmende Beobachtung ist die geplante Wahrnehmung des Verhaltens von Personen in ihrer natürlichen Umgebung durch einen Beobachter, der an den Interaktionen teilnimmt und von den anderen Personen als Teil ihres Handlungsfeldes angesehen wird" (FRIEDRICHS 1990, S. 288).

Hieraus ergibt sich die grundsätzliche Frage, ob von teilnehmender Beobachtung noch gesprochen werden kann, wenn der Beobachter zugleich ein für den Unterrichtsprozeß verantwortlicher Akteur ist, dessen Anwesenheit wohl ganz überwiegend durch die Moderation des Unterrichts bestimmt ist.

ALTRICHTER/POSCH ordnen die direkte Prozeßbeobachtung durch den Lehrer dem Begriff der teilnehmenden Beobachtung zu und vermerken: *„Üblicherweise sind teilnehmende Beobachter hauptberufliche Forscher, die sich auf eine soziale Situation einlassen, um sie zu untersuchen. Der forschende Lehrer hingegen ist hauptberuflich Lehrer und nur nebenbei Beobachter"* (1998, S. 117).

Wenn der Lehrer den Unterricht systematisch beobachten will, übernimmt er eine zweite Aufgabe, die manchmal mit seiner ersten Aufgabe, dem Unterrichten, zusammenfällt, manchmal aber auch mit ihr in Konflikt geraten kann. Besonders dann, wenn der Unterricht höchste Aufmerksamkeit verlangt oder wenn der Lehrer emotional stark involviert ist, ist die Distanzierung von der Lehrersicht schwierig (vgl. ALTRICHTER/POSCH 1998, S. 117 f.; ähnlich: BERG 1990, S. 266; VOIGT 1997, S. 789). Werden die Rollen des Lehrenden und Beobachtenden hingegen getrennt, ist zu bedenken, daß die Schüler den Beobachter zur Lehrerschaft oder zumindest zur Gruppe der Erwachsenen rechnen und sich entsprechend ihm gegenüber verhalten - aber auch, wenn der Beobachter sich abseits des Unterrichtsgeschehens zu befinden meint und glaubt, daß er den Unterricht nicht beeinflusse, kann er sich leicht täuschen, d.h.: *„Insbesondere für den Lehrer ist die Situation der Beobachtung nicht alltäglich, sie kann bei ihm Einstellungen aus der Referendarzeit wachrufen, und sie kann Vorführstunden entstehen lassen"* (VOIGT 1997, S. 789). Um also dieser Verfremdung des Unterrichts auszuweichen bzw. um einen differenzierten Einblick in die reale Unterrichtssituation, die stark von Wechselwirkungen und Interaktionen gekennzeichnet ist, wiedergeben zu können, wurde die Methode der teilnehmenden Beobachtung gewählt. Durch diese praktische Mitgliedschaft am Handlungsgeschehen hatte der Lehrer als „beobachtender Teilnehmer" (vgl. HONER 1991, S. 320) die Möglichkeit, Handlungsabläufe zu verfolgen, zu begleiten und in ihren Kontexten zu registrieren resp., wie GUDJONS es formuliert, Datengewinnung mit pädagogischer Intervention zu verbinden (vgl. 1995, S. 64).

Weil Beobachtung aufmerksame und zielgerichtete Wahrnehmung ist, können Aussagen, die auf Beobachtungen gestützt werden sollen, erst auf dem Boden einer entsprechenden Theorie gewonnen werden - Aussagen mithin, die auf der Basis empirischer Ereignisse gewonnen wurden, können nicht sinnstiftend sein für Theorien; sie erhalten ihren Sinn vielmehr aus diesen Theorien (vgl. MERKENS 1994, S. 624). Durch die teilnehmende Beobachtung sollten in diesem Sinne Ereignisse entdeckt werden, die mit - aus einer Theorie hergeleiteten - Aussagen übereinstimmen, und zwar mit den zuvor definierten Qualitätsmerkmalen handlungsorientierten Berufsschulunterrichts (vgl. Abb. 17). Insofern handelte es sich auch nicht um eine unsystematische Beobachtung, sondern um eine systematische, denn in Form der Qualitätsmerkmale wurde mit einem definierten Kategoriensystem an die jeweilige Unterrichtssituation herangetreten (vgl. hierzu GUDJONS 1995, S. 61; FRIEBERTSHÄUSER 1997a, S. 522), wobei als Hilfsmittel Fotos verwendet wurden (vgl. z.B. Abb. 22).

Der Druck, Unterrichten und Beobachten im Rahmen einer „teilnehmenden Beobachtung" miteinander zu verbinden, ist nach ALTRICHTER/POSCH so groß, daß auf technische Hilfen (z.B. Tonband/Video) ausgewichen oder auf die Prozeßbeobachtung ganz verzichtet wird (vgl. 1998, S. 118).

Dabei, so führt FRIEDRICHS aus, ist es in zahlreichen Beobachtungsfeldern unmöglich, mit Kamera und/oder Tonband zu arbeiten, weil hierdurch die Betroffenen ihrer Anonymität beraubt werden würden bzw. eine verzerrte Situation entstünde (vgl. 1990, S. 289), wobei schon die Kameraführung selbst auf Interpretationen des Geschehenen beruht (vgl. VOIGT 1997, S. 786). Hinsichtlich Kamera und Tonband kann der Verfasser auf eigene Erfahrungen verweisen (vgl. PFAHL 1986a, S. 26 ff.; 1995a, S. 39 ff.; 1995d, S. 29 f.): Für die Schüler entstand durch den Einsatz dieser Medien eine „Subordinationsinteraktion" (vgl. LAY 1990, S. 43), d.h. durch Kamera und/oder Tonband war eine Herrschaftssituation gegeben, in deren Folge die Schüler vertikal (in diesem Falle von unten nach oben) kommunizierten und einen komplizierten Sprachcode verwendeten. Aus den angeführten Gründen wurde auf Kamera und Tonband verzichtet.

Bei den mitgeteilten Dialogen des folgenden Unterrichtsbeispiels handelt es sich somit nicht um transkribierte Tonbandaufzeichnungen, sondern, wie AFFELDT es anläßlich seiner Veranschaulichung der erlebnisorientierten Gruppenarbeit formuliert, um das Bemühen, etwas von der Atmosphäre zu vermitteln, die für den handlungsorientierten Unterricht kennzeichnend ist (vgl. 1994, S. 12).

Bezüglich der teilnehmenden Beobachtung stellten sich vor diesem Hintergrund folgende Fragen:

1. Wie sollte das Beobachtungs- bzw. Kontrollinstrument angelegt werden?

2. Wann und wie sollten die Aufzeichnungen erfolgen?

Diesbezüglich sind zwei Arten von Instrumenten zu unterscheiden (vgl. FRIEDRICHS 1990, S. 294 ff.):

- Typ I („geschlossen"): ein sehr genaues, auf einzelne Interaktionen und Teile des Verhaltens fixiertes, nur wenige Dimensionen des Beobachtungsfeldes erfassendes Instrument, das dem Beobachter wenig Interpretationen abverlangt.

- Typ II („offen"): ein Instrument mit komplexeren Merkmalen, mit dem viele Dimensionen des Feldes erfaßt werden können, welches also dem Beobachter mehr Interpretationsspielraum überläßt.

Die Entscheidung für einen der beiden Typen hängt ab vom Zeitpunkt und den Möglichkeiten der Aufzeichnung, denn: Typ I erfordert eine rasche Aufzeichnung während oder unmittelbar nach den Beobachtungen, Typ II eignet sich für Aufzeichnungen, die nicht im Feld erfolgen können. Nun hat ein in den Unterricht involvierter Lehrer nicht die Möglichkeit unmittelbarer Aufzeichnungen, da seine Aufmerksamkeit sich auf die Moderation des Unterrichtsprozesses richtet. Daher fiel die Entscheidung auf Typ II, wobei mit FRIEDRICHS zu bedenken ist, daß das Kontrollinstrument dem Beobachter hilft, sich die Handlungsabläufe zu vergegenwärtigen und sich auf diese Weise an schon vergessen geglaubte Einzelheiten zu erinnern (vgl. 1990, S. 295). Ein solches Kontrollinstrument war die Synopse der Qualitätsmerkmale handlungsorientierten Unterrichts (vgl. Abb. 17). Mit ADOLPH ist anzufügen, daß eigene Handlungserlebnisse, in diesem Fall war es die „praktische Mitgliedschaft am Handlungsgeschehen", die Behaltensleistung steigern (vgl. 3.2.7.1 u. Fußnote 24). In diesem Sinne erfolgte die Vertextung der Daten als Unterrichtsnachbereitung und konstituierte gleichermaßen die nächste Unterrichtsvorbereitung.

Da der Unterricht fächer-, klassen- und berufsübergreifend angelegt war, mußten diesbezüglich vor- und nachbereitende Absprachen mit Kollegen stattfinden. Die Unterrichtsergebnisse der Kollegen wiederum waren für den Verfasser bedeutsam hinsichtlich der Folgen für seinen eigenen Unterricht. Ein gegenseitiger Gedankenaustausch konnte z.B. anläßlich der wöchentlich stattfindenden Fachgruppensitzungen erfolgen. Hier war es möglich, im Kollegenkreis über Erlebnisse aus dem Unterricht zu berichten.

Aus methodentheoretischer Perspektive ist ein Erlebnisbericht Teil einer ungelenkten Form der Befragung, enthalten u.a. im „Narrativen Interview", somit also im Gegensatz stehend zur standardisierten Befragung (z.B. ein Interview mit vorformulierten Fragen). Die standardisierte Befragung ist im Rahmen der täglichen Zusammenarbeit eines Kollegiums wohl eher unangemessen - darüberhinaus werden komplexe pädagogische Zusammenhänge durch Reduktion auf die Perspektive des Interviewers grob vereinfacht, d.h. der angestrebte Erkenntniszweck wird verfehlt, „[...] nämlich Einblick zu erhalten in die vom Interviewten unverfälscht vorgenommene Gliederung und Bewertung seiner sozialen Wirklichkeit (seines Unterrichts; Ergänzung v. Verf.) mittels seiner

Deutungsschemata" (KAISER/KAISER 1994, S. 294) - wichtige Ereignisse könnten also verdeckt werden durch eine standardisierte Form der Befragung[69].

Zusammengenommen, um es mit den Worten AFFELDTs auszudrücken, *"[...] wurde es zu einem besonderen Anliegen der Arbeit, das UNTERSUCHUNGS-DESIGN möglichst homogen in die Praxisbedingungen einzufügen und nicht (wie es in der Literatur gewöhnlich der Fall ist) die Gestaltung der Praxis den Erfordernissen der Evaluation unterzuordnen"* (1997, S. 156). In diesem Sinne erfolgte die Datenerhebung auf fremdpsychischer Basis durch teilnehmende, systematische Beobachtung sowie durch ungelenkte Befragung (Erlebnisbericht im narrativen Interview), wobei Fotos als Hilfsmittel verwendet wurden. Die Ergebnisse wurden jeweils in der Unterrichtsnachbereitung berücksichtigt und konstituierten somit gleichermaßen die nächste Unterrichtsvorbereitung bzw. lagen in diesem Verwertungszusammenhang vor, um das Unterrichtsbeispiel dokumentieren zu können.

In der Schule des Verfassers werden entsprechende Unterrichtseinheiten archiviert sowie fortlaufend aktualisiert und stehen in dieser Form jedem Kollegen zur Verfügung (vgl. zum Unterrichtsbeispiel PFAHL 1994c).

---

69 Der standardisierten Form der Befragung entgegengesetzt ähnelt das „Narrative Interview" (lat.: narrativ = erzählend, in erzählender Form darstellend) in Anlage und Verlauf dem Alltagsgespräch - es begegnen sich zwei gleichberechtigte Gesprächspartner. Daher tritt der Interviewer nicht mit einem dominaten Anspruch auf, von dem her er das Gespräch lenkt. Er kann zwar zurückfragen (Nachfragephase u. Bilanzierungsphase), dies geschieht aber aus einem Verständnis als Zuhörer und nicht als Zensor. Entsprechend offen und frei ist die Rolle des Interviewten definiert („Stehgreiferzählung"), und insofern bietet sich das narrative Interview an als prozeßanalytische Erkenntnismöglichkeit zur Rekonstruktion subjektiver Erlebnisperspektiven, es bringt die Sichtweise von Betroffenen zum Vorschein, jedoch nicht deren Reaktionen auf die Perspektive des Interviewers (vgl. HAUPERT 1991, S. 220; KAISER/KAISER 1994, S. 294 ff.; MERKENS 1994, S. 626 ff.; FRIEBERTSHÄUSER 1997b, S. 387; JAKOB 1997, S. 445).

5.1 Das Unterrichtsthema

Im Lernabschnitt[70] „Schrot-, Vollkorn- und Spezialbrote" (vgl. MFBWS.SCHL.-H. 1993, S. 6; HENSEN/PFAHL 1994, S. 8 f.) sind Verfahrensregeln für entsprechende Produkte zu erarbeiten. Zu den „Spezialbroten" zählen unter bestimmten Voraussetzungen auch Toastbrote (vgl. z.B. JANßEN u.a. 1995, S. 419 ff. sowie 5.2.4 der vorliegenden Arbeit). Das dazugehörige Unterrichtsbeispiel stammt aus dem Jahre 1994, wurde an der Beruflichen Schule Elmshorn mit einer Bäcker-Mittelstufe durchgeführt und als Unterrichtsthema vorläufig wie folgt bezeichnet:

„Die Herstellung von Toastbrot im Bäckerfachgeschäft".

Ausgewählt wurde dieses Beispiel, weil es für den Verfasser den Übergang markierte im Zuge einer Entwicklung vom handlungsorientierten Unterricht als „Projektarbeit" (vgl. z.B. PFAHL 1986a; 1994a;) hin zur Handlungsorientierung als „Unterweisungs"- (vgl. PFAHL 1994b;) bzw. „Unterrichts"- (vgl. PFAHL 1996a) resp. lernortübergreifendes „Ausbildungsprinzip" (vgl. PFAHL 1998c, S. 139 ff.). Ursprünglich waren es projektorientierte Sequenzen (vgl. Fußnote 60), die zumeist kurzfristig in den herkömmlichen Unterricht „eingeschleust" wurden, und innerhalb derer die Schüler dann ihr selbständiges Planen, Durchführen und Kontrollieren (vgl. 3.1.4.1) entwickeln konnten. Mittlerweile wird der handlungsorientierte Unterricht langfristig angelegt und berücksichtigt durchgängig, gestützt auf die hierarchisch-sequentielle Handlungsorganisation bzw. -regulation (vgl. 3.1.4.2), menschliches Zielverhalten als Ordnungsprinzip (vgl. 3.1.5), und zwar in seiner korrespondierenden, auftragsorientierten Wechselwirkung von Schule und Betrieb (vgl. Abb. 21).

Das Jahr 1994 wurde herangezogen, um die Transferfähigkeit im Hinblick auf weitere Lernfelder darlegen zu können. Es läßt sich ebenfalls dokumentieren, wie der Unterricht durch nachfolgende Klassen aktualisiert werden konnte.

---

70 Der Lehrplan für das Bäckerhandwerk in Schleswig-Holstein ist (noch!) nach Lernabschnitten gegliedert, die aber im Sinne von Lernfeldern als technologische Ganzheiten interpretiert werden können (vgl. MFBWS.SCHL.-H. 1993; PFAHL 1998b, S. 247 ff.; vgl. auch Abschn. 4.4.3.2.3 der vorliegenden Arbeit).

5.2 Die Vorbereitungsphase

In dieser Phase sind durch den Lehrer hinsichtlich eines lernortübergreifenden Ansatzes zu klären (vgl. z.B. JANK/MEYER 1994, S. 362 ff.; PFAHL 1995a, S. 33 f. sowie Abschn. 4.4 der vorliegenden Arbeit):

- fachwissenschaftliche Vorgaben, Strukturen und mögliche Probleme bei der Bearbeitung des Themas;
- Vorgaben durch Ordnungsmittel,
- organisatorische Voraussetzungen,
- eigene Kompetenzen für das vorgesehene Arbeitsgebiet,
- individuelle Lernvoraussetzungen und Interessen der Schüler,
- Möglichkeiten der Schüler, sich rechtzeitig auf das Thema vorzubereiten.

5.2.1 Fachwissenschaftliche Vorgaben, Strukturen und mögliche Probleme bei der Bearbeitung des Themas

Die fachwissenschaftlichen Vorgaben ergeben sich aus den Ansprüchen der Verbraucher an Toastbrot, d.h. folgende Qualitätsmerkmale sind zu erfüllen:

- Quadratische Scheibenform (keine „Taillenbildung", d.h. Vermeidung einer bikonkaven Form nach dem Backprozeß) mit schwacher Krustenbildung → zu erzielen durch Backen in geschlossenen Kästen sowie durch besondere Aufarbeitungsmethoden;

- gleichmäßiges Porenbild mit einer Vielzahl dünnwandiger Poren → zu erzielen durch Milch und Fettzusatz, einen intensiven Knetprozeß sowie durch besondere Aufarbeitungsmethoden;

- gleichmäßige Bräunung beim Rösten, kurzer Bruch, zarter Biß und ein für Hefegebäck arteigenes, nicht kuchenartiges Aroma → zu erzielen durch Milch-, Fett-, Salz-, Zucker- und Säurezusatz;

- lange Frischhaltung → zu erzielen durch Milch- und Fettzusatz bzw. durch eine nicht zu feste Teigführung (vgl. z.B. SCHÜNEMANN/TREU 1998, S. 98 f.).

Vor diesem Hintergrund wurde eine Versuchsreihe strukturiert, und zwar mit den unterschiedlichen Aufarbeitungsarten, also der Ganz-Laib-, Four-Pieces-, Twist- und Stückchenmethode (vgl. FREUND 1995, S. 143) - **Lehrziel**:

Am Beispiel der Toastbrotherstellung beurteilen die Schüler den Einfluß unterschiedlicher Aufarbeitungsmethoden auf Brotform und Porenbild (vgl. HENSEN/PFAHL 1994, S. 6).

Zur Anwendung kommen sollte eine herkömmliche Rezeptur, wobei Probleme vorherzusehen waren mit betriebsüblichen Rezepturen auf der Basis von Convenience-Produkten (vgl. KLEINEMEIER 1995, S. 4 ff.; DIETRICH 1995, S. 17 ff.; HOLTHAUS 1998, S. 8 ff.) bzw. eines sog. „Toastbackmittels", welches u.U. deklarationpflichtige Konservierungsstoffe enthält (vgl. JANßEN u.a. 1995, S. 421). Diesbezüglich sollten die Schüler mit Hilfe einschlägiger Fachliteratur eine Rezepturanalyse durchführen, um durch die Gegenüberstellung herkömmlicher Rezepturen mit Convenience-Produkten bzw. kombinierten Toastbackmitteln herauszufinden, wie die vorgefertigten Produkte zusammengesetzt sind - **Lehrziel**:

Die Schüler beherrschen Methoden, die sie als Handwerker von industriellen Vormischungen unabhängig machen (vgl. HENSEN/PFAHL 1994, S. 11).

Die Auswertung der Versuchsreihe sollte vorgenommen werden anhand der DLG-Prüfbestimmungen (vgl. DLG 1994).

5.2.2 Vorgaben durch Ordnungsmittel

Diese ergeben sich einerseits aus dem Lehr- bzw. Stoffverteilungsplan der Berufsschule (vgl. 5.1) und andererseits aus der „Verordnung über die Berufsausbildung zum Bäcker/Bäckerin" (Bäcker-Ausbildungsverordnung - BäAusbV; vgl. BMW 1983). Unter § 6 erfolgt dort im Ausbildungsrahmenplan die Auswahl und Reihung der motorisch akzentuierten Lerninhalte durch Feindifferenzierung des in § 5 dargestellten Ausbildungsberufsbildes nach Arbeitsräumen bzw. -plätzen als innerbetrieblichen Lernorten (z.B. Teigmacherei; Arbeitstische, Maschinen und Anlagen für Aufmacharbeiten; Backofenbereich), wobei die Lerninhalte einem ganzheitlichen Ansatz zuwiderlaufend chronologisch über die gesamte Lehrzeit verteilt sind - auf das vorliegende Beispiel bezogen bedeutet das, auch die Teilhandlungen der Brotherstellung erstrecken sich über sechs Ausbildungshalbjahre (vgl. BMW 1983, S. 12 ff.), verbunden mit der Gefahr, daß ein Lehrling auf einem dieser Posten „hängenbleibt", weil seine repetitive Arbeit für den Betrieb besonders wertvoll ist (vgl. PFAHL 1990c, S. 7). Er wird zum ausführenden Organ, verrichtet stumpfsinnig isolierte Teilhandlungen, die er gar nicht einordnen kann, sodaß vernetztes Denken betrieblicherseits in keiner Weise geschult wird (vgl. 3.2.7.1).

Die Feindifferenzierung des Ausbildungsrahmenplanes wird nun noch weiter gestreut, wenn nach § 7 BäAusbV der Ausbildende für den Auszubildenden einen betriebsindividuellen Ausbildungsplan zu erstellen hat (vgl. BMW 1983, S. 8; vgl. auch SEYD 1994, S. 51 ff.; ARNOLD/KRÄMER-STÜRZL 1996, S. 80 ff.). In den vom Zentralverband des Deutschen Bäckerhandwerks empfohlenen Berichtsheften[71] sind z.B. entsprechende Formblätter enthalten, in die jeder Betrieb „seine" Ausbildungsreihenfolge eintragen kann, und zwar nach § 6 BäAusbV unter Einbezug möglicher Abweichungen vom Ausbildungsrahmenplan infolge „betrieblicher Besonderheiten" (vgl BMW 1983, S. 8)[72].

---

71 Zum Thema Berichtsheft als Ausbildungsnachweis vgl. SCHÜNEMANN 1996, S. 119.

72 Interessant ist in diesem Zusammenhang die Einlassung BERGERS, wonach nur 28 % der befragten Handwerksbetriebe angeben, nach einem eigenen betrieblichen Ausbildungsplan auszubilden, d.h. die Handwerksbetriebe seien sich der Ausbildungsziele und -inhalte *nicht immer ausdrücklich bewußt* (1995, S. 280).

In Ermangelung eines verbindlichen Gesamtcurriculums (vgl. 4.4.2) waren es - bzw. sind es auch noch - denkbar schlechte Voraussetzungen für eine auftragsorientierte Lernortkooperation. Die didaktische Parallelität zur Herstellung inhaltlicher Zusammenhänge zwischen den Lernorten (vgl. 4.4.3.2) mußte demnach von den Auszubildenden selbst durch entsprechende Intervention herbeigeführt werden (vgl. Fußnote 66), z.B. durch das Anfordern eines Lehrgespräches (vgl. 4.4.3 u. Fußnote 58) im Hinblick auf eine mögliche Versetzungsplanung (vgl. SCHAPER 1991, S. 27 ff.).

5.2.3 Organisatorische Voraussetzungen

Zu den organisatorischen Voraussetzungen ist anzumerken, daß der Verfasser seinerzeit die Bäcker-Mittelstufe als Klassenlehrer führte und einmal wöchentlich sechs Stunden fächerübergreifenden Unterricht erteilte, d.h. Fachkunde, Praktische Fachkunde[73] und Fachrechnen[74] wurden in Teilzeitform unterrichtet, wobei zur

---

73 Im Gegensatz zum fachpraktischen Unterricht wird die Praktische Fachkunde interpretiert als methodisches Element der Fachkunde, z.B. werden hier Versuchsreihen durchgeführt (vgl. zur Praktischen Fachkunde JAQUES 1976, S. 4 ff.; GIRKE 1998; zur Unterscheidung von Praktischer Fachkunde und fachpraktischem Unterricht vgl. GRÜNDLING/SCHELTEN 1988, S. 75 f.).

74 Zum Fachrechnen an Berufsschulen vgl. in diesem Sinne die Systematik von BAHR (1986), wonach zu unterscheiden ist zwischen Systemrechnen (Mathematik schlechthin, d.h. logisch aufgebaut, ohne eine Benennung der Zahlen → für Berufsschulen ungeeignet); Sachrechnen (Benennung der Zahlen mit DM, kg etc., schon mehr sachbezogen → für Berufsschulen ungeeignet); berufsbezogenes Sachrechnen (Berechnungen mit Benennungen und Bezug zur Fachkunde → für Berufsschulen geeignet); situationsgerechtes Wirklichkeitsrechnen (entsprechend dieser Leitidee gibt es nur Fachkunde und muß innerhalb der Fachkunde gerechnet werden, dann wird gerechnet → für Berufsschulen stets der Idealfall). Durch Anwendung des Fachrechnens in der betriebsbezogenen Fachkunde, so vermerkte es der Verfasser als Dispositionsziel in seiner Hausarbeit zur zweiten Staatsprüfung, „[...] sind die Schüler motiviert, Fachrechnen als notwendiges Instrumentarium eines jeden Bäckers zu begreifen und nicht als notwendiges Übel des (Berufs-) Schulunterrichtes" (PFAHL 1986a, S. 54).

räumlichen Ausstattung der Berufsschule neben einem Klassenraum auch eine Lehrwerkstatt, ein Labor, ein EDV-Raum sowie eine Bibliothek gehörte.

Mit Ausnahme des Kooperationsfeldes „Zwischen- und Abschlußprüfung" hatte sich über gemeinsame Projekte hinaus noch keine konzeptionell ausgerichtete Zusammenarbeit mit den Betrieben herausgebildet. Bei den Projekten handelte es sich i.d.R. um werbewirksame Öffentlichkeitsarbeit, d.h. hier war, durchaus in beiderseitigem Interesse, der Dienstleistungscharakter berufsschulischen Unterrichts für die Branche gefordert (vgl. 4.4.3.1). Neben Telefongesprächen, die sich reaktiv auf punktuell wahrgenommene Ausbildungs- und Prüfungsprobleme bezogen, ergaben sich regelmäßige Kontakte auf Innungsversammlungen der zum Schulbezirk gehörenden Kreise Pinneberg und Steinburg bzw. auf den betreffenden Innungsfesten.

Somit standen kontinuierlich-probleminduzierte Kooperationsaktivitäten einem pragmatisch-utilitaristischen Verständnistyp gegenüber (vgl. 4.2 u. Abb. 18).

5.2.4 Kompetenzen des Lehrers für das vorgesehene Arbeitsgebiet

Um die Fachkompetenz auf den neuesten Stand zu bringen, erfolgte eine Auswertung eigener Rezepturen sowie von Fachbüchern und -zeitschriften. Hierbei zeigte sich, daß neben den üblichen Weizentoastbroten zunehmend Toastbrote mit speziellen Zusätzen (Saaten, Kerne, Gewürze oder Müsli) oder mit weiteren Getreidearten neue Geschmackserlebnisse versprachen bzw. aus ernährungsphysiologischer Sicht hochwertig hergestellt werden konnten, vom Verbraucher auch eingefordert wurden und unter dieser Maßgabe zu den „Spezialbroten" gezählt werden mußten (vgl. z.B. STEFFEN 1984, S. 748 f.; 1989, S. 276 ff.; SEIFERT 1988, S. 76 ff.; SKOBRANEK 1991, S. 202 ff.). Eine entsprechende Literaturauswahl sollte den Schülern zur Verfügung gestellt werden.

Die im Rahmen dieser Unterrichtsvorbereitung gewonnenen Erkenntnisse führten dazu, die Toastbrote aus dem Lernabschnitt „Weizengebäckherstellung" (vgl. MFBWS.SCHL.-H. 1993, S. 3 f.; HENSEN/PFAHL 1994, S. 5 ff.) auszugliedern und den „Spezialbroten" zuzuordnen - eine didaktische Analyse mithin, die schon vor dem Beginn der dreijährigen Ausbildungszeit vom Verfasser erhoben und in einem langfristigen Konzept angelegt worden war. Und nur so war es möglich, die zeitliche Anordnung der einzelnen Lernabschnitte vorzunehmen[75]; als Voraussetzung nämlich, den Schülern bereits zu Beginn ihrer Berufsschulzeit eine verläßliche Übersicht zur Bildung individueller Zielhierarchien (vgl. 3.2.2.1) anbieten zu können.

Hinsichtlich der eigenen Sozial- und Methodenkompetenz (vgl. 2.2.2) für handlungsorientierte Bildungsprozesse sei in diesem Zusammenhang auf die Unterstützung durch curriculum- und prozeßorientierte, also den aktuellen Unterricht begleitende Fortbildungsveranstaltungen verwiesen[76].

---

75 In den Vorbemerkungen des Lehrplanes heißt es hierzu: „Der Lehrplan enthält weder Vorgaben für das methodische Vorgehen im Unterricht noch für die zeitliche Anordnung der einzelnen Lernabschnitte innerhalb eines Ausbildungsjahres" (MFBWS.SCHL.-H. 1993, S. I). Wie bedeutsam gerade diese Option zur Entwicklung von Schlüsselqualifikationen ist, wird noch Gegenstand weiterer Betrachtungen sein (vgl. 5.2.7).

76 In Schleswig-Holstein besteht beispielsweise eine Arbeitsgruppe namens LAPIS (Lern- und Arbeitsprozesse im Schulteam). Dabei handelt es sich um eine Gruppe von Berufsschullehrern, die sich beim handlungsorientierten Unterricht gegenseitig unterstützen.
Einen Beitrag über die Arbeit dieser Gruppe liefert LAMP 1996, S. 9 f.
Um ein Beispiel aus dieser Gruppenarbeit zu erzählen, und zwar aus eigenem Erleben:
Ein Teilnehmer beklagte, daß er in seinem handlungsorientierten Unterricht immer wieder Schüler beobachte, die untätig seien und andere für sich arbeiten ließen.
Auch anderen Kollegen bereitete ein derartiges Verhalten Kopfzerbrechen.
Schließlich ergab die Diskussion, daß ein solches Schülerverhalten beim handlungsorientierten Unterricht transparent werde und thematisiert werden könne, während z.B. beim Frontalunterricht (gemeint ist hier der herkömmliche, und nicht der in die auftragsorientierte Lernorganisation integrierte Frontalunterricht) mangelnde Teilnahme oft gar nicht auffalle (vgl. hierzu auch den Beitrag von MEYER: "Produktive und unproduktive Nebentätigkeiten der Schüler"; 1994b, S. 66 ff.).
Jedenfalls konnte durch diese prozeßorientierte Unterrichtsbegleitung das Unbehagen aufgefangen werden (zur Lehrerfortbildung vgl. auch BRAUNEK u.a. 1997; zur schulinternen Lehrerfortbildung „SCHILF" vgl. MILLER 1996, S. 69 ff.).

5.2.5   Individuelle Lernvoraussetzungen und Interessen der Schüler zum Thema

Herkunft, Zusammensetzung und Wirkungsweisen bzw. Wechselwirkungen der Rohstoffe und Zutaten, die in einer produktneutralen Toastbrotrezeptur vorkommen, waren mit den Schülern am Beispiel der herkömmlichen Weizen-, Roggen- und Mischbrotherstellung bereits erarbeitet, unter betriebsindividuellen Bedingungen reflektiert sowie derart wissensbasiert in der Berufsschule zusammengefaßt und beurteilt worden.

Hinsichtlich der Toastbrotherstellung war nun davon auszugehen, daß in den Betrieben, in denen Toastbrot hergestellt und nicht „zugekauft" wurde (>!<), unterschiedliche Aufarbeitungsmethoden zur Anwendung kamen, sodaß die Lehrlinge lediglich die jeweilige Verfahrensweise ihres Ausbildungsbetriebes kannten, nicht aber die anderen Varianten bzw., auf der Grundlage einer Versuchsreihe, einen Vergleich bezüglich möglicher Vor- und Nachteile anstellen konnten.

Nach dem Handlungsmuster eines fragend-entwickelnden Unterrichtsgespräches sollte dieser Sachverhalt im Klassenplenum thematisiert werden, denn es war absehbar, daß eine solche Versuchsreihe zum Thema „Toastbrotherstellung" nicht aus spontanem Interesse der Schüler angeregt werden würde (vgl. hierzu nochmals die Aussage von LAUR-ERNST in 3.2.2.2), sondern bei den Schülern mußte ein Motivationspotential aufgrund informationsbedingter Problemsichtigkeit aufgebaut werden - betriebliche Besonderheiten des jeweils eigenen Ausbildungsbetriebes galt es diesbezüglich einzubringen in den Kontext der betriebsspezifischen Praxiserfahrungen anderer Berufsschüler (vgl. 3.2.5)[77].

Im bisherigen Unterrichtsgeschehen hatten die Schüler aus ernährungsphysiologischer Perspektive oder auch karrieristisch motiviert ein großes Interesse daran entwickelt, sich die Herstellung von Bäckerei- und Konditoreierzeugnissen nach herkömmlichen

---

[77] Oftmals können sich Berufsschüler überhaupt nicht vorstellen, daß es noch andere Möglichkeiten gibt. Und so entwickelt sich vielfach ein leidenschaftlicher Diskurs, weil sich jeder Schüler als Anwalt der Verfahrensweise des eigenen Betriebes betrachtet ...

Rezepturen zu erarbeiten, und zwar im Vergleich mit adäquaten Convenience-Produkten. Anläßlich des anstehenden Rezepturstudiums war in diesem Zusammenhang davon auszugehen, daß die Schüler sich nicht mit der Herstellung eines einfachen Weizen- bzw. Frühstücks-Toastbrotes zufriedengeben, sondern eingedenk der Vielfalt auch gerne unterschiedliche Rezepturen ausprobieren würden. In der entsprechenden Verfahrenstechnik herrschte bereits eine gewisse Routine, wobei kontextorientiert auch Kommunikations- bzw. Kooperationsfähigkeit entwickelt werden konnte: So haben die Schüler im Unterricht z.B. in Einzelarbeit und/oder in arbeitsgleicher bzw. - teiliger Gruppenarbeit im Rahmen der Praktischen Fachkunde Versuchsreihen angelegt, sie haben dabei Gespräche geführt[78], Fachliteratur ausgewertet (vgl. z.B. HACKENBROCH-KRAFFT/PAREY 1996; KLIPPERT 1997, S. 85 ff.), diskutiert, Fragen gestellt, aktiv zugehört, "Besprechungen" geleitet, Referate gehalten (vgl. z.B. KULLMANN 1997, S. 6; STIEFENHÖFER 1997, S. 18) argumentiert und kooperativ Probleme gelöst, eventuell Konflikte ausgehalten und behoben sowie beispielsweise im Verlauf einer „herausgehobenen Auseinandersetzung" (vgl. 3.2.8) Feedback[79] gegeben und erhalten (vgl. BECKER 1994b, S. 71 ff.). Dieses kollektive Lernen stärkte die Teamarbeit, die im Berufsleben immer wichtiger wird, und einen entsprechenden Unterricht bezeichnet NIEDERMAIR als teamentwicklerischen Unterricht mit dem Dispositionsziel der *"Bereitschaft und Kompetenz des Menschen, in unterschiedlichen Situationen teamgerecht zu handeln, mit anderen verantwortungsvoll zu kooperieren*

---

78 Tips und Hinweise für „*Die Kunst der Gesprächsführung*" geben z.B. BIRKENBIHL (vgl. 1994, S. 3 ff.) und KLIPPERT (1996). Thematisiert werden kann an diesem Punkt auch das psychologische Modell der zwischenmenschlichen Kommunikation von SChULZ von THUN (vgl. 1997, S. 44 ff.; vgl. auch WEIß 1996). ANDREAS/BRAASCH bieten diesbezüglich mit Schülern durchzuführende Übungen an (vgl. 1997, S. 18 ff.).

79 In die nahrungsgewerbliche Landschaft paßt u.a. die "Speise-Verdauung", d.h. die Schüler schreiben kleine Kärtchen, wie sie den Unterricht verdaut haben und kleben ihre Mitteilungen auf das zutreffende Plakat (z.B. Bekömmliches; Energiebringer; Unverdauliches). Sodann haben alle Zeit, die Plakate anzuschauen und zu lesen.
Anschließend kann ein Gruppengespräch stattfinden (vgl. RABENSTEIN u.a. 1996, S. 3 C10; ähnlich das „Postkartenspiel", vgl. ANDREAS/WÖRPEL 1997; zu weiteren Möglichkeiten vgl. auch GUDJONS 1992, S. 137 ff.).).

sowie alle teamrelevanten Verhaltensdispositionen und Handlungsmöglichkeiten ständig weiterzuentwickeln" (1994, S. 281).

Vor dem geschilderten Hintergrund nun ließ sich folgende **Hypothese über das Handlungsziel der Schüler** formulieren:

In arbeits- bzw. lernökonomischen Kooperationsformen (vgl. 3.3), die selbst ausgewählt werden, entwickeln die Schüler Rezepturen für ein attraktives Toastbrotsortiment, handhaben unterschiedliche Aufarbeitungsmethoden (vgl. 5.2.1) und beurteilen deren Einfluß auf Brotform und Porenbild.

5.2.6 Möglichkeiten der Schüler, sich auf das Thema vorzubereiten

Zunächst einmal war die Lehrzeit mit den Berufsschülern schon am Anfang ihrer Berufsausbildung in entsprechende Lernabschnitte eingeteilt worden (vgl. 3.2.2.1 u. Fußnote 70) bzw. sind unter Einbezug der im Hierarchisierungsprinzip begründeten Zielklarheit laufend die erreichten Zwischenergebnisse im Hinblick auf neue Teilprobleme transparent gemacht worden (vgl. 3.2.7.1).

In Verbindung mit einem Rückblick auf thematisch untergeordnete und dem aktuellen Lerngegenstand vorgelagerte Lernabschnitte erhalten die Schüler somit „ *[...] eine 'Programmvorschau'* (Hervorhbg. i. Orig., d.Verf.), *damit sie sich auf das Vorhaben einstellen können, Phantasien zum Thema entwickeln und sich schlau fragen"* (MEYER 1994b, S. 406).

Darüberhinaus ist es gerade durch das Fehlen eines verbindlichen Gesamtcurriculums für die Schüler von herausragender Bedeutung, anstehende Aufgaben im Betrieb rechtzeitig zu klären, um die didaktische Parallelität zur Gestaltung einer effizienten Lernortkooperation herbeiführen zu können (vgl. 5.2.2).

In diesem Sinne wurde seitens des Verfassers folgende **Hypothese über das Handlungsziel der Schüler** aufgestellt:

Die Schüler machen sich sachkundig über die Toastbrotherstellung im allgemeinen, insonderheit hinsichtlich betriebsindividueller Technologien, und sie besprechen mit dem Ausbilder eine mögliche Versetzungsplanung.

5.2.7 Der Vergleich von Lehrzielen mit möglichen Lern- bzw. Handlungszielen der Schüler

Laut Lehrplan bzw. Stoffverteilungsplan waren unterschiedliche Aufarbeitungsmethoden am Beispiel der Toastbrotherstellung zu beurteilen (vgl. MFBWS.SCHL-H. 1993, S. 4; HENSEN/PFAHL 1994, S. 7), und zwar im Lernabschnitt „Weizengebäckherstellung". Dieser Forderung entsprechend wurde auch das Lehrziel formuliert (vgl. 5.2.1).

Formal wäre es demnach ausreichend gewesen, besagte Aufarbeitungsmethoden am Beispiel der Herstellung eines einfachen Fühstücks-Toastbrotes zu vermitteln - ein Anspruch, der u.a. auf der Grundlage eines „geschlossenen" Leittextes (vgl. BAUER 1996, S. 112) hätte erfüllt werden können[80]. Unter der Maßgabe einer umfangreichen Literaturauswahl war jedoch zu vermuten, daß sich das Interesse der Schüler über unterschiedliche Aufarbeitungsmethoden hinaus auf die Herstellung eines attraktiven Toatbrotsortimentes (vgl. 5.2.5) erweitern würde und einhergehend die Lernmotivation steigern könnte. Dieser Hypothese entspricht die Einordnung der Toastbrotherstellung in den Lernabschnitt der „Spezialbrote" (vgl. 5.2.4) und die Formulierung des Handlungszieles der Schüler.

---

[80] Zum Einsatz von Leittexten in der beruflichen Bildung vgl. Abschn. 6.1.1 u. Fußnote 104.

Festzustellen ist also, daß Lehrer und Schüler zunächst mit durchaus unterschiedlichen Intentionen an ein Unterrichtsvorhaben herangehen können, daß Lehr- und Lernziele nicht immer deckungsgleich sein müssen (vgl. 3.2.7.3).

Im vorliegenden Fall bestand zudem die Gefahr, daß einerseits neben der Überschreitung des Zeitrichtwertes durch das handlungsorientierte Additionsergebnis eine unterrichtliche Überforderung der Schüler herbeigeführt wird - Grundlegendes, Strukturelles (Auswirkung der Aufarbeitungsmethoden) also aus dem Blickfeld gerät und durch emsig geschäftige, oberflächliche Schülertätigkeit eine Überlagerung stattfindet, indem möglichst viele Rezepturen ausprobiert werden (vgl. 3.2.7.1). Andererseits wäre durch eine horizontale Reduktion (vgl. ARNOLD 1990, S. 57 f.) des Unterrichts auf einfaches Frühstücks-Toastbrot dem - gerade im Handwerk bedeutsamen - Qualitätsmerkmal „Gestaltbarkeit" (vgl. 3.2.6) entgegengewirkt worden.

In Anbetracht divergierender Lehr- und Lernziele mußten somit Permissivität, ein knappes Zeitbudget, die Vermittlung eines gut strukturierten Begriffs- und Verfahrenswissens in Übereinstimmung gebracht werden mit den Ansprüchen des gestaltungsbezogenen Lernens.

In einer Unterstufe, das gilt es zunächst einmal festzustellen, wäre ein solcher Unterricht zeitaufwendig und nur durch einen hohen fremdgesteuerten Anteil möglich gewesen, weil die Schüler neben dem fehlenden Grundlagenwissen z.B. noch ungeübt sind, sich Fachtexte zu erschließen, sie zu verstehen und auszuwerten bzw. noch keine ausreichende Routine besitzen hinsichtlich notwendiger Kooperationsformen zum effektiven Lernhandeln in einer Lehrwerkstatt (vgl. 5.2.5).
Hingegen waren diese Voraussetzungen in der betreffenden Mittelstufe weitestgehend vorhanden, die Zeit zur Entwicklung von Schlüsselqualifikationen aus dem formalen und personalen Bereich (vgl. Abb. 4) war in drei Schulhalbjahren investiert worden, die Lenkungsfunktion also zunehmend vom Lehrenden auf die Lernenden übergegangen (vgl. 3.2.4), sodaß in dieser Hinsicht kein „Chaos" zu erwarten war, sondern eine von Selbstdisziplin getragene, den individuellen und kollektiven Zielen verpflichtete Arbeitshaltung.

Allerdings war - auch gegen Ende der Mittelstufe - im Rahmen der aktionsbegleitenden Kontrolle Zeit zu berücksichtigen für eine Prozeßanalyse (vgl. 3.2.8), in welcher die einzelnen Arbeitsgruppen die Besonderheiten ihrer Toastbrote beispielsweise durch ein Referat vorstellen konnten, sensorische Maßnahmen waren vorzusehen, und es mußte zusätzliches Begriffs- und Verfahrenswissen erworben werden:

Sollten die Schüler z.B. auf die Idee kommen, „Mehrkorn- oder Müsli-Toast" herstellen zu wollen, dann müßten althergebrachte Verfahren der Backwarentechnologie in den Unterricht aufgenommen werden, d.h. „Quell- und Brühstücke" (vgl. z.B. DOOSE 1964, S. 26 ff.) müßten angesetzt werden zur Aufquellung grober Schrotbestandteile, zum Aufschließen wertvoller Nährstoffe und zur Geschmacksverbesserung - Zeit war also auch einzuplanen zur Abstraktion dieser im Herstellungsprozeß gewonnenen Erfahrungen und Einsichten bzw. zu deren Strukturierung und Systematisierung (vgl. 3.2.7.1), wobei wiederum im Sinne der Transferorientierung (vgl. 2.2.1 u. Abb. 4) zu bedenken war:

Das erworbene Wissen über Quell- und Brühstücke würde als kumulatives Wissenselement in echtes Handlungswissen eingebunden werden, könnte also fest verankert und erinnerbar als untergeordnete Handlung eine Bedingung realisieren, auf welcher dann die übergeordnete Handlung operiert (vgl. 3.1.4.1.1), d.h. in der folgenden Unterrichtseinheit über „Schrot- und Vollkornbrote" müßten Quell- und Brühstücke nicht mehr neu thematisiert werden, dort wird dann Zeit gespart, sodaß sich in Verbindung mit Schlüsselqualifikationen, deren prozeß- und kontextorientierte Entwicklung anfangs ebenfalls mehr Zeit beanspruchte, folgende, die Zeitökonomie betreffende Aussage induzieren läßt:

Handlungsorientierter Unterricht benötigt anläßlich seiner Einführung mehr Zeit[81], jedoch wirkt jede Unterrichtseinheit auf die folgende wie ein „Teilchenbeschleuniger", weil sich der Umfang des in den kurzphasigen Zyklen **Handeln - Denken - Handeln** erworbenen Fachwissens als Grundlage vernetzten Denkens (vgl. 3.2.7.1) ständig erweitert, und die Schüler z.B. durch die Entwicklung der Schlüsselqualifikationen Kommunikations-/ Kooperationsfähigkeit zunehmend selbstgesteuert zielorientierte Informationen gewinnen und verarbeiten können (vgl. 3.2.4), sodaß im Endeffekt sogar Lernzeit eingespart bzw. zweckrational umgeleitet werden kann - und:

---

81 Am vorliegenden Unterrichtsbeispiel und den Gedanken der Fußnote 75 aufnehmend, zeigt sich nun, daß durch die Verlagerung der „Aufarbeitungsmethoden für Toastbrot" (1.Lehrjahr) in die „Herstellungsverfahren für Spezialbrote" (2.Lehrjahr) die anfangs benötigte Zeit zur Entwicklung von Schlüsselqualifikationen gewonnen werden konnte.

Der Lehrende wird von seinem „schlechten Gewissen" entlastet werden, wenn er zum Ende der Ausbildungszeit in Anbetracht seiner Ordnungsmittel wieder einmal feststellen muß, daß er nicht alle Fakten vermitteln konnte, dann aber zuversichtlich sein kann, daß seine schlüsselqualifizierten Schüler sich bei Bedarf die vorenthaltenen Informationen werden besorgen können.

Insofern, um auf das vorliegende Unterrichtsbeispiel zurückzukommen, konnte sich der Verfasser ggf. auch auf die umfangreichere Herstellung eines Toastbrot<u>sortimentes</u> einlassen, dem gestaltungsbezogenen Lernen stand keine Barriere im Weg.

5.3 Die Einstiegsphase

5.3.1 Einstieg in ein neues Thema

Es geht in der Einstiegspase zunächst um eine Orientierung über das neue Thema bzw. um das handelnde Erproben seiner Sach-, Sinn- und Problemzusammenhänge. Diesbezüglich ist in Anlehnung an MEYER (vgl. 1994b, S. 122 ff.; vgl. z.B. auch KAISER/KAISER 1994, S. 224 ff.; GUDJONS 1994, S. 80 ff.; PFAHL 1995a, S. 33 ff.) hinsichtlich des Stundeneinstiegs resp. des Einstiegs in ein neues Thema zu unterscheiden in die

a) <u>theoretische Funktionsbestimmung</u>, d.h. der Einstieg soll z.B. bei den Schülern die Fragehaltung wecken, er soll sie neugierig machen, ihr Interesse und die Aufmerksamkeit auf das neue Thema/das zu lösende Problem/die zu erwerbende Qualifikation lenken, die Schüler sollen über den geplanten Unterrichtsverlauf informiert werden, es sollen Vorkenntnisse und -erfahrungen zum Thema erworben bzw. gemacht worden sein/werden, die dann in Erinnerung zu rufen sind, es soll die Verantwortungsfähigkeit und -bereitschaft der Schüler über die Teilhabe an der Planung herbeigeführt werden;

b) praktische Funktionsbestimmung, d.h. Unterrichtseinstiege haben neben der

Wechselwirkung von Ziel-, Inhalts- und Methodenentscheidungen unter Einbezug

institutioneller Rahmenbedingungen und Lernvoraussetzungen der Schüler „[...]

sowohl eine Erschließungs- als auch eine Disziplinierungsfunktion" (1994b, S. 128);

c) didaktischen Kriterien für einen guten Unterrichtseinstieg, welche sich aus den

beiden Funktionsbestimmungen ableiten lassen, d.h. der Einstieg soll den Schülern

einen kognitiven Orientierungsrahmen vermitteln und in zentrale Aspekte des neuen

Themas einführen, er soll an die individuellen Lernvoraussetzungen und Interessen

der Schüler anknüpfen, soll sie disziplinieren und ihnen einen auftragsorientierten

Umgang mit dem neuen Thema erlauben (vgl. hierzu auch 3.2.2 der vorliegenden

Arbeit).

In diesem Sinne führt MEYER Einstiegsbeispiele an (vgl. 1994b, S. 134 ff.; vgl. z.B. auch

HOFFMANN/LANGEFELD 1996, S. 25 ff.; KLIPPERT 1997, S. 37 ff.; SEIFERT 1997, S.

81 ff.), und zwar

- konventionelle, zumeist lehrerzentrierte und verkopfte Unterrichtseinstiege, also

übende Wiederholung, Hausaufgabenkontrolle, informierender Unterrichtseinstieg;

- sinnlich-anschauliche, aber immer noch vorrangig kognitiv ausgerichtete Einstiege d.h.

Interview, Reportage, thematische Landkarte, Comics und Cartoons sowie Karikaturen,

Lehrfilme;

- Einbindung der Schüler durch ihr Handeln unter starker Lenkung des Lehrers, mithin

einen Widerspruch konstruieren, verrätseln, verfremden, provozieren, bluffen und

täuschen;

- schüleraktive Einstiegsmuster, bei denen die inhaltliche Lenkung des Lehrers in den

Hintergrund tritt, ergo Vorkenntnisse abfragen, Karteikartenspiel, themenzentrierte

Selbstdarstellung, vergleichen und kontrastieren, sortieren/auswählen/entscheiden;

wobei der Einstieg in ein neues Thema auch viel früher erfolgen kann, es handelt sich

dann um

- <u>Unterrichtseinstiege, die nicht unmittelbar vor der Hauptarbeitsphase liegen</u>, z.B. gestaltet als Programmvorschau, Vorwegnahme, Themenbörse oder als „Schnupperstunde" zur Themenauswahl nach Interessenlage.

An diesen Beispielen wird MEYERs Herkunft und daraus resultierende Nähe zum allgemeinbildenden Schulwesen deutlich[82], sein verdienstvolles Bemühen, Situationsbezüge aus dem Umfeld der Schüler zu konstruieren, Orientierung zu finden an den Interessen der Beteiligten unter Berücksichtigung gesellschaftlicher Praxisrelevanz, denn wenn handlungsorientierter Unterricht nicht „*[...] der individuellen oder gruppenweisen Hobbypflege dienen und zur völligen Beliebigkeit verkommen soll, muß sein Gegenstandsbereich eine gesellschaftliche 'Relevanz' haben [...]*" (GUDJONS 1994, S. 70), d.h. zur Höherentwicklung des Einzelnen und der Gesellschaft beitragen (vgl. ders., S. 70 f.). An dieser Stelle zeigt sich ebenfalls, daß es für einen Berufsschullehrer im Rahmen einer auftragsorientierten Lernortkooperation (vgl. Abb. 21) vielfältige Möglichkeiten gibt, Handlungsbezüge mit gesellschaftlicher Relevanz bzw. „gesellschaftlichen Implikationszusammenhängen" (vgl. 3.2.7.3 u. Abb. 2) herzustellen, also Betriebserlebnisse seiner Schüler in Einklang zu bringen mit seinem Unterricht, denn erst, wenn „*[...] der Einstieg vom Schüler aus gedacht wird, wird er gut!*" (MEYER 1994b, S. 125) - allerdings muß der Berufsschullehrer dieses Potential dienstbar machen, und er muß es auch können[83].

In diesem Sinne wird an einer Berufsschule, zumal im Rahmen einer auftragsorientierten Lernortkooperation, <u>ein</u> Einstiegsmuster nicht ausreichen, es handelt sich vielmehr um eine Vernetzung von lehrerzentrierten und schüleraktiven Formen, und schon die Einstiegsphase stellt im Zuge der hierarchisch-sequentiellen Handlungsregulation (vgl. 3.1.4.4 u. Abb. 11) eine kognitiv, affektiv und psychomotorisch dimensionierte

---

82 Vgl. u.a. die Schilderung eines Sportunterrichts, den der Autor in der 4. Klasse einer niedersächsischen Volksschule durchgeführt hat (MEYER 1994b, S. 126 f.).

83 Eine ganz entscheidende Frage ist nun, ob ein Berufsschullehrer, der den von ihm zu vermittelnden Beruf nicht selbst (zumindest) erlernt hat, im Sinne des handlungs- resp. auftragsorientierten Lehrens und Lernens im Handwerk in der Lage ist, angemessen auf die Betriebserlebnisse seiner Schüler einzugehen. Und <u>derart akzentuiert</u> wird dieser Frage in Abschn. 6.2.2 nachgegangen.

Lernstrecke dar (vgl. 3.1.4.1), die zudem noch zeitlich versetzt und lernortübergreifend zu interpretieren ist.

Am Beispiel der „Toastbrotherstellung" soll diese These veranschaulicht werden: Zur Bildung einer individuellen Zielhierarchie (vgl. 3.2.2.1) war den Schülern zu Beginn ihrer Ausbildungszeit eine Programmvorschau gegeben worden, indem die einzelnen Lernabschnitte des Lehr- bzw. Stoffverteilungsplanes (vgl. Fußnote 70) vorgestellt wurden[84], welche dann jeweils als übende Wiederholung - z.B. in Form einer Zusammenfassung - den folgenden als Lernvoraussetzung zugrundegelegt werden konnten, d.h. in vorangegangenen Lernabschnitten erworbene Kenntnisse und Fertigkeiten der herkömmlichen Weizen-, Roggen- und Mischbrotherstellung bildeten die Grundlage zur Herstellung von Toastbroten im Lernabschnitt „Schrot-, Vollkorn- und Spezialbrote" (vgl. 5.2.5). Und so ging dann eine Woche vor der Hauptarbeitsphase die übende Wiederholung bzw. Zusammenfassung unmittelbar über in einen informierenden Einstieg in den neuen Lernabschnitt: Als „Schnupperstunde" gab der Lehrer eine - jetzt durch die vorherigen Lernabschnitte entsprechend fundierte - Übersicht der anstehenden Teillernabschnitte (Unterthemen) mit der Möglichkeit für die Schüler, schon einmal im Hinblick auf besonders interessante Artikel dieser Rubriken Ausschau zu halten nach praktischen Anwendungsbezügen, sodaß sich im Bedarfsfall dann eine Themenbörse anschließen könnte. Gleichzeitig wurde für den gesamten Lernabschnitt ein Zeitrichtwert von 40 Unterrichtsstunden festgelegt. Hinsichtlich der „Toastbrotherstellung", im betreffenden Lernabschnitt aufgrund des exemplarischen Charakters an erster Stelle, erfolgte eine Vorwegnahme, indem der Lehrer die Schüler aufforderte, sich mittels des Fachbuches vorzubereiten bzw. sich im Ausbildungsbetrieb über die Toastbrotherstellung sachkundig zu machen, indem, schulpädagogisch formuliert (vgl. SCHELTEN 1991a, S. 24 f.), ein Interview (vgl. MEYER 1994b, S. 137) resp. in arbeitspädagogischer Ausdrucksweise (vgl. SCHELTEN 1991b, S. 9 ff.), ein

---

84 Schon zu diesem Zeitpunkt wäre es vorteilhaft gewesen, auf den Rahmen eines verbindlichen Gesamtcurriculums (vgl. 4.4.2) mit einhergehender didaktischer Parallelität (vgl. 4.4.3.2) verweisen zu können. Es spricht übrigens für die Logik der Sache, daß Berufsschüler am Anfang ihrer Karriere wie selbstverständlich davon ausgehen, daß eine inhaltliche Abstimmung zwischen den Lernorten des dualen Systems besteht. Um die Euphorie des neuen Lebensabschnittes aufrechtzuerhalten, stellt der Verfasser in den ersten Stunden des Berufsschulunterrichts das genaue Gegenteil wohlweislich nicht ausdrücklich heraus, getreu dem Motto: „Sage immer die Wahrheit, aber die Wahrheit nicht immer" (vgl. hierzu Fußnote 72).

Lehrgespräch (vgl. 4.4.3 u. Fußnote 58) angefordert wird in Ausrichtung auf eine mögliche Versetzungsplanung (vgl. SCHAPER 1991, S. 27 ff.), d.h. hier wurde ein Teil des Unterrichtseinstiegs auf den anderen Lernort verlagert - und einmal mehr wurde unterrichtlich herausgestellt, dieses Anliegen in möglichst streßfreier Zeit vorzutragen, z.B. nach der anstrengenden „Morgenbäckerei", wenn der Laden sowohl mit frischen Backwaren als auch mit Kunden gefüllt ist, und der Meister (hoffentlich) zufrieden am Kopfende des Tisches sitzend mit Gesellen und Lehrlingen frühstückt ...

Eine Woche später erfolgte dann die Hausaufgabenkontrolle, und zwar nicht als „Demonstration der Macht des Lehrers" (vgl. MEYER 1994b, S. 135)[85], sondern als ein schüleraktives Einstiegsmuster (s.o.), denn es wurden in Blickrichtung auf das neue Unterrichtsziel die im Verlauf der zurückliegenden Woche erworbenen Vorkenntnisse abgefragt, d.h. der Lehrer mußte sich auf die Betriebserlebnisse seiner Schüler einlassen, ohne zu wissen, was da konkret auf ihn zukommt - und das war einiges:

- So wurden in den Betrieben alle Aufarbeitungsarten (vgl. 5.2.1) praktiziert, incl. der maschinellen „Ganz-Laib-Methode" mit einer Universal-Anlage, und die betreffenden Schüler verteidigten in einem heftigen Diskurs unter Austausch im Betrieb erfahrener Argumente „ihre" Variante, d.h. im Sinne eines Einstiegsmusters wurde kontrastiert. Einige Schüler verwiesen auf ihr Fachbuch, und dort stehe, die Feinporung werde durch besondere Aufarbeitungsmethoden erreicht (vgl. z.B. SKOBRANEK 1991, S. 203 f.), woraufhin ein Schüler unter Berufung auf seinen Meister, der auch Toastbrote herkömmlich aufarbeite, vermeldete, daß Papier schließlich geduldig sei ...

- Überhaupt Papier - ein Schüler hielt plötzlich einen leeren Papiersack hoch, den er aus dem Betrieb mitgebracht hatte und empörte sich darüber, daß die betreffende Zulieferfirma diese Vormischung nicht einmal deklariert habe! „Woher sollen wir nun wissen, was eigentlich in unserem Toastbrot drinnen ist?" fragte er und erhielt die Zustimmung etlicher „Leidensgenossen".

---

[85] Zum Thema „Hausaufgaben" vermerkt AEBLI u.a., „[...] daß in der Hausarbeit erste Lösungen eines Problems gesucht werden können. So nähert sich der Schüler einem neuen Problembereich, indem er von seiner Alltagserfahrung und seinen Alltagsinteressen ausgeht" (1993a, S. 210). Im Rahmen der nachfolgenden Phase seien sodann Lektüren, Erhebungen, Befragungen, das Sammeln und Beobachten und das Experimentieren notwendig (vgl. ders., S. 210 ff.).

- Und während in einigen Betrieben gar kein Toastbrot produziert, sondern „zugekauft" wurde[86], wurden in anderen Betrieben gleich mehrere Sorten hergestellt, sodaß ein Schüler ausrief: „Genau! Mein Meister hat gesagt, wir sollten doch einmal ein ganzes Sortiment entwickeln. Das könnten die Bäcker dann an die Hotels und Restaurants liefern, damit sowas Peinliches wie auf dem Verbandstag nicht noch mal passiert!"[87]!

Wenn es weiter oben heißt, in der Einstiegsphase gehe es zunächst um eine Orientierung über das neue Thema, so gilt es im Anschluß daran, mit den Schülern Handlungsergebnisse zu vereinbaren.

---

86 Diesbezüglich gibt es im Bäckerhandwerk neben der Zulieferindustrie auch produktbezogene Kooperationen, d.h. ansonsten konkurrierende Betriebe finden sich im gemeinsamen Interesse der Wettbewerbsfähigkeit zu strategischen Allianzen zusammen und beliefern sich gegenseitig mit Backwaren und/oder Teiglingen (vgl. LAU 1997; HELLMIG 1997a, S. 9). Notwendig wären vor diesem Hintergrund dann Verbundausbildungen (vgl. 4.1), ansonsten können die betroffenen Lehrlinge z.B. die Toastbrotherstellung lediglich in der Berufsschule oder evtl. der überbetrieblichen Ausbildungsstätte erlernen (vgl. hierzu Fußnote 47).

87 Im Jahre 1989 wurde anläßlich des 250-jährigen Bestehens der Elmshorner Bezirks-Bäcker-Innung (vgl. BÄCKERINNUNG PINNEBERG 1989) der Landesverbandstag von der Bäcker-Innung Pinneberg ausgerichtet. Hochrangige Repräsentanten aus Politik, Wirtschaft und öffentlichem Dienst waren an diesem Wochenende angereist (vgl. PFAHL 1989, S. 809 f.). Zum großen Entsetzen aller Fachleute gab es in vielen Hotels kein reichhaltiges Brotsortiment, sondern es lagen nur einige - schon leicht gekrümmte - Scheiben Weiß- bzw. Mischbrot zum sonntäglichen Frühstück vor ...

5.3.2 Vereinbarung von Handlungsergebnissen

Nach der Moderation der Fachgepräche war es die Aufgabe des Lehrers, Hilfe zu leisten bei der Strukturierung und Systematisierung der transparent gewordenen Problemzusammenhänge. Diesbezüglich waren an der Tafel folgende Stichpunkte fixiert worden:

- unterschiedliche Aufarbeitungsarten,
- Feinporung,
- nicht deklarierte Vormischung,
- Toastbrotsortiment,
- Belieferung von Hotels etc.

Unter Rückgriff auf diese Anhaltspunkte wurden schließlich folgende Handlungsergebnisse vereinbart:

- Kenntnis der Qualitätsmerkmale eines Toastbrotes
  Hier führte das Stichwort „Feinporung" in der Diskussion zur Frage nach weiteren Qualitätsmerkmalen.

- Beurteilen, mit welchen Aufarbeitungsmethoden die Qualitätsmerkmale zu erzielen sind
  An dieser Stelle entstand aufgrund unterschiedlicher Handlungsbezüge in den Betrieben ein regelrechter „Wettkampfcharakter", und das Ergebnis wurde mit großer Spannung erwartet.

- Herstellung eines Toastbrotsortimentes
  Hier war es also, das hypothetisch bereits in den Blick genommene Handlungsziel der Schüler, und zwar ohne umfangreiches Studium der Fachliteratur - es wäre demnach zwecklos gewesen, den Schülern im Interesse eines einfacher zu kalkulierenden Unterrichtsverlaufs diese Literatur vorzuenthalten. Aus einem Lehrbetrieb war der Impuls gekommen, sodaß aus dieser Sichtweise ein eng gefaßter, auf einfaches Frühstücks-Toastbrot reduzierter Leittext (vgl. 5.2.7) den Unterricht zwar auf das Lehrziel hin hätte lenken können, ein durch die Lernortkooperation induziertes

Gestaltungslernen aber „ausgebremst" hätte.

„Wir werden die Ehre des Bäckerhandwerks wieder herstellen!" versicherte ein Schüler eingedenk der vermeintlichen Schmach auf dem Verbandstag (vgl. Fußnote 87), und aus des Wortes „Ehre" äußerer (Freisein von Schande) und innerer Bedeutung (Selbstachtung) ließ sich ein hohes Maß an Identifikation mit dem zu erlernenden Beruf ableiten[88] - hier wollten Berufsschüler Verantwortung für ihr Handwerk übernehmen.

- Belieferung von Hotels, Gaststätten und Restaurants

Die Klasse hatte sich vorgenommen, den Bäckereien die entwickelten Rezepturen und Herstellungsanleitungen für ein Toastbrotsortiment entsprechend aufbereitet zu präsentieren. Über einzelbetriebliche Maßnahmen hinaus sollte dies durch einen Artikel in der Fachzeitung geschehen.

Desweiteren wollten die Schüler im Wirtschaftskundeunterricht vorschlagen, konkrete „Instrumente des Marketings" (vgl. z.b. GÖNNER u.a. 1990, S. 535 ff.) zu erarbeiten, um, wie die Klasse sich ausdrückte, zu sehen, wie man z.b. an die Hotels herankommen könnte.

Somit war die Klasse auf dem besten Wege, ihr Handeln in das Beziehungsgeflecht betrieblicher Gesamtzusammenhänge (vgl. Abb. 2) einzuordnen.

- Erzeugung von Produkttransparenz

Der vorgebrachte Ärger eines Schüler über die fehlende Deklaration einer Vormischung wurde mit einer Vielzahl weiterer Negativbeispiele belegt. Allerdings gab es auch positive Vermerke.

---

88 Noch heute werden alle Innungsversammlungen, Einschreibungsfeiern, Freisprechungen etc. im Handwerk mit den traditionellen Worten „In Ehrbarkeit, Wahrhaftigkeit und Gerechtigkeit" eingeleitet bzw. beendet - *Tugenden* also, *„[...] ein Ausdruck, den man am Ende des 20. Jahrhunderts wieder gebrauchen kann, nachdem er durch oberflächlichen Gebrauch lange Zeit abgewertet worden ist"*, so AEBLI in seiner Abhandlung über antike und christliche Tugenden im Sozialverhalten (1993a, S. 102; vgl. auch KATH 1990, S. 102 ff.; PFAHL 1995c; STERNAGEL 1998, S. 13). Insofern kann es wohl nicht verkehrt sein, wenn sich die Meister auf ihren Versammlungen regelmäßig dieser „Kardinaltugenden" erinnern, wobei es angebracht wäre, diese „Verhaltensqualifikationen mit zwischenmenschlicher Betonung" (vgl. Abb. 4) gleichermaßen auf die Berufsausbildung zu beziehen - was selbstverständlich auch für die (auf Innungsversammlungen immer vollzählig präsenten ...!) Berufsschullehrer zutrifft.

In der Klasse wurde daraufhin beschlossen, eine „schwarze Liste" über Zulieferer anzufertigen, die, über Toastbrote hinaus, nicht vorbildlich deklarierten - kurzerhand wurde ein Schriftführer ernannt (selbstverständlich der Schüler, der die leere Papiertüte mitgebracht hatte ...), d.h. die Rückmeldungen der Mitschüler sollten im Verlauf der weiteren Ausbildungszeit protokolliert werden. Und wenn schon nicht im Lehrbetrieb, so wollte man doch als Geselle bei diesen Firmen nicht einkaufen![89]

Das herzustellende Toastbrotsortiment, da waren sich alle Schüler einig, sollte mit produktneutralen Rezepturen hergestellt werden, denn auf Convenience umstellen könnte man sich später immer noch - umgekehrt, das wäre schwieriger!

Zusammengenommen führte die Einstiegsphase über eine Themenorientierung hinaus durch die Verknüpfung von Lehr- und Lernzielen zur konkreten Vereinbarung von Handlungsprodukten bzw. -ergebnissen. Wenn hierbei Lehrer und Schüler - infolge der didaktischen Korrespondenz auch unter möglicher Beteiligung der Betriebe - gemeinsam den Unterricht geplant haben, entspricht ein solches Vorgehen nicht nur demokratischen Gepflogenheiten, sondern bringt nach BECKER (vgl. 1994a, S. 94 ff.) folgende Vorteile (vgl. hierzu u.a. auch GUDJONS 1994, S. 71 ff.; WINTER 1997, S. 4):

- Der Unterricht wird zu einem gemeinsamen Anliegen des Lehrers und der Schüler.
- Die Schüler fühlen sich mitverantwortlich, sie organisieren und denken eher mit.
- Es erfolgt eine Entlastung des Lehrers, weil er weniger anzuordnen und zu befehlen braucht, stattdessen kann er anregen, vorschlagen, sich mehr indirekt verhalten.
- Den Schülern wird bei einer gemeinsamen Planung die Möglichkeit geboten, zunehmend zu lernen, wie man lernt (z.B. eigene Lernvorhaben selbst zu planen und durchzuführen).

---

[89] Fehlende Auszeichnungen auf Convenience-Produkten sind in der Tat ein großes Ärgernis. Die backenden Betriebe sind somit nicht darüber aufgeklärt, was sie eigentlich verarbeiten. Darauf haben neben den öffentlichen Medien auch die Verbraucher-Zentralen durch entsprechende Marktbegehungen reagiert (vgl. z.B. VERBRAUCHER-ZENTRALE SCHLESWIG-HOLSTEIN e.V. 1995). Vor dem geschilderten Hintergrund ist in der Folge auch das Verkaufspersonal mit detaillierten Auskünften überfordert. Daher wurde beispielsweise für die Innungen Pinneberg und Steinburg die Verbraucherinformation „Produktbeschreibung und Inhaltsstoffe" (vgl. PFAHL 1994d) entwickelt und in den Verkaufsstellen ausgelegt. Diese Mappe konnte zum Thema „Produkttranparenz" im Unterricht thematisiert werden.

- Insofern verfolgt das Anliegen der Partizipation auch das der Emanzipation, der Befreiung von der Abhängigkeit und der Bevormundung des Lehrers (vgl. hierzu die Aussage AEBLIs in 3.2.4 der vorliegenden Arbeit).

Hinzu kommt allerdings noch, und das wird am Beispiel der „Toastbrotherstellung" deutlich, daß der Lehrer durch die Mitplanung seiner Schüler wertvolle Anregungen erhalten kann. So wäre wohl das unter ganzheitlichem Aspekt so bedeutsame Element der „Hotelbelieferung" vernachlässigt worden, der Unterricht wäre stehengeblieben bei der zwar, hinsichtlich von Schlüsselqualifikationen kontextorientierten, gleichwohl aber, in bezug auf den Gesamtauftrag, isolierten Vermittlung von Verfahrenswissen.

Doch die Planung war noch nicht beendet. Sie mußte in der nächsten Phase des Unterrichts konkrete Formen annehmen.

5.4 Die Durchführungsphase

Diese Phase, von MEYER auch als „Erarbeitungsphase" bezeichnet (vgl. 1994b S. 151 ff.), steht mit dem Unterrichtseinstieg in enger Wechselbeziehung und besteht aus drei Stadien, der weiteren Informationsbeschaffung, deren Auswertung im Hinblick auf eine Feinplanung sowie der Informationsanwendung (vgl. RÖSELER 1978, S. 52 ff.; PFAHL 1986a, S. 52 ff.; 1995a, S. 34 u. 41 ff.).

5.4.1 Informationsbeschaffung

Nachdem in der Einstiegsphase beschlossen worden war, ein umfangreiches Toastbrotsortiment herzustellen, folgte zunächst einmal eine Literaturrecherche. Diesbezüglich hatte jeder Schüler „sein" Fachbuch (vgl. SCHÜNEMANN/TREU 1993) bzw. stand weitere Grundlagenliteratur (vgl. z.B. DOOSE 1982; ARENS/GÜNTHER 1986; BENZ u.a. 1989; SKOBRANEK 1991; IREKS 1992; DLG 1994) bzw. Spezialliteratur in Form von Rezeptbüchern (vgl. z.B. BITTNER/SCHUMACHER 1982;

SEIFFERT 1988; RICHEMONT 1989; STEFFEN 1989; KLEINEMEIER 1992) in der Schulbibliothek zur Verfügung. Desweiteren lagen einerseits aktuelle Fachzeitschriften aus, andererseits waren Artikel aus vorangegangenen Nummern bereits ausgewertet und alphabetisch geordnet in einer Hängeregistratur abgeheftet worden (vgl. z.B. STEFFEN 1984, S. 748 f.; SEIFFERT 1991, S. 1180 ff.), wobei das Ordnen schon seit Jahren die Aufgabe des jeweiligen dritten Ausbildungsjahres war bzw. ist. Zudem war jeder Schüler im Besitz eines eigenen Rezeptbuches, in dem Grundsätze zum Aufschreiben und Umrechnen von Rezepturen, Kalkulationsbeispiele, ein Lieferantenverzeichnis, Fachbegriffe sowie Grundrezepturen schon vorhanden waren, verbunden mit der Möglichkeit zu eigenen Ergänzungen und Querverweisen (vgl. SCHILD 1989).

Selbstverständlich waren auch Schüler dabei, die betriebseigene Rezepturen vorliegen hatten, aber nicht jeder Meister ließ sich, wie schon an anderer Stelle ausgeführt, „in die Karten gucken" (vgl. 1.1.2).

Insgesamt war dieses Stadium der Informationsbeschaffung für die Schüler nicht neu - zielstrebig wurde die Literatur herbeigeholt und nach kurzer Diskussion auf folgende vier Arbeitsgruppen verteilt:

- Informationen aus den allgemeinen Lehrbüchern;
- Rezepturvorschläge aus den Rezeptbüchern;
- Anregungen aus Fachzeitschriften bzw. der Hängeregistratur;
- Aufschlüsse über Qualitätsmerkmale nach den Richtlinien der DLG.

„*Im stadium der informationsbeschaffung sind die schüler(gruppen) weitgehend sich selbst überlassen*" (RÖSELER 1978, S. 52; Kleinschreibung u. Hervorhbg. i. Orig.; d. Verf.; vgl. auch PFAHL 1995a, S. 34). Allerdings sah der Lehrer es als seine Aufgabe an, zu kontrollieren, ob seine Schüler möglicherweise entscheidende Literatur vergessen hatten. Diesen Kontrollgang machte er - so glaubte er zumindest - heimlich. Das Augenzwinckern einer Schülergruppe gab ihm aber zu verstehen, daß sein kurzzeitiges Verschwinden längst als wiederkehrendes Ritual der Inspizierung erkannt worden war - und doch:

In der Kitteltasche des Lehrers befand sich ein Büchlein über Sinn und Zweck des Einsatzes von Quell- und Brühstücken - Fachwissen also, das die Schüler sich erarbeiten müßten, sofern sie sich zur Herstellung von „Mehrkorn- oder Müsli-Toast" (vgl. 5.2.7) entscheiden sollten ...

5.4.2 Informationsauswertung

Auch in diesem Stadium konnte sich der Lehrer weitestgehend zurückhalten. So konnte er z.b. beobachten, wie flinke Finger über Inhalts- und Sachwortverzeichnisse huschten, wie geblättert, gelesen, geschrieben, gestrichen und gruppenintern diskutiert wurde - allerdings auch gruppenextern, zunächst über die Tische hinweg (... „Ruhe, verdammt noch mal!"), und in der Folge konnte der Lehrer sehen, wie ein Schüler zusammenzuckte, um auf Zehenspitzen seinen Weg fortzusetzen („Ja, ja - ist ja schon gut !"), die Gruppe wechselte, dort Informationen einholte und diese anschließend, von der eigenen Formation schon sehnsüchtig erwartet, leise - gaaanz leise („Ich weiß - pssst!"), mit herausforderndem Blick auf diejenigen, die zuvor nach Ruhe geschrien (!) hatten - zurücktransportierte ...

Die Körpersprache der Schüler in ihrem kommunikativen Zusammenspiel aus Gestik, Mimik und der Modulation von Wörtern, Worten und Sätzen signalisierte sowohl Begeisterung als auch Ärger, Ablehnung und Zweifel - letzteres schon mal ein ein Grund, sich des Lehrers zu besinnen, ihn in die Gruppe zu holen, weil seine Meinung, sein Zuspruch oder sein Rat gefragt war.

Es folgte ein vom Lehrer moderiertes Plenumsgespräch. Hier wurden die Ergebnisse der Gruppenarbeit vorgetragen und diskutiert resp., und dies ein Zeichen, wie weit die Einstiegspase in die Durchführung reicht, es wurde sortiert, ausgewählt und entschieden (vgl. 5.3.1).

Zuvor aber galt es, die aufgetretene Spannung zwischen Sender und Empfänger hinsichtlich Sach-, Appell-, Beziehungs- und Selbstoffenbarungsseite (vgl. Fußnote 78) aufzuarbeiten - kurz, eine „Metainteraktion" mußte her (vgl. 3.2.8), um auch weiterhin einen harmonischen Arbeitsablauf zu gewährleisten. Im Verlauf dieser Prozeßanalyse stellte sich heraus, daß die Gruppe, die so lautstark Ruhe eingefordert hatte, eben diese Ruhe im Klassenraum haben, nicht jedoch den unglücklichen „Wanderer zwischen den Welten" persönlich angreifen wollte, was dieser wiederum für sich reklamiert hatte, denn er sei schließlich „angemacht" worden! Nachdem insofern Klarheit geschaffen worden war, wurde eine andere Formulierung überlegt („Wir brauchen Ruhe in der Klasse, um uns konzentrieren zu können!") - mithin der Vorteil von „Ich-Botschaften" hervorgehoben (vgl. WEIß 1996, S. 28 ff.). Außerdem wurde vom Lehrer der bittersüße Charakter eines Oxymorons thematisiert - gegeben u.a., wenn eine Gruppe nach „Ruhe schreit". Weitere

Beispiele machten die Runde und gipfelten in dem Spruch: „Das find ich ätzend gut" ... - vom „Sachohr" des Lehrers interpretiert als „Wir haben verstanden" und hinsichtlich der „Beziehungsseite" gewertet als ein Beleg dafür, daß eine gesunde Portion Humor durchaus Wogen glätten kann und ebenfalls zu den Schlüsselqualifikationen gehört, formuliert als die Fähigkeit und Bereitschaft, auch einmal herzhaft zu lachen (vgl. hierzu ebenfalls AFFELDT 1994, S. 31; 1997, S. 106).

Zurückgekehrt zur Normal- bzw. Hauptaktivität wurden unterschiedliche Toastbrotsorten in Verbindung mit Herstellungshinweisen vorgestellt. In diesem Zusammenhang wurde auch am Beispiel des mitgebrachten Papiersackes (vgl. 5.3.1), auf dessen Rückseite eine Herstellungsanleitung stand, der Vergleich eines Convenience-Produktes mit einer herkömmlichen Toastbrotrezeptur vorgenommen, wobei deutlich wurde: Zutaten einer herkömmlichen Rezeptur, die bei Verwendung eines Convenience-Produktes vom Bäcker nicht mehr abgewogen werden müssen, sind in der Vormischung bereits enthalten.

Ferner war in den Arbeitsanleitungen zur Herstellung einiger Spezialbrote auch die Verarbeitung von Schrot, Flocken und ganzen Körnern vorgeschrieben, und zwar in Form von Quell- bzw. Brühstücken. Die Verfahrensweise war den Schülern schnell klar, sie stand ja in den Rezepturen - Hintergründe, z.B. aus sensorischer oder ernährungsphysiologischer Sicht, könnten doch, so die Schüler, während der ca. 40-minütigen Backzeit - bitteschön - auch vom Lehrer zur Mitschrift vorgetragen werden.

Gegen diesen konstruktiven Vorschlag war nichts einzuwenden - die Schüler waren während ihres Handlungsprozesses auf eine Wissenslücke aufmerksam geworden und hatten aus dieser Perspektive heraus einen Fachvortrag angefordert, der somit nicht seitens des Lehrers zum isolierten Kenntniserwerb aufoktroyiert worden war, sondern den Status einer Einschub- bzw. Mittelhandlung erhielt (vgl. 3.2.4). Das kleine Büchlein über Quell- und Brühstücke mußte also in der Kitteltasche bleiben ...

Schließlich hatte sich die Klasse für ein Sortiment entschieden, das mit seiner Abwechslung und Vielfalt den veränderten Ansprüchen einer qualitätsbewußten Kundschaft entgegenkommen sollte, d.h. die Schüler hatten auch auf dem Toastbrotsektor den Wandel vom reinen Nahrungs- zum gleichzeitigen „Genuß"-Mittel nachvollzogen, wobei die Anzahl der Sorten in Anbetracht der vielen Möglichkeiten begrenzt werden mußte, nämlich auf:

Frühstücks-, Kokos-, Sesam-, Nuß/mandel-, Müsli-, Pampas-, Hafer-, Sonnenblumenkern- und Pizza-Toastbrot (das „Pizza-Toastbrot" stand explizit in keiner

Rezeptur, sondern war die Abwandlung eines „Gartenkräuter-Toastbrotes", welches zwei Schüler entdeckt hatten, das ihnen aber nicht so zusagte. Daher waren die beiden während der Literaturarbeit kurzerhand ins Lager geeilt, hatten italienische Kräuter und Gewürze besorgt, sie den Mitschülern vorgestellt und so für ihre Idee geworben).

Beschlossen wurde weiterhin, daß jede Gruppe, die nach Interessenlage aus zwei bis drei Schülern gebildet worden war, eine Toast-Sorte à vier Stück übernehmen und dabei alle vier Aufarbeitungsmethoden zur Anwendung bringen sollte. Das paßte insofern gut, weil ein geschlossener Toastbrotkasten aus einem Verband von vier Formen besteht.

Die maschinelle Aufarbeitung von Toastbroten nach der Ganz-Laib-Methode konnte in der Berufsschule nicht durchgeführt werden, weil die entsprechende Anlage nicht vorhanden war. Gerne wären die Schüler daher in jenen Lehrbetrieb gefahren, in welchem eine solche Anlage arbeitete - und gerne hätte der Berufsschüler, der in dem Betrieb ausgebildet wurde, diese Erkundung[90] organisiert. Doch eingedenk des Zeitfaktors machte der Lehrer in diesem Falle von seinem „Veto-Recht" Gebrauch (vgl. hierzu 5.2.2), denn auch für den handlungsorientierten Unterricht gilt die Verantwortung des Lehrers für die Planung der Selbstplanung seiner Schüler (vgl. BASTIAN 1984, S. 294; zit. i. GUDJONS 1994, S. 72). Insofern wurde die Klasse von ihrem Mitschüler durch eine Tafelskizze über „seine" Anlage informiert.

Anläßlich der vielen Toastbrotsorten machte die zuständige Gruppe auf die lebensmittelrechtlich fundierten Verkehrsauffassungen nach der DLG-Systematik (vgl. 1994, S. 6 ff.) aufmerksam, und es wurde eine gemeinsame Qualitätskontrolle der fertigen Produkte vereinbart. Hier sollten die angehenden Bäckerei-Fachverkäuferinnen, und - als Vertreter der Gastronomie - es sollte auch eine Köcheklasse hinzugezogen werden.

---

90 Nach KAISER/KAMINSKI läßt sich eine Erkundung „[...] als außerschulische Maßnahme beschreiben, die in der Regel von allen Schülerinnen und Schülern einer Klasse oder Lerngruppe, im Rahmen einer mehrstündigen Exkursion, unter ausgewählten Inhaltsschwerpunkten, die in einem unterrichtlichen Kontext eingebunden sind, durchgeführt wird" (1994, S. 292 f.). Diesbezüglich können Allein-, Gruppen- und Klassenerkundungen unterschieden werden (vgl. ebd., S. 301 f.)

In Anbetracht der fortgeschrittenen Zeit - es war fast 13:00 Uhr geworden und um 14:45 Uhr sollte eigentlich Schulschluß sein - wurde der Lehrer gebeten, diesbezüglich die Organisation zu übernehmen, denn die Brote, und das brachten die Schüler zum Ausdruck, mußten unbedingt noch am selben Tag hergestellt werden, um in der nächsten Woche sensorische Maßnahmen unter Ernstcharakter durchführen zu können. Würde nämlich die Herstellung erst am nächsten Berufsschultag erfolgen, dann würden die Brote nicht auskühlen und sich - ohne geeignete Gatterbrotschneidemaschine (vgl. FREUND 1995, S. 144), die es in der Berufsschule nicht gab - z.B. schlecht schneiden lassen. Es kündigte sich also (mindestens) eine „Überstunde" an - und die Schüler waren dazu in eigener Ermessung der Sachlage bereit. „Dann machen wir eben nächste Woche früher Schluß", meinten sie und formulierten damit eine grundlegende Absprache zwischen Schülern und Lehrer, die besagte, daß das festgelegte Handlungsziel unbedingten Vorrang habe vor starren Pausenregelungen und Unterrichtszeiten.

5.4.3 Informationsanwendung

Das Handlungsziel hatte also oberste Priorität, und in diesem Sinne nahm die Arbeit ihren Fortgang:
Es wurden jeweils Rezepturen für vier Toastbrote ausgerechnet, wobei der Lehrer auf Wunsch in die Gruppenarbeit einbezogen wurde bzw. nach eigenem Ermessen leistungsschwächeren Schülern Hilfestellung gab, Bestellungen wurden auf dieser Grundlage geschrieben, die Schüler zogen sodann ihre Berufskleidung an, Rohstoffe und Zutaten wurden abgeholt, Quell- und Brühstücke angesetzt, Ofen und Gärraum eingeschaltet, abgewogen und ... - Stooopp !!!

„Du kannst ruhig auch mal was tun!" rief ein Schüler erregt seinem Kollegen zu, der lethargisch in der Backstube herumstand.

Es stellte sich dann heraus, daß im Lehrbetrieb dieses Schülers nicht extra Toastbrotteige angemacht, sondern Toastbrote aus einem gewöhnlichen Weißbrotteig hergestellt wurden, und der Meister zudem geäußert hatte, der Kunde merke den Unterschied sowieso nicht!

Warum er das denn nicht zu Beginn des Unterrichts gesagt habe?

„Wen hätte das schon interessiert ...?!" antwortete dieser Schüler - und MEYER erläutert die Gefahr, wenn in der Einstiegsphase Vorkenntnisse abgefragt (vgl. 5.3.1) werden, wie folgt: Es trete „*[...] ein 'Egalisierungseffekt' ein: Schüler, die eigentlich abweichende Informationen oder Einstellungen haben, unterdrücken ihre Veröffentlichung, weil sie aus den bereits vorliegenden Informationen der Mitschüler entnehmen, daß ihre eigene Meinung abwegig oder inopportun sein könnte*" (1994b, S. 144).

Nun, so abwegig war die Meinung des Schülers gar nicht, und der Lehrer erzählte kurz, daß er es in einem Saisonbetrieb auf Sylt erlebt habe, wie der Briefträger, ein treuer Kunde des Geschäfts, durch den Hintereingang in die Backstube gestürmt kam und erbost ein Toastbrot, das auch aus Weißbrotteig hergestellt worden war, mit den Worten auf den Tisch knallte: „Könnt ihr nicht mal richtig backen?" Seine Frau hatte nämlich einmal woanders ein Toastbrot eingekauft, sodaß der Unterschied plötzlich zu erkennen war ...[91].

Und um diesen Unterschied im Unterricht beurteilen zu können, wurde der betreffende Schüler von einer leistungsstarken Gruppe, die sich schon einen „Vorsprung" erarbeitet hatte, aufgenommen - ein Verhalten, das der Lehrer anerkennend herausstellte.

So wurde noch ein Weißbrotteig für vier Teiglinge errechnet (Rezepturen hatten die Schüler aus vorangegangenen Lernabschnitten; vgl. 5.2.5), es wurde wiederum eine Bestellung geschrieben, der Lehrer wurde zum Transporteur der benötigten Rohstoffe und Zutaten bestimmt, „lieferte" diese an, und die Hauptaktivität konnte sich weiter entfalten.

Es gebe „*[...] viele triftige Gründe, die einen Lehrer dazu bewegen, nötigen oder sogar zwingen, nicht den geplanten Unterricht zu realisieren, sondern, dem Prozeßverlauf entsprechend, einen ganz anderen Weg einzuschlagen*", folgert BECKER (1995, S. 52),

---

91 Im psychologischen Teil seiner Abhandlung über „Sprachliche Kommunikation" vermerkt AEBLI u.a. zum Erzählen als Grundform des Lehrens: „*Das Erzählen ist eine ursprüngliche Art der Begegnung [...]. Auch Erwachsene lieben es noch, Erzählungen zuzuhören [...]. Erzählungen geben das Handeln und Erleiden von lebendigen Wesen wieder [...]. Auch der Lehrer selbst [...] wird seine Schüler mit der Erzählung fesseln, wenn in ihrem Verlauf etwas passiert, das seine Reaktion erfordert [...]*" (1993b, S. 34 f.).

wobei im vorliegenden Falle kein ganz anderer, sondern ein modifizierter Weg eingeschlagen worden war, gleichwohl aber einem Schüler geholfen werden konnte, sich mit seinen individuellen Lernvoraussetzungen bzw. Interessen einzubringen - und die Versuchsreihe wurde um ein wichtiges Element bereichert.

„Das kommt aber nicht mit in unseren Fachartikel"! rief ein Lehrling von seinem Arbeitsplatz herüber. „Wir wollen das Bäckerhandwerk ja nicht bloßstellen ..." antwortete ein anderer - und damit war alles gesagt!

Zu berichten gibt es aus dem Stadium der Informationsanwendung weiter, daß die Teige rezepturgetreu gemacht, ggf. hinsichtlich ihrer Festigkeit korrigiert werden mußten, daß die Arbeitsgruppen während der „Teigruhe" bzw. „Zwischengare" durch Kurzreferate ihre Erfahrungen weitergaben, und zwar so, daß die jeweils anderen sie auch be-„greifen" konnten, daß vier Aufarbeitungsmethoden zur Anwendung kamen, die Berufsschüler also erstmals einen direkten Vergleich hatten[92], daß die Teiglinge begründetermaßen in offenen Kästen auf Stückgare kamen und in geschlossenen gebacken wurden, jener Zeitspanne also, in welcher der Lehrer seinen Vortrag über Quell- und Brühstücke zu halten hatte, daß dann die Brote ausgebacken wurden und z.B. eine hellere Krustenfarbe beim Toast aus Weißbrotteig zu erkennen war, daß die Toastbrote anschließend eingefroren wurden, und letztendlich der Lehrer den Auftrag erhielt, diese einen Tag vor der Beurteilung aus dem Froster zu entnehmen.

Die Arbeitsplätze wurden noch gesäubert.

Es war 16:00 Uhr - Feierabend!

---

92 Hierbei zeigt sich einmal mehr der Vorteil einer Lehrwerkstatt: Die Schüler haben nämlich auch einen direkten Vergleich mit den manuellen Fertigkeiten ihrer Kollegen und können die eigenen einordnen, ggf. können erkannte Defizite ein Anlaß sein, im Betrieb eine „Planmäßige Arbeitsunterweisung" (vgl. 3.3) zu beantragen.

5.5   Die Reflexionsphase

Diese Phase dient der Ergebnis- resp. Handlungskontrolle und der Kritik, der Übung und Festigung, dem Abschätzen <u>von</u> bzw. vorauseilenden Reagieren <u>auf</u> mögliche Handlungsfolgen sowie einer derart gefestigten Veröffentlichung von Handlungsergebnissen (vgl. z.B. BECKER 1994b, S. 11 ff.; GUDJONS 1994, S. 88 ff.; MEYER 1994b, S. 161 ff.; PFAHL 1995a, S. 34 f.; die Handlungsfolgen betreffend vgl. insbesondere die Ausführungen zur Motivreflexion bzw. -bildung in 3.1.4.1.1 sowie zur Prozeßreflexion in 3.2.8 der vorliegenden Arbeit).

5.5.1   Ergebnis- bzw. Handlungskontrolle

Mit vier unterschiedlichen Aufarbeitungsmethoden war also ein Toastbrotsortiment hergestellt und eingefroren worden, incl. eines zusätzlich in das Programm aufgenommenen Verbandes Toastbrot aus Weißbrotteig. „Auftragsgemäß" hatte der Lehrer die Brote in der folgenden Woche, dem Tag vor dem Berufsschulunterricht, aus dem Froster geholt. Vorgesehen war für den Unterricht eine Qualitätskontrolle, ggf. Korrekturen der Rezepte und/oder Verfahrensweisen sowie das Schreiben eines Fachartikels.

Im Verlauf der Qualitätskontrolle konnten die Schüler anhand der DLG-Kriterien ermitteln, ob ihre Toastbrote den erforderlichen Qualitätsmerkmalen (vgl. 5.2.1) entsprachen. So konnte z.B. beim Frühstücks-Toast nur durch die Ganz-Laib-Methode keine Feinporung erzielt werden bzw. war eine „Taillenbildung" sichtbar, während die übrigen Aufarbeitungsarten übereinstimmend diese Feinporung zeitigten und keine „Taillenbildung" erkennen ließen, relativiert jedoch, und das zum Erstaunen aller, durch die Zugabe der Quell- und Brühstücke, denn hinsichtlich der entsprechenden Sorten war kein signifikanter Unterschied im Porenbild - auch keine „Taillenbildung" - zu erkennen, selbst im Vergleich mit der Ganz-Laib-Methode nicht.

Aus dieser Erkenntnis heraus konnten die Schüler nun die Empfehlung ableiten, die nach der Ganz-Laib-Methode aufgearbeiteten Teiglinge anzufeuchten und ggf. in der jeweiligen Mischung zu wälzen; eine Möglichkeit, die mittels der anderen Methoden nicht praktikabel war. Und auf diese Weise, so die Schüler, könnten in Verbindung mit einer leckeren Kruste auch die Unterschiede der einzelnen Sorten von außen sichtbar gemacht werden - nicht zuletzt, um die Qualität handwerklicher Arbeit hervorzuheben, denn: „Das gibt es im Supermarkt noch nicht!" Desweiteren fielen Röstverhalten und Geschmack der aus Weißbrot hergestellten Toastbrote aus der Versuchsreihe heraus. Die Schüler konnten beurteilen, daß durch den fehlenden Zusatz von Milch, Fett, Zucker und Säure einerseits der arteigene Geschmack fehlte und sich andererseits erst nach längerer Toastzeit eine ungleichmäßige Bräunung ergab bzw., als Folge davon, kein kurzer Bruch und kein zarter Biß zu verzeichnen war.

Diese Rückmeldungen erhielten die Schüler auch - neben viel Lob - aus der Fachverkäuferinnen- und Köcheklasse, die ja beide an der Verkostung beteiligt gewesen waren (vgl. 5.4.2) - ein Schülerwunsch, der vom Lehrer weitergegeben und dankenswerterweise von den beteiligten Kollegen flexibel in deren Unterricht umgesetzt worden war. Die angehenden Verkäuferinnen hatten darüberhinaus beschlossen, in der Berufsschule eine zum Thema passende Vitrine zu gestalten, somit bräuchten sie weitere Informationen von den Bäckern[93], und aus der Köcheklasse kam der Hinweis, daß neben einer Bereicherung des Frühstücksangebotes gerade das Pizza-Toastbrot ausgezeichnet zu einer Käseplatte passen und daher in der Gastronomie sicher Anklang finden würde.

Also, die Ergebnisse waren von den Schülern protokolliert worden, jeder Schüler hatte sich aus dem Toastbrotsortiment ein „Probierpaket" für den Betrieb zusammengestellt[94], die Utensilien der Qualitätskontrolle waren wieder an ihren Platz geräumt worden, d.h. die Backstube war sauber und die Köpfe frei, um die Ergebnisse hinsichtlich möglicher Folgen zu bewerten.

---

93 Zur Ergänzung von Produktion und Verkauf - gerade unter den Bedingungen in einer Berufsschule - vgl. PFAHL 1995d, S. 29 f.

94 Das ist auch eine Form der - lernortübergreifenden - Hausaufgabe, denn indem Erzeugnisse aus der Berufsschule betrieblicherseits begutachtet werden, ergeben sich Gespräche, im Zuge derer der Lehrling seine Handlungsergebnisse z.B. herleiten und begründen, oft sogar in den Kontext des jeweiligen Betriebsalltags stellen muß.

5.5.2   Handlungsfolgen

Im Verlauf der zurückliegenden Woche hatten sich die Schüler betrieblicherseits mit der Toastbrotherstellung beschäftigt bzw. war über das hergestellte Toastbrotsortiment gesprochen worden.

„Mein Meister fand die Idee mit den verschieden Toastbroten toll", vermeldete ein Schüler, „aber wer hat eigentlich die Zeit, so viele kleine Teige zu machen?"

„Und wer hat das Geld, die Arbeitszeit zu bezahlen!" ergänzte ein anderer.

Diese Kritikpunkte seitens der Ausbildungsbetriebe artikulierten noch weitere Schüler.

Eine „tolle" Idee also, aber in der betrieblichen Realität so nicht umsetzbar! Resignation machte sich breit - zunächst ...

Doch dann wurde aus den berechtigten Einwänden heraus eine Technologie zur rationellen Herstellung eines Toastbrotsortimentes entwickelt, die es bis dato in der einschlägigen Fachliteratur noch nicht gab.

„Man müßte alle Sorten aus einem Teig machen können..." sinnierte ein Schüler.

„ ... - ? - ... "

„Aus einem Grundteig ... - vielleicht ...?!" überlegte ein anderer.

Die Schüler fingen an, ihre Rezepturen zu vergleichen ... - und stellten fest, daß diese sich bis auf die speziellen Zusätze recht ähnlich waren.

„Wenn wir nun einen großen Teig machen, den in kleine Stücke teilen und dann die Quell- und Brühstücke jeweils dazu ...", folgerte ein Schüler, wurde aber jäh unterbrochen:

„...dann wird der Grundteig überknetet und ..."

„Vorher rausnehmen!" so ein weiterer Zwischenruf -

„Langsam", meldete sich der Lehrer und erteilte dem zuvor Unterbrochenen das Wort: „Was hast Du gemeint?"

„Das stimmt schon, was da gesagt wurde", antwortete dieser in jenem nicht inszenierten Brainstorming, „also ... - ... man müßte einen großen Teig ..."

„Gruuundteig!"

„ ... einen Grundteig ... - (!) - ... machen, den nicht ganz auskneten lassen, ihn in kleine Stücke teilen und dann mit den Quell- und Brühstücken ..."

„Einzeln!"

„ ...genau, einzeln zu Ende laufen lassen."

Das war die Lösung!

Es wurden also neue, auf einem Grundteig basierende Rezepturen errechnet und, die Schüler waren nicht mehr zu bremsen, der Backversuch sollte sofort gestartet werden. Dem Einwand des Lehrers, dann könnten aber heute nicht mehr die Fachartikel geschrieben werden, begegnete ein „EDV-Freak"[95] mit dem Vorschlag, Stichpunkte für den Artikel - „wie schon letzte Woche" - während der Backzeit zu sammeln, die er dann daheim zusammenfassen und eine Woche später der Klasse vorstellen wollte. So wurde es auch gemacht, allerdings wurden zusätzlich die Stichworte von einem anderen Schüler noch am selben Tag handschriftlich zusammengefaßt und der Verkäuferinnenklasse zwecks weiterer Verwendung übergeben.

Und, obwohl es sich die Schüler noch in der vorangegangenen Woche vorgenommen hatten - früher „Feierabend gemacht" wurde auch an diesem Schultag nicht ...

---

95 Diese Spezies ist weit verbreitet, es gibt sie mittlerweile in fast jeder Klasse. Und sie „lauert" nur auf Möglichkeiten, ihre Kenntnisse und Fertigkeiten unter Beweis zu stellen - das können Lehrer getrost mit einplanen ...

5.5.3   Veröffentlichung der Handlungsergebnisse

Die Rückmeldungen der Berufsschüler aus ihren Lehrbetrieben waren nach Auswertung der „Probierpakete" durchweg positiv. Auch die erneute Verkostung des auf der Basis eines Grundteiges hergestellten Sortimentes verlief überzeugend.

Doch da war noch der Meister mit dem Toast aus Weißbrotteig ...

Und obwohl diese unterrichtliche Begebenheit eigentlich in den Abschnitt über „Handlungsfolgen" gehört hätte, soll sie aufgrund chronologischer Abfolge an dieser Stelle erwähnt werden. Besagter Meister hatte sich nach Aussage seines Lehrlings nämlich auch durch das „Probierpaket" nicht überzeugen lassen. Zwar habe er den Qualitätsunterschied zugeben müssen (als wenn er den nicht schon vorher gewußt hätte!), doch extra einen Toastbrotteig wollte er nach wie vor nicht machen.

Der Lehrer hatte das schon geahnt und - Duplizität der Ereignisse - genau das Fachbuch mit in den Unterricht gebracht, auf welches dann eine Schülergruppe verwies. In diesem Buch war bzw. ist ein Beitrag, wie über das nachträgliche Einkneten von Fett und Zucker in Verbindung mit Stärke aus einem Weißbrot- ein Toastbrotteig werden kann (vgl. DOOSE 1982, S. 200); ein Hinweis also, dem die Schüler anläßlich ihrer Literaturrecherchen (vgl. 5.4.1) keine Beachtung geschenkt hatten, an welchen sie sich aber im Zusammenhang mit dem nachträglichen Einkneten der Quell- und Brühstücke erinnern konnten[96].

Diese Transferleistung wurde zu einer Herstellungsanleitung formuliert und dem Klassenkollegen als „Kompromißlösung" mit auf den Weg gegeben. Und, ex abrupto, darauf hatte sich der Meister dann eingelassen - fortan aber war die Toastbrotherstellung in dem Betrieb Lehrlingssache ...

Nach Meinung der Schüler sollte diese Begebenheit aus schon erwähntem Grunde allerdings nicht mit veröffentlicht werden (vgl. 5.4.3).

---

96 Am liebsten hätten die Schüler auch in diesem Falle sofort einen Backversuch gestartet. Doch aufgrund des Zeitfaktors machte der Lehrer wiederum von seinem „Veto-Recht" Gebrauch (vgl. 5.4.2).

Bezüglich des Fachartikels hatte der „EDV-Freak" Wort gehalten und verteilte in der Klasse seine - vorzüglich gestaltete - Ausarbeitung, die dann diskutiert und redigiert, versehen mit einem Foto der Schulvitrine, an die Fachzeitung geschickt werden konnte (vgl. Abb. 22)[97].

Viel diskutiert wurde in diesem Zusammenhang über einen Verkaufsslogan mit dem notwendigen Signal- und Erinnerungseffekt - ein Impuls, der aus dem Wirtschaftskundeunterricht kam (vgl. 5.3.2) und dort wiederum aus einer Fachzeitung (vgl. TEICHMANN 1989, S. 25 f.).

Zum Schreiben eines Fachartikels noch folgende Anmerkungen:

Dem möglichen Desinteresse der Schüler an einer ausführlichen Reflexion bzw. Beurteilung im Hinblick auf die Bezugshandlung und den Lernprozeß (vgl. 3.2.8) kann z.b. durch das Schreiben eines Artikels für eine Fachzeitung entgegengewirkt werden, denn erfahrungsgemäß sind die Schüler dankbar, wenn in einem solchen Falle im Plenum systematisch der zurückliegende Unterricht aufgearbeitet wird, um Stichpunkte für den Fachaufsatz zu erhalten - vorausgesetzt, daß Fachzeitungen bei den Schülern einen hohen Stellenwert besitzen (vgl. PFAHL 1986c, S. 15 ff.; 1990a, S. 21; 1995a, S. 59 f.). Der Fachaufsatz könnte zunächst auch unter Zuhilfenahme aller Unterlagen als Klassenarbeit geschrieben werden, um anschließend ausgewählte Passagen zu einem Fachartikel zusammenzufügen.

Entsprechende Publikationen können mit den Schülern ebenfalls im Internet aufbereitet werden (vgl. HENSEN 1998). Die Schüler haben dann die Möglichkeit, mit dem In- und Ausland zu kommunizieren. Und wenn, wie an der Schule des Verfassers geschehen, z.B. eine Anfrage von „Kollegen" aus Texas/USA erscheint (vgl. ebd., S. 4), dann bemühen sich Schüler nicht nur hinsichtlich fachlicher Erklärungen (wobei wiederum eine übende Wiederholung erfolgt), sondern dann können auch berufliche Kontakte geknüpft werden, u.a. im Hinblick auf eine Auslandstätigkeit. Darüberhinaus wird der Stellenwert des berufsbezogenen Englischunterrichts verdeutlicht (vgl. hierzu 6.2.1.5.2.4 u. Fußnote 119).

---

97 Zum Zeitpunkt des Abdruckes in der Fachzeitung waren die Schüler bereits in der Oberstufe. Und so sollte es auch im Artikel stehen - darauf hatten sie großen Wert gelegt.

Weil das Brotsortiment in Hotels und Gaststätten gerade an Wochenenden oft recht beschränkt ist, wurde in der Bäcker-Oberstufe der Kreis-berufsschule Elmshorn die Idee geboren, ein rationell herzustellendes Toastbrot-sortiment zu entwickeln.

Hier nämlich liegt nach Meinung der Klasse die große Chance für die handwerkliche Bäckerei. Nach dem ersten Backen wurden die verschiedenen Brote verkostet und nach dem Prüfschema der DLG bewertet. Anschließend wurden die Ergebnisse besprochen und einige Änderungen an den Rezepturen vorgenommen. Die Rezepte wurden dann noch einmal gebacken. Die folgende Verkostung wurde auf Wunsch der Schüler auch von den Bäckereifachverkäuferinnen und sogar von den Köchen vor-genommen - mit sehr gutem Ergebnis, so daß jetzt die end-gültigen Rezepturen vorliegen. Die Herstellung aller Sorten erfolgt über eine Grundrezeptur.

Grundrezeptur: 10,0 kg Weizenmehl Type 550, ca. 5,4 kg Wasser, 0,5 kg Hefe, 0,5 kg Backmargarine, 0,2 kg Salz, 0,2 kg Vollmilchpulver, 0,2 kg Zucker, 0,1 kg Malzbackmittel 0,05 kg Teigsäuerungsmittel (oder eine entsprechende Menge Natursauer).

Variationen mit obiger Grundrezeptur: Den Grundteig läßt man etwa vier Minuten im langsamen Gang des Spiralkneters laufen. Dann wird der Grundteig portioniert. Die jeweiligen Portionen werden anschließend mit den entsprechenden Zusätzen ca. zwei Minuten im Schnellgang laufengelassen und gegebenen-falls mit Mehl oder Wasser korrigiert. Nach 10 Minuten Teigruhe erfolgt die Aufar-beitung in Toastbrotkästen. Der Backprozeß erfolgt wie üblich. Übrigens sind beim vorliegenden Sortiment der eigenen Kreativität keine Grenzen gesetzt, denn es läßt sich mit entsprechenden Zu-sätzen beliebig verändern oder erweitern.

1. Kokos-Toast (TE z. B. 580 g): 2170 g Grundteig, 500 g Kokosraspel (anrösten und 10 Minuten in heißem Wasser quellen lassen), nach der Ganzlaib-Methode aufmachen und in Kokos wälzen.

2. Nuß-Mandel-Toast (TE z. B. 580 g): 2170 g Grundteig, 150 g gehackte Nüsse und Mandeln (anrösten und quellen lassen), aufmachen und in Hobelmandeln wälzen.

3. Sesam-Toast (TE z. B. 580 g): 2170 g Grundteig, 150 g Sesam (anrösten und quellen lassen), aufmachen und in Sesam wälzen.

4. Müsli-Toast (TE um etwa 10 % erhöhen): 2180 g Grundteig, 625 g Brühstück (125 g Weizenschrot, 180 g kernige Haferflocken, 320 g heißes Wasser, 1 - 3 Stunden stehenlassen), Müslimischung (50 g gehackte Mandeln/ 25 g Sonnenblumenkerne/10 g Lein-samen, anrösten), 50 g Rosinen (zum Schluß untergeben), auf-machen und in Müslimischung wälzen.

5. Pizza-Toast (TE z. B. 580 g): 2300 g Grundteig, 15 g italienische Kräutermischung, 5 g Pizzagewürz, nur aufmachen.

6. Pampas-Toast (TE z. B. 580 g): 2080 g Grundteig, 240 g Brühstück (100 g Maisgrieß, 140 g heißes Wasser, 1 Stunde quellen lassen), nur aufmachen.

7. Hafer-Toast (TE z. B. 580 g): 1820 g Grundteig, 500 g Quellstück (250 g kernige Ha-ferflocken, 250 g Wasser, 1 - 3 Std. stehenlassen), aufmachen und in Haferflocken wälzen.

8. Sonnenblumenkern-Toast (TE z. B. 580 g): 2170 g Grundteig, 150 g Sonnen-blumenkerne (anrösten), aufmachen und in Sonnenblu-menkerne wälzen.

Die Bäckereifachverkäufe-rinnen haben zu dem Sortiment eine Produktinformation ent-worfen, Plakate geschrieben und mit den Toastbroten in der Berufsschule eine vielbeachtete Vitrine gestaltet.

Produktinformation für die Bäckereifachverkäuferin

Es stehen neun verschiedene Toastbrote zur Verfügung.

1. Frühstücks-Toastbrot: Zutaten: Weizenmehl Type 550, Wasser, Hefe, Backmargarine, Salz, Vollmilchpulver, Zucker, Malzmehl, Sauerteig. Ausgehend von obiger Grundrezeptur wurden die folgenden Sorten entsprechend durch die Bezeichnung verändert.

2. Kokos-Toastbrot: Es enthält einen Zusatz von leicht angerösteten Kokosflocken.

3. Sesam-Toastbrot: Es enthält einen Zusatz von leicht geröstetem Sesam.

4. Nuß-/Mandel-Toastbrot: Es enthält einen Zusatz von leicht angerösteten Nüssen und Mandeln.

5. Müsli-Toastbrot: Es enthält zunächst ein die wertvollen Nährstoffe aufschließendes Quellstück, welches ca. drei Stunden Stehzeit benötigt und aus Weizenschrot, kernigen Haferflocken sowie Wasser besteht. Außerdem erfolgte ein Zusatz von gerösteten Nüssen, Mandeln, Leinsamen und Sonnenblumenkernen, verfeinert noch durch einen Zusatz von Rosinen.

6. Pampas-Toastbrot: Es enthält ein Quellstück aus Maisgrieß.

7. Hafer-Toastbrot: Es enthält ein Quellstück aus kernigen Haferflocken.

8. Sonnenblumenkern-Toast-brot: Es enthält einen Zusatz von leicht angerösteten Sonnenblumenkernen.

9. Pizza-Toastbrot: Diese Sorte, welche ausgezeichnet zu einer Käseplatte paßt, wurde verfeinert durch typische italienische Kräuter und Gewürze.

Vielseitig verwendbar und gut für die Gastronomie geeignet sind die Toast-Rezepturen, die die Elmshorner Bäcker-Oberstufe zusammen erarbeitet hat.   Foto: privat

Neue Rezeptideen für Hotellerie und Gastronomie

Breites Toast-Sortiment hilft übers Wochenende

Abb. 22: Schülerbeitrag in einer Fachzeitung (Quelle: Anonymus 1994, S. 21)

Mit dem Stadium der „Veröffentlichung" war das Thema „Toastbrotherstellung" abgeschlossen bzw. bildete als übende Wiederholung die Grundlage für einen informierenden Einstieg in den nachfolgenden Teillernabschnitt „Schrot- und Vollkornbrote", wiederum in Verbindung mit einer Vorwegnahme, also der Verlagerung des Unterrichtseinstiegs auf den anderen Lernort (vgl. 5.3.1).

Und an diesem fließenden Übergang in eine neue Phasierung des Unterrichts zeigt sich die Kontinuität handlungsorientierter, lernortübergreifender Bildungsprozesse, d.h. handlungsorientierter Unterricht, der sich auf die Handlungsregulationstheorie als Begründungskonzept stützt (vgl. 3.1.1 u. 3.1.4), ist nicht stets gleichzusetzen mit „eingeschobenen" (vgl. 5.1) Projekten bzw. Projektwochen (vgl. ALBERS 1995, S. 10), nach denen alles tief durchatmet und sagt: *„Jetzt können wir endlich wieder richtig Unterricht machen"* (PÄTZOLD u.a. 1992, S. 348).

Im nächsten Abschnitt werden die Prinzipien handlungsorientierten Unterrichts - vom dargestellten Beispiel der „Toastbrotherstellung" abstrahiert - zusammengefaßt und in ein Planungsraster übertragen.
Anschließend erfolgt dann die Überprüfung bzw. Bewertung des vorgestellten Unterrichts hinsichtlich der didaktischen Leitlinien für den Grad der Handlungsorientierung.

5.6 Planungsraster für eine handlungsorientiert gestaltete Unterrichtseinheit in der Berufsschule

Als Orientierungshilfe soll das Planungsraster (vgl. Abb. 23) die praktische Arbeit eines Berufsschullehrers unterstützen (vgl. JANK/MEYER 1994, S. 362 ff.; vgl. auch RÖSELER 1978, S. 44 ff.; HUWENDIEK 1994, S. 140 ff.; PFAHL 1995a, S. 33 ff.; BADER 1996, S. 135 ff.; BECK 1996, S. 116 f.).

Dieses kreativ zu nutzende Schema ist besonders dadurch charakterisiert, daß es zwei Strukturlinien bzw. „Handlungsstränge" dialektisch zusammenführt:

Lehrer und Schüler mit eventuell unterschiedlichen Intentionen verständigen sich über das Handlungsergebnis, das im Rahmen des Unterrichts angesteuert werden soll und thematisieren darüberhinaus auch mögliche Handlungsfolgen, die sich aus der Diskrepanz von Werk- und Wirkziel ergeben könnten.

Das Planungsraster basiert darauf, daß Schüler und Lehrer gemeinsam die Ausbildungszeit bereits in entsprechende Lernabschnitte bzw. -felder eingeteilt haben, sodaß hinsichtlich der Zielhierarchie die jeweiligen Unterrichtssequenzen auf Teilziele ausgerichtet sind.

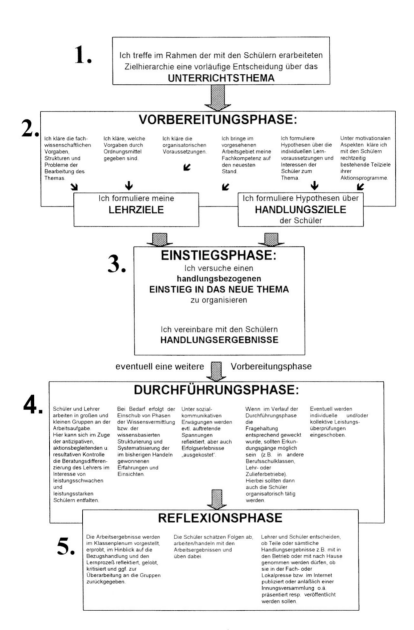

Abb. 23: Planungsraster für eine handlungsorientiert gestaltete Unterrichtseinheit in der Berufsschule (Quelle: Erstellt in Anlehnung an JANK/MEYER 1994, S. 362 ff.)

5.7 Überprüfung des Unterrichts

In den folgenden Abschnitten soll festgestellt werden, ob der vorgestellte Unterricht über die „Toastbrotherstellung" die Ansprüche an eine handlungsorientierte Didaktik erfüllt.

Um diesbezüglich die Leistungsfähigkeit handlungsorientierter Ansätze überprüfen zu können, wurden in der vorliegenden Arbeit die im pädagogischen Kontext diskutierten Strukturmerkmale des Lernhandelns (vgl. 3.2.1 - 3.2.8) zu Qualitätsmerkmalen handlungsorientierten Berufsschulunterrichts verdichtet (vgl. 3.2.9 u. Abb. 17), d.h. die didaktischen Leitlinien

- der handlungstheoretischen Fundierung,
- der Ganzheitlichkeit und
- der Subjektorientierung

dienen in diesem Sinne als Analysekriterien, anhand derer sich auch die Integrationsfähigkeit der Konzeption „Auftragsorientierte Lernortkooperation von Betrieb und Berufsschule" (vgl. Abb. 21) kontrollieren läßt, also unter ganzheitlichen Aspekten die lernortübergreifende und nicht -isolierende (vgl. 4.4.3), sondern die in Wechselwirkung stehende Vermittlung von „Theorie und Praxis".
Hierdurch wird die starre Zuweisung dieser beiden Aufgabengebiete an Berufsschule und Betrieb aufgelöst (vgl. 4.4.3.2.2) - letztendlich im Interesse einer kontextorientierten Entwicklung von Schlüsselqualifikationen, ausgehend von Kundenaufträgen und im Hinblick auf eine umfassende Handlungskompetenz (vgl. 3.2.7.1 u. 3.2.7.2).

5.7.1 Handlungstheoretische Fundierung

Die zyklische Struktur einer vollständigen **Lernhandlung** erhielt in ihrer ganzheitlich-dualistischen Form, also der nachgewiesenen Strukturidentität von motorisch akzentuiertem Lernhandeln im Handwerksbetrieb und kognitiv akzentuiertem Lernhandeln in der Berufsschule, den Status einer pädagogisch-normativen Kategorie bzw. eines Ordnungsprinzips (vgl. 3.1.4.4 u. 3.1.5 sowie Abb. 11 u. 17).

In diesem Sinne ermöglichte die didaktische Reichweite des Unterrichts eine lernortübergreifende Planung, Durchführung und Kontrolle des Ausbildungsprozesses:

- **In der Handlungsphase der Antizipation** (vgl. 3.1.4.1.1) wurde den Schülern in einem langfristig angelegten Konzept die Bildung einer individuellen Zielhierarchie zum Entwerfen ihrer Aktionsprogramme ermöglicht (vgl. 5.3.1), und zwar in den Schritten

→ einer Programmvorschau (Vorstellung aller Lernabschnitte in Form einer Übersicht zu Beginn der Ausbildung);

→ einer übenden Wiederholung (als Zusammenfassung der Lernabschnitte „Weizen-, Roggen- und Mischbrotherstellung" und gleichzeitig als Überleitung in den neuen Lernabschnitt);

→ eines informierenden Einstiegs in das neue Thema (als „Schnupperstunde" wurden die Unterthemen des Lernabschnittes „Schrot-, Vollkorn- und Spezialbrote" vorgestellt mit der Option einer Themenbörse);

→ einer Vorwegnahme (hier erfolgte die Verlagerung des Einstiegs auf den anderen Lernort, um praxisrelevante Handlungsbezüge herzustellen bzw. eine Versetzungsplanung herbeiführen zu können);

→ der „Hausaufgabenkontrolle" (angelegt als ein schüleraktives Einstiegsmuster zum Einbringen individueller Vorkenntnisse, wobei im Kontext weiterer Schülerbeiträge sowie während der Literaturarbeit eigene Motive reflektiert werden konnten bzw. im Zuge der antizipativen Kontrolle (vgl. 3.1.4.1.3) die Angemessenheit und Realisierbarkeit eigener Vorstellungen zu überprüfen war, z.B. die Sortenvielfalt der herzustellenden Toastbrote in Relation zum Zeitfaktor.

Vor diesem Hintergrund entwickelten die Schüler die Fähigkeit und die Bereitschaft, den Unterricht mitzuplanen bzw. für den Unterricht auch Verantwortung zu übernehmen (vgl. 5.3.2).

- **Die Handlungsphase der Realisation** (vgl. 3.1.4.1.2) erfolgte lernortübergreifend, indem z.b. in der Berufsschule das Toastbrotsortiment hergestellt worden war, dann als „Probierpaket" mit in den Betrieb genommen und dort beurteilt wurde.

Zusammen mit den Rückmeldungen aus der Verkäuferinnen- und Köcheklasse konnte somit eine aktionsbegleitende Kontrolle (vgl. 3.1.4.1.3) im Hinblick auf die Bezugshandlung bzw. die Hauptaktivität vorgenommen werden.

Eine weitere Verlaufskontrolle wurde durchgeführt bezüglich des Lernprozesses, um innerhalb einer „herausgehobenen Auseinandersetzung" (vgl. 3.2.8) den Vorteil von „Ich-Botschaften" zu thematisieren, sodaß auch weiterhin ein harmonisches Zusammenarbeiten gewährleistet war (vgl. 5.4.2).

Und gar zu einer lernortübergreifenden Überschneidung innerhalb der ausführungsbegleitenden Kontrolle kam es hinsichtlich der Bezugshandlung einerseits und des Lernprozesses andererseits - als nämlich ein Schüler aufgrund des „Egalisierungseffektes" (vgl. 5.4.3) im Klassenplenum nicht veröffentlichen mochte, daß in seinem Ausbildungsbetrieb Toastbrote aus Weißbrotteig hergestellt würden, und seine Zurückhaltung erst durch eine lethargische Arbeitshaltung offenbar wurde.

In einer weiteren Metainteraktion konnte der Sachverhalt durch eine „Erzählung" (vgl. Fußnote 91) relativiert und gleichzeitig die Hauptaktivität um ein zusätzliches Element bereichert werden.

- **Die Handlungsphase der Reflexion** verlief ebenfalls lernortübergreifend, denn die aktionsbegleitende Kontrolle in den Betrieben hatte zu einer Abweichung zwischen dem antizipierten (Herstellung eines Toastbrotsortimentes mittels spezieller Teige) und dem realen Handlungsverlauf (zu aufwendig in der betrieblichen Praxis) geführt, d.h. das Ergebnis wurde im Hinblick auf die zu erwartenden Handlungsfolgen (z.B. würde das Toastbrotsortiment in den Betrieben so nicht übernommen werden, und die ganze Mühe wäre „umsonst" gewesen) ausgewertet und in einem weiteren, modifizierten Handlungsprozeß (Herstellung eines Toastbrotsortimentes auf der Basis eines Grundteiges) berücksichtigt (vgl. 5.5.2).

In der Berufsschule wiederum wurde der abgewandelte Herstellungsprozeß reflektiert, als z.B. Stichpunkte für den Fachartikel (vgl. Abb. 22) zusammengestellt wurden, welcher letztendlich dann von den Betrieben - und diesmal bundesweit - aufgegriffen und umgesetzt werden konnte.

Vor dem Hintergrund der dargestellten Phasierung des Ausbildungsprozesses kann der auftragsorientierten Lernortkooperation von Betrieben und Berufsschule (vgl. Abb. 21) eine vom Handlungspotential des Lernsubjektes ausgehende, lernortübergreifende Didaktik bescheinigt werden. Die Ansprüche an eine handlungsorientierte Didaktik werden aus dieser Perspektive erfüllt.

Wenn also DE FRIES in ihrem ALiH-Gutachten festhält, daß sich heute vor dem Hintergrund der technologischen Entwicklung und handlungstheoretischen Erkenntnisse zunehmend die Frage nach einer Auflockerungs- bzw. Revisionsbedürftigkeit der starren Theorie-Praxis-Unterscheidung von Berufsschule/Betrieb stelle und folgert: "*Inwiefern das Konzept des auftragsorientierten Lernens hierzu aufgrund seines integrativen, ganzheitlichen Charakters einen Aufhänger bieten könnte, wäre sicherlich ein interessanter Ansatzpunkt für weitergehende Untersuchungen*" (1991b, S. 86), dann läßt sich auf der Grundlage des vorgestellten Unterrichts konstatieren, daß sich der integrative Charakter der auftragsorientierten Konzeption erst durch die Schaffung didaktischer Parallelität mit einhergehender didaktischer Korrespondenz entfalten konnte. Hierbei hatten die Lehrlinge bzw. Berufsschüler durch ihre „Korrespondententätigkeit" erst die inhaltlichen Zusammenhänge zwischen den Lernorten hergestellt (vgl. 4.4.3 u. 5.2.6) und somit dazu beigetragen, daß sich die Ausbildungsbetriebe aus ihrer pragmatisch-utilitaristischen Perspektive am didaktisch-methodischen Verständnistyp orientiert (vgl. 4.4.2) bzw., daß sich kontinuierlich-probleminduzierte Kooperationsaktivitäten (vgl. 5.2.3) verschoben haben zum kontinuierlich-fortgeschrittenen resp. -curricularen Kooperationstyp (vgl. Abb.18).

Nochmals sei an dieser Stelle darauf hingewiesen, daß sich sowohl die Orientierung am didaktisch-methodischen Verständnistyp als auch die Verschiebung der Kooperationsaktivitäten unter erschwerten Bedingungen vollzogen hatten, weil die Planungssicherheit - z.B. eine rechtzeitige Versetzungsplanung - durch den Rahmen eines verbindlichen Gesamtcurriculums nicht gegeben war (vgl. 4.4.2).

Am Beispiel der „Toastbrotherstellung" wurde auch deutlich, daß ein Gesamtcurriculum nicht mißverstanden werden sollte als ein starres Schema, denn gerade durch die Einbeziehung betrieblicher Besonderheiten (vgl. 4.4.3.2.1) kann es seinen

Facettenreichtum offenbaren, allerdings müßten die Lehrlinge unter der Maßgabe einer didaktischen Parallelität nicht für jeden neuen Lernabschnitt bzw. jedes neue Lernfeld eine Versetzung herbeiführen, sondern die Betriebe könnten sich beizeiten auf kommende Lernprozesse einstellen.

Innerhalb einer solch „kooperationsfreundlichen Rahmenbedingung" (vgl. 4.4.3) können dann mittels der didaktisch-methodischen Regulationssysteme einer auftragsorientierten Lernortkooperation Ausbilder ihre Lehrlinge (vgl. 1.1.2 sowie Abb. 1) und Lehrer ihre Schüler (vgl. Abschn. 3.1.4.4 u. 3.3) durch die Gestaltung geeigneter, in Wechselwirkung stehender Handlungssituationen unterstützen.

In diesem Zusammenhang soll noch einmal die seitens der Betriebe als Handlungsmuster gekennzeichnete Arbeitsunterweisung aufgegriffen werden, um sie einer lernortübergreifenden Betrachtung zuzuführen:

In der Lehrwerkstatt der Berufsschule wurde eine Versuchsreihe mit unterschiedlichen Aufarbeitungsmethoden für Toastbrote durchgeführt, wobei sich einem Schüler manuelle Defizite offenbarten (vgl. 5.4.3 u. Fußnote 92). Er beschloß, diese im Betrieb aufzuarbeiten und ging mit diesem Anliegen auf seinen Meister zu. Meister und Lehrling besprachen das Problem, und es erfolgte eine gezielte Arbeitsunterweisung.

Lerntheoretisch erlangte die Arbeitsunterweisung im Verlauf der Handlungsregulation den Status einer Einschubhandlung, denn sie war nicht „angeordnet", sondern vom Lernsubjekt angefordert worden (vgl. 3.2.4).

Umgekehrt war dieser Fall ebenso eingetreten:

In einem Ausbildungsbetrieb fand im Zuge der verlagerten Einstiegsphase (vgl. 5.3.1) eine "planmäßige Arbeitsunterweisung" zum Aufarbeiten von Toastbroten statt. Der Meister erzählte, daß es neben der betriebsindividuellen Methode auch noch andere Varianten gebe - eine Sachlage also, die zum Beispiel in Form einer Versuchsreihe transparent gemacht werden könnte. Ermuntert durch seinen Meister thematisierte der Lehrling sein Betrieberlebnis in der Berufsschule. Im Klassenplenum stellte sich heraus, daß sich in anderen Lehrbetrieben ähnliche Fragen ergeben hatten. In der Klasse wurde diskutiert, die Beiträge wurden zusammengefaßt, es wurde eine Versuchsreihe ausgearbeitet, durchgeführt und ausgewertet (vg. Abschn. 5.3.1 - 5.5.1).

Lerntheoretisch hatte die Arbeitsunterweisung im Verlauf der Handlungsregulation eine Einschubhandlung intendiert, und zwar zunächst in der Kooperationsform eines

Frontalunterrichtes mit dem Handlungsmuster eines Unterrichtsgespräches, welches eine Gruppenarbeit in der Lehrwerkstatt nach sich zog und dem Handlungsmuster einer Versuchsreihe folgte, welche zusätzlich durch Schülerreferate erläutert wurde (vgl. 3.3).

Deutlich wird an dieser Schilderung, daß sich Arbeitsunterweisung und Frontalunterricht - Methoden übrigens, die von vielen Bildungstheoretikern als Relikte des Behaviorismus kritisiert werden (vgl. BURCHARD 1991, S. 353) - in eine handlungsorientierte, lernortübergreifende Ausbildung integrieren ließen, weil

a) der auftragsorientierte Lernabschnitt didaktisch parallel verlief, sodaß
b) ein lernortübergreifender Informationsaustausch stattfinden konnte, d.h. die Wege der didaktischen Korrespondenz zur Aufnahme individueller Lernvoraussetzungen waren geebnet.

Unter dieser Maßgabe wurde die Handlungsorientierung zum Ausbildungsprinzip, d.h. zum Unterrichts- resp. Unterweisungsprinzip erhoben.

Das Handlungsmuster einer Versuchsreihe, eines Lehrervortrages, eines Unterrichtsgespräches oder einer Arbeitsunterweisung, um dieses Beispiel noch einmal aufzugreifen, war somit als integrativer Bestandteil der auftragsorientierten Lernortkooperation ebenso handlungsorientiert wie die Kooperationsform des Frontalunterrichts oder der Gruppenarbeit - kurz:
Nach dem Strukturmodell der auftragsorientierten Lernortkooperation von Betrieb und Berufsschule war es überhaupt nicht möglich, aus der Handlungsorientierung "auszusteigen".

Verwunderlich ist es aus dieser Sichtweise, wenn PEEK in einem Aufsatz vor dem unverantwortlichen Monopol der Handlungsorientierung warnt und meint, "*eine Lanze für die pädagogische Freiheit - wider den pädagogischen Methodenzwang*" (1995, S. 185) brechen zu müssen (vgl. auch d. Replik v. PRÜTZ 1995, S. 4 f.). Dem ist aufgrund der vorliegenden Erkenntnisse - auch unter lernortübergreifendem Gesichtspunkt - entgegenzuhalten, daß Handlungsorientierung keine beliebig austauschbare Methode ist, sondern ein Prinzip, welches seine Entsprechung in einer Methodenkonzeption erfährt, sei es als handlungsorientierter Unterricht oder als handlungsorientierte

Unterweisung. Beide Konzeptionen aber unterliegen keinem Methodenzwang - ganz im Gegenteil:

In beiden Fällen ist ein umfangreiches Methoden- und Medienrepertoire seitens des Lehrenden gefordert, und zwar zur Schaffung geeigneter Lernsituationen (vgl. PFAHL 1995a, S. 71).

Insofern ist PEEKS Warnung vor einem Methodenzwang nicht nur überflüssig, sondern dokumentiert darüberhinaus auch eine die methodenrelevante Reichweite des Begriffes "Handlungsorientierung" verkennende Interpretation - die Lanze für die pädagogische Freiheit zielt sozusagen auf die eigene Brust ...

5.7.2　Ganzheitlichkeit

Dieses Qualitätsmerkmal der Handlungsorientierung (vgl. Abb. 17) war im vorgestellten Unterrichtsbeispiel der „Toastbrotherstellung" gekennzeichnet durch:

- **Lernen in „vollständigen Handlungen"**, und zwar über den einzelnen hinaus auch in einer bzw. durch eine Gruppe (vgl. 3.2.7.2), d.h. im Zuge der prognostischen, der aktionsbegleitenden und der resultativen Kontrolle ging es z.B. um das ständige Nebeneinanderstellen bzw. Abwägen von Einzel- und Gruppeninteressen.

So erwarteten die Lehrlinge in den Ausbildungsbetrieben einerseits von den Kollegen Rücksicht im Hinblick auf eine der didaktischen Parallelität entsprechende Versetzungsplanung (vgl. 5.2.6), reagierten andererseits aber in der Berufsschule sensibel auf das subjektive Interesse eines Schülers an Toastbroten aus Weißbrotteig (vgl. 5.4.3); es wurden aufgrund des Zeitfaktors persönliche Interessen (private Termine o.ä.) zurückgestellt, um die Gesamtaufgabe nicht zu gefährden, gleichwohl aber wurde mit Nachdruck u.a. für das „Pizza-Toastbrot" geworben, also um eigene Interessen gekämpft (vgl. 5.4.2) - und, anläßlich der Neuentwicklung eines Toastbrotsortimentes auf des Basis eines Grundteiges (vgl. 5.5.2), die Schüler konnten durch das kollektive Lernen die Erfahrung machen, wie effektiv es sein kann,

„[...] individuelle Interpretationen von komplexen Lernsituationen, eigene Annahmen und Ideen zu Problemlösungen aus der Diskussion in Gruppen zu verbessern und in *verstandene, eigene Strukturen zu bringen"* (DUBS 1995, S. 173).

Aus dieser Perspektive wurde den Berufsschülern eine Lernsituation geschaffen mit der Chance, eine zusammenwachsende Gemeinschaft zu bilden, die sich im Verlauf des Unterrichts nicht nur inspirierte, sondern auch korrigierte, um Schwächen zu überwinden, die sich an Tiefpunkten gegenseitig wieder aufrichtete und die diskutierte, um das Bestmögliche zu erreichen, denn:

Durch das Zusammenwirken von unzähligen Assoziationsmustern, von deren Wechselwirkungen, Resonanzen und Überlagerungen entstand etwas völlig anderes, als es auch der begabteste einzelne hätte hervorbringen können (vgl. hierzu VESTER 1994, S. 88 ff.).

Unter ergebnisorientiertem Gesichtspunkt mochte das Resultat einer betreffenden Handlung zwar nicht immer allen objektiven Anforderungen genügen (z.B. Toastbrote durch das „Nachkneten" eines einfachen Weißbrotteiges herzustellen), konnte aber subjektiv durchaus als Erfolg gewertet werden (in diesem Falle die „Kompromißlösung", welche in der Berufsschule gefunden und vom Lehrling in den Ausbildungsbetrieb eingebracht wurde; vgl. 5.5.3; vgl. auch 3.2.8).

- **Mehrdimensionalität,** denn es wurden alle drei Lernzielbereiche u.a. in den folgenden Lernzielstufen durchlaufen (vgl. z.B. auch KS-H 1983a, S. 26 ff; SCHELTEN 1991a, S. 171 ff.; KAISER/KAISER 1994, S. 275 ff.):

→ Kognitiver Bereich, d.h. auf der Stufe des „Wissens" konnten neue Begriffe reproduziert werden („Quell- und Brühstücke"; vgl. 5.4.3), die Lernzielstufe des „Verstehens" wurde erreicht durch das Vergleichen der unterschiedlichen Aufarbeitungsmethoden innerhalb der Versuchsreihe (vgl. 5.5.1), es erfolgte auf der Stufe des „Anwendens" die Übertragung des Toastbrotsortimentes aus der Berufsschule auf betriebsindividuelle Sachverhalte (vgl. 5.5.2) sowie auf der Lernzielstufe des „Beurteilens" die Entwicklung eines neuartigen Verfahrens, und zwar nachdem die Handlungsfolgen abgeschätzt worden waren (vgl. 5.5.2).

→ Psychomotorischer Bereich, d.h. in den Betrieben und in der Berufsschule waren z.B. in der Einstiegsphase Informationen aufgenommen worden (vgl. 5.3.1), die dann im Rahmen der Versuchsreihe in Handlungsabläufe umgesetzt bzw. betrieblicherseits ausgeführt wurden (vgl. 5.5.2) resp. bis zur Beherrschung geübt werden sollten (!).

→ Affektiver Bereich, d.h. die Schüler hatten sich gefühlsmäßig geöffnet, indem sie z.B.

Interesse an der Herstellung eines Toastbrotsortimentes entwickelten, es wurde

gefühlsmäßig Stellung bezogen („Wir werden die Ehre des Bäckerhandwerks wieder

herstellen"), es erfolgte eine Erweiterung der eigenen Werthierarchie durch die

angestrebte Produkttransparenz, also Ehrlichkeit im Interesse der Kunden (vgl. 5.3.2

u. Fußnote 88), und die Schüler trugen bei zur eigenen Charakterbildung, ließen

mithin ihre Werteinstellung im Handeln erkennen, z.B. durch Werte wie Rücksicht

oder den Mut bzw. den Willen, sich für eine Aufgabe einzusetzen (vgl. 5.4.2; vgl.

hierzu auch AEBLI 1993a, S. 159 ff.; 1993b, S. 39 f.).

- **Bildung einer individuellen Zielhierarchie**, d.h. aus Sicht der Handlungstheorie wurde

in der Einstiegsphase die Klarheit der internen Zielpräsentation zunächst von einem

offenen Zielzustand („Toastbrotherstellung") in einen geschlossenen überführt („...den

Einfluß unterschiedlicher Aufarbeitungsmethoden auf Brotform und Porenbild am

Beispiel eines attraktiven Toastbrotsortimentes begründen können"; vgl. 5.4.3; vgl. auch

die Ausführungen i. Abschn. 3.1.4.1.1 zur Zielbildung in der Antizipationsphase).

Grundsätzlich geschlossen war der Zielzustand allerdings, wenn es darum ging, der

betrieblichen Dequalifizierung durch den Einsatz von Convenience-Produkten

entgegenzuwirken[98].

Die Herstellung nach herkömmlichen Rezepturen im Vergleich mit industriell

vorgefertigten Produkten war zum Unterrichtsprinzip geworden, die Bedeutung

handwerklicher Grundqualifikationen wurde zum nicht hintergehbaren Maßstab des

Berufsschulunterrichts, wodurch die Schüler eher die Chance haben, „[...] sich auf der

Grundlage einer fundierten Berufsausbildung auf veränderte Anforderungen

einzustellen und neue Aufgaben zu übernehmen, um so ihren Entscheidungs- und

Handlungsspielraum zur freien Wahl des Arbeitsplatzes zu erweitern"

(MFBWS.SCHL.-H. 1993; vgl. auch PFAHL 1985; 1991b, S. 15 ff.; DÜNNEWALD/

FREUND 1987, S. 23 ff.; 1990, S. 31 ff.; WINTERMEYER 1997, S. 16 ff.; BRÜMMER

1999, S. 44).

---

98 Zur Lehrzeit des Verfassers (1967 - 1970) hieß es beispielsweise noch im Berufsschulunterricht, daß die
Zulieferindustrie auch Vormischungen auf den Markt gebracht habe - eine Situation, die sich inzwischen
umgekehrt hat, denn mittlerweile macht der Verfasser seine Schüler darauf aufmerksam, daß es für den
Bäcker und Konditor auch Möglichkeiten gebe, seine Produkte ohne Vormischungen herzustellen ...

In diesem Zusammenhang war hinsichtlich des Zielcharakters zu unterscheiden in resultatsakzentuierte (z.B. „Toastbrotsortiment") und ausführungsakzentuierte Zielhandlungen (z.B. „Handhabung unterschiedlicher Aufarbeitungsmethoden"). Aufgrund der Wechselwirkungen beider Zielhandlungen in Verbindung mit den komplexer werdenden Lernzielstufen des kognitiven und motorischen Bereiches (vgl. den Stichpkt. „Mehrdimensionalität" in diesem Abschn.) war die Zusammenarbeit beider Lernorte auf der Grundlage didaktischer Parallelität bzw. Korrespondenz (vgl. Abb. 23) von ausschlaggebender Bedeutung und wurde durchgängig berücksichtigt (vgl. 5.2 - 5.5).

Eng miteinander verknüpft war die Motivreflexion bzw. -bildung mit den erwarteten Handlungsfolgen (vgl. 3.1.4.1.1), also den Werk- und Wirkzielen (vgl. Fußn. 13 u. 14), denn sowohl aus attributionspsychologischer Perspektive als auch hinsichtlich der Ergebnis-Folge-Erwartung ist die Lernmotivation zur Realisierung eines Lernzieles gerade dann besonders groß, wenn der Lernende erwartet, daß das Eintreten des Lernergebnisses mit hoher Wahrscheinlichkeit Folgen nach sich zieht, die aufgrund der individuellen Bedürfnislage einen hohen subjektiven Anreizwert besitzen (vgl. DULISCH, 1994, S. 222 ff.; RHEINBERG 1995, S. 1072 ff.) [99].

Eigenes erwartungsgesteuertes Handeln hieß in diesem Sinne, daß den Schülern Anreize und Spielräume für die Eigenaktivität gegeben werden mußten, damit sich die Motivation entfalten konnte, die aus der Erfolgserwartung resultierte (vgl. 5.2.7; vgl. hierzu auch REETZ 1991, S. 267 ff.).

---

[99] Die Lernmotivation setzt beim Menschen eine ausreichend optimistische antizipative Ursachenattribution voraus, d.h. der Mensch wird nur dann bereit sein, Lernanstrengungen aufzubringen, wenn er glaubt, das in den Blick genommene Lernziel mit seinen bis dahin ausgebildeten Fähigkeiten erreichen zu können bzw. auf frühere Erfahrungen zurückgreifen kann (vgl. hierzu auch die Ausführungen zur Transferorientierung i. 2.2.1 u. 5.2.7). Darum bauen die Lernabschnitte auch aufeinander auf (vgl. 5.2.5) bzw. erfolgte eine übende Wiederholung der „Weizen-, Roggen- und Mischbrotherstellung" als Lernvoraussetzung für die Produktion eines Toastbrotsortimentes (vgl. 5.3.1). In diesem Zusammenhang sei noch einmal auf die Aussage AEBLIs in Abschn. 3.2.7.1 verwiesen, wonach laufend gewisse Zwischenergebnisse erreicht und die entsprechenden Erfolgserlebnisse ermöglicht werden sollten - nicht zuletzt, um den Lernenden Zuversicht hinsichtlich kommender Aufgaben zu vermitteln. Ansonsten könnten ein zu geringes Vertrauen in die eigene Lernkompetenz sowie die Neigung zu fatalistischen Attributionsmustern die Motivation zum Lernhandeln negativ beeinflussen (vgl. DULISCH 1994, S. 217 f.; vgl. diesbezüglich auch das „motivationspsychologische Orientierungsmodell" in HECKHAUSEN 1989, S. 468; ebenfalls HECKHAUSEN/RHEINBERG 1980, S. 18).

Mit DIETRICH lassen sich diesbezüglich vier Motivgruppen thematisieren (vgl. 1984, S. 183 ff.), die für die Lernmotivation der Schüler von größter Bedeutung waren, nämlich

→ gegenstandsbezogene Lernmotive (z.B. Interesse an der Herstellung eines Toastbrotsortimentes, Erkenntnisstreben hinsichtlich herkömmlicher Rezepturen im Vergleich mit Convenience-Produkten);

→ leistungsbezogene Lernmotive (z.B. Verbesserung der eigenen Lern- und Leistungstüchtigkeit in Form von Gruppenarbeit, der bestmöglichen Aufgabenbewältigung und der Gestaltung unter Normbezug, d.h. Herstellung eines Toastbrotsortimentes unter praxisrelevanten bzw. betriebsindividuellen Gesichtspunkten);

→ selbstbezogene Lernmotive (z.B. lebenspraktische Zukunftsbezüge, gemeint ist das Streben, sich auf eine kommende Tätigkeit vorzubereiten und diese Tätigkeit möglichst gut ausführen zu können; Lebensplanung und Lebensbewährung, Autonomie und Selbständigkeit; d.h. unabhängig von industriellen Vormischungen ein Toastbrotsortiment herstellen zu können - vielleicht sogar als Neuerung im Hinblick auf eine betriebliche Erfolgsprämie);

→ sozialbezogene Lernmotive (z.B. Bedürfnisse der sozialen Integration, aber auch Tendenzen der sozialen Abhebung wie Wettbewerb, Messen der Kräfte, Konkurrenz - also Motive, die u.U. schon gegeben sind, wenn der Lehrling im Ausbildungsbetrieb hervortreten kann mit der Herstellung eines attraktiven Sortimentes bzw. mit innovativen Verfahrensweisen, wobei unter dieser Prämisse das Wirkziel erst erreicht ist, wenn im Betrieb die Neuerungen gelobt oder sogar in das Programm aufgenommen werden, wie z.B. im Falle der Toastbrotherstellung aus einem nachgekneteten Weißbrotteig; vgl. 5.5.3).

DIETRICH formuliert abschließend mit SCHIEFELE (vgl. 1974), daß es immer ein Zusammenwirken von verschiedenen Lernmotiven in mehr oder minder komplexen "Motiv-Integralen" (Anführungsz. i. Orig.; d. Verf.) sei, das dem aktiven Lernen der Schüler zugrundeliege (vgl. 1984, S. 185).

- **Berücksichtigung des Gesamtauftrages**, d.h. auch unter dieser Perspektive lag ein ganzheitlicher Ansatz vor, denn den Schülern wurde kein isoliertes, von beruflichen

Handlungsbezügen losgelöstes Faktenwissen vermittelt (vgl. 3.2.7.1), sondern die Schüler hatten ihre Tätigkeit eingeordnet in betriebliche Gesamtzusammenhänge (vgl. 3.2.2.1 u. Abb. 2) - sie hatten, wie GÖNNER u.a. es von allen Mitarbeitern fordern, „im Markt" gedacht (vgl. 1990, S. 535), mithin im Beziehungsgeflecht zwischen Auftrag, Betrieb und Umwelt

→ aus Sicht der wirtschaftlichen Umwelt z.b. eine Marktlücke entdeckt (Hotels, die am Wochenende ebenfalls ein abwechslungsreiches Frühstück anbieten möchten; vgl. 5.3.1), ein attraktives Toastbrotsortiment entwickelt, und zwar auch unter kalkulatorischen Gesichtspunkten (viele kleine Teige sind unrentabel; vgl. 5.5.2), mögliche Kundenwünsche überprüft (Verkostung der Toastbrote durch eine Köcheklasse; vgl. 5.5.1) und im Sinne eines absatzpolitischen Instrumentes Werbung mit dem notwendigen Signal- und Erinerungseffekt publiziert (vgl. Abb. 22);

→ aus Sicht der wissenschaftlich-technologischen Umwelt z.B.durch Lehrgespräche in den Betrieben bzw. durch deren gemeinsame Auswertung in der Berufsschule (vgl. 5.3.1) sowie durch Literaturrecherchen (vgl. 5.4.1) einen aktuellen Stand erreicht;

→ aus Sicht der sozio-kulturellen Umwelt u.a. auf das veränderte Ernährungsverhalten der Bevölkerung geachtet (vgl. 5.4.2), die Schüler hatten berücksichtigt, daß sich das Handwerk von der Standardware im Supermarkt abheben sollte (vg. 5.5.1) und waren somit dem Anspruchsnivau der Kunden und deren gestiegenem Bedarf nach Individualität, Spezialität sowie Ästhetik (vgl. 4.4.3.2.1 u. Abb. 20) seitens des Bäckerhandwerks entgegengekommen. Aus Verbundenheit mit ihrem zu erlernenden Handwerk und seinem Wertesystem (vgl. Fußnote 88) waren die Schüler sogar darauf bedacht, das Image des Bäckerhandwerks in der Gesellschaft nicht nachträglich zu beschädigen (die Herstellung von Toastbrot aus Weißbrotteig sollte nicht veröffentlicht werden; jedoch hatte sich das Qualitätsbewußtsein der Schüler schon soweit entwickelt, daß diesbezüglich eine „Kompromißlösung" gesucht und auch gefunden wurde; vgl. Abschn. 5.4.3 u. 5.5.3);

→ aus Sicht der rechtlich-politischen Umwelt z.B. die lebensmittelrechtlich fundierten Verkehrsauffassungen nach der DLG-Systematik beachtet und durch eine gemeinsame Qualitätskontrolle überprüft (vgl. 5.4.2).

- **Ganzheitlichkeit als integratives Lernkonzept**, d.h. in einem kurzphasigen Rhythmus ging das Denken aus dem Handeln hervor (z.B. aus der Beschäftigung mit der

Toastbrotherstellung im Rahmen der verlagerten Einstiegsphase; vgl. 5.3.1), das
Denken ordnete anschließend das Handeln (z.B. während des auf den Lerngegenstand
fokussierten Unterrichtsgespräches sowie der folgenden Literaturarbeit; vgl. 5.3.2 u.
5.4.1), und das Denken wirkte auf das Handeln zurück bzw. mußte sich in ihm
bewähren resp. aufgrund einer Handlungskontrolle modifiziert werden (die im Unterricht
entwickelte Herstellungsweise erwies sich in den Ausbildungsbetrieben als nicht
umsetzbar und mußte daher rentabler gestaltet werden; vgl. 5.5.2).

An keiner Stelle des vorgestellten Unterrichts zeigte sich so deutlich, wie wichtig dem
schulischen Lernen die unmittelbare finale Bindung an den externen Handlungsvollzug
ist (vgl. 3.1.5 u. Fußnote 16), und zwar nicht beschränkt auf die Lehrwerkstatt,
sondern unter Ernstcharakter in lernortübergreifender Form.

Ohne die Reflexion der inneren Handlungsdispositionen im äußeren, betrieblichen
Handlungsgeschehen hätten die Schüler ihren Fehler überhaupt nicht bemerkt.

Und hier zeigte sich auch die Überlegenheit des handlungstheoretisch fundierten
Konzeptes mit dem kurzphasigen Rhythmus „Handeln-Denken-Handeln" gegenüber
dem dualistischen Konzept des Vorratslernens mit dem langphasigen Rhythmus
„Wissenserwerb-Anwendung":

Während sich durch den kurzphasigen Rhythmus das fehlerhafte Denken unmittelbar
im Handeln offenbarte und als eigenes Handlungserlebnis zudem noch eine gesteigerte
Erinnerungsleistung bewirkt haben dürfte, hätte sich der Fehler beim hypothetisch, auf
eine nebelhafte Zukunft angelegten Vorratslernen ggf. erst im späteren Berufsleben
gezeigt - und das möglicherweise mit peinlichen Folgen ... (vgl. hierzu 3.2.7.1).

Verständlich wird aus dieser Perspektive auch, daß sich der kurzphasige Rhythmus
unter dem Dach einer auftragsorientierten Lernortkooperation (vgl. Abb. 21) nur auf
der Grundlage didaktischer Parallelität entfalten kann, weil ansonsten die Möglichkeit
unmittelbarer, „praxisgesättigter" Handlungskontrolle dem Zufall überlassen bleibt, d.h.
ein Rückfall in das dualistische Konzept des Vorratslernens ist dann vorprogrammiert.

5.7.3 Subjektorientierung

Im Berufsschulunterricht sollen, um an den letzten Abschnitt direkt anzuknüpfen, Schlüsselqualifikationen (vgl. 2.2.1) zur Förderung der Handlungskompetenz (vgl. 2.2.2) sowie der einhergehenden Persönlichkeitsbildung entwickelt werden, und zwar in kontextorientierten Lernprozessen (vgl. 3.2.7.1 u. 3.2.7.2).

In diesem Sinne wurden im Unterricht über die „Toastbrotherstellung" (vgl. 5.1 - 5.6) fachliche Grundqualifikationen, also Begriffs- bzw. Verfahrenswissen (vgl. 5.2.7), und Schlüsselqualifikationen integriert vermittelt resp. entwickelt.

Die im Unterricht entwickelten Schlüsselqualifikationen des materialen, formalen sowie des personalen Sektors (vgl. Abb. 4) ergeben, zu Kompetenzbereichen gebündelt und eingedenk der Schlußfolgerung, daß einzelne Schlüsselqualifikationen aufgrund ihrer konzentrischen Struktur nicht immer eindeutig einem bestimmten Kompetenzbereich zuzuordnen sind (vgl. 2.2.1), folgendes Bild:

- **Fachkompetenz**
  → Neuaufkommende Kenntnisse und Fertigkeiten, d.h. unter dem Gesichtspunkt des veränderten Ernährungsverhaltens einer qualitätsbewußten Kundschaft (vgl. 5.4.2) wurde ein neues Verfahren entwickelt, indem auf der Basis eines Grundteiges ein umfangreiches Toastbrotsortiment hergestellt wurde.
  Diesbezüglich umfaßte die mögliche Belieferung von Hotels (vgl. 5.3.1 u. Fußnote 87) auch den Dienstleistungsbereich des Bäckerhandwerks (vgl. 2.2.1 u. Abb. 4), denn, wie es der schleswig-holsteinische Landesinnungsmeister Heinrich Kolls berufsbezogen formuliert: „Wir sind jetzt keine Backwaren-Versorger mehr. Wir sind jetzt Backwaren-Dienstleister" (vgl. DOBBERTIN 1997, S. 20).
  → Vertiefte Kenntnisse und Fertigkeiten, denn ausgehend von Aufarbeitungsmethoden für herkömmliche Weizen-, Roggen- und Mischbrote (vgl. 5.2.5) erfolgte ein Ausbau handwerklicher Grundqualifikationen durch die Vermittlung spezieller Methoden zur Toastbrotherstellung (vgl. 5.2.1).
  → Berufsübergreifende Kenntnisse und Fertigkeiten, weil im Sinne einer Qualifikationsbündelung gewerbliche und kaufmännische Inhalte miteinder verknüpft wurden (Toastbrotherstellung/Instrumente des Marketings; vgl. 5.3.2 u. 5.5.3).

- Humankompetenz

→ Verhaltensqualifikationen mit *einzelpersönlicher* Betonung, d.h. es konnte z.B. eine
von Optimismus (vgl. Fußnote 99) geprägte Grundstimmung erzeugt werden, weil
unter Einbeziehung der Lern- bzw. Leistungsmotivation die Handlungsziele der
Schüler berücksichtigt wurden (z.B. die Herstellung eines Toastbrotsortimentes oder
die Herstellung von Toastbroten aus Weißbrotteig; vgl. 5.2.7 u. 5.4.3) - ausgehend
von individuellen Zielhierarchien (vgl. 3.2.2.1 u. 5.7.2) mithin in der Offensive der
Erfolg gesucht wurde, nicht aber defensiv die Angst vor Mißerfolg den Unterricht
dominierte (vgl. 3.2.2.2).

Und da vereinbarungsgemäß die Handlungsziele absoluten Vorrang hatten vor
starren Pausenregelungen und Unterrichtszeiten, resultierte aus dieser Priorität auch
eine entsprechende Leistungsbereitschaft der Schüler, die sich u.a. in
selbstverordneten „Überstunden" zeigte (vgl. 5.4.2).

Desweiteren konnten die Berufsschüler ihre Anpassungsfähigkeit entwickeln, damit
sie in ihrer Rolle als Lehrlinge z.B. nicht an der Hektik des Betriebsalltags scheitern,
sondern berechtigte Anliegen (u.a. die Versetzungsplanung im Zuge didaktischer
Parallelität; vgl. 5.3.1) in streßfreier Zeit vortragen.

Wenn nun die Verhaltensqualifikationen Optimismus, Leistungsbereitschaft und
insbesondere Anpassungsfähigkeit der Humankompetenz zugeordnet worden sind,
dann aus dem Grund, weil es hierbei um die Fähigkeit und Bereitschaft des
Individuums geht, die Entwicklungschancen und Zumutungen in Beruf, Familie und
öffentlichem Leben zu durchdenken und zu beurteilen (vgl. 2.2.2), u.a. also vor dem
Hintergrund unkonventioneller Arbeitszeiten im Bäckerhandwerk Privatleben und
Beruf miteinander arrangiert werden müssen (vgl. PFAHL 1998a, S. 229).

→ Verhaltensqualifikationen mit *zwischenmenschlicher* Betonung, d.h. unter dem
Begriff Ehrbarkeit (vgl. 5.3.2) kann hier verstanden werden, daß es sowohl dem
Ansehen eines Bäckers als auch seiner Selbstachtung schadet, wenn er z.B. einem
Kunden nicht erklären kann, welche Rohstoffe und Zutaten in einem Gebäck
enthalten sind - daher wurden im Unterricht Convenience-Produkte und
herkömmliche Rezepturen verglichen (vgl. 5.4.2).

Diesbezüglich stellt das Stichwort Wahrhaftigkeit einen Übergang dar zu den

→ Verhaltensqualifikationen mit *gesellschaftlicher* Betonung, denn die Fähigkeit und
Bereitschaft zu technologischer Akzeptanz und zum sozialen Konsens erfordert
zunächst eine kritische Auseinandersetzung mit den Convenience-Produkten, wobei

dann das Bemühen um eine wahrhaftige Verbraucheraufklärung als selbstverständliche Dienstleistung zu interpretieren ist.

- **Sozialkompetenz**

→ Verhaltensweisen mit *einzelpersönlicher* Betonung, z.B das Selbstvertrauen, auf eigene Probleme oder Interessen aufmerksam zu machen (Toast aus Weißbrotteig; vgl. 5.4.3), die Sensibilität, darauf einzugehen (Integration des betreffenden Schülers in eine Gruppe; vgl. 5.4.3) und das Durchhaltevermögen, die entwickelte Lösung auch durchzusetzen (die im Ausbildungsbetrieb erfolgte Herstellung von Toast aus Weißbrotteig durch nachträgliches Einkneten von Fett, Zucker sowie Stärke, und zwar trotz anfänglichen Widerstandes des Meisters; vgl. 5.5.3).

→ Verhaltensqualifikationen mit *zwischenmenschlicher* Betonung, wenn also die Sozialkompetenz ausgelegt wird als Fähigkeit und Bereitschaft, sich mit anderen rational und verantwortungsbewußt auseinanderzusetzen und zu verständigen (vgl. 2.2.2), dann ist diesbezüglich die Verantwortungsbereitschaft der Schüler für den von ihnen mitgeplanten Unterricht (vgl. 5.3.2 u. 5.7.1) zu nennen.

→ Arbeitstugenden, z.B. Disziplin, „*[...] eine typisch deutsche Tugend mit weltweit negativem Beigeschmack. Sie darf auf keinen Fall zum Selbstzweck gemacht werden*" (MEYER 1994b, S. 133). Und in diesem Sinne wurde Fremddisziplin schrittweise in Selbstdisziplin überführt, die zunächst vorbereitet worden war in einem lehrerzentrierten Unterrichtsgeschehen und in drei Schulhalbjahren auf die Klasse übertragen werden konnte, weil die Lenkungsfunktion zunehmend vom Lehrer auf die Schüler übergegangen war, woraus schließlich eine den individuellen und kollektiven Zielen verpflichtete Arbeitshaltung resultierte (vgl. 5.2.7).

Auch Zuverlässigkeit war eine Arbeitstugend, die in dem vorgestellten Unterricht zum Tragen kam - erinnert sei hier nur an den „EDV-Freak", auf dessen Ausarbeitung des Fachartikels sich das gesamte Klassenteam verlassen hatte (vgl. 5.5.3). Anzuführen sind ebenfalls Genauigkeit (z.B. Berechnungen der Rezepturen, Abwiegen der Rohstoffe und Zutaten), Sauberkeit (z.B. Hygiene beim Arbeiten in der Lehrwerkstatt), Hilfsbereitschaft und Rücksichtnahme (z.B. anläßlich der „gruppenübergreifenden" Literaturrecherchen) usw. (vgl. zu diesen Beispielen 5.4).

- **Methodenkompetenz**

→ Anwendungsbezogenes Denken und Handeln, d.h. im Unterricht wurde im Hinblick auf das Vorschlags- und Entwicklungswesen mit Unterstützung von Medien z.B. für kreative Ideen geworben (Schüler schafften italienische Kräuter und Gewürze herbei, um der Klasse das angestrebte Pizza-Toastbrot „schmackhaft" zu machen; vgl. 5.4.2) bzw. wurde den Ausbildungsbetrieben in Form von „Probierpaketen" das in der Berufsschule hergestellte Toastbrotsortiment präsentiert (vgl. 5.5.1 u. Fußnote 94). Zum anwendungsbezogenen Denken und Handeln gehört auch das rationelle Arbeiten (z.B. ein Toastbrotsortiment auf der Basis eines Grundteiges; vgl. 5.5.2), um im Zuge von Umstellungen und Neuerungen entsprechende Entwicklungen in bestehende Produktionsabläufe integrieren zu können. Dieses im Unterricht aufgebaute Handlungsschema wurde in der Folge von den Schülern zur Regulation weiterer Handlungen wiederholt eingesetzt (vgl. hierzu Abb. 11), z.B. in der weihnachtlichen Stollensaison, als aus dem Teig für Butterstollen gleich ein ganzes Sortiment weiterer Produkte erwuchs (u.a. Rheinischer Butterstollen, Stollenschnitten, Konfekt, Stollenbrötchen, gefüllte Stollenfladen etc.) - ein Sortiment übrigens, welches schriftlich dokumentiert worden war und im Unterricht darauffolgender Fachklassen zu einer mittlerweile begehrten Rezeptursammlung fortgesetzt worden ist (vgl. PFAHL 1998d).

Unter dem Gesichtspunkt „Exemplarische Bedeutung" fragen BADER/SCHÄFER: *„Läßt sich in der Bearbeitung der Lernfelder Transferfähigkeit für weitere Lernfelder entwickeln?"* (1998, S. 230).

Am Beispiel des rationellen Arbeitens wird diesbezüglich deutlich, daß sich im Rahmen auftragsorientierter Lernfelder Transferfähigkeit nicht nur darauf bezieht, bei neu zu Lernendem auf frühere Erfahrungen zurückgreifen zu können (vgl. 5.2.7), sondern daß auch einmal Gelerntes auf veränderte bzw. neue Situationen angewendet werden kann (vgl. 2.2.1 u. Abb. 4).

→ Entscheidungsfähigkeit, Führungsfähigkeit, Gestaltungsfähigkeit, d.h. wenn Methodenkompetenz das zielgerichtete, planmäßige Vorgehen bei der Bearbeitung beruflicher Aufgaben und Probleme bezeichnet (vgl. 2.2.2), dann gehört hierzu auch die rationelle Gestaltung der eigenen Bildungsprozesse, z.B. das zunehmend selbständige Planen, Durchführen und Kontrollieren einer Versuchsreihe in der Kooperationsform einer arbeitsteiligen Gruppenarbeit (Vergleich unterschiedlicher Aufarbeitungsmethoden für Toastbrote; vgl. 5.4.2), weiterhin die Entscheidungsfähigkeit für ein bestimmtes Sortiment in Abhängigkeit der zur Verfügung stehenden Zeit sowie „Führungsfähigkeit", und sei es unter lernökonomischer Prämisse, daß diesbezüglich auch Aufgaben an den Lehrer delegiert werden ... (z.B. Fachvortrag während der Backzeit, Organisation sensorischer Maßnahmen in der Köche- bzw. Verkäuferinnenklasse, Toastbrote vor dem Schultag aus dem Froster holen; vgl. 5.4.2 u. 5.4.3).

- **Lernkompetenz**

In diesem Bereich geht es um Kommunikations-, Kooperations- sowie teamentwicklerische Fähigkeiten zum Gewinnen und Verarbeiten von Informationen. Diesbezüglich hatten die Schüler z.B.

→ Fachliteratur beschafft und diese ausgewertet (vgl. 5.4.1 u. 5.4.2);

→ fächerübergreifend gedacht und sich Informationen aus dem Wirtschaftskundeunterricht geholt (Instrumente des Marketings; vgl. 5.3.2 u. 5.5.3);

→ sich aufgrund der fehlenden Möglichkeit einer Klassenerkundung durch einen Mitschüler - quasi vor dem Hintergrund einer „Alleinerkundung" (vgl. Fußnote 90) - eine automatische Anlage zur Toastbrotherstellung vorstellen lassen, und zwar mittels einer Tafelskizze (vgl. 5.4.2);

→ in Gruppen gearbeitet, entsprechende Referate gehalten (vgl. 5.4.3) sowie anläßlich ihrer Entwicklungsarbeit den Vorteil unterschiedlicher Assoziationsmuster erfahren (vgl. 5.5.2), und sie hatten

→ zwecks inhaltlicher Abstimmung der Lernorte selbst die didaktische Parallelität herbeigeführt (vgl. 5.2.6), um in einem kurzphasigen Lernrhythmus Informationen hinsichtlich ihrer Handlungsergebnisse und deren Folgen gewinnen bzw. verarbeiten zu können.

Unter dem Gesichtspunkt des Qualitätsmerkmals „Subjektorientierung" wurden die im vorgestellten Unterricht entwickelten Kompetenzen zur Förderung der Persönlichkeitsbildung geschildert. Diesbezüglich verpflichtete der Situationsbegriff den Lehrer zur Gestaltung entsprechender Handlungslern- bzw. Schlüsselsituationen (vgl. 3.2.2.3), wobei auch deutlich wurde, daß sich „Schlüsselsituationen" im Verlauf des Unterrichts erst entwickelt haben, aufgrund der Prozeßhaftigkeit des Lernhandelns also situationsspezifisches Agieren und Reagieren erforderlich war (vgl. 3.2.4). Hinsichtlich der „Modellierung von Lernwelten" (vgl. 3.2.3) wurde also u.a. beachtet:

- Die Schüler standen mit ihren individuellen Lernvoraussetzungen und Interessen konsequent im Mittelpunkt der Betrachtung, d.h. der Unterricht orientierte sich im Verlauf der lernortübergreifenden Handlungsregulation nicht nur an Handlungsbezügen aus dem Bäckerhandwerk allgemein (vgl. 5.2.5), sondern darüberhinaus an konkreten Betriebserlebnissen (z.b. an dem Wunsch nach einer Belieferung von Hotels, an der Forderung nach einer rentablen Produktion des Toastbrotsortimentes oder der Herstellung von Toastbroten aus Weißbrotteig; vgl. 5.3.2; 5.4.3 u. 5.5.2).

- Betriebliche Besonderheiten wurden in der Berufsschule aufgenommen und auf den aktuellen Lerngegenstand fokussiert, z.B die unterschiedlichen Aufarbeitungsmethoden für Toastbrote (vgl. 5.2.1 u. 5.3.2).

- Lehrgegenstände waren nicht automatisch Lerngegenstände, denn in einem dialektischen Prozeß wurden Lehrziele und Handlungsziele der Schüler zusammengeführt (vgl. 5.2.7 u. 5.6).

- Das zunehmend selbstgesteuerte Lernen wurde durch eine prozeßorientierte Verschiebung der Lenkungsfunktion vom Lehrenden zum Lernenden bewirkt, sodaß der vorgestellte Unterricht in einem Kontinuum stand (vgl. 5.2.5 u. 5.2.7), welches sich z.B. noch hinsichtlich klarer Formulierungen, also der Aussendung von „Ich-Botschaften" (vgl. 5.4.2 u. Fußnote 78) stabilisieren mußte.

- Das gestaltungsbezogene Lernen wurde zugelassen, d.h. nachdem in einer langfristig angelegten Unterrichtsvorbereitung der Zeitfaktor vom Lehrer berücksichtigt worden war (vgl. 5.2.7 sowie die Fußnoten 75 u. 81), konnten die Schüler in einem kreativen Lernprozeß ein attraktives Toastbrotsortiment entwickeln, wobei ihr Handeln unter persönlichkeitsbezogenem Aspekt eindeutig über Fertigkeiten aus dem Bereich der Fachkompetenz hinausging und ebenso die Bereiche der Human-, Sozial-, Methoden- und Lernkompetenz mit einschloß (vgl. hierzu die Ausführungen in diesem Abschnitt sowie grundlegend in 3.2.6).

- Es wurde eine innere Differenzierung des Unterrichts ermöglicht, so konnte der Lehrer z.B. im Verlauf der arbeitsteiligen Gruppenarbeit lernschwächeren Schülern bei ihren Rezepturberechnungen helfen, während eine leistungsstarke Gruppe im Sinne eines Additums (vgl. KLAFKI/STÖCKER 1996, S. 183 ff.) mit der Herstellung von Toastbroten aus Weißbrotteig betraut werden konnte (vgl. 5.4.3).

Kritisch anzumerken ist an dieser Stelle die fehlende Möglichkeit einer äußeren, d.h. fachspezifischen Leistungsdifferenzierung (Setting) des Unterrichts (vgl. BÖNSCH 1994, S. 320 ff.) im Interesse einer Stützung/Förderung für lernschwache bzw. einer Vertiefung/Erweiterung für leistungsstarke Schüler[100].

- Eine didaktische Reduktion wurde durchgeführt, und zwar als subjektbezogene Orientierungsstrategie für die Lernenden (z.B. durch die Schaffung eines kognitiven Orientierungsrahmens infolge der Bildung einer individuellen Zielhierarchie; vgl. 5.2.6 u. 5.3.1), in Ermangelung eines verbindlichen Gesamtcurriculums konnte sie allerdings nur unzureichend umgesetzt werden als prozeßbezogene Entlastungsstrategie für die Lehrenden auf beiden Seiten des dualen Systems.

Durch die didaktische Korrespondenz der Auszubildenden konnte zwar der Abstimmungsaufwand zwischen den Lernorten (vgl. 4.4.3.2.3) vermindert werden, trotzdem aber war wenig Planungssicherheit gegeben (vgl. 3.2.7.3 u. 5.2.2 sowie die Fußnoten 53, 54 u. 55)[101].

---

100 Hinsichtlich einer Vertiefung/Erweiterung in der Erstausbildung ist auch die weitere Verwendbarkeit der erworbenen Qualifikationen zu bedenken. Im Sinne eines Laufbahnmodells, das in der Erstausbildung seinen Anfang nimmt und innerhalb des Weiterbildungssektor fortgesetzt werden kann, wird dieser Überlegung in Abschnitt 6.2.1.5 nachgegangen.

101 Zu einer prozeßbezogenen Entlastung der Gesamtausbildung gehört auch die Einbeziehung der überbetrieblichen Unterweisung (vgl. hierzu 6.3).

5.8 Zusammenfassung und Überleitung

Am Beispiel der „Toastbrotherstellung" wurde in diesem Kapitel aufgezeigt, wie handlungsorientierter Unterricht im Rahmen einer auftragsorientierten Lernortkooperation vom Lehrer vorbereitet, gemeinsam mit den Schülern geplant, durchgeführt und ausgewertet wurde (vgl. 5.2 - 5.6).

Anschließend wurde der vorgestellte Unterricht überprüft (vgl. 5.7). Diesbezüglich dienten die im dritten Kapitel herausgearbeiteten Qualitätsmerkmale handlungsorientierten Unterrichts (vgl. Abb. 17) als Analysekriterien, und zwar in ihrer Eigenschaft als didaktische Leitlinien für den Grad der Handlungsorientierung.

Mit Ausnahme einer unzulänglichen didaktischen Reduktion in Form einer prozeßbezogenen Entlastungsstrategie bzw. der fehlenden Möglichkeit einer äußeren Differenzierung (vgl. 5.7.3) hatte der Unterricht die Ansprüche an eine handlungsorientierte Didaktik erfüllt.

Insbesondere zeigte sich die Bedeutsamkeit der didaktischen Parallelität, als Voraussetzung nämlich für den kurzphasigen Rhythmus „Handeln-Denken-Handeln".
Die zyklische Struktur einer Lernhandlung konnte sich nur entfalten, weil eine unmittelbare Handlungskontrolle in der Realität des Betriebsalltags ermöglicht worden war (vgl. 5.7.2). Die in den Neuordnungen erhobene Forderung, alle Fertigkeiten und Kenntnisse unter Einbeziehung selbständigen Planens, Durchführens und Kontrollierens zu vermitteln (vgl. 3.1.4.1), konnte demnach nicht auf den Klassenraum und/oder die Lehrwerkstatt beschränkt bleiben, sondern sie konnte sich erst lernortübergreifend erfüllen[102]. Ein eindeutiges Plädoyer wiederum für das duale System der

---

[102] Über den Bereich des Handwerks hinausgehend ist dieser Rückschluß relevant für alle Methoden der **Simulation** (vgl. BONZ 1996, S. 56 ff.), sofern nicht für eine unmittelbare Handlungskontrolle „unter Konkurrenzbedingungen auf dem Markt" (vgl. SÖLTENFUß 1983, S. 309) gesorgt wird. Diese Reflexion fehlt nicht nur dem „wattierten" Bereich einer Produktionsschule (vgl. 3.2.8), sondern beispielsweise auch der vollzeitschulischen Ausbildung zum staatlich geprüften Wirtschaftsassistenten bzw. kaufmännischen Assistenten (vgl. MBWFK.SCHL.-H. 1999d) durch „Vollsimulation im Lernbüro" (vgl. HALFPAP u.a. 1996, S. 24 ff.).

Berufsausbildung (vgl. hierzu auch 3.2.8). Denn nur unter diesen Bedingungen konnten die Berufsschüler jene Schlüsselqualifikationen entwickeln, die lt. Berufsbildungsbericht 1998 (vgl. bmb+f, S. 1) im Zeichen immer schnelleren wirtschaftlichen Wandels erwartet werden, d.h. es sind Mitarbeiter gefordert, die z.B. über eine hohe soziale Kompetenz verfügen, Konflikte konstruktiv bewältigen können sowie qualitäts-, kostenbewußt und kundenorientiert handeln (vgl. 1.1.1; vgl. auch die unter den Kompetenzbereichen subsumierten Schlüsselqualifikationen i. 5.7.3).

Eine prozeßbezogene Entlastungsstrategie, um auf die herausgestellten Defizite des vorgestellten Unterrichts einzugehen, wäre durch den Rahmen eines verbindlichen Gesamtcurriculums gegeben, wobei zu einem lernortübergreifenden Gesamtausbildungsplan auch die Einbeziehung der überbetrieblichen Unterweisung gehört (vgl. Fußnote 101).

Hinsichtlich einer Leistungsdifferenzierung in der Erstausbildung ist neben der Stützung/Förderung lernschwacher Schüler, deren Defizite der Lehrer z.B. durch seine Beratungsätigkeit im Verlauf der Gruppenarbeit feststellen konnte, im Hinblick auf eine Vertiefung/Erweiterung für leistungsstarke Schüler auch die weitere Verwendbarkeit der erworbenen Qualifikationen zu berücksichtigen, um zeit- und kostenaufwendige Überschneidungen oder gar Wiederholungen zu vermeiden. Doch damit unter motivationalen Gesichtspunkten aus leistungsschwachen bzw. -starken in jedem Falle auch leistungswillige Schüler werden können, müssen u.a. Möglichkeiten ausbildungsbegleitender Hilfen oder Wege zur Erlangung von Zusatzqualifikationen, z.B. intentional ausgerichtet auf ein Laufbahnmodell (vgl. Fußnote 100), schon zu Beginn der Erstausbildung transparent gemacht werden[103], d.h. als Bestandteil einer

---

103 Wenn es im Text heißt, Wege zur Erlangung von Zusatzqualifikationen seien transparent zu machen, dann vernachlässigt diese Diktion keineswegs, daß eine der beruflichen Erstausbildung vorgeschaltete Information über grundsätzlich bestehende Möglichkeiten bereits wahrgenommen worden sein könnte, u.a. durch das Arbeitsamt, auf Berufsmessen, durch Betriebspraktika, aber auch in Form einer Kooperation von Berufs- und allgemeinbildenden Schulen (vgl. 4.1). Berücksichtigt wird aber ebenfalls, daß in einer so wichtigen Entscheidung fast jeder dritte Schüler (30,3 % bei den gewerblich-technischen Berufen) die Wahl des Ausbildungsberufes eher als Zufallsentscheidung interpretiert (vgl. BEINKE 1999b, S. 4 ff.). Aufzuzeigen ist somit in der Einstiegsphase, welche Wege explizit an der betreffenden Berufsschule eingeschlagen werden können.

„Programmvorschau" (vgl. 5.3.1) in der Handlungsphase der Antizipation (vgl. 3.1.4.1.1). In diesem Sinne wird auch von LENNARTZ die Forderung nach einer Öffnung der Berufsschule für den Weiterbildungssektor erhoben: *„Die systemische Verknüpfung von Erstausbildung und Kompetenzerweiterung deckt einen vielfältigen Kundenbedarf: [...] Sie gibt Jugendlichen und jungen Fachkräften überschaubare Optionen für eine erstrebenswerte berufliche Entwicklung [...]"* (1998, S. 245).

Nur unter der Maßgabe einer derart ausgeprägten Ziel- bzw. Motivbildung resp. -reflexion können sich die Schüler eine individuelle Zielhierarchie erarbeiten, sodaß sie in der Folge Teilziele werden generieren und individuell zu Aktionsprogrammen dekodieren können (vgl. 3.2.2.1) - eine Betrachtungsweise, die allen Qualitätsmerkmalen handlungsorientierten Berufsschulunterrichts entspricht (vgl. Abb. 17), d.h.

- der handlungstheoretischen Fundierung, weil die Phasierung des Unterrichts einer aus der hierarchisch-sequentiellen Handlungsregulation hervorgehenden Ordnung menschlichen Zielverhaltens folgt;

- der Ganzheitlichkeit, denn ohne die Durchschaubarkeit von Möglichkeiten der Stützung/Förderung bzw. Vertiefung/Erweiterung wird die Bildung einer individuellen Zielhierarchie zur Schaffung eines kognitiven Orientierungsrahmens als Grundlage der Selbstregulationsfähigkeit in erheblichem Maße beschnitten;

- der Subjektorientierung, da Differenzierungsmaßnahmen die individuellen Lernvoraussetzungen und Interessen der Schüler berücksichtigen, die Objektperspektive von Bildungsgängen also nicht nur mit Einzelmomenten der Subjektorientierung angereichert wird, sondern die individuelle Lerntätigkeit des Lernsubjektes konsequent im Mittelpunkt der Betrachtung steht (vgl. 3.2.3 u. Abb. 13).

Aus handlungstheoretischer Sichtweise ist somit die Konzeption einer zukunftsorientierten Erstausbildung ohne Berücksichtigung des Weiterbildungssektors lediglich eine verkürzte Version - zumal, und auch das gilt es zu bedenken, die Lernkompetenz u.a. als Fähigkeit und Bereitschaft definiert wurde, im Beruf und über den Berufsbereich hinaus Lerntechniken und Lernstrategien zu entwickeln und diese für die Weiterbildung zu nutzen (vgl. 2.2.2). Wie aber soll ein Auszubildender im Beruf Lernstrategien hinsichtlich seiner Weiterbildung entwickeln können, wenn ihm entsprechende Perspektiven fehlen?

Nicht zuletzt aus diesem Blickwinkel soll im nächsten Kapitel untersucht werden, welche Konsequenzen an den Lernorten erforderlich sind, um eine auftragsorientierte Lernortkooperation unter situationsspezifischen Aspekten so zu optimieren, daß die Auszubildenden ihre Lernhandlungen im Hinblick auf eine sich ständig erweiternde Handlungskompetenz regulieren können. Unter diesem interventiven Gesichtspunkt wird auch zu thematisieren sein, ob der Berufsschullehrer den von ihm zu vermittelnden Beruf (zumindest) selbst erlernt haben sollte, um angemessen auf die unterschiedlichen Betriebserlebnisse seiner Schüler eingehen zu können, ob er also individuelle Lernvoraussetzungen und Interessen aufnehmen kann als jeweils konstituierendes Element einer neuer Lernsituation (vgl. 5.3.1 u. Fußnote 83).

6 Welche Konsequenzen erfordert eine auftragsorientierte Lernortkooperation für die Lernorte Betrieb und Berufsschule?

Die folgenden Ausführungen beziehen sich auf organisatorische und personelle Veränderungen in den Ausbildungsbetrieben, einschließlich der überbetrieblichen Ausbildung, und in der Berufsschule.

6.1 Die Ausbildungsbetriebe

6.1.1 Konsequenzen organisatorischer Art

Der Lernort Arbeitsplatz stand im Mittelpunkt der ALiH-Studie (vgl. 1.1.2). In diesem Zusammenhang wurden entsprechende Strukturen und Prinzipien auftragsorientierten Lernens hinsichtlich der betrieblichen Lernorganisation von STRATENWERTH bereits vorgelegt (vgl 1991a, S. 23 ff.). Das betreffende Gutachten wird im folgenden rezipiert und jeweils dann modifiziert, wenn eine lernortübergreifende Betrachtung dies erfordert (Modifizierungen werden hervorgehoben durch Kursivschrift).

Mit Hilfe folgender Selektions- und Gestaltungsstrategien kann nach STRATENWERTH die Einbeziehung der Lehrlinge in den betriebllichen Produktionsprozeß didaktisch gestaltet und reguliert werden:

- Aufgabenauswahl und Aufgabenzuordnung mit den Kriterien des Aufgabeninhaltes, der Aufgabentiefe und des objektiven Schwierigkeitsgrades der Aufgaben, denen der Lehrling zugeordnet werden solle.
Hier ist darauf zu achten, daß sich Auswahl und Reihung der Lerninhalte an technologischen Ganzheiten orientieren, d.h. nach dem Materialfluß bzw. Prozeßschema erfolgen. Die Lerninhalte dürfen nicht durch Feindifferenzierung des Ausbildungsberufsbildes nach Arbeitsräumen und -plätzen als Teilhandlungen über die gesamte Lehrzeit verteilt sein (vgl. KEIM 1985, S. 368 ff.; JENEWEIN 1998, S. 284; PAHL 1998, S. 19 f.). Hilfreich sind hierbei Methoden

der Versetzungsplanung, die aber nach dem „Betreuungsprinzip" (vgl. 3.2.4) mit den Lehrlingen besprochen werden sollten (vgl. 4.4.3.2.3 u. 5.2.2).

- Bestimmung der Mitwirkungsformen, die unbeschadet theoretischer Abstraktion in der Realität mit unterschiedlichen Merkmalsausprägungen anzutreffen seien, fließende Übergänge hätten und im Prozeß der Aufgabenerfüllung auch kombiniert werden könnten, mithin

1. Zuschauen, Zuhören, Beobachten, Fragen;

2. Hilfeleistungen/Handreichungen;

3. Neben- und Vorarbeiten;

4. Partnerarbeit und Teamarbeit;

5. selbständige Alleinarbeit.

Hinsichtlich der Mitwirkungsformen ist eine Anmerkung zu den Lernabschnitten bzw. -feldern der auftragsorientierten Lernortkooperation erforderlich: Von den Betrieben wird nicht verlangt, daß der Lehrling sich den ganzen Tag nur mit der Thematik des jeweils aktuellen Lernfeldes beschäftigen muß - allerdings sollte dem Lehrling Gelegenheit gegeben werden, zumindest zeitweise seine Lerntätigkeit auf die mit der Berufsschule übereinstimmenden Lerngegenstände zu richten. Die verbleibende Zeit kann er durchaus anderen Tätigkeiten zugeordnet werden. Ohnehin wird sich vor dem Hintergrund bereits erworbener Kenntnisse und Fertigkeiten sein Tätigkeitsfeld - schon aus funktionalen Gründen - erweitern. Den erhobenen Anspruch wird auch jeder Betrieb ohne großen Aufwand durch entsprechende Strategien der didaktischen Regulation erfüllen können, da die Inhalte aller Lernabschnitte bzw. -felder den Kundenaufträgen entsprechen (vgl. 4.4.3.2.3). Oft ist es möglich, aufgrund von Beobachtungen aus der Perspektive eines Arbeitsplatzes, dessen Handlungsabläufe zu Routinetätigkeiten automatisiert worden und nicht mehr bewußtseinspflichtig sind, über den Nachvollzug der Handlungen anderer zu lernen bzw. den Fortgang der Herstellung zu verfolgen resp. einzuordnen, wobei nochmals auf das diese Mitwirkungsform konstituierende und vorher (>!<) zu erwerbende Zusammenhangwissen hinzuweisen ist (vgl. 3.2.2.1). In diesem Sinne ist „Lernen durch Beobachten des Handelns anderer Personen [...] nicht bloßes Hinsehen und gedankenloses Nachahmen, sondern systematisch-

planmäßiges, einordnendes Erfassen von Beobachtungsdaten" (SKELL 1994, S. 141).

- Lernunterstützung bei der Aufgabenerfüllung durch personale oder mediale Lernhilfen, wobei sich aus der Perspektive des auftragsorientierten Methodenkonzeptes die lernorganisatorisch relevanten Überlegungen vor allem auf die Gestaltung der folgenden Lernunterstützungen zu konzentrieren hätten, nämlich

   1. dem Lehrling hinsichtlich seiner subjektiven Aufgabendefinition zu helfen sowie

   2. den Lehrling zu unterstützen bei seinen Bemühungen, eben diese subjektiv definierte Arbeits- und Lernaufgabe arbeitszielgerecht und zugleich lernwirksam unter den besonderen Bedingungen der aktuellen Arbeits- und Lernsituation zu bewältigen

   und dabei zu berücksichtigen, daß das im Handwerk übliche "Einhelfen" sich nicht auf die Vollzugsebene beschränken dürfe, sondern unter dem Aspekt der Förderung beruflicher Handlungskompetenz auch Lernhilfen hinsichtlich des psychoregulativen Funktionsbereiches zu umfassen habe, also gezielte Hilfestellungen zur Arbeitsplanung, Arbeitsorganisation und Arbeitskontrolle, in deren Rahmen die Hilfestellungen zur Förderung der Lernkompetenz eine Sonderstellung einnehmen würden.

- Besondere Organisationsformen des Lernens und Lehrens als Ergänzung der arbeitsintegrierten Ausbildung, d.h. aus der Sicht kleinerer und mittlerer Ausbildungsbetriebe des Handwerks kämen vor allem in Betracht

   1. die Planmäßige Arbeitsunterweisung, als vierstufiges Artikulationsschema aufgebaut und bekannt unter der Bezeichnung "Vier-Stufen-Methode", *die wiederum weiterentwickelt wurde zur „Analytischen Arbeitsunterweisung", und zwar unter Einbeziehung von Ansätzen zur kognitiven Regulation des Aneignungsprozesses (vgl. BURCHARD 1991, S. 353 ff.; SCHELTEN 1991b, S. 94 ff.; SEYD 1994, S. 179 ff.);*

   2. der Lernauftrag in seiner Ausprägung als Erkundungs- und/oder Anwendungsauftrag, insbesondere zur Gewinnung von Methodenkompetenz; *auch für Handwerksbetriebe bietet sich hier ein innovatives Konzept*

242

arbeitsgebundenen Lernens zur Verwirklichung einer subjektorientierten

Didaktik (vgl. KÖSEL/DÜRR 1995, S. 262 ff.) an, die sog. „Lerninsel", wobei es

sich um mit Lernausstattungen angereicherte Arbeitsplätze in der Produktion

handelt, an denen Auszubildende selbständig und ggf. im Team

Anwendungsaufträge durchführen können (vgl. REETZ/SEYD 1995, S. 213;

vgl. auch DEHNBOSTEL 1995, S. 266 ff.; SCHÜNEMANN 1996, S. 57;);

3. das Lehrgespräch, nach STRATENWERTH aus der Perspektive des

auftragsorientierten Lernkonzeptes besonders bedeutsam als

a) Problemgespräch zur Vermittlung von Strategien zur Problemlösung;

diesbezüglich ist die problembezogene Nutzung von Informationsquellen zu

berücksichtigen - ein Manko in den meisten Betrieben, wie EULER

ausführt, denn während in der Schule einzelne Medien wie die Schulbücher

das Lehren und Lernen bestimmten, seien im Rahmen der betrieblichen

Ausbildung i.d.R. keine entsprechenden Medien verfügbar (vgl. 1996, S.

185). An dieser Stelle soll nun angeregt werden, eine „Medienecke" auch in

Handwerksbetrieben, möglicherweise als Ergänzung zu einer „Lerninsel",

einzurichten. Dort sollten im Interesse didaktischer Parallelität insbesondere

die Bücher archiviert sein, die auch in der Berufsschule Anwendung finden;

b) Lernberatungsgespräch, möglichst oft initiiert durch den Lehrling selbst,

c) Orientierungsgespräch zur Erlangung von Zusammenhangwissen,

d) Reflexionsgespräch, denn dem unmittelbaren Erfahrungserwerb komme

eine didaktische Schlüsselstellung im System der auftragsorientierten

Lernorganisation zu und von daher sei ein Reflexionsbedarf zu erwarten,

der nicht nur von der Berufsschule, sondern auch vom Ausbildungsbetrieb

erfaßt und mit lernortangemessenen Gesprächsformen abgedeckt werden

sollte.

An diesem Punkt ist der Hinweis wichtig, daß im Rahmen der didaktischen

Korrespondenz Bezug genommen wird auf den anderen Lernort. Eine

Möglichkeit, lernortübergreifendes Lernen gerade im Zusammenhang mit

Lehrgesprächen zu verstärken, ist die sparsame Nutzung von Leittexten (vgl. HAHN u.a. 1995; HAHNE 1997, S. 7 f.; HOLZ/SCHEMME 1998) [104] *In Verbindung mit dem ausdifferenzierten Modell einer vollständigen Handlung (vgl. 3.1.4.1) stellt sich ein auftragsorientiertes Leittextsystem dann wie folgt dar:*

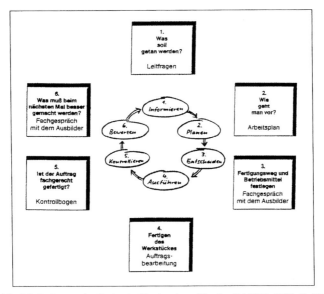

Abb. 24: Auftragsorientiertes Leittextsystem (Quelle: BADER 1995, S. 165)

---

104 Auf die sparsame Verwendung von Leittexten, die keineswegs als einzige Methode zum Non plus ultra hochstilisiert werden dürfen (vgl. MEYER/UHE 1990, S. 277; BAUER 1996, S. 112), weist BRATER hin: *"Es dürfte aber auch deutlich sein, daß bei solch relativ enger Führung des Arbeits-Lernprozesses durch die 'papierenen Ausbilder' die Gefahr gegeben ist, 'richtige' Verfahren nur einzuschleifen und gerade kein selbständiges Problemlösungsverhalten zu fördern"* (1991, S. 131 f.) - übertreibe man also den Einsatz und die Perfektion von Leittexten, erreiche man möglicherweise das Gegenteil von selbstgesteuertem Lernen und ersetze u.U. den persönlichen Kontakt zum Ausbilder durch eine Flut von Formularen, die dann auch oft Abwehr bei den Auszubildenden hervorrufe (vgl. ebd., S. 132), wobei ebenfalls zu bedenken ist, daß sich in einem solchen Falle auch der Ausbilder durch die Dominanz der Leittexte „bevormundet" fühlen könnte (zum Einsatz von Leittexten vgl. auch BIBB 1990; KOCH/SELKA 1991; ROTTLUFF 1992).

Nach dem "Prinzip der progressiven Ausdifferenzierung" einer komplexen Arbeitsaufgabe beruht das didaktische Regulationssystem der auftragsorientierten Lernorganisation des Betriebes nun auf dem funktionellen Zusammenspiel der oben dargestellten Gestaltungsstrategien. Auf diese Weise könne laut STRATENWERTH - und die Aussage trifft unter lernortübergreifender Betrachtung der jetzt modifizierten Strategien in besonderem Maße zu - die sich aus der Lehrgangsmethode ergebende Transferproblematik getrennt vermittelter Qualifikationselemente vermieden werden, allerdings sollten die Handwerksbetriebe das ihnen zur Verfügung stehende Aufgabenpotential auch nutzen und die Lehrlinge nicht langfristig an eng zugeschnittene Hilfsarbeiten binden.

„Als Anreiz, die betriebliche Ausbildung im Sinne der auftragsorientierten Lernortkooperation zu verbessern und diese verbesserte Ausbildung auch nach außen hin zu dokumentieren, könnte nach erfolgter Überprüfung ein Gütesiegel verliehen werden (z.B. für drei Jahre) als „Anerkannter Ausbildungsbetrieb der Innung" (vgl. DÜNNEWALD u.a. 1996; PFAHL 1992, S. 20; 1993, S. 22; 1994a)[105].

Es sei zwar in erster Linie die berufs- und arbeitspädagogische Kompetenz des einzelnen Ausbilders gefragt, so STRATENWERTH abschließend, in besonderer Weise aber auch die Selbstregulationsfähigkeit der Lehrlinge.

Die Kompetenz des Ausbilders zur Gestaltung adäquater Lernsituationen ist Thema des nächsten Abschnittes.

---

105 Das „Gütesiegel" ist z.B. in Schleswig-Holstein am Aufwand der Durchführung in den Betrieben sowie der zentralen Überprüfung durch den Landesinnungsverband gescheitert, und zwar zum Bedauern des Berufsbildungsausschusses (vgl. LIV-SH 1994, S. 1 f. u. LIV-SH 1995, S. 3). Als Kriterium einer Überprüfung möge daher die Einhaltung des verbindlichen Gesamtcurriculums (vgl. 4.4.2) dienen. Diesbezüglich müssen in den Berichtsheften als Ausbildungsnachweis (vgl. 5.2.2 sowie Fußnoten 71 u. 72) sowohl die Berufsschulthemen als auch die betrieblichen Tätigkeiten dokumentiert werden. Diese Berichtshefte sind bei Zwischen- und Gesellenprüfungen ohnehin vorzulegen. Somit kann von den Prüfungsausschüssen „vor Ort" die Einhaltung des verbindlichen Gesamtcurriculums festgestellt werden, und zwar ohne zusätzlichen Aufwand. Unter den genannten Bedingungen könnte das „Gütesiegel" also wieder eingeführt werden.

6.1.2   Personelle Konsequenzen

Das Ausbildungspersonal muß unter den Bedingungen einer auftragsorientierten Lernortkooperation bereit sein, über den eigenen Lernort hinauszublicken und sich darüber informieren (lassen), was hinsichtlich der Lerninhalte in der Berufsschule konkret geschehen bzw. geplant ist, wobei das verbindliche Gesamtcurriculum in seiner Eigenschaft als prozeßbezogene Entlastungsstrategie (vgl. 5.8) die Einordnung entsprechender Lehrgespräche erheblich erleichtern dürfte. In einem solchen Fall übernehmen die Ausbilder die Rolle des Lernenden und können über ihre Auszubildenden u.U. neue Perspektiven im Hinblick auf ihnen prinzipiell bekannte Themen und/oder Probleme erfahren - jedoch:

„Ein solcher Rollenwechsel setzt gleichwohl voraus, die Position des überlegenen 'Bescheidwissers' aufzugeben und die des nachfragenden Lernorganisators einzunehmen" (EULER 1996, S. 202).

Die zukünftige Rolle des Ausbilders kann wie in Abb. 25 beschrieben werden (vgl. auch BACHMANN 1991b, S. 450 f.; BRATER/BÜCHELE 1991, S. 219 ff.). Hierbei wird insbesondere beim heutigen Rollenverständnis des Ausbilders zurückgegriffen auf Erkenntnisse der vorliegenden Arbeit, d.h. beispielsweise:

- Die Ausbildertätigkeit orientiert sich stringent an der Regulationsstruktur einer vollständigen Lernhandlung (vgl. 3.1.4.4 u. Abb. 11), und zwar von der Erzeugung des Zusammenhangwissens, welches zur Orientierung bzw. zur Bildung einer individuellen Zielhierarchie benötigt wird, bis zur Reflexion der Lernaufgabe und des Lernprozesses.

- Berücksichtigt wird auch die gegenseitige Bezugnahme der Lernorte auf der Basis eines verbindlichen Gesamtcurriculums (vgl. 4.4.2 sowie die Fußnoten 53, 54 u.55), welches zu erarbeiten ist.

- Und wenn es heißt, der Ausbilder ordnet den Lehrling dem jeweils aktuellen Lernfeld zu, in welches dann unter Wahrung betrieblicher Besonderheiten die entsprechenden Kundenaufträge einfließen, dann ist zu bedenken, daß gerade die betrieblichen Besonderheiten aufrechtzuerhalten sind, weil sie in der Berufsschule im Verlauf von Abstraktionsprozessen ihren prototypischen Charakter verlieren und zu einem

Exemplum werden (vgl. 4.4.3.2.3), zu einem Vorverständnis gewissermaßen, welches der Berufsschüler an eine neue Lern- bzw. Handlungssituation herantragen und somit im Kontext der individuellen Betriebserlebnisse anderer Berufsschüler seine eigenen (Er-)Kenntnisse erweitern kann - einhergehend wird also deutlich, daß der Ausbilder den Mehraufwand nicht erbringen muß, „exemplarische Aufträge" zu identifizieren und aufzubereiten im Hinblick auf eine didaktische Parallelität mit weiteren Ausbildungsbetrieben sowie mit der Berufsschule (vgl. 4.4.3.1).

- Zum Ausdruck wird ebenfalls gebracht, daß sich der Ausbilder Zeit für den Lehrling nehmen sollte, denn in Übereinstimmung mit dem handlungsorientierten Unterricht gilt auch für eine handlungsorientierte Unterweisung, daß diese anläßlich ihrer Einführung mehr Zeit benötigt, jedoch auf die folgenden wie ein „Teilchenbeschleuniger" wirkt, sodaß letztendlich sogar Lernzeit eingespart bzw. umgeleitet werden kann (vgl. 5.2.7).

- Schließlich wird auch die mediale Ausstattung der Betriebe zur Entwicklung von Methoden- und Lernkompetenz (vgl. 2.2.2 u. 5.7.3) dargestellt, nicht zuletzt im Hinblick auf gestaltungsorientiertes Lernen (vgl. 3.2.6), z.B. durch Grundlagenwerke, die ebenfalls in der Berufsschule benutzt werden, in Verbindung mit unterschiedlichen Rezeptbüchern (vgl. 5.4.1 zur Grundlagen- und Fachliteratur sowie hinsichtlich der betrieblichen Ausstattung die Ausführungen ü. „Lerninsel" und „Medienecke" i. 6.1.1).

Anzumerken ist noch, daß die frühere Rolle des Ausbilders im Sinne einer Genredarstellung (vgl. Fußnote 56) einerseits etwas zugespitzt erscheinen mag - wird aber andererseits berücksichtigt, daß nur 28 % der befragten Handwerksbetriebe angeben, nach einem eigenen betrieblichen Ausbildungsplan auszubilden (vgl. Fußnote 72), dann ist die vorgelegte Beschreibung wohl doch nicht so ganz abwegig ...

Die Rolle des Ausbilders:

früher	heute
... war er Unterweiser, Belehrer oder gar überlegener „Bescheidwisser"	... ist er Lernhelfer bzw. -berater resp. nachfragender Lernorganisator
... ordnete er den Lehrling der Durchführung hereinkommender Kundenaufträge in Form einer „Beistellehre" zu	... ordnet er den Lehrling dem Lernfeld zu, welches lt. zeitlicher Anordnung des verbindlichen Gesamtcurriculums an der Reihe ist und wählt aus den dort hereinkommenden Kundenaufträgen unter ganzheitlichen Gesichtspunkten sowie unter Wahrung betrieblicher Besonderheiten eine reale Arbeitsaufgabe aus, die dem Lernfortschritt des Lehrlings entspricht
... hatte er die Lerninhalte durch Feindifferenzierung des Ausbildungsberufsbildes nach Arbeitsräumen und -plätzen als isolierte Teilhandlungen über die gesamte Lehrzeit verteilt	... sorgt er z.B. durch Orientierungsgespräche für Zusammenhangwissen und achtet darauf, daß sich Auswahl und Reihung der Lerninhalte an technologischen Ganzheiten orientieren, d.h. nach dem Materialfluß bzw. Prozeßschema erfolgen
... folgte er dem Prinzip „Vormachen-Nachmachen"	... übergibt er die Aufgabenstellung zum selbständigen Durchdenken und Ausführen
... hatte er alle Informationen selbst vorgegeben	... läßt er den Lehrling unter Einbeziehung der Berufsschule möglichst viele Informationen selbst beschaffen, wobei zur Entwicklung von Methoden- u. Lernkompetenz im Betrieb eine „Lerninsel" mit integrierter „Medienecke" zur Verfügung steht
... mußte der Lehrling sich so eng an die Vorgaben halten, daß Fehler möglichst gar nicht vorkamen	... werden Fehler konstruktiv als Lernchance zugelassen
... leitete der Ausbilder die Arbeit des Lehrlings Schritt für Schritt an	... bleibt er im Hintergrund, beobachtet Lernprozeß und Bezugshandlung (Lernaufgabe), wartet aber ansonsten ab, ob und wann er im Rahmen antizipativer, aktionsbegleitender bzw. resultativer Kontrolle wirklich eingreifen muß
... hatte er geholfen, daß die „richtige" Lösung nachvollzogen werden konnte	... läßt er im Sinne der Gestaltungsorientierung eigene Erfahrungen und Lösungen des Lehrlings zu und versucht, ihn durch Fragen selbst einen richtigen Weg finden zu lassen
... hatte er die Bezugshandlung genau vorbesprochen	... wird er neben der Bezugshandlung auch den Lernprozeß thematisieren und beides vor allem intensiv nachbereiten (Reflexionsgespräch)
... basierte die Ausbildung auf einem pragmatisch-utilitaristischen Kooperationsverständnis des Ausbilders, denn Kooperationsaktivitäten gab es nur bei Problemerfahrungen in den täglichen Arbeitszusammenhängen	... orientiert sich die Ausbildung aufgrund eines verbindlichen Gesamtcurriculums am didaktisch-methodischen Kooperationsverständnis, weil die Lehrlinge zunehmend selbst individuelle Abstimmungen herbeiführen und dabei ihre Selbstregulationsfähigkeit steigern
... hatte der Ausbilder kaum Zeit für den Lehrling	... nimmt er sich die Zeit, die er durch die frühere Selbständigkeit des Lehrlings infolge der Handlungsorientierung (mehr als) zurückgewinnt

Abb. 25: Die Rolle des Ausbilders früher und heute

Die oben angesprochene Bereitschaft des Ausbildungspersonals, im Rahmen einer auftragsorientierten Lernortkooperation auszubilden, ist immer ein Produkt von Fähigkeiten (vgl. CALCHERA/WEBER 1990, S. 5), und diese Fähigkeiten müssen entsprechend geschult werden, d.h.:

„Die Qualifizierung der betrieblichen Ausbilder muß Schritt halten mit der Modernisierung der betrieblichen Berufsausbildung: Junge Menschen, die zu fachlich kompetenten sowie verantwortungsbewußt und selbständig handelnden und mitdenkenden zukünftigen Facharbeitern ausgebildet werden sollen, brauchen Ausbilder, die inhaltlich wie methodisch auf die Vermittlung der Ziele einer Berufsausbildung für das 21. Jahrhundert vorbereitet worden sind" (BIBB 1998a, S. 1).

In diesem Sinne sollen Ausbilder nach dem neuen handlungsorientierten Konzept „Ausbildung der Ausbilder" (AdA) in sieben Handlungsfeldern auf ihre Aufgaben vorbereitet werden (vgl. BMJ 1998; BIBB 1998b; vgl. auch WINTER 1998a, S. 32 f.), z.B. im berufs- und arbeitspädagogischen Teil der Meisterprüfung. In den Meistervorbereitungslehrgängen können sich die angehenden Ausbilder insbesondere im 2. Handlungsfeld „Ausbildung planen" mit dem Konzept der auftragsorientierten Lernortkooperation vertraut machen (vgl. BIBB 1998c, S. 33 ff.; KOCH 1998c, S. 39 ff.).

MEYER weist darauf hin, daß auch die ausbildenden Fachkräfte eine arbeitspädagogische Grundbildung benötigen (vgl. 1995a, S. 168), z.B. wäre eine pädagogische Qualifizierung von Gesellen zu „Lehrgesellen" denkbar (vgl. bmb+f 1998, S. 84). Diesbezüglich müßten Lehrgänge von den Handwerkskammern bzw. Kreishandwerkerschaften organisiert werden.

Bereits ausbildenden Handwerksmeistern ist erstens Gelegenheit zu geben, sich über die Institutionen der handwerklichen Selbstverwaltung mit der auftragsorientierten Lernortkooperation auseinanderzusetzen, d.h. über die zuständigen Berufsbildungsausschüsse, Obermeistertage und Innungsversammlungen, zweitens müssen in der Fachpresse angemessen aufbereitete Publikationen erscheinen und drittens, bei aller Zuversicht, wird sich die auftragsorientierte Lernortkooperation nicht von heute auf morgen durchsetzen, wobei langfristig auf die nachwachsenden Jungmeister zu setzen ist, kurzfristig aber auch auf die Auszubildenden selbst, die sich ihre Lernfelder zunehmend selbständiger erschließen werden. Sie sind deshalb in besonderem Maße darauf angewiesen, über angemessene methodische Qualifikationen zu verfügen: *„Dazu gehören u.a. Lehr- und Lerntechniken, Informations- sowie Gesprächs- und Fragetechniken, Arbeitsformen (vor allem Gruppenarbeit) und Konfliktlösungsstrategien. Diese Qualifikationen sollen dazu beitragen, im Betrieb [...] den Einsatz neuer Methoden vorzubereiten und dadurch die teilweise fehlenden berufs- und arbeitspädagogischen Qualifikationen der ausbildenden Fachkräfte ansatzweise zu kompensieren"* (FULDA u.a. 1994, S. 181; vgl. vor dem Hintergrund dieser Aussage auch den vorgestellten Unterricht über die „Toastbrotherstellung" in den Abschnitten 5.2. - 5.6).

Unter dem Gesichtspunkt, daß Auszubildende die potentiellen Ausbilder von morgen sind, kann nach MEYER/TÖPFER sogar daran gedacht werden, *„[...] die Kompetenz der Auszubildenden auf einen Level zu heben, der das Ausbilden als später ausbildende Fachkraft vorbereitet"* (1998, S. 27). So könnte z.B. in Absprache mit dem Ausbilder ein Lehrling des ersten Ausbildungsjahres seinem Kollegen aus dem dritten Lehrjahr hinsichtlich bestimmter Mitwirkungsformen (vgl. 6.1.1) zugeordnet werden, wobei anschließend dieser Prozeß gemeinsam reflektiert werden sollte.

Optimistisch stimmt in diesem Zusammenhang eine empirische Studie von KECK über betriebliche Lernprozesse (vgl. 1995, S. 217 ff.), derzufolge Auszubildende vor allem danach beurteilt werden, ob sie sich „interessiert zeigen", wobei als Indikator für Interesse hauptsächlich das vom Ausbilder wahrgenommene Frageverhalten der Auszubildenden gilt. Wird demnach ein Auszubildender aufgrund seines Frageverhaltens als „interessiert" eingeschätzt, werden ihm zugleich hohe Leistungsbereitschaft sowie hohe Leistungsfähigkeit attribuiert. Einem solchen Auszubildenden werden im allgemeinen anspruchsvolle Aufgaben zugewiesen sowie ausreichend Zeit für Rückfragen und Erklärungen eingeräumt. Werden bei einem Auszubildenden hingegen vermeintlich Desinteresse und eine geringe Leistungsbereischaft bzw. -fähigkeit unterstellt, erfolgt eher die Zuweisung standardisierter Aufgaben resp. Routinetätigkeiten ohne Erklärungsbedarf (vgl. auch KLAUSER 1998, S. 115 ff.).

Ein Gelingen der hier skizzierten auftragsorientierten Lernortkooperation hängt also zu einem großen Teil vom Frageverhalten der Auszubildenden ab. Das Frageverhalten ist ein Teil der kommunikativen Fähigkeiten zum Gewinnen und Verarbeiten von Informationen, mithin also eine Schlüsselqualifikation des formalen Bereiches (vgl. Abb. 4). Schlüsselqualifikationen wiederum sind der vorliegenden Studie zufolge auf der Grundlage von Kundenaufträgen, also kontextorientiert (vgl. 3.2.7.1 u. 3.2.7.2 sowie Abb. 17), in der Berufsschule zu entwickeln, wodurch deren Stellenwert innerhalb einer Lernortkooperation noch einmal deutlich hervorgehoben wird.

Entsprechende Veränderungen organisatorischer und personeller Art werden in den nächsten Abschnitten dargestellt.

6.2 Die Berufsschule

6.2.1 Konsequenzen organisatorischer Art

6.2.1.1 Integriertes Fachraumkonzept

Methodische Qualifikationen zum selbständigen Lernen lernen, z.B. Kommunikationsfähigkeit, um an den letzten Abschnitt anzuknüpfen, sind in der Berufsschule kontextorientiert zu entwickeln. Von den erlebten Kommunikationssituationen eines solchen Unterrichts ausgehend, lassen sich kleinere Unterrichtseinheiten in den Unterricht integrieren, u.a. eben auch *„Auskünfte einholen (Fragen gezielt stellen, Verzeichnisse auswerten, Bibliotheken nutzen)"* (MARWEDE 1996, S. 5; vgl. auch MBWFK.SCH.-H. 1997a), d.h. hier kann das Frageverhalten an berufsspezifischen Lerninhalten trainiert werden, auch im Hinblick auf konkrete Fragen, die zur Weitergabe an den Betrieb formuliert werden.

Deutlich wird auch an diesem Beispiel, daß handlungsorientierter Unterricht in Verbindung mit vielfältiger Gruppenarbeit, häufigem Wechsel zwischen praktischer Tätigkeit und theoretischer Reflexion sowie der Notwendigkeit, daß sich die Schüler ausreichend mit Informationsmaterial versorgen können, Lernräume mit entsprechender Ausstattung beansprucht (vgl. IPTS 1992, S. 10 f; vgl. auch 5.2.5). Somit ist eine

Trennung von Klassenräumen, Lehrwerkstätten und Medienräumen hinderlich. Notwendig ist vielmehr ein integriertes Fachraumkonzept, welches durch Erweiterung bestehender Werkräume oft schon mit "Bordmitteln" zu bewältigen ist (vgl. PFAHL 1996c, S. 3). Zu diesem Fachraumkonzept gehört auch die regelmäßige Auslage von Fachzeitschriften sowie die Zeit, darin "herumstöbern" zu können bzw. interessante Rezepturen in die entsprechende Datei des Computers einzugeben oder interessante Artikel auszuwerten und alphabetisch abzuheften in einer Hängeregistratur, welche sich zwecks bedarfsorientierten Zugriffs ebenfalls im Fachraum befindet. Durch diesen Zugang kann sich für die Schüler der Stellenwert von Fachzeitungen erhöhen - und sei es, damit sie motiviert sind, selbst einmal einen Fachartikel zu schreiben (vgl. hierzu 5.5.3 u. Abb. 22) [106].

---

[106] So liegen in der Berufsschule des Verfassers wöchentlich bis zu 10 Fachzeitungen aus. Das führt nicht nur dazu, daß Schüler sich nach ihrer Lehrzeit eine Fachzeitung abonnieren bzw., was billiger ist, den Chef um seine Zeitung bitten, sondern ehemalige Schüler erscheinen wieder in der Berufsschule, um das Archiv zu nutzen. Selbst in den Betrieben des Berufsschulbezirkes hat es sich herumgesprochen, daß sich in der Berufsschule eine umfangreiche Fach-Bibliothek befindet. *„Wenn der Jugendliche seine Berufsausbildung beendet hat, verfügt er über eine gewisse Handlungskompetenz, die er bewußt weiterentwickeln, zumindest aufrechterhalten muß, weil sie die 'Tendenz' zur Reduktion oder Auflösung hat"* (LAUR-ERNST 1984, S. 109). In diesem Sinne dient ein integriertes Fachraumkonzept über den Berufsschulunterricht hinaus auch dem „Erhaltungslernen" bzw. wirkt dem passiven Prozeß des „Verlernens" entgegen (zu diesen beiden Lernformen vgl. HACKER 1998, S. 755 ff.) Interessanterweise berichten BERNDT/BIEL in diesem Zusammenhang über den BLK-Modellversuch "LERN-Zentrum", in dessen Rahmen nicht nur für den Unterricht an den Beruflichen Schulen des Kreises Rendsburg/Eckernförde eine Vielzahl von Medien und Medienarten bereitgestellt wird, sondern wo auch Externe dieses Angebot nutzen können, um einen durchlässigeren Lernortverbund zwischen Betrieb und Schule zu schaffen (vgl. 1997, S. 70 ff.). Beide Beispiele - Elmshorn und Rendsburg - belegen somit einen weiteren Bereich der Berufsschule als Dienstleister für die Branche (vgl. auch 4.4.3.1).

252

6.2.1.2 Die Berufsschule im Lernorte-Netz

„Gerade in einer Zeit knapper Finanzen müssen wir aber besonders verantwortungsbewußt darüber entscheiden, wieviel uns Bildung wert ist und wie wir Schulen ihren Aufgaben entsprechend ausstatten" (PROJEKTGRUPPE „BILDUNG" 1994, S. 5 ff.; vgl. auch MFE.SCHL.-H. 1998, S. 4 f.).

Aufgabe der beruflichen Erstausbildung, und das gilt es immer wieder in Erinnerung zu rufen, ist nach SCHELTEN im Zuge des schnellen technischen Wandels eine verstärkte Grundlagenbildung, in welcher auch Schlüsselqualifikationen angelegt werden als ein Instrument zur selbsttätigen Bewältigung entsprechender Weiterbildung (vgl. 1991a, S. 104 ff.). Zur Grundlagenbildung bzw. zum Anlegen von Schlüsselqualifikationen sind aber keine Lehrwerkstätten notwendig, die mit hohem finanziellen Aufwand ständig auf den neuesten Stand gebracht werden müssen - und das gilt auch, wenn PÄTZOLD vermerkt: *„Für den Berufsschullehrer ist ja nichts deprimierender als die hilflose Hinnahme im Unterricht vorgebrachter Anmerkungen seiner Schüler, im Betrieb würden längst veränderte technisch-organisatorische Fertigungsmethoden und Bearbeitungsweisen angewendet"* (1999, S. 21). Eine solide Standardausrüstung ist gleichwohl völlig ausreichend, denn daß der Berufstätige später einmal genau auf die Maschinen und Geräte treffen wird, an welchen er in der Berufsschule seine spezifischen Kenntnisse und Fertigkeiten erworben hat, ist doch eher unwahrscheinlich (hier wäre z.B. eine landeseinheitliche Liste hilfreich, aus welcher hervorgeht, wie für den jeweiligen Beruf eine solide Standardausrüstung beschaffen sein sollte).

Ausgehend aber von von der besagten Grundlagenbildung hat der Lehrer überhaupt keinen Anlaß, <u>hilflos</u> in Depressionen zu verfallen, sondern er sollte die <u>hilfreiche</u> Möglichkeit nutzen, schulextern mit seinen Schülern neue Technologien zu erkunden, sei es in Innungsbetrieben, Zulieferfirmen oder auf Fachausstellungen.

Diesbezüglich schildert WECKECK das sog. "rollende Klassenzimmer": Mit einem vom Schulträger finanzierten Bus werden regelmäßig interessante Betriebe angesteuert, wodurch erhebliche Kosten für Bau und Modernisierung von Lehrwerkstätten eingespart werden können (vgl. 1991, S. 468 f.). Und wenn im Ausbildungsbetrieb eines Berufsschülers z.B. eine Anlage zur maschinellen Aufarbeitung von Toastbroten arbeitet (vgl. 5.3.1 u. 5.4.2), ein computergesteuerter Backofen seinen Dienst versieht oder rationelle Maschinen und Geräte im Einsatz sind, dann sollte, sofern es die Zeit erlaubt, zwecks Erkundung die Berufsschule unter Beachtung der "Richtlinien für Schulausflüge" (vgl. z.B. MFBWS-SH 1994, S. 297 ff.) auch diesen Betrieb aufsuchen (vgl. PFAHL 1995b, S. 11) - hierzu nochmals WECKECK: "*Oft ist ein Schüler aus der Klasse Azubi in dem Unterrichts-Betrieb: Er kann seinen Mitschülern vor Ort berichten, [...] Lernen wird dadurch persönlich und lebendig*" (1991, S. 469).

Hinzu kommt noch, daß die Berufsschule bezüglich der Vielfalt zeitgemäßer Anlagen, Maschinen und Geräte sowie deren Wechselwirkungen aus finanziellen Gründen mit der Wirtschaft niemals wird Schritt halten können. Somit sollte nicht der Modernitätsrückstand der Berufsschule beklagt werden (vgl. REINISCH 1995, S. 295 ff.), sondern Schule und Betriebe sollten sich im Sinne eines „Lernorte-Netzes" (vgl. JANK/MEYER 1994, S. 358; KAISER/KAMINSKI 1994, S. 74) einander öffnen, um im Zuge einer vertrauensvollen Zusammenarbeit der technischen Innovation begegnen zu können.

Gleichfalls können Referenten in die Berufsschule eingeladen werden (vgl. PFAHL 1996d, S. 26 f.), und es können Fachseminare gestaltet werden (vgl. PFAHL 1997, S. 14) - stets sollten es aber Schüler sein, von denen derartige Unternehmungen zunehmend selbständig zu planen, durchzuführen und auszuwerten sind[107].
Die Attraktivität für Firmen und Institutionen, Seminare an einer Berufsschule durchzuführen bzw. Referenten zu entsenden, wird noch erhöht, wenn ein entsprechender Bericht in einer Fachzeitung erscheint - ein weiterer Grund also, den Schülern Fachzeitschriften nahezubringen.

---

107 Wenn nun die Schüler unterwegs sind, um etwas zu organisieren, sollte sich der Lehrer darauf einstellen, auch außerhalb der Unterrichtszeit für entsprechende Rückfragen erreichbar zu sein - viele Schüler benutzen (leider nicht nur diesbezüglich) ein Handy und modifizieren somit den handlungsorientierten Unterricht, wie es anläßlich einer Fortbildung angemerkt wurde, um die Variante der "Handy-Orientierung" ...

6.2.1.3   Stundenplantechnische Überlegungen

Am Beispiel der „Toastbrotherstellung" wurde erkennbar, daß ein fächerübergreifender Unterricht erforderlich war, denn die „Praktische Fachkunde" war als methodisches Element in den Fachkundeunterricht integriert worden. Wenn zudem innerhalb der „Fachkunde" gerechnet werden mußte, dann wurde auch gerechnet, und zwar unmittelbar (vgl. 5.2.3, 5.4.3 u. 5.5.2 sowie die Fußnoten 73 u.74), denn ansonsten wäre der Handlungsverlauf unter Umgehung der Ganzheitlichkeit (vgl. Abb. 17) durch die Delegation der Rechenoperationen aus der „Fachkunde/Praktischen Fachkunde" in das Fach „Fachrechnen" unnötig unterbrochen worden, hinsichtlich des betreffenden - möglicherweise auch noch fachfremden - Mathematiklehrers zusätzlich verbunden mit vielen Absprachen und Rückkoppelungen (vgl. 4.4.3).

„Das Fachprinzip steht strukturell dem Prinzip der Ganzheitlichkeit entgegen, da die Lernelemente nach ihrer fachlichen Zugehörigkeit und nicht nach ihrer an realen Situationen orientierten Korrespondenz geordnet sind" (ALBERS 1991, S. 492).
Ein Unterricht, der sich einerseits innerhalb von Lernabschnitten bzw. Lernfeldern (vgl. 4.4.3.2.3) an technologischen Ganzheiten oder am Materialfluß (vgl. 5.2.2 u. 6.1.1 sowie Fußnote 70) orientiert, mithin aus handlungstheoretischer Sicht die Lehrenden zur Schaffung und Kontrolle von „Handlungslernsituationen" verpflichtet (vgl. 3.2.2.3), kann nicht andererseits wissenschaftssystematisch nach dem Fachprinzip und einem mit diesem korrespondierenden Fachlehrerprinzip geordnet sein.
„Durch das Lernfeld-Konzept verschiebt sich das Fachlehrerprinzip; der einzelne Lehrer ist nicht mehr Experte für ein bestimmtes Fach, sondern deckt bestimmte Lernfelder in Kooperation mit anderen Lehrern ab" (BADER/SCHÄFER 1998, S. 233).

Soll also handlungsorientierter Unterricht unter dem Dach einer auftragsorientierten Lernortkooperation mit didaktisch parallel verlaufenden Lernfeldern durchgeführt werden, erfordert er ein eng miteinander kooperierendes, fächerübergreifend unterrichtendes Lehrerteam von zwei bis max. drei Kollegen pro Klasse (vgl. hierzu auch TOLLKÖTTER 1999, S. 29). Und diese Kollegen werden auch in gemeinsamer Arbeit den Stoffverteilungsplan strukturieren, und zwar auf der Basis des vorher erstellten verbindlichen Gesamtcurriculums. Sie werden ebenfalls darauf achten, daß die zur „Technologie" aggregierten Fächer „Fachkunde", „Praktische Fachkunde" und

„Fachbezogene Mathematik" zeitlich nicht am Anfang, sondern am Ende des Stundenplanes stehen, um z.B. Dispositionsspielraum zu haben für „Überstunden", welche sich ergeben können aufgrund der Priorität von Handlungszielen gegenüber starren Pausenregelungen und Unterrichtszeiten (vgl. 5.4.2). Auch Erkundungen, wie am Beispiel des „rollenden Klassenzimmers" (vgl. 6.2.1.2) geschildert, wären nur durch umständliche Planabweichungen möglich, wenn alle zwei Stunden aufgrund von Fächertrennungen ein Lehrerwechsel stattfindet bzw. wenn zeitliche Restriktionen die Klasse dazu zwingen, z.B. um 13:00 Uhr wieder in der Berufsschule zu erscheinen, um am Wirtschaftskundeunterricht teilnehmen zu können. Von der Motivation der Schüler einmal ganz abgesehen ...

6.2.1.4 Das Einführungsseminar - eine praxisorientierte Einstiegsphase in die Berufsausbildung

Mit dieser Intention veranstalten zahlreiche Unternehmen schon seit Jahren für ihre Auszubildenden Einführungsseminare, in deren Mittelpunkt Teamarbeit, Motivation zur eigenverantwortlichen Problembearbeitung und Ermutigung zum Ausschöpfen vorhandener Problemlösungspotentiale, Methodenorientierung, Kommunikation, Konfliktsteuerung, Kreativität, Entscheidungsfindung, vernetztes Denken usw. stehen (vgl. z.B. BOGALSKI/BALDIN 1990, S. 211 ff.; DERRIKS/METZGER 1995, S. 31 ff.; WILLUMEIT 1996, S. 101 f.). Für die Unternehmen bietet ein solches Einführungsseminar die hervorragende Möglichkeit, die jungen Leute mit der firmeneigenen Philosophie vertraut zu machen im Hinblick - allerdings - auf eine „betriebsspezifische Handlungskompetenz", so daß mit KIPP die Frage zu stellen ist, ob die Autonomie der Subjekte noch gewahrt bleibt (vgl. 1992, S. 136).

BRATER sieht den pädagogischen Vorteil eines Einführungsseminars, in welchem es vom Ganzen zum Detail geht, also erst oberflächliche Überblicke hergestellt werden, um später punktuell in die Tiefe gehen zu können, darin, daß ein erster - beruflicher - Orientierungsrahmen geschaffen wird, innerhalb dessen die Auszubildenden dann ihr Lernen einordnen können (vgl. 1991, S. 302 ff.). In diesem Sinne erhält das

Einführungsseminar die Funktion eines „advanced organizers" (vgl. FINKE u.a. 1981, S. 330 f.), d.h. es soll den Auszubildenden als vorgeschaltete Organisationshilfe (vgl. AUSUBEL 1974, S. 159 ff.) zur „kognitiven Gerüstbildung" (vgl. BACHMANN 1989, S. 322; vgl. auch 3.2.2.1) dienen. Bezüglich des Handwerks wurde der Vorschlag BRATERs, den Auszubildenden im Betrieb eine projektorientierte Einführungsphase angedeihen zu lassen, bereits aufgrund des funktionalen Ausbildungscharakters der Betriebe verworfen - aber immerhin verweist der ALiH-Gutachter, wenn auch nur sehr vage, auf die Berufsschule (vgl. 2.1 u. 4.4.3.2.1 sowie Fußnote 64).

Gerade aber in der Berufsschule haben die Auszubildenden die herausragende Möglichkeit, sich, unabhängig von irgendeiner Betriebsphilosophie und in schöpferischer Teamarbeit (vgl. 5.7.2), in einem der betrieblichen Lehre vorgeschalteten Seminar auf den erwählten Beruf vorzubereiten - für die Handwerksbetriebe sogar verbunden mit einem deutlichen Überhang des Nutzens vor dem Aufwand ... (vgl. 1.1.3 u. 4.4.3.2.1).

Die Auszubildenden können der persönlichkeitsorientierten Frage nachgehen: „Welche Erwartungen habe ich an eine Berufsausbildung im Hinblick auf mein weiteres Leben?" Auch dem von KEIM referierten Argument, daß die didaktische Parallelität nicht durchführbar sei, u.a. weil es zu Beginn der betriebpraktischen Ausbildung zu einer Häufung des für den Lehrling Neuen komme, dessen Aufarbeitung im Unterricht länger dauere als die Phase der Einarbeitung im Betrieb (vgl. 4.4.3.2.2), kann durch ein Einführungsseminar wirkungsvoll begegnet werden, denn durch die Schaffung eines Orientierungsrahmens infolge der Vermittlung von Grundlagenwissen geht die Berufsschule in einen gewissen Vorlauf (zum „gemäßigten" Parallellauf mit kleinen Vor- und Nachläufen vgl. nochmals die Aussage von MÜNCH i. 4.4.3.2.3). Der Lehrling wird die „Häufung des Neuen" im Betrieb effizienter einordnen können (vgl. 3.2.2.1).

Auf die Vermittlung von Grundlagenwissen gerade zu Beginn der Ausbildung verweist nicht nur die KMK (vgl. 1996a, S. 22), sondern auch PUKAS macht auf die Bedeutung einer „fachsystematischen Einführung" (vgl. 1999, S. 98) als Voraussetzung vernetzten Denkens (vgl. hierzu auch 3.2.7.1) aufmerksam. Das Einführungsseminar bietet diesbezüglich ideale Rahmenbedingungen, wobei sich unter Reduktionsgesichtspunkten für Lehrende und Lernende noch der Vorteil ergibt, daß im Verlauf weiterer Lernhandlungen keine Verwirrung entsteht infolge unnötiger Einschubhandlungen - es handelt sich also um eine sachbezogene Entlastungs- bzw. personenbezogene Orientierungsstrategie zur Stabilisierung der jeweils eigenen Tätigkeit (vgl. 3.2.7.3). Und diese methodentheoretische Perspektive sollte mit den Berufsschülern auch ausdrücklich als angemessene Strukturierungshilfe thematisiert werden, z.B. anläßlich der Vorstellung von Lernfeldern in Form einer „Programmvorschau" (vgl. 5.3.1) - zu bedenken ist hierbei nämlich:

Wenn die Auszubildenden Verantwortung für eigene Bildungsprozesse übernehmen sollen, müssen sie über eine Beteiligung an deren Planung hinaus auch das hinreichende Wissen sowie die entsprechenden Fähigkeiten und Fertigkeiten zur Gestaltung des Zu-Verantwortenden entwickeln (vgl. PÄTZOLD 1999, S. 17 f.).

Problematisch für Teilzeitberufsschulen ist allerdings der für ein Einführungsseminar benötigte zusammenhängende Zeitrahmen - hier muß eine Lösung gefunden werden, und zwar eine Lösung, die den Kostenfaktor einerseits sowie die berufs- und arbeitspädagogischen Intentionen andererseits miteinander in Einklang bringt.

Zunächst einmal gilt es festzuhalten:

Sollen eigenverantwortliches Lernen und berufliche Orientierung gleichermaßen gefördert werden, ist das Seminar für zwei Wochen (Zeitrichtwert 80 Std.) zu planen (vg. BRATER 1991, S. 262 ff.; DERRIKS/METZGER 1995, S. 32).

Diesbezüglich ist nun auf einen Zeitkorridor zu verweisen, der bislang weitestgehend ungenutzt geblieben ist, gleichwohl aber betriebliche Ausbildungszeit zurückbringen könnte:

Die Rede ist vom Beginn der Berufsschulzeit bis zum Anfang der Lehre laut Ausbildungsvertrag[108]. Dieser Zeitraum sollte auch für Vollzeitunterricht genutzt werden, d.h. z.B. für das Einführungsseminar (vgl. PFAHL 1996a, S. 9). Es ist doch nicht nachvollziehbar, daß die Berufsschüler fast einen ganzen Monat nur ein bis zweimal pro

---

[108] So hatte die Berufsschule in Schleswig-Holstein beispielsweise im Jahr 1997 bereits am 04. August begonnen, obwohl die Lehrverträge erst am 01. September in Kraft getreten sind. Jugendliche, die während dieser Zeit die Berufsschule besuchen, gehören einerseits nach § 1 Abs. 5 BSO in einen Bildungsgang „[...] für Schülerinnen und Schüler [...] ohne Ausbildung oder ohne Berufsvorbereitung [...]", d.h. also in eine Klasse für Jugendliche ohne Ausbildungsverhältnis (vgl. PFAHL 1990b, S. 9), besuchen aber andererseits bereits ihre entsprechenden Fachklassen, und zwar einvernehmlich mit § 18 Abs. 3 SchulG, wo es heißt: „Die Berufsschule bereitet Jugendliche ohne Ausbildungsverhältnis, die berufsschulpflichtig sind, auf eine Berufsausbildung oder die Aufnahme einer beruflichen Tätigkeit vor". Das Stichwort liefert dann § 18 Abs. 5 SchulG, denn: „Für Jugendliche ohne Ausbildungsverhältnis kann Vollzeitunterricht erteilt werden"!

Woche die Berufsschule besuchen und die übrige Zeit dieses Monats hinsichtlich der beruflichen Ausbildung ungenutzt bleibt, also 12 - 16 Berufsschultage bzw. 108 - 144 Unterrichtsstunden - anders ausgedrückt:

Es können 12 - 16 Tage betriebliche Ausbildungszeit gewonnen werden.

Allerdings liegen die Termine der Sommerferien nicht immer so günstig. Hier bieten sich folgende Möglichkeiten an, das Einführungsseminar durchzuführen und trotzdem betriebliche Ausbildungszeit zu gewinnen:

a) Der offizielle Beginn der Lehre wird um den benötigten Zeitraum des Einführungsseminars verschoben.

b) Es werden Teile des Seminars in die Sommerferien vorverlegt.

Gerade der letzte Punkt dürfte für Diskussionen sorgen, wobei zu bedenken ist: "*Die Termine für Ferien können selbstverständlich nicht ausgehandelt werden. Dies bleibt der Kultusministerkonferenz überlassen*", so BÖHRK in ihrem Plädoyer zur Stärkung der Eigenverantwortung, um die pädagogische Leistungsfähigkeit an Schulen zu verbessern - aber die Unterrichtsorganisation lasse Spielraum zu (1995a, S. 6; vgl. auch KMK 1997b, S. 3 ff.; SCHLESWIG-HOLSTEINISCHER LANDTAG 1998a, S. 28 f.), d.h. beispielsweise:

„*Die Verteilung des Unterrichts und auch dessen Organisation werden zwischen Berufsschule und den Ausbildungsbetrieben abgesprochen*" (AG-WEBBS 1997, S. 5).

Daher geht es auch nicht darum, neue Ferientermine auszuhandeln, sondern vorgeschlagen wird vom Verfasser, daß Lehrer während der Ferien Teile des Einführungsseminars durchführen und anschließend ihre Ferien zu gegebener Zeit nachholen, sei es en bloc oder durch entsprechende Stundenreduzierung. In zahlreichen Gesprächen konnte der Verfasser erfahren, daß z.B. Kollegen ohne schulpflichtige Kinder gerne diese Verfahrensweise nutzen würden, um auch einmal in den Genuß eines preiswerten Urlaubs außerhalb der Ferienzeit zu gelangen. Außerdem ist zu hinterfragen, ob die teuren Lehrwerkstätten mindestens die Hälfte des Jahres leerstehen müssen und selbst in der verbleibenden Zeit nur partiell frequentiert werden, oder ob sie nicht u.a. durch flexible, der Wirtschaft entgegenkommende Berufsschulzeiten einer effizienteren Nutzung zugeführt werden sollten. Nicht ohne Grund erinnert die KMK daran, daß „[...] *sich durch überbetriebliche, außerbetriebliche und schulische Maßnahmen Vermittlungsformen entwickelt (haben), die zu einer erheblichen Belastung des Staates an der beruflichen Erstausbildung geführt haben. Und die Vermutung liegt nahe, daß bei unveränderten Konzepten diese Beteiligung aus kurzfristigen Bedarfsgesichtspunkten zunehmen wird"* (KMK 1997a, S. 3).

Fazit:

Hinsichtlich der Lernortkooperation basiert das dargestellte Einführungsseminar auf einem didaktisch-methodischen Kooperationsverständnis, wobei auch das Handwerk seine Zielvorstellung der Kostenneutralität aufgrund der Kooperationsaktivitäten nicht aufgeben muß, denn das Einführungsseminar findet zu einem der Lehre vorgelagerten Zeitpunkt statt, sodaß durch den vorgezogenen Berufsschulblock betriebliche Ausbildungszeit gewonnen wird - mehr noch:

Die Betriebe können sich auf vorbereitete Lehrlinge freuen, die den Dispositionen des Seminars entsprechend motiviert und neugierig ihren Ausbildungsplatz antreten werden.

Zwei Punkte dieser Ausführungen führen zu einer weiteren Betrachtungsebene:
Den Jugendlichen soll erstens eine berufliche Orientierung ermöglicht werden und zweitens wurde für eine flexiblere Nutzung der Lehrwerkstätten plädiert.

Zur beruflichen Orientierung gehört es auch, daß über Möglichkeiten attraktiver Weiterbildung gesprochen wird (vgl. 5.8).

„Viele junge Menschen können und wollen in der Ausbildung mehr leisten als in den Ausbildungsordnungen gefordert wird [...] Für diese Jugendlichen [...] sollen systematischer als bisher flexibel einsetzbare Zusatzqualifikationen entwickelt werden, die während der Ausbildung oder in unmittelbarem Anschluß daran im Betrieb und in der Berufsschule oder in Zusammenarbeit von Betrieben und Bildungsträgern vermittelt werden können" (DEUTSCHER BUNDESTAG 1997, S. 6; vgl. auch BLBS 1997, S. 98 f.; KMK 1998b, S. 9 f.).

Und das im Rahmen von Weiterbildungsmaßnahmen die Lehrwerkstätten genutzt (und entgolten) werden, ist eine logische Konsequenz. Daher muß sich die Berufsschule dem Weiterbildungssektor öffnen, d.h. erforderlich ist *"[...] eine ausdrückliche Hinwendung der Berufsschulen zum beruflichen Weiterbildungsbereich, um die vorhandenen räumlichen, fachlichen und personellen Kompetenzen besser zu nutzen. Dies kann z.B. geschehen durch gemeinsame Programmabsprachen und partielle Kooperationsbeziehungen mit anderen - privaten und öffentlichen - Weiterbildungsanbietern vor Ort"* (KÜHNLEIN 1998,

S. 33; ähnlich vgl. HEIDEGGER 1997a, S. 60 ff; KMK 1997a, S. 5 f.; HERGERT 1999, S. 99 ff.).

Exemplarisch wird in diesem Sinne ein Laufbahnmodell für das Bäcker- und Konditorenhandwerk in Schleswig-Holstein entwickelt, welches auf weitere Handwerksberufe übertragbar und ebenfalls in anderen Bundesländern umsetzbar sein wird (für die Auswahl der beiden Handwerksberufe bzw. des Bundeslandes gilt die Begründung in 4.4.3.3 gleichermaßen).

6.2.1.5 Öffnung der Berufsschule für den Weiterbildungssektor - dargestellt am Beispiel eines Laufbahnmodells im Bäckerhandwerk

6.2.1.5.1 Bezugnahme auf Modellversuche

In Hessen läuft seit dem 01. August 1996 bis voraussichtlich zum 31. Oktober 1999 ein bemerkenswerter Modellversuch[109], wonach, so eine Information des hessischen Bäckerinnungsverbandes, Abiturienten, Realschülern oder Hauptschülern mit gutem Schulabschluß die Möglichkeit geboten werde, während der normalen Ausbildungszeit die Zusatzqualifikation zu erreichen zum/zur "Betriebsassistenten/Betriebsassistentin im Bäckerhandwerk" (vgl. BÄCKERINNUNGSVERBAND HESSEN 1996, S. 3; vgl. auch HEIDEGGER 1997a, S. 60 ff.).

---

[109] "Neustrukturierung der Ausbildung für den Beruf Bäcker/Bäckerin und Erweiterung der Ausbildungsinhalte um Zusatzqualifikationen" - BLK-Nr./BMBW-FKZ: K 4011.00

In der Vorstudie zum Modellversuch (vgl. FREUND/REVERMANN 1993) [110] sieht die Stundentafel für die Zusatzqualifikation vor:

- 120 Wo/Std. Wirtschaftskunde/BWL,
- 40 Wo/Std. Arbeitsrecht und Personalwirtschaft,
- 240 Wo/Std. berufsbezogenes Englisch,
- 120 Wo/Std. EDV
- 40 Wo/Std. Wirtschaftsrecht,
- 40 Wo/Std. Absatzwirtschaft und Marketing (vgl. S. 88 ff.),

Grundlage der Ausbildung aber bleibe der gemeinsame Unterricht im berufsbezogenen Bereich und in den allgemeinbildenden Fächern, wobei zur Sicherstellung der Mindestqualifikationen Förderunterricht in gleichem Umfang erteilt werde wie beim Zusatzunterricht (vgl. ebd., S. 60 f.).

Und diese Vorstudie läßt auch weiterhin aufhorchen:
Die Motivation sei durch eine fachliche Grundbildung zu erhöhen, "*die die Inhalte des Rahmenlehrplanes mit den Inhalten des Ausbildungsrahmenplanes unter dem Gesichtspunkt von Schlüsselqualifikationen verknüpft*" (FREUND/REVERMANN 1993, S. 57). Um den inhaltlichen und zeitlichen Gleichlauf zwischen betrieblicher und schulischer Ausbildung zu ermöglichen, wurde unter ganzheitlichem Aspekt in Analogie zum Ausbildungsrahmenplan die Ausbildung in Teilziele gegliedert (vgl. FREUND/REVERMANN 1993, S. 76 ff.). Eine herbe Kritik gibt es in diesem Zusammenhang an der, so die Autoren, "vermeintlichen" Grundbildung, also den Stoffgebieten des ersten Ausbildungsjahres nach dem bisherigen Konzept für die Ernährungsberufe, d.h.

---

110 In Brandenburg läuft berufsübergreifend ein ähnliches Modell, allerdings mit Zugang nur für Abiturienten (vgl. HÖLTERHOFF 1997, S. 39 f.; zu weiteren Angeboten vgl. die Übersichten i. BLBS 1997, S. 98 f. sowie bei FRÄDRICH 1999, S. 12 ff.). Auch Hamburg strebt einen Ausbildungsgang für Abiturienten an, bietet aber seit 1997 außerdem eine Ausbildung an, wie es heißt, für praktisch begabte, aber theoretisch schwächere Auszubildende mit dem Abschluß als "Produktionshelfer im Bäckerhandwerk" (vgl. DOBBERTIN 1998, S. 32; zum Thema „Kleiner Gesellenbrief" vgl. auch BECKERS 1998, S. 19 f.).

- Berufskunde,

- chemische, physikalische und biologische Grundlagen,

- Ernährungslehre,

- Hygiene,

- Arbeitssicherheit (vgl. FREUND/REVERMANN 1993, S. 37).

"Insbesondere die Jugendlichen, die sich mit Freude an der praktischen Arbeit im Betrieb beteiligen, werden kaum die Diskrepanz zwischen Betrieb und Berufsschule verstehen. Ihnen wäre sehr geholfen, wenn der Berufsschulunterricht die Unterschiede der Teigbildung bei Weizen- und Roggenteigen erklären würde, ein Phänomen, das sie jeden Tag sehen, aber kaum erklärt bekommen. Stattdessen werden ihnen die Abläufe im menschlichen Verdauungstrakt nahegebracht" (FREUND/REVERMANN 1993, S. 37 f.)[111]. Somit sei die Einrichtung von Fachklassen für den Ausbildungsberuf Bäcker Voraussetzung für den Versuch - die Beschulung in der Grundstufe und in der Fachstufe auf Berufsfeldbreite oder Teilbereichen des Berufsfeldes müsse für den Modellversuch abgelehnt werden.

Insgesamt sieht die Stundentafel für den Berufsschulunterricht laut Vorstudie 1680 Wo/Std. vor (vgl. FREUND/REVERMANN 1993, S. 88 ff.).

Mittlerweile liegen Sachberichte vor (vgl. FREUND u.a. 1997; MAY u.a. 1998). Auffällig ist, daß der Berufsschulunterricht auf 1440 Wo/Std. gekürzt wurde, denn der Unterricht sollte die wöchentliche Regelstundenzahl von 12 Stunden nicht übersteigen (vgl. FREUND u.a. 1997, S. 18 ff.). Dieser Kürzung fiel das berufsbezogene Englisch zum Opfer: *"Es wird davon ausgegangen, daß die Auszubildenden die für eine Weiterqualifizierung notwendigen Englischkenntnisse an außerschulischen Institutionen erlangen"* (FREUND u.a. 1997, S. 19), eine entsprechende Information erfolge in den

---

[111] Eine solche Grundbildung versteht KEIM nicht als Theorie des beruflichen Handelns, denn es sei ein Lehrplanprinzip wieder aufgenommen worden, das im historischen Prozeß der Entwicklung von Lehrplänen in verschiedenen Modifikationen erprobt und nach den jeweils gemachten Erfahrungen entschieden abgelehnt worden sei und wörtlich: "Auf die beschriebene Weise wird die Berufstheorie - bestenfalls - in ein berufs-und handlungsfremdes 'Vorbereitungswissen' und in ein handlungsrelevantes 'Anwendungswissen' getrennt, das zu einem späteren Zeitpunkt unterrichtet wird" *(1985, S. 367)*.

Klassen des Modellversuchs, heißt es (vgl. ebd.), wobei sich die Frage stellt, an welcher außerschulischen Einrichtung denn speziell für das Bäckerhandwerk, wie es noch in der Vorstudie angekündigt worden war,

- berufsbezogene Texte bearbeitet werden,
- berufsbezogene Kommunikation erfolgt,
- Maschinen und Ablaufbeschreibungen erstellt werden und
- ein Jugendaustausch über LINGUA oder andere EG-Programme durchgeführt wird (vgl. FREUND/REVERMANN 1993, S. 92).

Berufsbezogene Fremdsprachenkenntnisse sind eine Schlüsselqualifikation , um die Aktionsfelder im globalen Wettbewerb nutzen zu können[112] - angehenden Führungskräften des Bäckerhandwerks aber wird das Fach Englisch mit 240 Wo/Std. einfach gestrichen. Das ist scharf zu kritisieren.

Auch das in der Vorstudie als Voraussetzung erachtete Fachklassenprinzip findet sich in den Sachberichten nicht wieder: *"Der Unterricht an den Berufsschulen des Modellversuchs erfolgt in der Grundstufe des Berufsfeldes Ernährung und*

---

[112] Das Auslandsengagement erfordert die Bewältigung einer Flut von Informationen, hierzu aber fehlen dem Handwerk die benötigten Fremdsprachenkenntnisse, wie DE FRIES im Abschnitt "Handwerk und Außenwirtschaft" der ALiH-Studie vermerkt (vgl. 1991b, S. 51 ff.).
Eine Umfrage der Handwerkskammer Hamburg unter 400 jungen Meistern ergab diesbezüglich:
"Als Hemmschwelle, die Kooperation mit ausländischen Partnern tatsächlich in Angriff zu nehmen, wurde immer wieder benannt, daß die Sprachkenntnisse nicht ausreichen" (NIEMANN/VERG 1997, S. 108).
Berufsbezogene Fremdsprachenkenntnisse (meistens Englisch), so der BLBS in einer Stellungnahme, hätten mit den intensiveren internationalen Wirtschaftsbeziehungen - insbesondere mit der Entwicklung des europäischen Wirtschaftsraumes - einen hohen Stellenwert erlangt, der gegenwärtige fremdsprachliche Leistungsstand in der Berufswelt werde diesen Anforderungen nicht gerecht, *"jedenfalls werden Fremdsprachen zunehmend Allgemeingut und kein Eliteproblem mehr sein" (vgl. 1995, S. 29).*
Demgegenüber betonen ROSS/KERN/SKIBA den hohen Stellenwert von Fremdsprachenkenntnissen hinsichtlich international orientierter Tätigkeiten einer relevanten Minderheit, die dann allerdings eher über dem Niveau des dualen Systems angesiedelt sei (vgl. 1996, S. 11), wobei es sich vornehmlich um Führungskräfte handeln dürfte (vgl. ROSS 1997, S. 14).
Gleichwohl, wenn das Bäckerhandwerk die Aktionsfelder im globalen Wettbewerb nutzen will, werden auch (berufsbezogene) Fremdsprachenkenntnisse zur Schlüsselqualifikation - zumindest für Führungskräfte dieses Handwerks.

Hauswirtschaft" (FREUND u.a. 1997, S.18)[113], mehr noch, an drei von fünf Schulen werden außer Bäckern auch noch Konditoren sowie Verkäuferinnen für das Nahrungsgewerbe mit unterrichtet - eine Differenzierung im Unterrichtsstoff erfolgt nicht (vgl. ebd.).

Rückschluß:

Der avisierte ganzheitliche Ansatz auf der Grundlage didaktischer Parallelität ist vor diesem Hintergrund nicht umsetzbar.

Es handelt sich nicht mehr um eine Neustrukturierung der Ausbildung für den Beruf Bäcker/Bäckerin, sondern um eine herkömmliche Ausbildung auf Berufsfeldbreite mit einer aufgesetzten Zusatzqualifikation, die zu allem Überfluß auch noch um das essentielle Element Englisch gekürzt wurde.

Woran hat es nun gelegen, daß eine ursprünglich zukunftsweisende Vision (Vorstudie) in praxi nur noch als Rudiment zu erkennen ist (Sachberichte)?

Und welche Erkenntnisse der vorliegenden Arbeit können hilfreich zur Vermeidung entsprechender Fehler sein?

Zunächst wurde - wieder einmal - das funktionale Ausbildungsverhalten handwerklicher Lehrbetriebe unterschätzt (vgl. 1.1.3). Diesbezüglich war es schon sehr mutig (oder ungeschickt), in der Vorstudie 1680 Wo/Std. zu veranschlagen, wo doch selbst 1440 Wo/Std. in der Kritik stehen - jedenfalls ist es denkbar, daß durch diese Ankündigung schon im Vorfeld Negativassoziationen geweckt wurden. So wird denn auch in den Sachberichten eine geringe Nachfrage hinsichtlich der Zusatzausbildung vermerkt (vgl. FREUND u.a. 1997, S. 12) bzw. konnten bereits an zwei Schulen im Schuljahr 1997/98 keine Gruppen aus den neu gebildeten Grundstufen für die Ausbildung zum Betriebsassistenten hinzugewonnen werden (vgl. MAY u.a. 1998, S. 10).

Und - selbstverständlich - wurde die angestrebte Berufsschulzeit gekürzt.

---

113 vgl. auch die Stundenpläne der beteiligten Schulen, wenn z.B. in Limburg eine Lehrerin 2 Std. Nährstoffe unterrichtet, ein Lehrer 1 Std. Hygiene gibt und ein weiterer Kollege mit 2 Std. berufsbezogener Mathematik daherkommt oder sich in Fulda eine Kollegin mit 2 Std. Werkstofflehre/Technologie in den Unterricht begibt und diesen dann aufteilt in die Lehrgänge "Nährstoffe 1 + 2, Hygiene" usw. (S. 27 ff.) - dann ist das doch genau jenes Konzept, welches in der Vorstudie so hart angegangen worden war.

Ferner ist für die Zulassung zur Fortbildungsprüfung der Besuch zusätzlicher Lehrgänge in überbetrieblichen Ausbildungsstätten erforderlich (vgl. FREUND u.a. 1997, S. 22)[114], ein Umstand, der die Zusatzqualifikation für viele Betriebe auch nicht gerade attraktiver machen dürfte und schon für Irritationen gesorgt hat, d.h.: „Offensichtlich wurde den Auszubildenden nahegelegt, daß sie für die zusätzliche überbetriebliche Ausbildung ihren Urlaub opfern mußten" (MAY u.a. 1998, S. 39). In der Fachpresse ist bereits darauf aufmerksam gemacht worden, daß die Ausbildung zum Betriebsassistenten verhältnismäßig kostspielig sei (vgl. THURM 1999, S. 14).

Unverständlich ist es, daß zu Beginn der Maßnahme noch kein für alle Beteiligten verbindliches Gesamtcurriculum vorlag und ausreichend transparent gemacht wurde, vielmehr noch nicht einmal vollständig erstellt ist (vgl. FREUND u.a. 1997, S. 20 u. 24; MAY u.a. 1998, S. 38).

Darum noch einmal ein Blick zurück:

Ein verbindliches Gesamtcurriculum begründet durch minimierten Abstimmungsaufwand kontinuierlich-konstruktive Kooperationsaktivitäten und berücksichtigt das pragmatisch-utilitaristische Kooperationsverständnis des Handwerks sowie das methodisch-didaktische der Berufsschule gleichermaßen (vgl. 4.4.2).

So ist es kein Wunder, "[...] daß sich nicht alle Betriebe in gleicher Weise über den Modellversuch unterrichtet zeigten" (FREUND u.a. 1997, S. 22), die betreuenden Lehrer hin und her springen mußten, um Lehrlinge, Eltern und Betriebe zu beraten bzw. um Abstimmungen herbeizuführen Unsicherheiten der Betriebe hinsichtlich der betrieblichen Ausbildung vorhanden waren und wohl noch sind, eine geringe Ausbildungsbereitschaft für weitere Betriebsassistenten besteht und Gespräche mit einer Innung zwar bedingte Bereitschaft, jedoch kein Engagement erkennen ließen (vgl. FREUND u.a. 1997, S.22 ff.; vgl. auch FREUND 1998, S. 20 ff.). Durch das Fehlen des verbindlichen und allseits bekannten Gesamtcurriculums konnte es in der Folge auch passieren, daß in herkömmlicher Weise auf Berufsfeldbreite unter Umgehung des Fachklassenprinzips sowie unter Ausschluß didaktischer Parallelität unterrichtet resp. unterwiesen wurde.

Und ein Aspekt wurde bei der Konzeptualisierung der Zusatzqualifikation überhaupt nicht beachtet, nämlich die weitere Verwendbarkeit des Betriebsassistenten im Verlauf der beruflichen Weiterbildung (vgl. 5.8 u. Fußnote 100). Als Nachwuchskräfte, so FREUND

---

114 Unterweisungspläne dieser Lehrgänge vgl. HPI 1996a u. 1996b

in einem Interview mit einer Fachzeitung, würden die Betriebsassistenten zunächst den Produktonsleiter unterstützen: *„Sie helfen ihm beim Erstellen der Dienstpläne, beim Organisieren der Arbeitsabläufe und bei der Pflege der betrieblichen EDV. Nachdem sie einige Jahre Erfahrung gesammelt haben, gehen sie zur Meister- oder Technikerschule, um anschließend die Verantwortung für die gesamte Produktion zu übernehmen"* (zit. i. STEINBACH 1999, S. 16). Im Hinblick auf die angeführte Meister- oder Technikerausbildung hätte aber unter dem Gesichtspunkt einer handlungstheoretisch fundierten didaktischen Reduktion auch die Entlastung des Lernsubjektes berücksichtigt werden müssen (vgl. 3.2.7.3), denn:

„Die jungen Menschen sollen über allgemeine und berufliche Bildungsgänge zu den Abschlüssen kommen können, die für sie die jeweils besten Chancen eröffnen. Zeitraubende Umwege und mühsame Zusatz- und Anrechnungssysteme sollen möglichst vermieden werden" (KARPEN 1998, S. 6).

Daher ist im Zuge der Neustrukturierung einer Ausbildung bzw. deren Erweiterung um Zusatzqualifikationen abzuklären, welche Möglichkeiten der Anerkennung es hinsichtlich weiterer Maßnahmen gibt, um zeit- und kostenaufwendige Wiederholungen und/oder Überschneidungen zu vermeiden.

In summa sind somit folgende Schwachstellen des Modellversuches zu kritisieren:

→ Der funktionale Ausbildungscharakter von Handwerksbetrieben wurde unterschätzt.
→ Es ist kein für alle Beteiligten verbindliches Gesamtcurriculum vorhanden.
→ Die didaktische Parallelität kann aufgrund einer berufsfeldbreiten Ausbildung und des fehlenden Fachklassenprinzips nicht realisiert werden.
→ Angehenden Führungskräften wird kein berufsbezogenes Englisch vermittelt.
→ Der vermehrte Berufsschulunterricht verkürzt die betriebliche Ausbildungszeit.
→ Die weitere Verwendbarkeit der Zusatzqualifikation „Betriebsassistent" im Hinblick auf eine eventuelle Aufstiegsfortbildung wurde nicht berücksichtigt.

Gleichwohl ist das Modell des Betriebsassistenten prinzipiell eine Bereicherung für das Handwerk, wie aus der Vorstudie am Beispiel des Bäckerhandwerks unzweifelhaft hervorgeht (vgl. FREUND/REVERMANN 1993).

Darum sollen in den folgenden Abschnitten Möglichkeiten aufgezeigt werden, wie sich diese Zusatzqualifikation unter Vermeidung der herausgearbeiteten Schwachstellen in eine auftragsorientierte Lernortkooperation integrieren läßt, und zwar in Ausrichtung auf ein daraus resultierendes Laufbahnmodell.

6.2.1.5.2 Übertragung: Ein Laufbahnmodell für das Bäckerhandwerk nach den Kriterien der auftragsorientierten Lernortkooperation

Im vorigen Abschnitt wurden die Schwachstellen des Modellversuches "Neustrukturierung der Ausbildung für den Beruf Bäcker/Bäckerin und Erweiterung der Ausbildungsinhalte um Zusatzqualifikationen" aufgelistet.

Um die benannten Schwachstellen bei der Entwicklung eines Laufbahnmodells zu vermeiden, werden sie an dieser Stelle zu Forderungen umgekehrt:

→ Der funktionale Ausbildungscharakter von Handwerksbetrieben ist auch beim Entwurf von Zusatzqualifikationen konsequent zu beachten!

→ Es ist ein für alle Beteiligten verbindliches Gesamtcurriculum zu erstellen und ausreichend transparent zu machen!

→ Die didaktische Parallelität ist durch eine berufsspezifische Ausbildung unter Wahrung des Fachklassenprinzips zu realisieren!

→ Angehenden Führungskräften ist berufsbezogenes Englisch zu vermitteln!

→ Der vermehrte Berufsschulunterricht ist so zu gestalten, daß betriebliche Ausbildungszeit zurückgewonnen wird!

→ Die Verwendbarkeit der Zusatzqualifikation „Betriebsassistent" im Verlauf der beruflichen Weiterbildung ist zu berücksichtigen.

6.2.1.5.2.1 Beachtung des funktionalen Ausbildungscharakters

Die ausbildenden Handwerksbetriebe sollten aufgrund ihres pragmatisch-utilitaristischen Kooperationsverständnisses nicht auch noch zusätzlich belastet werden, z.B. durch Kosten für weitere überbetriebliche Maßnahmen oder durch längere Abwesenheiten des Lehrlings aus dem Betrieb.

Das vorliegende Konzept der auftragsorientierten Lernortkooperation setzt auf die zunehmende Eigenaktivität des Lernsubjektes, die es durch Gestaltung adäquater Lernsituationen (vgl. 3.2.2.3) zu unterstützen gilt - daher folgende Anregung:
Schon während seiner Erstausbildung sollte der leistungswillige Berufsschüler (vgl. 5.8) die Möglichkeit bekommen, in seiner arbeitsfreien Zeit am kaufmännischen Teil eines Meistervorbereitungslehrganges teilzunehmen (Teil III)[115].
Ein entsprechender Unterricht wird als berufsbegleitende Maßnahme nachmittags oder abends angeboten. Dort könnte sich der Lernende die für die Prüfung zum Betriebsassistenten notwendigen betriebswirtschaftlichen, kaufmännischen und rechtlichen Kenntnisse ein- bis zweimal wöchentlich aneignen. Das ist eine zusätzliche Belastung, die aber schon jahrzehntelang von Berufstätigen, die einen Meistervorbereitungslehrgang besuchen, erbracht wird. Allerdings erfolgt eine solche Qualifizierung nicht auf Kosten des Betriebes, sondern auf Kosten desjenigen, der sich

---

115 Eine Meisterprüfung besteht aus vier Teilen, d.h. Teil I (Praktische Prüfung), Teil II (Fachtheoretische Kenntnisse), Teil III (Kaufmännische Kenntnisse) sowie Teil IV (Berufs- und Arbeitspädagogik). Die Teile I - IV wiederum sind aufgegliedert in die jeweiligen Prüfungsfächer (vgl. HWK HAMBURG 1996). Für das Bäckerhandwerk gelten lt. Meisterprüfungsordnung folgende Prüfungsanforderungen (vgl. DHK 1998a; zum Procedere vgl. WINTER 1998c, S. 27 f. u. 1998d, S. 34): Teil I (Meisterprüfungsarbeit, Arbeitsprobe); Teil II (Fachbezogene Mathematik, Fachtechnologie, Roh- und Hilfsstoffkunde, Kalkulation/Verkaufskunde und -förderung; jeweils schriftlich und mündlich); Teil III (Rechnungswesen, Betrieb und Wirtschaft, Recht und Steuern; jeweils schriftlich und mündlich; vgl. hierzu z.B. den Stoffverteilungsplan zum Teil III der Meistervorbereitung - HWK HAMBURG 1991 - bzw. den Vorschlag für die Neuformulierung des § 4 AMVO sowie den Vorschlag für die Neuformulierung des Rahmenstoffplanes zum § 4 Abs. 1 AMVO - DHK 1998b -); Teil IV (Gegenstand der schriftlichen Prüfung ist die Bearbeitung fallbezogener Aufgabenstellungen aus den sieben Handlungsfeldern des AdA-Konzeptes (vgl. 6.1.2), wobei die praktische Prüfung aus der Präsentation oder der praktischen Durchführung einer Ausbildungseinheit besteht, deren Auswahl und Gestaltung in einem Prüfungsgespräch zu begründen sind; vgl. HENSGE 1998, S. 11 f.).

für sein Leben etwas von dieser Maßnahme verspricht - fördernd und fordernd ist diesbezüglich die Prämisse zur Gestaltung der Lernsituation[116].
Wenn dann die entsprechende Prüfung erfolgreich war, sollte sie in Verbindung mit dem Gesellenbrief zum Betriebsassistenten führen. Einen Vorteil werden Lehrlinge dann haben, wenn sie nach § 9 Abs. 1 der Gesellenprüfungsordnung aufgrund entsprechender Leistungen die Lehre um ein halbes Jahr verkürzen können. Während des gewonnenen Halbjahres können sie als Gesellen schon Geld verdienen und sich gleichzeitig der Fortbildungsmaßnahme widmen - ein motivierender Faktor schon zu Beginn einer Ausbildung, den es auch zu dem Zeitpunkt schon transparent zu machen gilt (vgl. 3.2.2.1 u. 5.8).

Organisatorisch ist es eine Erleichterung, wenn ein Meisterkurs auch an einer Berufsschule stattfindet, denn das entspricht einer optimalen Gestaltung der Lernsituation. *"Wer in der Erstausbildung lehrt, muß auch in der Weiterbildung lehren"* (SCHELTEN 1991a, S. 105), und darüberhinaus sollte der Ort der Erstausbildung auch der Ort der Weiterbildung sein (vgl. PFAHL 1995, S. 55) bzw., wie es SPD/BÜNDNIS 90/DIE GRÜNEN in ihrem Koalitionsvertrag formulieren: *"Anzustreben ist eine Umgestaltung der Berufsschulen zu regionalen Bildungs- und Innovationszentren für berufliche Aus-, Fort- und Weiterbildung auf der Basis von Modellversuchen"* (1996, S. 56; vgl. auch: VLBS 1996, S. 32; HOTT 1999a, S. 183 ff.; 1999b, S. 230 ff.).
Neben solide ausgestatteten Fachräumen, und dazu gehört nicht nur eine Backstube und ein Verkaufsraum mit Bistro-Charakter, sondern auch ein EDV-Raum mit z.B. 20 Arbeitsplätzen oder ein Ernährungslehrelabor, hat eine Berufsschule gegenüber ganztägigen Meisterschulen den Vorzug, für alle vier Teile der Meisterprüfung über jeweils mehrere Spezialisten zu verfügen, während in einer Meisterschule demgegenüber wenig Stammpersonal das gesamte Spektrum abdecken muß.
Es bietet sich also eine enge Zusammenarbeit zwischen Handwerkskammern, die Meisterkurse organisieren und die Prüfung durchführen, mit Berufsschulen an, aus deren Bestand die Kammern ohnehin einen Großteil ihres Lehrerbedarfs für Teilzeitkurse rekrutieren (vgl. 6.2.1.3).

---

116 Zu bedenken sind hierbei Finanzierungshilfen nach § 2 "Gesetz zur Förderung der beruflichen Aufstiegsfortbildung" (Aufstiegsfortbildungsförderungsgesetz - AFBG; vgl. BMB+F 1996, S. 22 f.; WINTER 1998b, S. 26 f.).

Unter der geschilderten Verfahrensweise begibt sich die Berufsschule dann allerdings auch in Konkurrenz zu anderen Anbietern auf dem Weiterbildungssektor, denn die berufliche Bildung wird verstärkt zur Dienstleistung für Unternehmen und Arbeitnehmer. Es stellt sich die Frage nach einem Qualitätsmanagement auch für Berufsschulen (vgl. FUCHS 1994, S. 395 ff.; BADER u.a. 1996, S. 204 ff.; DOERR 1999, S. 26), wobei KEGELMANN hinsichtlich einer Zertifizierung schon Qualitätsmanagementsysteme nach DIN/EN/ISO 9001 in die Sprache der beruflichen Bildung übersetzt hat (vgl. 1995, S. 58 ff.)[117]. Insbesondere unter Kostenaspekten könnte in diesem Zusammenhang eine „Konformitätserklärung in Eigenverantwortung" interessant sein[118].

---

117 Der Begriff „Qualität" wird in der heutigen Zeit sehr strapaziert und unterschiedlich interpretiert. *„Qualität ist, wenn der Kunde zurückkommt und nicht das Produkt"*, mit diesen Worten definiert z.B. die ARBEITSGEMEINSCHAFT GETREIDEFORSCHUNG e.V (1995, S. 5) einprägsam den Begriff der Qualität, zitiert aber ebenfalls die DIN ISO 8402, wo „Qualität" erklärt wird als *„Die Gesamtheit von Merkmalen einer Einheit (eines Produktes) bezüglich ihrer Eignung, festgelegte und vorausgesetzte Erfordernisse zu erfüllen"* (ebd.). Um einem Divergieren der Begriffsinterpretation entgegenzuwirken, hat die International Organisation for Standardization (ISO) einheitliche, branchenunabhängige Qualitätsmanagementnormen, die ISO 9000 - 9004, erarbeitet. Der Sinn einer derartigen Qualitätssicherung besteht lt. ISO 9000 ff. nun darin, beim Kunden „berechtigtes Vertrauen" zu schaffen, daß die von ihm erwartete, ggf. in einem Vertrag ausdrücklich vereinbarte Qualität auch tatsächlich hergestellt und geliefert bzw. geleistet wird. Diesbezüglich ist ein Qualitätsmanagementsystem (QM-System) ein Hilfsmittel, diese Qualität dann sicherzustellen. Hinsichtlich der Normenfamilie bildet die DIN/EN/ISO 9000 einen allgemeinen Leitfaden zur Auswahl und Anwendung von DIN/EN/ISO 9000 ff., DIN/EN/ISO 9001/9002 beziehen sich auf QM-Systeme des gesamten Produktionsprozesses, wobei DIN/EN/ISO 9002 nicht das Element „Entwicklung" enthält, DIN/EN/ISO 9003 dient der Endprüfung von Produkten und, im Gegensatz zu diesen externen QM-Systemen, wird der Leitfaden DIN/EN/ISO 9004 als ein internes QM-System bezeichnet, in welchem firmeninterne Kennzahlen anzuwenden und auszuwerten, jedoch nicht in einem externen QM-System offenzulegen sind (vgl. FUCHS 1994, S. 395 f.; KEGELMANN 1995, S. 57 ; MERDIAN 1995, S. 21; SCHARFSCHEER/TAUBER 1995; MORGENSTERN 1997, S. 3).

118 Im Rahmen einer „Konformitätserklärung zum Qualitätsmanagementsystem" erklärt z.B. die Berufsschule in alleiniger Verantwortung, daß das Qualitätsmanagementsystem, auf das sich diese Erklärung bezieht, mit der Norm DIN/EN/ISO 9002 übereinstimmt (vgl. LORENZEN 1995, S. 11 f.).

6.2.1.5.2.2   Ein verbindliches Gesamtcurriculum als Basis

Die Lernfelder der auftragsorientierten Lernorganisation verlaufen auf der Grundlage der didaktischen Parallelität. Sie werden in einer gemeinsamen Sitzung der Dualpartner beschlossen, und zwar vor Beginn der Ausbildung nach diesem Modell (vgl. 4.4.2 sowie Fußnoten 54 u. 55).

Über die sachliche und zeitliche Gliederung hinaus werden Kooperationsaktivitäten erarbeitet, die sowohl Ambitionen der Ausbildungsbetriebe als auch der Berufsschule berücksichtigen (vgl. 4.4.2), z.B. das „Betreuungsprinzip" (vgl. 3.2.4) als Grundlage prozßorientierten Lernens" oder die Durchführung eines Einführungsseminars (vgl. 6.2.1.4).

Den Lehrverträgen werden die schriftlich fixierten Vereinbarungen als betriebsindividuelle Ausbildungspläne beigefügt, in den Berufsschulen bestehen sie als Stoffverteilungspläne (vgl. 5.5.2).

Desweiteren stehen Koordinierungsausschüsse "vor Ort", das sind i.d.R. die Prüfungsausschüsse, zur Verfügung, wobei auch individuelle Absprachen sinnvoll und möglich sind (vgl. Fußnote 55).

Somit besteht ein ausreichend transparent gemachtes Gesamtcurriculum   - für die Mindestqualifikation ist gesorgt.

Ein Curriculum für die Zusatzqualifikation besteht bereits in Form des Rahmenlehrplanes für Teil III der Meisterprüfung (vgl. Fußnote 115 sowie 6.2.1.5.2.6) und ist unabhängig vom Verlauf der betrieblichen Ausbildung, was nicht heißen soll, daß der Lernende nicht auch seine sich erweiternden betriebswirtschaftlichen, kaufmännischen und rechtlichen Kenntnisse im Betriebsalltag reflektieren kann, zumal er sich während seiner "normalen" Ausbildung einen Orientierungsrahmen geschaffen bzw. Zusammenhangwissen angeeignet und einen Grundstock an Erfahrungswissen erworben hat (vgl. hierzu 5.7.2).

6.2.1.5.2.3   Didaktische Parallelität als weitere Voraussetzung

Didaktische Parallelität ist nur möglich, wenn berufsspezifisch ausgebildet wird. Sofern, wie weiter oben im Modellversuch geschildert, zwei oder sogar drei verschiedene Berufsgruppen in einer Klasse beschult werden, macht es nur Sinn, wenn auf Berufsfeldbreite allen Schülern eine gemeinsame Grundbildung vermittelt wird. Diese orientiert sich beispielsweise an naturwissenschaftlichen Phänomenen auf relativ hohem Abstraktionsniveau im Hinblick auf eine sich darauf gründende Fachbildung - unter der Prämisse des didaktischen Gleichlaufs ist es dem Verfasser aber nicht bekannt, in welcher Bäckerei ein Lehrling z.B. die Photosynthese nachvollziehen oder Beobachtungen zum Verdauungstrakt anstellen könnte ...

Erst anläßlich einer beruflichen Fachbildung wird die didaktische Parallelität und Korrespondenz möglich sein.

Daraus folgt die Wahrung oder die Wiederherstellung des Fachklassenprinzips, d.h. während der Erstausbildung gehören Bäckerlehrlinge in eine Bäckerklasse, und für Konditoren bzw. Verkäuferinnen bedarf es ebenso spezifischer Fachklassen, denn nur so ist es möglich, sich anhand berufstypischer Beispiele einen Orientierungsrahmen zu bilden.

Anders sieht es aus in einem Meisterkurs: Die Meisteranwärter des Bäcker- und Konditorenhandwerks verfügen bereits über diesen Orientierungsrahmen und können aus dem beruflichen Bereich des jeweils anderen abstrahieren.

Doch zurück zur Erstausbildung:

Fachklassen können oft nicht gebildet werden, weil nicht genügend Schüler vorhanden sind - also werden Schüler aus einem Berufsfeld in einer Klasse zusammengelegt.

Eine andere Möglichkeit ist nach § 18 Abs. 6 SchulG die Errichtung von Bezirksfachklassen, dann allerdings für viele Schüler verbunden mit weiten Anreisen. *"Sie kennen die Landkarte von Nordfriesland nicht. Ich garantiere Ihnen, wenn ich Sie irgendwo aussetze, finden Sie nie wieder zurück"* (Anonymus 1997, S. 3), so ein Obermeister der Bäckerinnung Südtondern zu einem Vertreter der Landesregierung während einer Sitzung zum Thema "Bildung von Bezirksfachklassen" - als "Zitat des Tages" abgedruckt in der Regionalpresse. Dieses Zitat erschwerend kommt hinzu, daß die betreffenden Lehrlinge infolge des vermehrten Berufsschulunterrichts zweimal pro Woche weite Strecken auf sich nehmen müssen, verbunden mit erheblichen Kosten. Auf eine entsprechende Organisation des „vermehrten" Berufsschulunterrichts wird in Abschnitt 6.2.1.5.2.5 eingegangen. Dort wird auch der berufsbezogene Englischunterricht zu berücksichtigen sein, dessen Darstellung im nächsten Abschnitt erfolgt.

6.2.1.5.2.4 Berufsbezogenes Englisch

Berufsbezogenes Englisch ist angehenden Führungskräften des Bäckerhandwerks als Schlüsselqualifikation zu vermitteln. Dieser Forderung wird im Gegensatz zum Modellversuch in der Berufsschule Rechnung getragen, es wird nicht verwiesen auf außerschulische, nicht weiter benannte Einrichtungen. In Form des Vertiefungs- bzw. Erweiterungsunterrichts wird Englisch erteilt für die Berufsschüler, die dieses Fach wählen.

In einer gemeinsamen Erklärung von Ministerium für Bildung, Wissenschaft, Forschung und Kultur des Landes Schleswig-Holstein, der Landwirtschaftskammer Schleswig-Holstein und der Vereinigung der Industrie- und Handelskammern in Schleswig-Holstein heißt es, Fremdsprachenunterrcht finde auf der Grundlage bereits vorhandener Fremdsprachenkenntnisse statt, die in zuvor besuchten Schulen erworben worden seien, wobei die Berufsbezogenheit Merkmal des Fremdsprachenunterrichts in der Berufsschule sei, d.h. die Orientierung fremdsprachlicher Unterweisung an beruflichen Situationen, mithin solle der Unterricht Kenntnisse vermitteln für konkrete Verwendungsmöglichkeiten im beruflichen Handeln, wie z.B. in der Bearbeitung fremdsprachlicher Formulare, im Verstehen fremdsprachlicher Bedienungsanweisungen usw. (vgl. MBWFK/SCHL.-H. / LWK/SCHL.-H. / VIHK/SCHL.-H. 1996, S. 3 f.;). Zur Steigerung der Attraktivität der beruflichen Bildung vermerkt die KMK den "*Ausbau des Fremdsprachenunterrichts in der dualen Berufsausbildung im Rahmen des Zeitbudgets der Lernorte*" (1995, S. 11), und auch die Bundesregierung "*mißt der Fremdsprachenförderung in der beruflichen Aus- und Weiterbildung besondere Bedeutung bei*" (DEUTSCHER BUNDESTAG 1997b, S. 32).

Es geht hierbei nicht um lernschwache Schüler, die in der Berufsschule mit Fremdsprachenunterricht „gequält" werden sollen (vgl. KOBER 1997, S. 5), sondern um angehende Führungskräfte des Handwerks. Im vorliegenden Falle ist berufsbezogenes Englisch als Voraussetzung anzusehen für den Betriebsassistenten und entsprechend zu testieren[119].

6.2.1.5.2.5 Vermehrter Berufsschulunterricht

Diesbezüglich sei zur Erinnerung angeführt:

Sowohl im Berufsbildungsbericht 1998 (vgl. 1.1.1) als z.B. auch in der ALiH-Studie (vgl. 1.1.2) oder im Modellversuch „Neustrukturierung der Ausbildung für den Beruf Bäcker/Bäckerin und Erweiterung der Ausbildungsinhalte um Zusatzqualifikationen" (vgl. 6.2.1.5.1) artikuliert sich die Bedeutung von Schlüsselqualifikationen, und zwar als Grundlage einer umfassenden Handlungskompetenz sowie der einhergehenden Persönlichkeitsbildung (vgl. 3.2.7.2) im Hinblick auf Mitarbeiter, die einerseits den immer schnelleren wirtschaftlichen Wandel aktiv mitgestalten sollen, andererseits aber auch ihr Privatleben mit den Entwicklungschancen und Zumutungen des Berufes arrangieren müssen.

Aufgrund des funktionalen Ausbildungscharakters von Handwerksbetrieben wird die Entwicklung der benötigten Schlüsselqualifikationen an die Berufsschule delegiert bzw. „abgedrängt", wie PÄTZOLD es formuliert (vgl. 2.2).

---

119 Diesbezüglich können Berufliche Schulen eine Prüfung anbieten, in der sich Schüler ihre Fremdsprachenkenntnisse zertifizieren lassen können. Die Prüfung wird jeweils in einer der drei Niveaustufen „Waystage" (Niveau I), „Threshold" (Niveau II) und „Vantage" (Niveau III) durchgeführt, und zwar basierend auf den Kompetenzbereichen „Rezeption", „Produktion", „Interaktion" und „Mediation" (vgl. KMK 1998a, S. 1 ff.).

Nun konnte aber in der vorliegenden Arbeit - handlungstheoretisch fundiert (vgl. 3.1) bzw. durch ein Unterrichtsbeispiel erläutert (vgl. 5.1 - 5.6) - nachgewiesen werden, daß sich im Rahmen des Lernfeldkonzeptes (vgl. 4.4.3.2.3) Schlüsselqualifikationen in der Berufsschule durch einen handlungsorientierten Unterricht zwar entwickeln lassen, aus ihrer Kontextorientierung (vgl. 3.2.7.1) heraus jedoch nur in Zusammenarbeit mit den Betrieben (vgl. 3.4), d.h. durch lernortübergreifende Bildungsprozesse unter dem Dach einer auftragsorientierten Lernortkooperation (vgl. Abb. 21).

Die Ausbildungsbetriebe werden also ebenfalls in die Pflicht genommen, denn durch die auftragsorientierte Lernortkooperation erwachsen ihnen entsprechende Konsequenzen, und zwar organisatorische (Selektions- und Gestaltungsstrategien, mit deren Hilfe die Einbeziehung der Lehrlinge in den Produktionsprozeß didaktisch gestaltet und reguliert werden kann; vgl. 6.1.1) sowie personelle (Rollenwechsel des Ausbilders, Schulung nach dem handlungsorientierten Konzept „Ausbildung der Ausbilder", arbeitspädagogische Qualifizierung von Gesellen zu „Lehrgesellen", evtl. Vorbereitung von Auszubildenden als später ausbildende Fachkraft; vgl. 6.1.2 u. Abb. 25).

Aus den vorstehenden Überlegungen resultiert nun folgende Frage:
Ist es vor dem Hintergrund dieser lernortübergreifenden Aufgabenteilung noch angemessen, zur Entwicklung von Schlüsselqualifikationen lediglich die betriebliche Ausbildungszeit zu verkürzen und dafür den Berufsschulunterricht zu vermehren - einen Unterricht, der darüberhinaus auch noch auf einer starren Rahmenstundentafel basiert, die in einem berufs-, arbeits- und wirtschaftspädagogisch nicht legitimierten Akt der Gleichmacherei installiert wurde, also ungeachtet motorischer resp. kognitiver Akzentuierung der Berufsbilder 480 Jahresunterrichtsstunden in der Berufsschule vorsieht?

In Beantwortung dieser Frage ist mit STEINBRÜCK doch eher eine " *[...] Differenzierung der 480 Jahresstunden Berufsschulunterricht je nach den theoretischen Erfordernissen in den verschiedenen Berufsbildern [...]* " (1996, S. 4) zu bedenken (vgl. auch DIHT 1998, S. 8; STECHER 1999, S. 17).
So ist z.B. im Bäcker- und Konditorenhandwerk, für welches in den vorliegenden Abschnitten ein Laufbahnmodell entwickelt werden soll (vgl. 6.2.1.4), ein hoher Anteil motorisch akzentuierten Lernhandelns anzutreffen.

Da kann jemand 100 und mehr Bücher über die Tortenherstellung lesen, er kann diese Bücher auf Phänomene untersuchen, sie hermeneutisch auswerten und in mehreren diametral verlaufenden Begründungssträngen dialektisch verschränken - aber: Er wird eine Torte nicht professionell herstellen können, denn dazu bedarf es der Unterweisung und der ständigen Übung.

Und somit sind zwei Aspekte bezüglich einer Verkürzung der betrieblichen Ausbildungszeit zu berücksichtigen:

1. Für motorisch akzentuierte Berufe ist eine Verkürzung der betrieblichen Ausbildungszeit im Hinblick auf die Erlangung handwerklicher Grundqualifikationen bedenklich.

2. Im Rahmen des Lernfeldkonzeptes erfolgt durch kontextorientierte, lernortübergreifende Bildungsprozesse auch eine Beteiligung der Betriebe an der Entwicklung von Schlüsselqualifikationen.

In Abwägung dieser Argumente sollte das "Schleswig-Holstein - Modell" für das Bäcker- und Konditorenhandwerk überprüft werden[120] - diesbezüglich ein Vorschlag, wie sich mit dem Instrumentarium der auftragsorientierten Lernortkooperation trotz vermehrten Berufsschulunterrichts gleichwohl eine Verkürzung der betrieblichen Ausbildungszeit vermeiden läßt, und zwar durch eine dialektische Verschränkung des methodisch-didaktischen Kooperationsverständnisses der Berufsschule mit dem pragmatisch-utilitaristischen Verständnistyp der Handwerksbetriebe in Ausrichtung auf kontinuierlich-konstruktive Kooperationsaktivitäten (vgl. 4.4.2):

---

120 Da das Laufbahnmodell am Beispiel Schleswig-Holsteins entwickelt wird (zur Begründung vgl. 4.4.3.3), ist das sogenannte „Schleswig-Holstein - Modell" zur Organisation des Berufsschulunterrichts für Auszubildende des Handwerks relevant, d.h. ausgehend von 1440 Unterrichtsstunden in drei Lehrjahren wird im ersten Ausbildungsjahr 18 Stunden Berufsschulunterricht an zwei Schultagen mit je 9 Stunden erteilt, sodaß in den folgenden zwei Jahren nur noch je ein Schultag à 8 Stunden erforderlich ist, wobei der insgesamt noch fehlende Unterricht im Umfang von 80 Stunden (10 Schultage) z.B. für die Vorbereitung und Durchführung von Prüfungen oder für Projekttage (vgl. hierzu die Beispiele i. 4.4.3.1) genutzt werden kann. Im Blockunterricht können bis zu 40 Unterrichtsstunden pro Woche erteilt werden (vgl. MBWFK.SCHL.-H. 1997c; vgl. auch die kritischen Anmerkungen zur neunten Unterrichtsstunde in der gemeinsamen Presseerklärung von VLW/BLBS 1997).

Bedeutsam ist zunächst einmal das Einführungsseminar, denn aufgrund des dort geschaffenen kognitiven Orientierungsrahmens werden die Auszubildenden Lerninhalte effizienter einordnen können bzw. werden infolge der Vermittlung von Grundlagenwissen zeitintensive Einschubhandlungen vermieden. Das Seminar findet zu einem der betrieblichen Lehre vorgeschalteten Zeipunkt in der Berufsschule statt, d.h. durch die Ausnutzung des Zeitkorridors, der zwischen dem Beginn des Berufsschulunterrichts und dem Anfang der Lehre laut Ausbildungsvertrag besteht, werden Teile des vermehrten Berufsschulunterrichts in diesen Blockunterricht vorgezogen (vgl. 6.2.1.4) - neben einer praxisorientierten Einstiegsphase in die Berufsausbildung wird also auch noch betriebliche Ausbildungszeit gewonnen.

Dem funktionalen Ausbildungscharakter der unter Wettbewerbsdruck stehenden Handwerksbetriebe (vgl. 1.1.3) kommt es ebenfalls entgegen, daß aufwendig arbeitende Gremien (Ausbilder, Lehrer, Ausbildungskoordinatoren, wissenschaftliche Begleitung) unter Umgehung betrieblicher Besonderheiten keine exemplarischen Aufträge (vgl. 4.4.3.1) identifizieren bzw. aufbereiten müssen, sondern daß betriebliche Besonderheiten im Rahmen eines didaktisch parallel verlaufenden Lernfeldes eine exemplarische Funktion erhalten und in der Handlungssituation der Berufsschule auf den aktuellen Lerngegenstand fokussiert werden (vgl. 4.4.3.2.3).

Weiterhin wird in Verbindung mit dem Gesamtcurriculum der Abstimmungsaufwand dadurch minimiert, daß die Lehrlinge bzw. Berufsschüler nach Maßgabe des Prozeßcharakters selbständigen Lernens (vgl. Abb. 14) zunehmend eigenständig und in eigenem Interesse Koordinierungsaufgaben zwischen den Lernorten wahrnehmen. Hierbei wird der Lehrling verstärkt auf seinen Ausbilder bzw. der Berufsschüler auf seinen Lehrer zugehen, um inhaltliche Abstimmungen herbeizuführen resp. Reflexionsbefarf anzumelden, wobei ggf. dem Lehrling betrieblicherseits wegen seines Frageverhaltens hohe Leistungsbereitschaft und -fähigkeit attribuiert wird (vgl. 6.1.2), d.h. im Ausbildungsbetrieb wird sich dann durchaus die Zeit genommen, z.B. auf fachliche Fragen einzugehen, wenn der Lehrling aufgrund seines Frageverhaltens als „interessiert" eingeschätzt wird - ein kommunikativer Aspekt, der in der Berufsschule an berufsspezifischen Beispielen zu trainieren ist (vgl. 6.2.1.1) und gleichsam ein Beleg dafür, daß an der Entwicklung von Schlüsselqualifikationen beide Lernorte beteiligt sind:

Das Training des Frageverhaltens erfolgt in der Berufsschule und die Phase der Applikation im Betrieb, also z.B das Anfordern und Umgehen mit Lehrgesprächen (vgl. 4.4.3 u. Fußnote 58), wobei ein solcher Erklärungsbedarf in möglichst streßfreier Zeit angemeldet werden sollte (vgl. 5.3.1), oder, ein weiteres Beispiel, es wird eine Unterweisung beantragt, durchgeführt und gemeinsam ausgewertet, mithin werden auch Rückfragen gestellt, möglicherweise sogar im Hinblick auf den nächsten Berufsschultag, sodaß es durch diese didaktische Korrespondenz zu einem lernortübergreifenden Dialog kommt zwischen Berufsschule und Betrieb - aus Sicht der Bildungstheorie auch erkennbar als ein Ansatz kategorialer Prägung bzw. als ein integratives, kontextorientiertes Lernkonzept (vgl. 3.2.7.2), denn neben der konkreten Hilfestellung für den Auszubildenden infolge der beantragten Vermittlung materialer Kenntnisse und Fertigkeiten werden ebenfalls wesentliche sozialkommunikative Schlüsselqualifikationen entwickelt.

Deutlich wird darüberhinaus, daß eine derartige Wechselwirkung betrieblicher und schulischer Handlungssituationen in einem kurzphasigen Lernrhythmus zu geschehen hat, und zwar unter dem Gesichtspunkt eines gemeinsamen Lernfeldes, da ansonsten die Fragen, welche z.B. in der Berufsschule zur Weitergabe an den Betrieb formuliert worden sind, nicht an dessen aktuellem Lerngegenstand festgemacht werden können - ggf. erfolgt eine Formulierung ins Ungewisse, es sei denn, die Lehrlinge müssen in Ermangelung eines verbindlichen Gesamtcurriculums durch ihr Frageverhalten die didaktische Parallelität selbst herbeiführen ... (vgl. hierzu das Unterrichtsbeispiel i. 5.2.2).

Doch einmal abgesehen von organisatorischen Unzulänglichkeiten (die es immer geben wird, die aber mit den Auszubildenden zu besprechen sind, um in gemeinsamer Verantwortung Gegenmaßnahmen einleiten zu können):
Wenn Auszubildende ihre lernortübergreifenden Bildungsprozesse anwachsend selbständig planen, durchführen und kontrollieren, somit also auch in zunehmender Eigenverantwortung selbst koordinieren, dann werden Kommunikations-, Kooperations- sowie teamentwicklerische Fähigkeiten zum Gewinnen und Verarbeiten von Informationen entwickelt, also Schlüsselqualifikationen des formalen Sektors (vgl. Abb. 4), die zur Methoden- bzw. Lernkompetenz führen (vgl. 5.7.3). Beide Komponenten aber werden im Hinblick auf eine umfassende Handlungskompetenz innerhalb der Kompetenzbereiche Fach-, Human- und Sozialkompetenz entwickelt, denn isoliert von Interessen und Gegenständen bleiben Methoden formal bzw. tendiert Kompetenz ohne

Lernen zur Reduktion oder Auflösung (vgl. 2.2.2). Insgesamt also entwickeln die Auszubildenden über ihre Koordinierungsaufgaben zunehmend ihre Handlungskompetenz, wodurch wiederum die Lernortkooperation gefördert wird - der Lerninhalt avanciert zur Methode, d.h. durch diese intentionale, auf dem methodisch-didaktischen Verständnistyp basierende Lernform werden die Kooperationsaktivitäten aus der pragmatisch-utilitaristischen Perspektive der Handwerksbetriebe auf eine kontinuierlich-konstruktive Ebene gehoben.

Und wenn theoretische Erfordernisse dem nicht entgegenstehen bzw. umgekehrt, sofern die Entwicklung von Fachkompetenz im Sinne handwerklicher Grundqualifikationen dies nicht sogar erfordert[121], sind zwei Berufsschultage/Woche im Interesse der betrieblichen Ausbildungszeit in Frage zu stellen. Schlüsselqualifikationen jedenfalls lassen sich im Bäckerhandwerk auch mit einem Berufsschultag/Woche durch eine auftragsorientierte Lernortkooperation entwickeln, und zwar unter Einschluß handwerklicher Grundqualifikationen als wichtigem Bereich der Fachkompetenz - das ging aus dem Unterrichtsbeispiel über die „Toastbrotherstellung" eindeutig hervor (vgl. 5.7.3).

Somit ist über flexible Modelle nachzudenken, welche die motorische bzw. kognitive Akzentuierung der Berufsbilder berücksichtigen, also die Entwicklung einer umfassenden Handlungskompetenz in elaborierter Form ermöglichen und nicht auf einer starren Rahmenstundentafel basieren, in der hinsichtlich handwerklicher Grundqualifikationen wichtige Bereiche der Fachkompetenz nivelliert worden sind - daher folgende Anregung: Es sollte nicht im ersten Ausbildungsjahr zweimal/Woche Berufsschulunterricht mit jeweils neun Unterrichtsstunden und dann im zweiten und dritten Ausbildungsjahr jeweils ein Tag/Woche mit acht Unterrichtsstunden gegeben werden (vgl. Fußnote 120), sondern in Verbindung mit dem Einführungsseminar ist lediglich ein Unterrichtstag/Woche vorzusehen, und zwar durchgehend im ersten, zweiten und dritten Lehrjahr mit jeweils neun Unterrichtsstunden/Tag (vgl. hierzu auch SCHLESWIG-HOLSTEINISCHER LANDTAG 1998b, S. 2).

---

121 *„Bei der Entwicklung von Handlungskompetenz darf die Fachkompetenz niemals vernachlässigt werden"*, mahnte MÜLLER (1999) anläßlich der 4. Fachtagung der Handwerkskammer Hannover „Ausbildung im Bäckerhandwerk in gemeinsamer Verantwortung von Betrieb und Berufsschule" (vgl. auch PUSEN 1999, S. 14).

Eine solche Vorgehensweise kommt nicht nur dem Verhältnis von praktischen und theoretischen Erfordernissen im Bäcker- und Konditorenhandwerk entgegen, sondern erspart den Lehrlingen auch Reisestrapazen und -kosten (vgl. 6.2.1.5.2.3).

Vor diesem Hintergrund könnte die Stundentafel, ohne das Fach Technologie differenziert darzustellen (vgl. hierzu 6.2.1.3), im wöchentlichen Wechsel wie folgt aussehen:

1. Woche:
- 2 Std. Wirtschaft/Politik
- 2 Std. Vertiefung/Erweiterung bzw. alternativ Stützung/Förderung
- 5 Std. Technologie

2. Woche:
- 2 Std. Wirtschaft/Politik
- 7 Std. Technologie

Aus stundenplantechnischen Gründen ist in der Stundentafel eine Verblockung der Vertiefung/Erweiterung bzw. der Stützung/Förderung vorgesehen. Hinsichtlich der Vertiefung/Erweiterung handelt es sich um den berufsbezogenen Englischunterricht, der in nahrungsgewerblicher Ausrichtung auch berufsübergreifend und leistungsdifferenziert durchgeführt werden kann (vgl. 3.2.7.3 u. 5.7.3 sowie Fußnote 119). Der Stütz- bzw. Förderunterricht bezieht sich auf berufsbezogene, grundlegende Inhalte[122].

Zur Wahrung des Fachklassenprinzips für das Bäcker- und Konditorenhandwerk (vgl. 6.2.1.5.2.3) wurden in Schleswig-Holstein Bezirksfachklassen gebildet, und zwar durch Aufgabe von insgesamt sieben Schulstandorten (vgl. MBWFK.SCHL.-H. 1997b). Im Hinblick auf hohe Schülerzahlen in diesen Bezirksfachklassen ist neben einer äußeren Leistungsdifferenzierung ggf. auch eine methodische Differenzierung zu berücksichtigen, d.h. durch eine zeitweise Doppelbesetzung (z.B. Studienrat/Werkstattmeister) im Fach

---

122 An dieser Stelle könnten z.B. staatlich geförderte ABH-Maßnahmen ansetzen, allerdings nicht räumlich und zeitlich getrennt vom Berufsschulunterricht, sondern in der Berufsschule und in enger Zusammenarbeit mit den Berufsschullehrern.

„Technologie" könnte eine Klasse dann in Teilung gehen (z.B. Fachkunde/Praktische Fachkunde) - eine Variante zur Schulgestaltung, die nach § 121 Abs. 3 SchulG ausdrücklich vorgesehen ist, denn dort ist festgeschrieben: *„Das Ministerium für Bildung, Wissenschaft, Forschung und Kultur kann in Verwaltungsvorschriften die [...] Teilung [...] von Klassen und Kursen regeln"*. Eine solche Teilung ist u.a. geboten, damit die Schülerzahl in einer Lehrwerkstatt 20 Personen nicht übersteigt - ansonsten ist dort ein geordneter Unterricht nicht durchführbar.

Wenn es allerdings in der Präambel der Landesverordnung über die Berufsschule (Berufsschulordnung - BSO) heißt, *„Grundlage des von der Berufsschule in der dualen Berufsausbildung zu leistenden Bildungsauftrages sind 480 Unterrichtsstunden je Ausbildungsjahr"*, so bedeutet die Umsetzung von Leistungsfifferenzierung und methodischer Differenzierung, daß die Berufsschule u.U. mehr als 480 Unterrichtsstunden/Ausbildungsjahr bzw. 1440 Unterrichtsstunden in drei Ausbildungsjahren erteilen muß.

Eine Anmerkung noch zur kritischen Einstellung gegenüber dem lernpsychologischen Wert der neunten Unterrichtsstunde (vgl. Fußnote 120):

Die kompetente Ausnutzung der Methoden- und Medienvielfalt des handlungsorientierten Unterrichts gewährleistet unter Beachtung stundenplantechnischer Überlegungen (vgl. 6.2.1.3) so viel Abwechslung, u.a. durch

- gestaltungsorientiertes Lernen (z.B. Neuentwicklungen; vgl. 5.5.2),
- lesen, auswerten und archivieren (EDV, Hängeregistratur) von Fachliteratur (vgl. 6.2.1.1),
- Erkundungen im Lernorte-Netz der Berufsschule („rollendes Klassenzimmer") (vgl. 6.2.1.2),
- Referenten in der Berufsschule, Organisation von Fachseminaren,

daß im Vergleich mit acht auch bei neun Stunden Unterricht keine zusätzlichen Konzentrationsschwierigkeiten zu befürchten sind - im Gegenteil, die Schüler sind u.U. sogar dazu bereit, „Überstunden" zu leisten (vgl. 5.4.3), sie benötigen vielleicht zusätzliche Zeit an einem Tag, weil eine Erkundung so interessant verläuft, dürfen dann aber diese Zeit auch wieder „abhängen". Die Flexibilität, die von den Auszubildenden später einmal im Berufsleben erwartet wird, sollten sie schon in der Berufsschule kennen- und schätzenlernen.

Unter dieser Prämisse sind die neun Stunden als Option für unterrichtliche Unternehmungen zu betrachten - kurz (und provozierend) formuliert: Lehrer und Schüler, die im Durchschnitt keine neun Unterrichtsstunden, also 6,75 Zeitstunden <!>, „überstehen", und das im Gegensatz zum „Schleswig-Holstein - Modell" (vgl. Fußnote 120) nur einmal statt zweimal/Woche, sollten ggf. ihren Unterrichtsprozeß überdenken und neu konstituieren.

Insgesamt erhält der Auszubildende unter Einbezug des Einführungsseminars (80 Std.) sowie der zur Disposition stehenden Zeit für Prüfungsvorbereitung und -durchführung bzw. für Projekttage (80 Std.) 1240 Stunden Berufsschulunterricht bei einer dreijährigen Ausbildung. Aufgrund von Differenzierungsmaßnahmen müssen entsprechend mehr Unterrichtsstunden durch ein Lehrerteam erteilt werden. Nach diesem Modell werden für die betriebliche Ausbildung 40 Tage zurückgewonnen, und die Berufsschule erhält aus der Perspektive des Status quo ante 280 zusätzliche Schülerstunden, d.h. gegenüber der alten Regelung mit einmaligem Schulbesuch/Woche à acht Stunden.

Wird unter diesem Gesichtspunkt die auftragsorientierte Lernortkooperation als eine organische Einheit betrachtet, dann sollte auch die Vergabe eines mittleren Bildungsabschlusses nicht daran festgemacht werden, ob sich der Lernende eine genau vorgeschriebene Zeit im kognitiv akzentuierten oder im motorisch akzentuierten Bereich des Lernhandelns aufgehalten hat - da werden nun einmal bei einem angehenden Bäcker oder Konditor, und das gilt auch für weitere nahrungsgewerbliche Lehrberufe, andere Prioritäten gesetzt als z.B. bei einem zukünftigen Kommunikationselektroniker[123]. Vor dem Hintergrund der dargelegten Strukturidentität von kognitiv akzentuiertem Lernhandeln in der Berufsschule sowie motorisch akzentuiertem Lernhandeln im Handwerksbetrieb und deren lernortübergreifender Wechselwirkung (vgl. 3.1.5) wäre es ein Absurdum, den mittleren Bildungsabschluß abhängig zu machen von der zeitlichen Vorgabe einer Rahmenstundentafel, welche die theoretischen Erfordernisse bzw. die praktischen Anforderungen einzelner Berufsbilder nicht differenziert berücksichtigt. Die jeweilige Verweildauer in dem einen oder anderen Bereich sollten in diesem Zusammenhang die Sozialpartner entscheiden.

---

123 Zu den Bedingungen hinsichtlich möglicher Abschlüsse in der dualen Berufsausbildung vgl. MBWFK.SCHL.-H. 1997d.

"*Neben der Vermittlung von notwendigen Inhalten im 'berufsbezogenen' Bereich und im 'allgemeinen' Unterrichtsbereich geht es in der beruflichen Bildung angesichts der immer kürzer werdenden Halbwertzeit des Wissens verstärkt um die Entwicklung und Förderung der Lernfähigkeit und Handlungskompetenz, um in der jeweiligen beruflichen und außerberuflichen Situation problemorientiert, sachgerecht und verantwortlich handeln zu können*", so heißt in einem Bericht des Schulausschusses zur Gleichwertigkeit von allgemeiner und beruflicher Bildung, der von der Kultusministerkonferenz mit Beschluß vom 12./13.06. 1997 zustimmend zur Kenntnis genommen worden ist (KMK 1997c, S. 6), und weiter heißt es dort hinsichtlich der Gleichwertigkeit, "*daß formale Berechtigungen, die der Besuch einer allgemeinbildenden Schule verleiht, grundsätzlich auch durch Berufsbildung erworben werden können*" (ebd., S. 7).

In diesem Sinne kann im Rahmen einer auftragsorientierten Lernortkooperation, mit berufsspezifisch unterschiedlicher Verweildauer im jeweiligen Bereich, mindestens ebenso viel Handlungskompetenz erworben werden wie z.b. an einer Realschule - die Inhalte der allgemeinbildenden Schule dürfen also nicht ohne weiteres den Maßstab der Gleichwertigkeit abgeben, denn die berufliche Bildung besitzt - ob kognitiv oder motorisch akzentuiert - einen eigenständigen Wert.

Gerade für das Handwerk gilt doch, daß als persönlichkeitsbezogener Gestaltungsaspekt das Handlungssubjekt im Mittelpunkt steht und über die Auseinandersetzung mit einem Arbeitsauftrag selbst verändert wird (vgl. 3.2.6). Der wesentlichste Anteil dieser Selbstveränderung entstammt dem Lernen bzw. - in Erweiterung des allgemeinpsychologischen Lernbegriffes - dem **Hinzulernen**, welches innerhalb des dualen System der Berufsausbildung gegeben ist als Erweitern, Differenzieren sowie Organisieren von individuellen Lern- resp. Leistungsvoraussetzungen (vgl. HACKER 1998, S. 755) und Interessen (vgl. 3.2.2.2). In kontextorientierten Lernprozessen (vgl. 3.2.7.1) werden Schlüsselqualifikationen entwickelt zur Ausprägung einer umfassenden Handlungskompetenz sowie der einhergehenden Persönlichkeitsentwicklung, und zwar auf der Grundlage beruflicher Inhalte, also den Kundenaufträgen (vgl. 3.2.7.2).

Somit müssen in einer Berufsschule z.B. keine Situationsbezüge für naturwissenschaftliche Phänomene konstruiert werden (vgl. 5.3.1), sondern innerhalb auftragsorientierter Lernfelder initiieren praxisrelevante Handlungsbezüge die Fragehaltung - mehr noch, entsprechende Lernergebnisse müssen als innere Handlungsdispositionen von den Berufsschülern im externen Handlungsvollzug reflektiert bzw. hinsichtlich möglicher Folgen bewertet werden, und zwar unter Ernstcharakter in lernortübergreifender Form (vgl. 5.7.2).

In dieser didaktischen Interpretation konkretisiert sich dann die auf Hegel rekurrierende Maxime BLANKERTZ', die Wahrheit der Allgemeinbildung sei die spezielle oder berufliche Bildung resp., wie weiter ausgeführt wird:

*„Die Festschreibung einiger, (notwendigerweise spezieller) Inhalte als 'allgemeinbildend' verkehrt den Sinn von Allgemeinbildung. Denn eine inhaltlich kanonisierte 'allgemeine Bildung', die erstrebt wird, um gebildet zu sein und um vor anderen gebildet zu erscheinen, **deformiert die Bildung zum Statussymbol**, ist ungehemmte Begierde, ist mithin ein Nichts"* (vgl. 1982, S. 141, Hervorhbg. v. Verf.; vgl. auch WEINBRENNER 1995b, S. 245 ff.; HEIDEGGER 1997a, S. 19 ff.).

Auch aus dieser Perspektive besteht also kein Anlaß, einem Auszubildenden den mittleren Bildungsabschluß vorzuenthalten, denn er hat - mit gesellschaftlicher Relevanz (vgl. 5.3.1) und nicht, um vor anderen gebildet zu erscheinen! - seine Allgemeinbildung integrativ im „Medium Beruf" (vgl. 1.2) vertieft und erweitert bzw. in den Phasen betrieblicher Gesamtaufträge, die in einem komplexen Wechselwirkungsverhältnis mit der Umwelt stehen (vgl. Abb. 2), seine Handlungskompetenz entwickelt[124].

Unter Einbezug der aus dem Ausbildungsberufsbild des Bäckerhandwerks abgeleiteten Lernfelder ergibt sich schließlich die in Abb. 26 ersichtliche Konstellation für den

---

124 Die Bedeutsamkeit beruflicher Bildungsprozesse für die Gesellschaft hebt HACKER durch folgende Feststellung hervor: *„Eine Ausstrahlung der Aus- und Weiterbildung [...] auf außerberufliche oder auf Freizeittätigkeiten - bis hin zu politischen Aktivitäten und zum Erziehungsstil - ist gesichert"* (1998, S. 782).

vermehrten Berufsschulunterricht unter dem Dach einer auftragsorientierten Lernortkooperation[125].

---

[125] Diesbezüglich wurde vom Verfasser bereits ein Konzept entwickelt (vgl. PFAHL 1998b, S. 232 ff.), und zwar auf der Grundlage des unter § 5 BäAusbV dargestellten Ausbildungsberufsbildes (vgl. BMW 1983, S. 8) in Verbindung mit dem für Schleswig-Holstein gültigen Lehrplan „Bäcker/Bäckerin" (vgl. MFBWS.SCHL.-H. 1993). Die Lernfelder wurden entsprechend der KMK-Vorgaben auf einem gehobenen Abstraktionsniveau formuliert, d.h. sie „[...] wirken einem zu schnellen Verlust an Aktualität der Pläne entgegen" (1996b, S. 4). Berücksichtigt wurde neben den überlieferten Inhalten des Bäckerhandwerks auch der fortschreitende Technisierungsgrad, weil die Formulierung „Herstellen von ..." tradierte Herstellungsweisen erfaßt, aber auch offen ist für Produktionsverfahren z.B. mit mikroprozessorgesteuerten Anlagen. Zudem lassen sich aktuelle Trends und Verbraucherwünsche mühelos integrieren, wie es z.B. der expandierende Snack-Bereich verdeutlicht, da diese Artikel u.a. auf der Basis verschiedener Brot- und Brötchenteige oder aus Feinen Backwaren mit entsprechenden Füllungen bzw. Auflagen hergestellt werden (vgl. zum Thema „Verbraucherwünsche" auch das Unterrichtsbeispiel i. Kap. 5 der vorliegenden Arbeit). Um unter dem Gesichtspunkt der didaktischen Parallelität die Abstimmung zwischen den Lernorten zu minimieren (vgl. 4.4.3.2.3 u. Fußnote 50), wurde über das Einführungsseminar hinaus die Einteilung der Lehrzeit nach Ausbildungshalbjahren vorgeschlagen (vgl. Abb. 26), wobei die Anforderungen der nach § 39 HWO und des daraus abgeleiteten § 9 BäAusbV (vgl. BMW 1983, S. 9) durchzuführenden Zwischenprüfung die ersten vier Lernfelder determinieren.

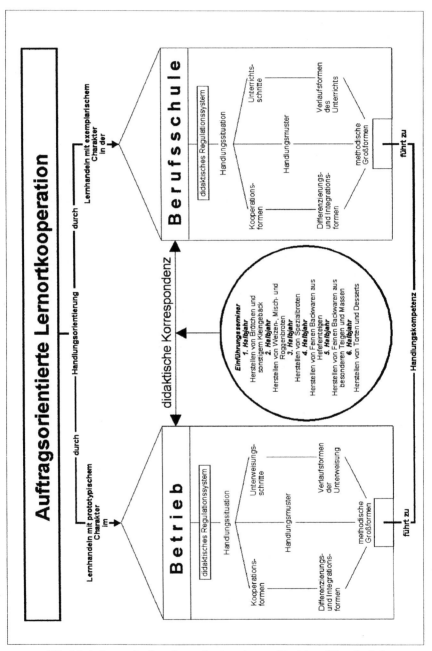

Abb. 26: Auftragsorientierte Lernortkooperation von Betrieb und Berufsschule
am Beispiel von Lernfeldern des Bäckerhandwerks

6.2.1.5.2.6 Verwendbarkeit der Zusatzqualifikation „Betriebsassistent" im Verlauf beruflicher Weiterbildung

Mit beruflicher Weiterbildung sollen in diesem Zusammenhang alle Formen der Fortsetzung oder Wiederaufnahme organisierten arbeits- und berufsbezogenen Lernens nach Abschluß einer unterschiedlich ausgedehnten Erstausbildung bezeichnet werden. In Anlehnung an SCHELTEN läßt sich die berufliche Weiterbildung in die Bereiche Einarbeitung, Fortbildung und Umschulung aufgliedern (vgl. 1991a, S. 100 ff.; vgl. auch SCHINDOWSKI 1999, S. 163).

Hinsichtlich der Einarbeitung geht es um Maßnahmen zur Qualifizierung von Beschäftigten, die auf einem neuen Arbeitsplatz nicht von Anfang an ihre volle Leistung erbringen können, wobei das Einarbeitungsprogramm die übliche Einweisung am Arbeitsplatz übersteigen muß. Für einen Betriebsassistenten läßt sich daraus z.b. ableiten, daß er sich in seiner Praxisphase zunächst einmal mit der betreffenden Betriebs- und Arbeitsorganisation auseinandersetzen muß, bevor er als Nachwuchskraft den Produktionsleiter unterstützen kann (vgl. 6.2.1.5.1).

Bezüglich der Fortbildung ist die Anpassungs- von der Aufstiegsfortbildung zu unterscheiden.

Bei der Anpassungsfortbildung geht es darum, die beruflichen Kenntnisse und Fertigkeiten zu erhalten, zu erweitern bzw. der technischen Entwicklung anzupassen (vgl. WITTWER 1999a, S. 13), u.a. durch Seminare an der Bundesfachschule („Einsatz neuer Techniken in Bäckerei und Konditorei"; vgl. BUNDESFACHSCHULE DES DEUTSCHEN BÄCKERHANDWERKS E.V. 1999) oder durch regelmäßiges Auswerten von Fachliteratur (z.B. in der Bibliothek der Berufsschule; vgl. Fußnote 106) sowie durch den Besuch von Fachausstellungen.

Die Aufstiegsfortbildung eröffnet den Teilnehmern entsprechender Bildungsmaßnahmen Möglichkeiten zum Erwerb einer höherwertigen Qualifikation (vgl. WITTWER 1999b, S. 18). In der Regel ist die Aufstiegsfortbildung streng formal durchstrukturiert, d.h. es werden bestimmte Eingangsqualifikationen verlangt. Dann wird ein fest umrissener, zeitlich längerfristiger Bildungsgang durchlaufen, der mit einer Abschlußprüfung endet. Der Abschluß wird zertifiziert und weist z.b. als „Meisterbrief" die berufliche Höherqualifikation aus.

Diesbezüglich gilt es, die weitere Verwendbarkeit der Zusatzqualifikation im Sinne einer Entlastung des Lernenden zu berücksichtigen, d.h. zeit- und kostenaufwendige Wiederholungen und/oder Überschneidungen sind zu vermeiden.

Wenn somit die Prüfung im kaufmännischen Teil der Meisterprüfung erfolgreich war, sollte sie in Verbindung mit dem Gesellenbrief nicht nur zum Betriebsassistenten führen (vgl. 6.2.1.5.2.1), sondern beim späteren Ablegen der Meisterprüfung auch Anerkennung finden. Eine solche Vorgehensweise erfordert auf diesem Gebiet die systematische Verzahnung von Erstausbildung und Weiterbildung.

In Anlehnung an das Organisationsprinzip der „Modularisierung" (vgl. KÄSELAU 1997, S. 27 ff.) soll daher für den kaufmännischen Teil der Meisterprüfung (Teil III; vgl. Fußnote 115) die Erarbeitung eines entsprechenden Konzeptes vorgeschlagen werden (vgl. KELLER/PFAHL 1999). Dabei wird ein Modul "*[...] als eine selbständige, in sich abgeschlossene (Aus- bzw. Weiter-) Bildungseinheit verstanden, die eine bestimmte Größe aufweist und über einen voraussetzungs- und lernzieldefinierten Eingang sowie über einen kontrollier- bzw. zertifizierbaren Ausgang verfügt. Diese Module sind für die Lernenden frei oder eingeschränkt wähl- und kombinierbar und führen [...] zu flexiblen Qualifikationen [...] auf unterschiedlichem Niveau, die damit individuellen Voraussetzungen und gesellschaftlichen Forderungen besser anpaßbar sind*" (MALEK 1997).

Die angehenden Betriebsassistenten könnten in den jeweiligen Modulen Kenntnisse erwerben über Methoden der modernen Betriebsführung wie z.B. Kunden- und Dienstleistungsorientierung im Marketing, Personal- und Organisationsmanagement, Controlling sowie hinsichtlich zeitgemäßer Kommunikations- und Informationstechniken. Derart wissensbasiert würden sich Erfahrungen im Praxisfeld anschließen, und vor diesem Hintergrund könnte für die Betriebsassistenten dann in der Meisterprüfung unter Anrechnung der bereits zertifizierten Module eine Vertiefung und Erweiterung erfolgen, z.B. ausgerichtet auf ein zukunftsorientiertes Existenzgründungs- und Betriebsübernahmemanagement.

Eine Befreiung auf Antrag bezüglich Teil III der Meisterprüfung ist aufgrund adäquat erbrachter Leistungen grundsätzlich möglich, wie es der Bildungsgang "Fachkaufleute der Handwerkswirtschaft" beweist (vgl. TRUMM 1997, S. 23). Neben einer Verkürzung der Meisterprüfung für die Betriebsassistenten würde die Bindung an das Handwerk verstärkt werden, weil im Sinne einer Zielhierarchie durch die zertifizierten Module bereits Teilziele auf dem Weg zur Meisterprüfung erreicht worden sind.

Ein ähnliches Laufbahnbeispiel findet sich im Tischlerhandwerk, allerdings kann dort die Zusatzqualifikation erst nach der Gesellenprüfung erworben werden (vgl. KAU u.a. 1992, S. 110), eine Variante, die nach dem in der vorliegenden Arbeit vorgestellten Modell ebenfalls möglich ist, wenn der Auszubildende sich entschließen sollte, erst die Abschlußprüfung erfolgreich zu beenden, um anschließend neben seiner Gesellentätigkeit die Zusatzqualifikation durch den Einstieg in einen Meisterkurs zu erlangen.

Doch unabhängig vom Modus procedendi ist mit KAU u.a. darauf hinzuweisen, die Zusatzqualifikation mit einem fühlbaren Einkommensanstieg zu verbinden, denn: *„Die Bereitschaft, sich dieser Mühe zu unterziehen, könnte andernfalls nicht hoch veranschlagt werden"* (1992, S. 108).

Im Anschluß an die Meisterprüfung hat ein Bäcker nach dem "Gesetz zur Änderung der Handwerksordnung, anderer handwerksrechtlicher Vorschriften und des Berufsbildungsgesetzes vom 20.12.1993 (BGBl. I S 2256 vom 28.12.1993)" die Möglichkeit, z.B. noch den Konditormeister zu machen und sich nach § 46 Abs. 3 HWO von den Teilen III und IV befreien zu lassen.

Sinnvoll ist es in diesem Falle, zuvor in verschiedenen Konditoreien zu volontieren, obwohl nach § 49 Abs.1 HWO eine Berufstätigkeit nicht erforderlich ist, "wenn der *Prüfling bereits eine Meisterprüfung [...] abgelegt hat"*, wodurch die Ablegung der sog. "Zweitmeisterprüfungen" erleichtert werden sollen (vgl. HWK Hamburg 1996, S. 19). Infolge der neuen Regelung kann ein Bäckermeister somit ohne weitere Lehre oder Gesellenjahre seine Meisterprüfung als Konditor machen, wobei er lediglich in den Teilen I und II (vgl. Fußnote 115) geprüft wird.

Für die Entwicklung eines Laufbahnmodells ist dieser Sachverhalt insofern von Relevanz, weil ein Meistervorbereitungslehrgang diese Entwicklung berücksichtigen sollte. In diesem Sinne hat der Verfasser ein Konzept vorgelegt, in welchem die sich fachlich überschneidenden Sequenzen des Bäcker- und Konditorenberufes herausgearbeitet wurden und zusammengefaßt dargestellt sind (vgl. PFAHL 1994e). Somit ist die gleichzeitige Beschulung beider Berufe möglich geworden. Es wird nur noch in der fachpraktischen Ausbildung sowie deren Nachbereitung differenziert. Will ein Kandidat sich demzufolge auf seine zweite Meisterprüfung vorbereiten, muß er nur noch den ausgelagerten Teil des anderen Berufes erlernen und erspart sich einen zweiten Meisterkurs mit all seinen Wiederholungen. Dieses Modell wurde bereits mehrfach durchgeführt (vgl. ROOLFS 1997, S. 2).

Anzumerken ist, daß ein Bäcker- und/oder Konditormeister für die Produktionsleitung i.d.R. hinreichend ausgebildet ist. Doch für übergeordnete Führungspositionen (z.B. Betriebsleiter) in mittleren und größeren Bäckerei/Konditorei-Betrieben reicht aufgrund der kaufmännischen Anforderungen die Meisterprüfung oft nicht mehr aus (vgl. BEHRENS 1999, S. 20 f.; STEINBACH 1999, S. 14 ff.), kann aber im Rahmen der Aufstiegsfortbildung als Eingangsqualifikation zu entsprechend anerkannten Fortbildungsberufen führen bzw. in Verbindung mit diesen entscheidende Vorteile auf dem Arbeitsmarkt bringen. Zu denken ist diesbezüglich z.B. an eine Kombination „Bäcker- und/oder Konditormeister / Diplombetriebswirt (BA) - Fachrichtung Handwerk -" (vgl. BERUFSAKADEMIE STUTTGART 1998; hm-SPEZIAL 1998, S. 82 f.; eine ausführliche Übersicht bietet WINTER 1999).

Im Sinne der Durchlässigkeit ist auf den „besonderen Hochschulzugang für Berufstätige" zu verweisen. Hier gibt es gravierende Unterschiede für Gesellen und Meister, die am Beispiel der Universität Hamburg dargestellt werden sollen:

- Ein Handwerksmeister kann aufgrund der Ordnung der Universität Hamburg gemäß § 31 a Abs. 5 des Hamburgischen Hochschulgesetzes (HmbHG) durch ein

"Beratungsgespräch" den Hochschulzugang erlangen[126].

- Ein Handwerksgeselle kann aufgrund der Prüfungsordnung der Universität Hamburg gemäß § 31 a Abs. 1 des Hamburgischen Hochschulgesetzes (HmbHG) durch eine "Eingangsprüfung" den Hochschulzugang erlangen[127].

Der Vergleich beider Möglichkeiten des Hochschulzuganges für Berufstätige zeigt, daß es an diesem Punkt für einen Handwerksgesellen ungleich schwieriger ist, ein Hochschulstudium aufzunehmen, als für einen Handwerksmeister (vgl. ZSPSUH 1996). In diesem Sinne ist ein Laufbahnmodell nicht nur durchlässig zu gestalten, sondern im Interesse der Zielklarheit auch schon zu Beginn der Lehrzeit transparent zu machen.

Und deutlich wird an obiger Prüfungsordnung auch, daß der vieldiskutierte mittlere Bildungsabschluß (vgl. 6.2.1.5.2.5), von der möglichen Befähigung durch Lehrinhalte abgesehen, als Laufbahnberechtigung gar nicht gefragt ist, denn nach § 2 Abs. 1 heißt u.a., daß zur Eingangsprüfung zugelassen werde, wer "*eine abgeschlossene Berufsausbildung [...] nachweist*" - von mittlerem Bildungsabschluß ist da keine Rede mehr.

Einzugehen ist noch auf die Umschulung als Form der beruflichen Weiterbildung. Sie zielt ab auf einen Übergang in eine andere geeignete berufliche Tätigkeit, indem ggf. ein neuer Beruf erlernt wird. Die Umschulung kann als Folge eines Unfalls z.B. in die

---

[126] Nach dieser Ordnung sollen entsprechend § 7 Abs. 1 unter Berücksichtigung des beruflichen Werdeganges beratend erörtert werden die Beweggründe für die Wahl und die Inhalte des Studienganges und möglicherweise damit verbundene Probleme sowie berufliche Zielvorstellungen, und es ist außerdem nach Abs. 2 die Beziehung zwischen dem gewählten Studiengang und der Fortbildungsprüfung zu erörtern.

[127] Vom Bewerber wird nach dieser Ordnung entsprechend § 8 zunächst unter Rückgriff auf § 3 Abs. 2 ein umfassender Bericht gefordert, der die Wahl des angestrebten Studiums begründet, und zwar incl. eines Nachweises über die Teilnahme an einer Studienfachberatung. Anschließend werden in § 8 der Prüfungsordnung zwei Klausuren verlangt, d.h. nach § 9 besteht die Klausurprüfung aus einer Aufsichtsarbeit mit studiengangsbezogenem Thema und einer Aufsichtsarbeit mit einem Thema aus dem Berufsfeld des Bewerbers oder einem Thema des öffentlichen Lebens (z.B. aus Politik, Kultur, Wirtschaft, Technik und Umwelt), wobei die Bearbeitungszeit für eine Klausur auf drei Stunden begrenzt ist. Abschließend sieht die Prüfungsordnung nach § 10 eine mündliche Prüfung vor mit einer Prüfungszeit von insgesamt etwa 20 Minuten.

berufliche Rehabilitation eingreifen. Für einen gelernten Bäcker könnte u.a. eine Umschulung auf einen kaufmännisch-verwaltenden Beruf erfolgen. Die im Rahmen der Erstausbildung erworbene Zusatzqualifikation des „Betriebsassistenten" wäre in einem solchen Fall eine solide Grundlage für einen Fortbildungsberuf aus dem Bereich des Nahrungsgewerbes, beispielsweise für den „Fachkaufmann der Handwerkswirtschaft" oder für den „Betriebswirt des Handwerks" (vgl. AHH 1998). Der Arbeitnehmer hätte im Anschluß z.B. berufliche Möglichkeiten im Kundendienst der Zulieferindustrie.

Allerdings, ob beispielsweise

- eine Lehre in Verbindung mit Stütz- bzw. Förderunterricht bewältigt werden soll,
- die Lehrzeit durch Vertiefungs- resp. Erweiterungsunterricht, sei es mit oder ohne vorgezogener Gesellenprüfung, im Hinblick auf die Zusatzqualifikation „Betriebsassistent" zu gestalten ist,
- eine Meisterprüfung angestrebt wird,
- vielleicht eine Zweitmeisterprüfung mit vorgeschaltetem Volontariat durchzuführen ist,
- der Bildungsgang „Betriebswirt des Handwerks" durchlaufen werden soll,
- eine Umschulung erfolgen muß,
- die Berechtigung zu einem Hochschulstudium durch eine Eingangsprüfung oder durch ein Beratungsgespräch erworben werden soll,

stets geht es im Verlauf komplexer Aufgaben um aufwendige Prozesse der Informationsgewinnung und -verarbeitung mit notwendigen Rückkoppelungen und Abstimmungen. Es handelt sich um Anforderungen, die erkannt bzw. hinreichend benannt worden sind und auf Schlüsselqualifikationen als konstitutives Element verweisen, aber auch um Worte, die andeuten, daß sich der Kreis dieser Betrachtung geschlossen hat:
Der Auszubildende muß sich in seiner Erstausbildung durch zunehmend eigentätiges, selbstverantwortliches Lernen so qualifizieren, daß seine Handlungskompetenz ihm unter Berücksichtigung der eigenen Lebensplanung die Organisation seiner beruflichen Weiterbildung ermöglicht. Nicht zuletzt aus diesem Grund wurde in der vorliegenden Arbeit auf die Bedeutung einer individuellen Zielhierarchie hingewiesen (vgl. 3.2.2.1) - Möglichkeiten zur Stützung/Förderung bzw. Vertiefung/Erweiterung sind daher transparent zu machen, und zwar als Bestandteil einer „Programmvorschau" (vgl. 5.3.1) am Anfang der Berufsausbildung, d.h. für die Auszubildenden ist es im Rahmen ihrer

Handlungsregulation die Komponente der Antizipation (vgl. 3.1.4.1.1), jene Handlungsphase also, in welcher sie Motive bilden bzw. reflektieren, sodaß sie in der Folge Teilziele werden generieren und individuell unter den Bedingungen einer handlungs- resp. auftragsorientierten Lernortkooperation (vgl. Abb. 21) zu Aktionsprogrammen dekodieren können.

Handlungstheoretisch derartig fundiert ist ein Laufbahnmodell z.B. für das Bäckerhandwerk in Abb. 27 dargestellt. Es entspricht einer pädagogischen Herausforderung, die UHE wie folgt formuliert: *„Ein [...] Ziel sollte eine stärkere Flexibilisierung und Individualisierung der beruflichen Bildung sein. Hierzu müssen Möglichkeiten geschaffen werden, die Berufsbilder dynamischer zu gestalten, etwa durch den Erwerb von Zusatzqualifikationen"* (1999, S. 2).

Auf personelle Konsequenzen, die dann in der Berufsschule erforderlich sind, wird in den nächsten Abschnitten eingegangen.

294

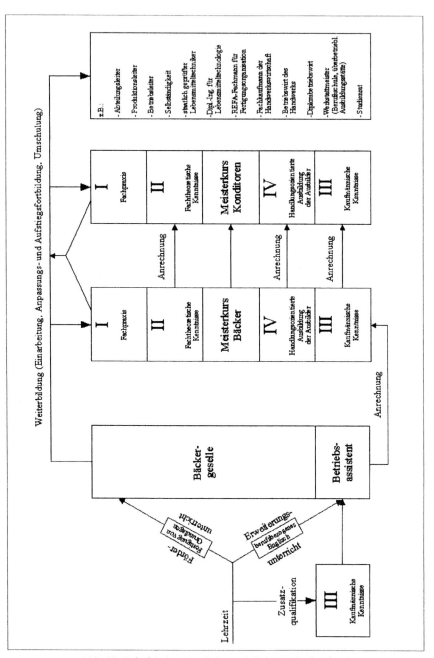

Abb. 27: Beispiel eines Laufbahnmodells im Bäckerhandwerk

6.2.2 Personelle Konsequenzen

In Ausrichtung auf die Selbstregulationsfähigkeit der Auszubildenden basiert die auftragsorientierte Lernortkooperation auf einem zunehmend selbstgesteuerten Lernen. *"Dieses 'Loslassen' und 'Raum geben', mit dem Ziel, die Lerner für ihren eigenen Lernprozeß 'verantwortlich zuständig' zu machen, bedeutet jedoch nicht, daß der Lehrende den Lernern gegenüber die Führung im Lernprozeß gänzlich abgibt [...], nur daß der Lehrende statt dirigistischen Machens und Lenkens eben andere Führungsinstrumente benutzt,[...]"*, formulieren ARNOLD/MÜLLER (1992, S. 112), und dieses Zitat belegt, daß der Lehrer nach wie vor ein Veto-Recht hat, welches er sich aufgrund seiner informationsbedingten Problemsichtigkeit auch vorbehalten sollte, von ARNOLD/MÜLLER als „Geschäftsordungsintervention" bezeichnet (vgl. 1992, S. 112 f.; vgl. auch 1991, S. 24 ff.), d.h. mit dieser „Interventionskompetenz" (vgl. GUDJONS 1994, S. 122 f.) greift der Lehrende regulierend ein, indem er beratend tätig wird oder auf kontraproduktive Verfahrensregelungen hinweist, aber auch Bedingungen vorgibt (vgl. 5.4.2 u. 5.5.3).

Das Zitat verweist ebenfalls auf eine veränderte Lehrerrolle, also weg von der allwissend dozierenden Kapazität hin zu einem Pädagogen, der mit seinem Methoden- und Medienrepertoire[128] zum Organisator ganzheitlicher Lernsituationen wird, in deren Rahmen er z.B. seine Schüler individuell berät (Beratungsdifferenzierung), metamemoriales Wissen vermittelt[129], Fachgespräche moderiert[130], entdecken-lassende

---

128 z.B. als "Methoden-Mix", d.h. durch Methoden zur Schaffung persönlicher und sachlicher Orientierung, zur Problemgewinnung, -planung und -lösung sowie durch Methoden zur Wissenssicherung, Reflexion und zum Transfer (vgl. HOFFMANN/LANGEFELD 1996, S.25 ff.; vgl. auch KLIPPERT 1997, S. 37 ff.). Methodisch interessant ist z.B. die Verbindung von Wissenssicherung, Refexion und Transfer mit der EDV, und zwar über Kreuzworträtsel - allerdings nicht nur als Vorgabe zum Lösen, sondern auch als Aufgabe für die Schüler, Kreuzworträtsel selbst zu entwickeln (vgl. SOFTWARE BROKERS 1996), ggf. sogar zur Veröffentlichung in einer Fachzeitschrift.

129 Hierzu bieten z.B. Anregungen: HAGMÜLLER 1985; OTT u.a. 1994a/1994b; STRAUBE/FRÖMSDORF 1987; SVANTESSON 1997; VOLLMER/HOBERG 1994.

130 Überlegungen hierzu liefern: KLIPPERT 1996, S. 47 ff.; SEIFERT 1997, S. 75 ff. MBWJK-SH 1992; MBWFK-SH 1997.

Lehrverfahren[131] zuläßt - kurz, zum Partner seiner Schüler wird beim Erwerb einer umfassenden Handlungskompetenz (vgl. PFAHL 1995a, S. 71).

Allerdings stellt sich eingedenk ganzheitlicher Lernsituationen die Frage nach der Fachkompetenz des Berufsschullehrers für mehrere Unterrichtsfächer (vgl. 6.2.1.3 u. TOLLKÖTTER 1999, S. 29) bzw. nach deren Aufrechterhaltung in Zeiten immer schneller werdenden technischen Wandels, und einhergehend ergibt sich, wie LIPSMEIER es ausdrückt, *„das Problem der funktionellen Aufgabendifferenzierung für Lehrer an beruflichen Schulen im Kontext der neueren didaktisch-methodischen Entwicklungen beruflichen Lernens"* (1998, S. 80 ff.).

---

[131] BRATER spricht in der ALiH-Studie von "entdeckendem Lernen" (vgl. 1991, S. 289 ff.; vgl.auch BRATER/BÜCHELE 1991, S. 54 ff.), einer Unterrichtsform, die von BRUNER (vgl. 1973, S. 15 ff.) vehement vertreten wurde und die Curriculumentwicklung in den 70er Jahren entscheidend beeinflußte.

Mit GUDJONS ist aber im Sinne des selbstgesteuerten Lernens darauf hinzuweisen, daß auch entdeckendes Lernen sich nicht von selbst ergibt, sondern gezielt initiiert wird, wobei der Grad der Strukturierung durch den Lehrer als ein wichtiges Kriterium auf der Skala vom "völlig ungelenkten" bis zum "angeleiteten Entdecken" anzusehen ist (1994, S. 24).

In vielen Bereichen schulischen Lernens allerdings ist ein völlig autonomes Entdecken nicht möglich, so AUSUBEL u.a. in ihrer scharfen Kritik Bruners (1973, S. 30 ff.) mit der Konsequenz, so GUDJONS in Anlehnung an EIGLER u.a.(vgl. 1973, S. 61), daß es in der Unterrichtspraxis eher um "entdecken-lassende Lehrverfahren" gehe, bei denen es darauf ankomme, den Lehrgegenstand so aufzuarbeiten, daß seine Strukturen für die Schüler leichter zu entdecken seien, also Lehrinhalte in Probleme transformiert würden, und zwar bei minimaler Hilfe (vgl.1994, S. 24).

6.2.2.1 Muß der Berufsschullehrer[132] den von ihm zu vermittelnden Beruf selbst erlernt haben?

Die Beantwortung dieser Frage soll mit einem Zitat eingeleitet werden:

"Die oftmals im Unterricht zu beobachtende Lehrerdominanz ist, unter diesem Aspekt betrachtet, interpretierbar als unterschwellige Angst davor, sich auf die Erfahrungen der Schüler einzulassen und aufgrund mangelnder Kompetenz dann das Heft aus der Hand zu verlieren" (HOLLING/BAMMÉ 1982, S. 52).

Lieber versteckt sich der Lehrer also <u>hinter</u> dem Heft - Pädagogik wird in diesem Falle mißbraucht zur Kompensation fehlender Fachkompetenz.

Das freie Unterrichtsgespräch, wie es schon GAUDIG forderte, und in dessen Vorstadien der Lehrer die Klasse zur Selbstkorrektur anleitet, wird sich kaum gedeihlich entfalten können, denn:

"Die Hilfe sei Erziehung zur Selbsthilfe; die Korrektur sei Erziehung zur Selbstkorrektur. Nur dann wird der Lehrer die Bewegung unmittelbar leiten und die Verbesserung selbst geben, wenn die Selbsttätigkeit der Schüler aussichtslos oder unökonomisch ist" (vgl. 1979, S. 88).

---

132 Berufsschullehrer ist im weiteren Verlauf der vorliegenden Arbeit die übergeordnete Bezeichnung für „[...] *jene Lehrer, die in Berufsschulen als Teilzeitschulen die schulische Seite der dualen Berufsausbildung betreuen"* (BONZ 1995, S. 193). Diesbezüglich vollzieht sich nach tayloristischem Vorbild (vgl. 1.1.1) eine Teilung der Lehrerarbeit in jeweils einen Lehrertypus für Fachtheorie („Theorielehrer") und für Fachpraxis („Praxislehrer"), wobei das Denkmodell, welches diese Teilung erst ermöglicht, lautet, „*zu wissen, nach welchen 'wissenschaftlichen Gesetzmäßigkeiten' eine Sache so und nicht anders entwickelt, hergestellt und repariert wird, ist grundsätzlich verschieden von der Fähigkeit, es auch tatsächlich zu können. Für das eine sind dann die 'Theoretiker', für das andere die 'Praktiker' zuständig"* (GERDS 1992, S. 317; vgl. auch Fußnote 15 sowie BERNARD/WENGEMUTH 1995, S. 219 ff.; ADAMSKI/DRECHSEL 1995, S. 235 ff.).

Wie aber soll der Lehrer, um wieder die zeitgemäße Terminologie aufzugreifen, Fachgespräche moderieren, wenn er nur über "Buchwissen" verfügt, nicht aber über Erfahrungswissen und produktives Können. Wie kann er somit nach dem Lernfeldkonzept (vgl. 4.4.3.2.3 u. 6.2.1.3) souverän Schülerbeiträge koordinieren bzw. individuelle Betriebserlebnisse aufnehmen (vgl. PÄTZOLD 1999, S. 18) und diese auf den aktuellen Lerngegenstand fokussieren (vgl. 3.2.5 u. 4.4.3.1), wenn er in der ständigen Angst leben muß, seine fachliche Inkompetenz könnte publik werden?

Es stimmt schon, wie es im vorangegangenen Abschnitt vermerkt ist, die allwissend dozierende Kapazität ist nicht gefragt, wohl aber der kompetente, partnerschaftlich agierende Ratgeber, denn irgendwann können Schüler diese peinliche "Offenbarungs-Masche" nicht mehr hören, nach dem anbiedernden und geradezu dümmlich vorgetragenen Motto: "Davon habe ich selbst keine Ahnung, aber wir werden es uns 'gemeinsam' erarbeiten ..."[133]

Eine solche Vorgehensweise mag sich legitimieren in einem formal geprägten Didaktikansatz, sie hat aber keine Gültigkeit für die dieser Arbeit zugrundeliegende kategoriale Position (vgl. 3.2.7.2).

Im Prinzip ist es also richtig, wenn KATH schreibt: "*Ein Fach, das ein Lehrer nicht beherrscht, sollte er nicht unterrichten*" (1983, S. 326) - im Prinzip schon, und zwar gerade für die Berufspädagogik, unter Beachtung jener einschränkenden Fußnote, die da lautet: "*Das bedeutet keineswegs, daß über die Kompetenz in einem solchen Fach immer ein Zertifikat vorliegen müßte*" (ebd.) - mit besonderem Augenmerk auf "keineswegs immer", was auch heißen könnte "nicht immer" bzw., eingedenk von Lernfeldern, die sich aus den Handlungsabläufen der betrieblichen Ausbildung ergeben, „... aber immer öfter"!

---

133 Was nicht heißen soll, daß sich nicht auch ein Berufsschullehrer hinsichtlich fachlicher Fragen mal sachkundig machen muß - selbstverständlich, und das sollte er den Schülern auch sagen, denn damit bekundet er seine Gewissenhaftigkeit und verschafft dem anstehenden Problem eine Aura der Bedeutsamkeit - jedoch:

Wenn der ausgewiesene Experte von seinen Schülern mal "auf dem falschen Fuß" erwischt wird, ist es für diese Schüler allemal erhebender als bei einem Lehrer, der ständig stolpert ...!

Im übrigen vgl. Fußnote 56 ...

Somit kann dieser Einschränkung zugestimmt werden unter der Prämisse, daß z.B. ein „Theorielehrer" keine Fakultas für Mathematik benötigt, wenn er im Rahmen des Technologie-Unterrichts Fachrechnen für Bäcker erteilt (vgl. 6.2.1.3). Hätte besagter „Theorielehrer" aber weder Bäcker noch Konditor (zumindest) erlernt, so wäre er ohne Gesellenbrief denkbar ungeeignet für den Technologie-Unterricht, u.a. für den Bereich der Praktischen Fachkunde wäre er abhängig von einem „Praxislehrer"[134] und delegiert somit möglicherweise den lernpsychologischen Aspekt des Lernens von Vorbildern, über welchen AEBLI berichtet: "*Wenn Verhaltensmodelle Zeichen des hohen Könnens und des Erfolgs im Bereiche der vorgeführten Tätigkeit zeigen (Skilehrer, die selbst gut fahren und die Rennen gewonnen haben; Wissenschaftler, die sich über Forschungen ausweisen und dafür Anerkennung gefunden haben), werden sie eher nachgeahmt als solche, die diese Zeichen nicht aufweisen*" (1993b, S. 71 f.)[135].

Ein solcher Pädagoge wird auch seine Schwierigkeiten haben in der Zusammenarbeit mit dem Dualpartner, denn grundsätzlich ist festzuhalten:

---

134 Es ist etwas anderes, aufgrund eigener Inkompetenz von einem Kollegen abhängig zu sein, als mit diesem auf der Grundlage gemeinsamer beruflicher Wurzeln konstruktiv zusammenzuarbeiten (gerade beim handlungsorientierten Unterricht, der eine Vielzahl von Absprachen erfordert) im Sinne einer Integration der Praktischen Fachkunde als methodisches Element des Technologie-Unterrichts, d.h. im Umkehrschluß: Mangelhaftes Erfahrungswissen bzw. produktives Können des "Theorielehrers" kann zu schmählicher Abhängigkeit vom „Praxislehrer" führen, der in überlegener Pose seine Lehrwerkstatt als eigenständiges Terrain führt, womit in der Berufsschule der Trennung von Theorie und Praxis durch tayloristische Organisationsformen Vorschub geleistet wird (vgl. hierzu die teilweise spöttischen Aussagen von Praxislehrern bei GERDS 1992, S. 319 ff.).

135 Diesbezüglich eine Beobachtung des Verfassers: Als im Verlauf einer Unterrichtsübung die „Aufgaben einer Innung" (vgl. HENNEKE 1994) erarbeitet wurden, konnte der Referendar durch Vorzeigen seines eigenen Gesellenbriefes, den er mit vorgetragenem Stolz durch bewußt überzogene Mimik und mit ausladender Gestik aus der Innentasche seiner Jacke zog, auf die „Durchführung von Prüfungen" hinweisen und sich dabei gleichzeitig als kompetenter Ratgeber seiner Klasse vorstellen, der einst selbst in der Rolle des Bäckerlehrlings gewesen war - mit allen Freuden, Sorgen und Nöten. „Mensch, wenn ich den Brief doch auch erst in der Tasche hätte ...!" strahlte ein Schüler über das ganze Gesicht - und nicht nur seine Augen leuchteten. Dort vorne stand ein Lehrer, dem es nachzueifern galt. Welch ein Unterschied zu jenem „Berufs"-Pädagogen, der auf die Frage, ob er denn auch Bäcker gelernt habe (und diese Frage kommt irgendwann - garantiert!), hätte achselzuckend auf sein Praktikum verweisen müssen.

Eine Berufsschule, deren Lehrer sich als wenig qualifizierte Fachleute erweisen, hat es schon aus diesem Grunde schwer, als Partner anerkannt zu werden - und als Qualifikation in den Augen des Dualparners gilt nun einmal im Handwerk der Meister-, zumindest aber der Gesellenbrief, d.h. damit die Verständigung funktioniert, reicht es nicht aus, "*[...] wenn die Kooperationsteilnehmer über sich wechselseitig überlappende Kompetenzen, zumindest über einige Kenntnisse vom speziellen Arbeitsgebiet der anderen verfügen*" (LAUR-ERNST 1986, S. 102), vielmehr wird ein "ungelernter" Berufsschullehrer i.d.R. von der zuständigen Innung nicht akzeptiert als Mitglied der "Handwerksfamilie" und ist in der Folge als "Nichtfachmann" angreifbarer sowie häufiger einer (oft auch unsachlichen) Kritik ausgesetzt[136].

Insofern ist es nicht verwunderlich, wenn der schleswig-holsteinische Landesinnungsverband in einem Rundschreiben zum vermehrten Berufsschulunterricht anmerkt: "*Voraussetzung ist, daß den Berufsschulen ausreichend Fachlehrer zur Verfügung stehen*" (KOLLS/LORENZEN 1996, S. 1).

Schwierig und umständlich ist es also, vor diesem Hintergrund eine harmonisch verlaufende Lernortkooperation aufzubauen und zu erhalten. Wenn diese dann auch noch auftragsorientiert ausgestaltet werden soll, ist es umso wichtiger, daß dem Berufsschullehrer das gesamte Spektrum der im Rahmen der Auftagsabwicklung zu erledigenden Aufgaben bekannt ist, und zwar nicht nur aus Büchern[137].

Und ein Armutszeugnis für die Berufsschule ist es, wenn in Erkenntnis obiger Ausführungen zur "Beruhigung" der Innung aus dem Kreise der Meister eine sog. "stundenweise beschäftigte Lehrkraft" eingestellt wird, die dann im Extremfall und in totaler Abstraktion vom übrigen Unterrichtsgeschehen fachpraktischen Unterricht erteilt in der Manier einer überbetrieblichen Unterweisung.

---

136 Ein Beispiel aus dem Schulalltag möge diese Feststellung unterstreichen: Im Büro des Verfassers saß eine aufgebrachte Ausbilderin und meinte, die Halbjahresarbeit ihres Lehrlings sei vom Theorielehrer zu schlecht beurteilt worden. Ihre Forderung lautete, der zuständige Praxislehrer solle diese Arbeit in Augenschein nehmen, denn der verstehe schließlich etwas davon ...!

137 vgl. hierzu DE FRIES 1991a, S. 85 ff., dort wird diese Berufserfahrung seitens außerbetrieblicher Lernorte Ausbildern der überbetrieblichen Ausbildungsstätten attestiert.

Somit ist es in Übereinstimmung mit der Forderung der Wirtschaft und auch der Lehrerverbände (vgl. JENEWEIN 1993, S. 204 f.) bedeutsam, daß der Berufsschullehrer (zumindest) eine berufliche Erstausbildung im dualen System absolviert hat (vgl. PFAHL 1986b, S.25; vgl. auch FREUND 1998, S. 20) bzw. wie es aus einer Umfrage der Handelskammer Hamburg unmißverständlich hervorgeht: *„Die Forderung der Unternehmen lautet, daß nur Lehrer unterrichten, die den jeweiligen Ausbildungsberuf erlernt haben"* (SCHÜTT 1998, S. 50). Die Arbeitsgemeinschaft der bayerischen Handwerkskammern hat in diesem Sinne gemeinsam mit dem bayerischen Industrie- und Handelskammertag, der Vereinigung der Arbeitgeberverbände in Bayern und dem bayerischen Staatsministerium für Unterricht, Kultus, Wissenschaft und Kunst in einem Modellprojekt einen dualen Studiengang für die Ausbildung von Berufsschullehrern für den Nahrungsmittelbereich entwickelt; ein Ansatz, mit dem erreicht werden soll, daß Berufsschullehrer des höheren Dienstes durch verstärkte Absolvierung von Praktika vor und während des Studiums und durch die Ablegung der Gesellenprüfung eine stärkere Anbindung an die betriebliche Praxis erhalten (vgl. KÖBLER/OBERHOFER 1998, S. 17).

Doch selbst derartig fundiert ausgebildete Berufsschullehrer werden Probleme bekommen mit den immer kürzer werdenden Innovationszyklen der Betriebe (vgl.1.1.1).

Wie aber kann die Berufsschule diesem Leistungsdruck begegnen?

6.2.2.2 Möglichkeiten der Berufsschule, fachlich und pädagogisch mit der Entwicklung Schritt zu halten

Auch ein Meisterbrief ist kein Freibrief - für den Berufsschullehrer ist es darüberhinaus von wesentlicher Bedeutung, daß er sich für den Stoff interessiert, den er zu vermitteln hat, ganz einfach darum, wie AEBLI feststellt, weil sich die Motivation des Lehrers in einem Prozeß der Ansteckung auf die Schüler übertrage, woraus folgt:

"Damit erkennt man, wie wichtig die Ausbildung (>!<; d. Verf.) und die Weiterbildung der Lehrer ist und wie sehr es darauf ankommt, daß auch der Lehrer seine Interessen pflegt und unterhält" (vgl. 1993a, S. 155)[138].

Zur Pflege und zum Unterhalt vorhandener Interessen dient u.a. die Weiterbildung. Diesen Punkt greift auch KATH auf, indem er ausführt, daß sogar der objekt-orientierte Lehrer[139] im fachwissenschaftlichen Sinne nicht immer auf dem neuesten Stand der Entwicklung sei, zwar werde er bemüht sein, mit den Neuerungen auf dem Laufenden zu bleiben, dennoch werde ein Nachhinken nicht zu vermeiden sein (vgl. 1983, S. 328). Diese Erkenntnis betrifft alle Berufsschullehrer, d.h. den "ungelernten Theorielehrer" mit Praktikum genauso wie den mit Meisterbrief oder auch den „Praxislehrer" mit langjähriger Berufserfahrung, wobei selbstverständlich nicht vergessen werden darf, daß beispielsweise durch Studium plus Gesellen- oder Meisterbrief aufgrund des umfangreicheren Zusammenhangwissens die Einordnung von Neuem leichter fällt, schneller vonstatten geht sowie vielseitiger und dadurch fester verankert werden kann (vgl. hierzu die Ausführungen zur Organisation des menschlichen Wissens in sog. „semantischen Netzwerken" i. 3.2.2.1).

---

138 In diesem denkwürdigen Ansatz verweist AEBLI auf die Bedeutung einer Ausbildung für die Entfaltung von Interesse als Grundlage jener, sich auf die Schüler übertragene Motivation des Lehrers.

LAUR-ERNST formuliert in einem anderen Zusammenhang, ohne genauere Kenntnis des Gegenstandes könne jemand gar nicht sagen, ob er ihn interessiere (das vollständige Zitat vgl. Abschn. 3.2.2.2).

Wie also, läßt sich rückfolgern, kann ein Berufsschullehrer ohne genauere Kenntnis des von ihm zu vermittelnden Berufes, d.h. ohne Lehre, soviel Interesse gewonnen haben, daß dieses Interesse ausreicht, den Funken der Motivation überspringen zu lassen?

Durch ein Praktikum kann jedenfalls nicht das erforderliche Maß an Interesse geweckt werden, weil sich, und das ist das Mindeste, nur durch eine Lehre der Reichtum eines Berufes als Basis eines reichhaltigen Unterrichts erschließen , besser, erahnen läßt, denn erst die anschließende "Wanderschaft" erbringt das weiter oben vermerkte Erfahrungswissen und das produktive Können.

Ein Berufsschullehrer, der diese Jahre durchlaufen hat, wird dann auch in der Lage sein, eine Moderation aufzulockern durch praxisrelevantes Erzählen bzw. wird bereit sein, einer Erzählung seiner Schüler einfühlsam folgen zu können (zum Erzählen als Grundform des Lehrens vgl. Fußnote 91).

Wenn der Berufsschullehrer nur unzureichend auf die Betriebserlebnisse seiner Schüler eingehen kann, besteht die große Gefahr, daß ein "toter" Beruf vermittelt wird.

139 KATH unterscheidet grundsätzlich zwei Lehrertypen:

a) den subjekt-orientierten Lehrer, der sich zuförderst als Lehrer versteht und

b) den objekt-orientierten Lehrer, der sich zunächst als Fachmann versteht (vgl. 1983, S. 327 f.).

Diesbezüglich sollte Berufstätigen, die im Sinne von „Knotenpunktwissen" bereits über eine Gesellen- oder Meisterprüfung verfügen, der Weg zum Studium "Lehramt an der Oberstufe - Berufliche Schulen -", also zum Studienrat, verkürzt werden.

Ein begrüßenswerter Schritt in diese Richtung wurde bereits unternommen: Zum Berufsschuldienst motivierte Berufstätige können mittlerweile ohne formale Hochschulreife (Abitur) ein Gewerbelehrerstudium aufnehmen[140]. In der Folge sind die zuständigen Universitäten aufgerufen, eine auf diesen Personenkreis ausgerichtete Didaktik zu entwickeln (vgl. HOCH 1993, S. 106). So sollte z.b. zusätzlich der Besuch von Proseminaren für naturwissenschaftliche Fächer wie Mathematik, Physik, Chemie usw. gefordert werden bzw. sind entsprechende Lehrveranstaltungen anzubieten.

Aber auch wer dann auf diesem Pfad "zurück" in die Berufsschule gefunden hat, wird in den von KATH skizzierten Teufelskreis einmünden.

Wie kann nun erreicht werden, daß diese Kollegen, von denen erwartet wird, daß sie sich im Bereich der Pädagogik zeitlebens fortbilden werden, auch hinsichtlich ihrer Fachkompetenz mit der Wirtschaft - ohne ständig nach Luft schnappen zu müssen, zu hinken oder gar zu stürzen - werden Schritt halten können?

Der Beantwortung dieser Frage soll ein Gedanke zugrunde gelegt werden, der anläßlich eines sich mit dieser Thematilk beschäftigenden Referates geäußert worden war: *"Außer den 'Berufslehrern' steckt auch unter den berufstüchtigen Meistern und älteren Arbeitnehmern eine sicherlich beträchtliche Anzahl ungenützter, wenn auch noch ungeübter Erziehungskräfte in der Gesellschaft"* (HANSEN/PFAHL 1983, S. 13).
In Fortschreibung dieser Überlegung fällt auf, daß es sich die Bundesrepublik Deutschland, ein Land ohne bedeutsame Bodenschätze und daher angewiesen auf die schöpferische Kraft seiner Bürger, daß es sich also ein solches Land leistet, einen beträchtlichen Teil seiner Substanz vom Arbeitsprozeß auszugrenzen, auf die Straße zu

---

140 vgl. LANFER 1992, S. 296 ff.; GRUNDMANN 1993, S. 179 ff.; GROTHE 1994, S. 69 f.; NEUBER 1995, S. 151 ff.; vgl. ebenfalls 6.2.1.5.2.6).

stellen, frustiert, gekränkt und gedemütigt in der Gewißheit[141], nicht mehr gebraucht zu werden.

Die Rede ist von älteren Arbeitnehmern. Sie werden bei bester Gesundheit unter Verlust ihres Identitätsgefühls teilweise aus Führungspositionen gedrängt und in einer leistungsbetonten Gesellschaft der Orientierungslosigkeit anheimgestellt - ein hochgebildetes Potential produktiven Könnens und in einem Berufsleben erworbenen Erfahrungswissens wird anscheinend nicht mehr benötigt. In einer Studie der Cornell University, Ithaca/NY[142], wird dieser Lebensabschnitt zwischen Reife und Alter als "Limbo" (Vorhölle) bezeichnet, d.h. immer mehr Menschen verlassen immer früher den Arbeitsprozeß, wodurch die Gruppe kerngesunder Erwachsener zunimmt, die keine feste berufliche Bindung und keine Karriereaussichten mehr haben, aber auch noch nicht von Altersschwäche gekennzeichnet sind und insgesamt unvorbereitet in ein Niemandsland geraten - mögliche Strategien:

- den alten Job behalten mit weniger Arbeitsstunden,
- einen neuen, bezahlten Job anfangen oder
- unbezahlte, gemeinwirtschaftliche Arbeit verrichten (vgl. MOEN 1995, S. 239 ff.; 1996).

Mittlerweile wird auch in Deutschland publiziert, daß Gerontologen das „Defizitmodell" des Alterns längst abgeschrieben hätten, d.h. die Mehrzahl der Männer und Frauen sei körperlich und geistig leistungsfähiger als es ihr schlechtes Image suggeriere, sie würden „erfolgreich" altern, empfänden das Leben nicht als Kurzstreckensprint, sondern als Marathondistanz (vgl. STOCKINGER 1999, S. 130 ff.), und Unternehmensberater Roland Berger vermerkt diesbezüglich in einem Gespräch: *„Die Wirtschaft wird darauf reagieren, weil die demographische Entwicklung sie zwingt und weil die Unternehmen immer mehr erkennen, daß Erfahrungswissen eine ganz wesentliche Komponente für den Erfolg ist"* (vgl. MARTENS 1999, S. 44).

---

141 "Gewißheit" bezeichnet nach LAY einen psychischen Zustand, in welchem es einem Menschen mehr oder weniger unmöglich ist, eine bestimmte Überzeugung sinnvoll zu bezweifeln (vgl. 1990, S.14 ff.).

142 Die Studie, durchgeführt unter Aufsicht des Cornell Applied Gerontology Research Institute (CAGRI) und des Bronfenbrenner Life Course Center, analysiert Daten von zwei Fabriken, einem öffentlichen Versorgungsbetrieb, zwei Hauptkrankenhäusern und einer Universität, wobei insgesamt 762 Personen befragt wurden (vgl. PROGRESS REPORT 1995 I u. II).

Zwischenzeitlich aber haben in Deutschland viele ältere Berufstüchtige ihr Schicksal selbst in die Hand genommen, um der drohenden "Vorhölle" zu entrinnen, z.B.

- im Verein "Senioren helfen Jungunternehmern e.V.", dessen Mitglieder aus verschiedenen Bereichen der Wirtschaft stammen; sie waren u.a. als Juristen, Marketing-Experten, Ingenieure usw. tätig und stehen heute Existenzgründern mit Rat und Tat zur Seite (vgl. SHJU o. Jg.; SHJU 1997, S. 1 ff.);

- im "Senior-Experten-Service" (SES), dessen 3800 Mitglieder aus ca. 50 Berufen als Berater in vielen Ländern der Welt fungieren, so z.B. ein 48-jähriger gelernter Bäcker und Konditor, der u.a. in Santiago de Chile[143] an einer Berufsschule Aufbauarbeit leistete (vgl. ABELE 1996, S. 6 f.; vgl. auch HELLMIG 1997b, S. 8; SCHIEßL 1999, S. 47), wobei genau dieses Beispiel den Hinweis zu einem Lösungsansatz des oben skizzierten Problems liefert.

Zur Erinnerung:
Da sind einerseits Berufsschullehrer, die trotz umfangreicher Unterrichtsarbeit auch fächerrelevant mit der wirtschaftlichen Entwicklung Schritt halten sollen.
Und da sind andererseits hervorragend ausgebildete ältere Berufstüchtige, die mit ihrem Fundus an aktueller Fachkompetenz bereitstehen.
Was liegt nun näher, als diese beiden Gruppen zusammenzuführen?

Eigentlich müßten in Schleswig-Holstein einer solchen Reformstrategie Tür und Tor geöffnet sein, denn die Ministerpräsidentin schreibt[144]: *"Der Zustand unserer Republik schreit geradezu nach Reformen [...] in der Bildungspolitik"* (S. 12) und stellt zur Arbeitsmarktlage fest: *"Wenn Fachkräfte mit Vierzig vor die Tür gesetzt werden, weil sie 'zu alt' sind, dann haben wir ein Standortproblem"* (S. 142). Die Landesregierung, so die Ministerpräsidentin an anderer Stelle, versuche, den öffentlichen Dienst leistungsorientierter zu machen, *"neue Kooperationsformen zwischen Staat, Wirtschaft*

---

143 Zur beruflichen Bildung in Chile vgl. ARNOLD/KRAMMENSCHNEIDER 1997a, S. 254 ff.; 1997b, S. 288 ff.

und Gemeinwirtschaft zu finden" (S. 148 f.) und die Innovationskraft durch Netzwerke des Ideentransfers zu stärken (S. 161), denn: *"Forschungsergebnisse müssen nicht nur erzielt, sondern auch umgesetzt werden"* (S. 162). Schließlich hält es SIMONIS für einen kostensparenden, gleichermaßen attraktiven Ausklang des Berufslebens, wenn "ausgebrannte" Lehrer sich beispielsweise in der Verwaltung für die Bereiche Bildung/Ausbildung nützlich machen könnten, anstatt als Frühpensionäre auf Kosten der Allgemeinheit den Garten zu pflegen (S. 203 f.).

Soweit der herbe Charme der Ministerpräsidentin ...

Vielleicht aber wären Berufsschullehrer nicht so "ausgebrannt"[145], wenn ihnen beizeiten hochkarätige Fachkräfte an die Seite gestellt würden, sodaß sie sich auf ihren sowieso aufreibenden Schulalltag konzentrieren könnten, ohne laufend unterbrochen zu werden durch den Besuch unzähliger Fortbildungsveranstaltungen, die anschließend noch in Multiplikatorfunktion an Teile des Kollegiums weiterzugeben sind unter dem aufmunternden Gesichtspunkt, mit der Entwicklung trotz alledem kaum Schritt halten zu können. Und vielleicht wäre es für berufstüchtige Fachkräfte älteren Semesters ein "attraktiver Ausklang des Berufslebens", jahrzehntelang gesammelte Berufserfahrungen in Zusammenarbeit mit einem Berufspädagogen an junge Menschen weiterzugeben.

"Ich freue mich, daß Sie [...] sich selbst dankenswerterweise zu nebenamtlichem Unterricht in den [...] Friseur-Fachklassen zur Verfügung gestellt haben. Ich danke Ihnen für diese ganz besondere und tatkräftige Form der Zusammenarbeit und wünsche Ihnen bei dieser Tätigkeit viel Erfolg" (SIMONIS 1995, S. 1).

Mit diesen Worten richtete sich die Ministerpräsidentin an einen Meister des Friseurhandwerks, der ausnahmsweise wegen eines Unterrichtsengpasses eingesprungen war.

Doch solche Ausnahmen gibt es häufiger, sei es weiterhin z.B., um eine Innung aufgrund von Beschwerden bezüglich der Unterrichtsqualität zu "beruhigen" und auf die Schnelle ein Meister aus dem Hut gezaubert wird (vgl. FRÖBE 1996, S. 22; STERNAGEL 1997, S. 19), sei es anläßlich einer in Zusammenarbeit mit der Berufsschule sinnvollen

---

144 Alle Auszüge dieses Absatzes vgl. SIMONIS 1997

145 Zum Leistungsabfall durch "Ausbrennen" (Burnout) vgl. SCHMITZ 1996, S. 101 ff.; PUKAS 1998, S. 187 ff.).

Nachhilfe (vgl. KOLLS 1993, S. 1; CAROLUS 1997) oder sei es, um einen Meisterkurs auf hohem Niveau durchführen zu können (vgl. GFA 1998).

Es scheint also zu funktionieren mit den "Nebenamtlern". Warum also besinnen sich die zuständigen Stellen immer nur in Ausnahmefällen auf Fachkräfte aus dem Volk?

In diesem Sinne sollte die Ausnahme zur Regel werden, es sollten für qualifizierte ältere Fachkräfte grundsätzlich Rahmenbedingungen zur Mitarbeit in einer Berufsschule geschaffen werden.

Langfristig sollte es zu einem ausgewogenen, jeweils schulspezifisch zu definierenden Verhältnis kommen von Berufsschullehrern, denen die Berufsschule und ihr komplexes Wechselwirkungsverhältnis innerhalb des dualen Systems bestens vertraut ist, mit aus der Wirtschaft rekrutierten Fachleuten, die in einem dekadischen Zyklus von ca. 10 Jahren innovative Elemente aus ihrem Erfahrungsschatz einbringen[146].

Auch Praxislehrer können nach jahrzehntelanger Tätigkeit an einer Berufsschule nicht mehr auf dem neuesten Stand der Entwicklung sein - hierzu liefert FAßHAUER folgende Begründung: „*Arbeitsweltliche Berufserfahrung und Erfahrung in der mittleren Unternehmenshierarchie - als Meister und/oder Ausbilder erworben - unterliegen ebenso einem Veraltensprozeß wie die fachliche Qualifikation. Dieser wird subjektiv zwar als sehr langsam empfunden, ist auf Grund des vielfach beschriebenen arbeitsorganisatorischen Wandels und der ungebrochenen Dynamik der technologischen Entwicklung vermutlich jedoch deutlich schneller*" (1999, S. 16) - Rückschluß:

Die Sicherung arbeitsweltlicher Kompetenzen müsse für Berufsschulen zu einem kontinuierlichen Prozeß umgestaltet werden (vgl. ebd.).

Und exakt dieser Forderung entspricht der oben erwähnte dekadische Zyklus.

Denkbar wäre in einer nahrungsgewerblichen Abteilung eine solche Unterstützung z.B. für den Bereich der Lehrwerkstatt, und zwar durch einen Bäcker- und/oder Konditoren- bzw. Fleischer- resp. Küchenmeister auf der Ebene eines Werkstattmeisters oder, wie

---

146 Für die angesprochenen älteren Fachkräfte wären auch Teilzeitmodelle denkbar, z.B. eine Aufteilung der Arbeitszeit zwischen Betrieb und Berufsschule bzw. ein vorgezogener Ruhestand in Verbindung mit einer Teilzeitbeschäftigung an der Berufsschule (Zu Möglichkeiten der flexiblen Gestaltung der Arbeitszeit vgl. PRESSESTELLE DER LANDESREGIERUNG SCHLESWIG-HOLSTEIN 1997).

GERDS eine derartige Position bezeichnet, eines „schulischen Lehrmeisters" (vgl. 1992, S. 319).

In der Denkschrift „Zukunft der Bildung - Schule der Zukunft" wird die Beschäftigung externer Spezialisten ausdrücklich hervorgehoben: *„Die Rolle der Lehrerin bzw. des Lehrers kann auch durch externe Spezialistinnen und Spezialisten, etwa für Ökologie, Gesundheitserziehung, Medien, Theater, computerunterstütztes interaktives Lernen oder Werkstattfertigkeiten, übernommen werden"* (BILDUNGSKOMMISSION NRW 1995, S. 100; Hervorhebg. v. Verf.). Diese Position wird in der bildungspolitischen Stellungnahme der Landesvereinigung der Arbeitgeberverbände Nordrhein-Westfalen e.V. ebenfalls vertreten: *„Die Öffnung des Lehrerberufs für anders ausgebildete Berufstätige mit einer adäquaten Qualifikation findet [...] die Zustimmung der Wirtschaft"* (ARBEITGEBER NRW 1996, S. 18), und auch die Handelskammer Hamburg schlägt ein entsprechendes Verfahren vor (vgl. SCHÜTT 1998, S. 50 f.).

Für die jeweilige Fachgruppe einer Berufsschule ergäbe sich durch diese Verfahrensweise die Möglichkeit einer regelmäßigen Aktualisierung fachlicher Bestände, wobei das arbeitsplatzbezogene Lernen nach dem Lernfeldkonzept zusätzlich abgesichert werden könnte, und zwar durch die arbeitsweltliche Erfahrung des ehemaligen Dualpartners, der obendrein noch nicht blind ist für Vorgänge in einer Institution, die zuweilen Gefahr läuft, sich zu verselbständigen.

Daß diese Überlegungen ihre Wurzeln in der Reformpädagogik haben (vgl. 1.1.1 u. Fußnote 1), wird von WILHELM in seiner Habilitationsschrift bekräftigt, denn Kerschensteiner *„[...] hat mit großem Bedacht [...] Meister der handwerklichen Gewerbe in seine Schulen hereingeholt. Das Problem des technischen Fachlehrers hat ihn bis ins Alter beschäftigt; die Gefahr, daß die Handwerker und Techniker als Lehrer in der Schule das Ganze der Erziehung, in das sich ihr praktisches Teilgebiet einfügen muß, nicht mit derselben Klarheit sehen können wie die pädagogisch ausgebildeten Lehrer der Schule selbst, hat er nicht aus den Augen gelassen. Aber [...] Zweifel solcher Art (sind) niedergeschlagen durch die Überlegung, daß Erfahrung, Sachkenntnis und 'Lebensnähe' der Praktiker einen durch nichts anderes wettzumachenden Gewinn für die Erziehungsschule darstellen"* (1957, S. 31).

309

Aufgabe des Berufsschullehrers wäre es in diesem Sinne, in aller Offenheit die fachlichen Impulse additiv oder substituierend aufzunehmen und gleichzeitig den neuen Mitarbeiter in das Kollegium zu integrieren. Hinsichtlich der Fortbildung könnte eine Aufteilung dahingehend erfolgen, daß der neue Mitarbeiter sich primär um fachliche Inhalte kümmert (vgl. z.b. IPTS 1999), während der Berufsschullehrer endlich Zeit hätte, den handlungsorientierten Unterricht durch Unterstützung curriculum- bzw. prozeßorientierter Fortbildungsveranstaltungen voranzubringen (vgl. Fußnote 76).

Fazit:
In einer generationenübergreifenden Allianz könnte der Berufsschullehrer seine didaktisch-methodische Kompetenz verbinden mit dem fachlichen Know-how seines Senior-Partners aus der Wirtschaft letztendlich im Interesse der Lernenden.

Zusätzlich wäre es für alle Beteiligten ein Gewinn, quasi als Pendant zum Senior-Partner, auch Studenten des Gewerbelehramtes, die z.B. einen Gesellen- oder Meisterbrief besitzen, in den Schulbetrieb einzubinden, und zwar über Hospitationen hinaus mit eigenverantwortlichem Unterricht. Durch aktive Mitarbeit z.B. im Rahmen der auftragsorientierten Lernortkooperation könnte die Theorie der Universität mit der Praxis des Schulalltags verbunden werden - ein duales System sozusagen auch für den Bereich der Gewerbelehrerausbildung.
Aufgrund einer solchen Tätigkeit während des Studiums konnte der Verfasser sein Referendariat um ein halbes Jahr verkürzen (vgl. KS-H 1986).

Beide Möglichkeiten also, erfahrene ältere Berufstüchtige sowie Studenten mit Gesellen- oder Meisterbrief, die sich auf diesem Wege schon einmal einer Berufsschule empfehlen könnten, bieten eine pädagogisch reizvolle Konstellation, wobei dann vom etablierten Berufsschullehrer ein hohes Maß an Integrationskraft verlangt wird. -

Bislang wurden organisatorische und personelle Konsequenzen in den Betrieben selbst sowie in der Berufsschule geschildert, um die auftragsorientierte Lernortkooperation im Sinne einer intentionalen Lernform zu optimieren.
In den nächsten Abschnitten nun wird die überbetriebliche Ausbildung untersucht, und zwar im Hinblick auf deren Integration in die auftragsorientierte Lernortkooperation.

6.3   Die überbetriebliche Ausbildung

Überbetriebliche Ausbildungsstätten im Sinne des Berufsbildungsgesetzes (vgl. § 22 Abs. 2 BBiG) bzw. der Handwerksordnung (vgl. § 23 Abs. 2 HWO) sind Einrichtungen außerhalb der Ausbildungsstätte, d.h. „Einrichtungen außerhalb von Schule und Betrieb" (DE FRIES 1991b, S. 87). In diesen Einrichtungen werden in Lehrgängen Lerninhalte vermittelt, die im Betrieb nicht in vollem Umfang angeboten werden können (vgl. EINHAUS u.a. 1997, S. 43 f.). Die mit dieser Intention durchgeführten überbetrieblichen Unterweisungsmaßnahmen gelten auf der bildungspolitischen Ebene als Teil der betrieblichen Ausbildung, wodurch zum Ausdruck gebracht wird, daß hier wie im Betrieb und in Abgrenzung zur Berufsschule die Vermittlung fachpraktischer Fertigkeiten und Kenntnisse im Mittelpunkt des Bildungsprozesses steht - und:

„Ferner handelt es sich bei der überbetrieblichen Unterweisung trotz der räumlichen Trennung vom Lernort Betrieb um keine eigenständige Ausbildungsphase, sondern um eine Unterweisungsmaßnahme für deren Ausbildungsinhalte und deren Vermittlung der Ausbildungsbetrieb weiterhin Verantwortung trägt" (BERGER 1995b, S. 275).

Die Lehrgangspläne werden mit bundesweiter Geltung vom Heinz-Piest-Institut für Handwerkstechnik an der Universität Hannover im Einvernehmen mit den Fachverbänden des Handwerks entwickelt und, ist die Durchführung überbetrieblicher Lehrgänge in einer Handwerkskammer beschlossen, findet meist unter Berücksichtigung regionaler Gegebenheiten eine inhaltliche Konkretisierung der Rahmenlehrpläne ÜBS-intern durch die zuständigen Ausbilder[147] statt - „eine inhaltliche Abstimmung mit der betrieblichen Ausbildung erfolgt allerdings nur bei 16 % der Handwerksbetriebe, die ihre Auszubildenden in die ÜBS entsenden" (BERGER 1995b, S. 280; vgl. denselben 1995a). Ein Nachteil wird auch in der lehrgangsbedingten schlechten Abstimmung mit der Berufsschule gesehen (vgl. Fußnote 63).

---

147 Bei den Ausbildern handelt es sich i.d.R. um Handwerksmeister mit Berufserfahrung, denen das gesamte Spektrum der im Rahmen der Auftragsabwicklung zu erledigenden Aufgaben bekannt ist (vgl. DE FRIES 1991a, S. 92 f.).

Insgesamt kommt JENEWEIN zu folgendem Schluß: *„Die Rolle der überbetrieblichen Ausbildung im Handwerk ist neu zu überdenken. Eine überbetriebliche Ausbildung, deren didaktische Konzeption sich auf die Durchführung von Lehrgängen beschränkt und sich am tradierten Lehrgangskonzept industrieller Lehrwerkstätten orientiert, erfüllt die [...] Anforderungen an eine moderne Berufsbildung nicht"* (1998, S. 288).

Exemplarisch soll in diesem Sinne wiederum am schleswig-holsteinischen Bäckerhandwerk aufgezeigt werden, wie im Rahmen der auftragsorientierten Lernortkooperation durch eine subjekt- und prozeßbezogene Entlastungs- bzw. Orientierungsstrategie eine verbesserte Abstimmung herbeigeführt und zudem betriebliche Lernzeit zurückgewonnen werden kann.

6.3.1 Verbesserung der Abstimmung zwischen ÜAS und den beteiligten Lernorten - dargestellt am Beispiel des schleswig-holsteinischen Bäckerhandwerks

6.3.1.1 Unterweisungspläne der ÜAS im Vergleich mit dem Lehrplan der Berufsschule

Die überbetriebliche Unterweisung im schleswig-holsteinischen Bäckerhandwerk findet in der Berufsbildungsstätte Lübeck-Travemünde statt. Es wird ein Lehrgang zur beruflichen Grundbildung, und es werden zwei Lehrgänge zur sogenannten beruflichen Bildung durchgeführt. Insgesamt schicken 20 Innungen des Landesinnungsverbandes ihre Lehrlinge zur überbetrieblichen Lehrlingsunterweisung (ÜLU), wie diese Maßnahme in Schleswig-Holstein genannt wird (vgl. HWK-LÜBECK 1998, S. 29 ff.), jeweils im Verbund der bestehenden Berufsschulklasse des betreffenden Bezirkes, ggf. bei Überzahl in

312

Teilung oder bei Unterzahl durch Zusammenlegung mit einer anderen Bezirksfachklasse[148].

Dieser Sachverhalt ist nicht selbstverständlich, denn: *„Im Bäckerhandwerk kommen lediglich 50 % der Auszubildenden in den Genuß einer überbetrieblichen Unterweisung. In einigen Landesverbänden findet sie flächendeckend statt, in anderen nur teilweise oder überhaupt nicht"* (KLEINEMEIER 1996, S. 11).

Jeder Lehrgang läuft in Schleswig-Holstein von montags bis freitags, d.h. die Lehrlinge sind dann während einer Woche weder in den Betrieben noch in der Berufsschule (vgl. z.B. BBS TRAVEMÜNDE 1998). Die jeweiligen Unterweisungspläne stammen vom Heinz-Piest-Institut (HPI) und werden in der BBS direkt umgesetzt. Innerhalb der sogenannten beruflichen Grundbildung wird zunächst ein berufliches Grundwissen vermittelt. Ansonsten erfolgt die Auswahl und Reihung der überwiegend motorisch akzentuierten Lerninhalte anhand des Ausbildungsberufsbildes und orientiert sich an technologischen Ganzheiten. Die Lerninhalte umfassen regional spezifizierbare Beispiele, sodaß die Palette schon in der Grundbildung von der Weizen- und Roggenmehlverarbeitung über Feingebäckherstellung bis hin zu Garnierübungen für Torten reicht. Demnach erfolgt z. Zt. hinsichtlich des Ausbildungsrahmenplanes (vgl. BMW 1983) weniger eine Ergänzung der betrieblichen Lehre, sondern vielmehr ein massiver Vorlauf.

Besonders hervorstechend sind aber die vielen Überschneidungen mit dem Rahmenlehrplan bzw. dem Lehrplan der Berufsschule, wie die Auszüge aus den Stoffplänen des HPI zeigen (vgl. Abb. 28).

---

148 In Schleswig-Holstein wurden im Schuljahr 1996/97 ca. 630 Auszubildende im Bäckereihandwerk und 680 Bäckereifachverkäuferinnen an 15 Schulstandorten in 70 Klassen unterrichtet. Ab Schuljahr 1998/99 sollen die Unterstufen weiterhin an allen 15 Standorten berufsübergreifend gebildet und unterrichtet werden. Die Fachstufen werden dann nur noch an 10 Standorten unterrichtet (vgl. MBWFK.SCHL.-H. 1997b)

	Zeitanteil der Überschneidung [Std.]	lfd. Nr. i. Lehrplan d. Berufsschule (vgl. MFBWS/S-H 1993)
Stoffplan, Grundbildung (vgl. HPl 1995a)		
Kenntnisse eines Bäckereibetriebes	2	1
Bedienen und Pflegen von Anlagen, Maschinen und Arbeitsgeräten	4	1
Lagern und Kontrollieren	2	3
Verarbeiten von Weizenmehl	2	3
Verarbeiten von Roggenmehl	2	4
Herstellen von Feinen Backwaren (Durchführen von Backversuchen mit verschiedenen Zucker- und Fettanteilen sowie Zucker/Fettmischungen)	2	3/6
Verarbeitung von Massen (Unterscheidung nach Rohstoffen und Lockerung	1	6
Stoffplan, berufliche Bildung I (vgl. HPl 1995b)		
Arbeitsschutz und Unfallverhütung, Hygieneleitlinien	2	1
Grundlagen der Sauerteigführung (u.a. Aufstellen von Führungsschemen einschließlich Berechnungen)	6	4/5
Stoffplan, berufliche Bildung II (vgl. HPl 1995c)		
Herstellen von Vollkorn- und/oder Schrotbroten (u.a. Aufstellen von Führungsschemen einschließlich Berechnungen: Sauerteig, Quellstück, Brühstück)	2	5
Herstellen von Speiseeis[149]	3	8
Überschneidung	28	

Abb. 28: Überschneidungen der überbetrieblichen Ausbildung mit der Berufsschule

---

149 Die Herstellung von Speiseeis ist nach der BäAusbV nicht vorgesehen (vgl. BMW 1983).
In der Berufsschule werden Verfahrensregeln begründet, z.B. um lebensmittelrechtliche Vorschriften und Hygienestandards abzuleiten (vgl. MFBWS.SCHL.-H. 1993).

Hinsichtlich der Überschneidungen ist unter lernortübergreifenden Gesichtspunkten mit der HWK LÜBECK zu fragen, wie durch geeignete Formen der Kooperation die doppelte Vermittlung von Inhalten im Berufsschulunterricht und der überbetrieblichen Unterweisung vermieden werden könne, um Zeiten für die praktische Ausbildung der Lehrlinge im Betrieb zurückzugewinnen (vgl. 1997, S. 25; vgl. auch BÖHRK 1995b, S. 5; AKWH/BM.SCHL.-H. 1995, S. 2; MWTV.SCHL.-H. 1998, S. 9 ff.; STEINBRÜCK 1996, S. 2 f.; SPD/BÜNDNIS 90/DIE GRÜNEN 1996, S. 56; RÖPER UND FRAKTION DER CDU 1996, S. 2; BIBB 1997, S. 1) bzw. - das sollte nicht vergessen werden - welche Kooperationsaktivitäten durchzuführen sind, um auch didaktisch-methodischen Ansprüchen zu genügen (vgl. 4.2).

6.3.1.2   Abstimmung der Ordnungsmittel

Zur Vermeidung der aufgezeigten Überschneidungen bieten sich zunächst folgende Alternativen an.

1. Die überbetriebliche Ausbildung wird um den Zeitraum der Überschneidung gekürzt.
   Folge: Es wird betriebliche Ausbildungszeit gewonnen.

2. Der Zeitraum der Überschneidung wird seitens der ÜAS mit anderen Lerninhalten gefüllt.
   Folge: Es wird keine betriebliche Ausbildungszeit gewonnen.

Durch einen Perspektivenwechsel soll nun versucht werden, diese beiden Varianten in einem dialektischen Prozeß miteinander zu verknüpfen.

Wenn gefordert wird, die Inhalte der Lernorte besser aufeinander abzustimmen, so ist das im Grundsatz für das Lernsubjekt ein fremdbestimmter Vorgang. Aus handlungstheoretischer Perspektive aber steht der Lernende konsequent im Mittelpunkt der Betrachtung - es stellt sich also nicht die Frage, welche Lerninhalte doppelt unterrichtet bzw. unterwiesen werden, sondern welche Lerninhalte sind für das einzelne Lernsubjekt doppelt. Durch diese Sichtweise wird offenkundig:

Selbst eine Veränderung der Lerninhalte durch die ÜAS zeitigt für viele Lehrgangsteilnehmer immer noch eine Wiederholung bereits erlernter Fertigkeiten und Kenntnisse. Was für den einen vielleicht neu und somit hochinteressant ist, macht der andere u.U. täglich, es ist für ihn langweilig und ohne jeden Reiz - ergo, so die Exploration: "Der Lehrgang hat mir nichts gebracht!"

Ein solcher Lehrgang kann unter den gegebenen Rahmenbedingungen auch niemals derart konzipiert sein, daß er den individuellen Lernvoraussetzungen aller Teilnehmer bzw. den jeweils resultierenden Lernbedürfnissen gerecht wird - Begründung: Die Ergänzungsfunktion der ÜAS erweist sich vor allem dann als notwendig, wenn der jeweilige Betrieb, z.B. aufgrund von Spezialisierungen im Produktionsprogramm, nicht in der Lage ist, die für die Erreichung des Ausbildungsziels erforderlichen Kenntnisse und Fertigkeiten zu vermitteln. Hier greifen dann zur Erhaltung der Eignung als Ausbildungsbetrieb BBiG bzw. HWO: *„Eine Ausbildungsstätte, in der die erforderlichen Kenntnisse und Fertigkeiten nicht in vollem Umfang vermittelt werden können, gilt als geeignet, wenn dieser Mangel durch Ausbildungsmaßnahmen außerhalb der Ausbildungsstätte behoben wird"* (wortgleich §§ 22 Abs. 2 BBIG und 23 Abs. 2 HWO).

Nun hat aber jeder Ausbildungsbetrieb eigene Defizite, und wie soll eine ÜAS bei lehrgangsmäßiger Unterweisung ganzer Berufsschulklassen hier eine Ergänzung bzw. einen Ausgleich schaffen, der allen Auszubildenden gerecht wird?

Aufgrund der Lernmotivation (vgl. Abschn. 3.1.4.1.1; 3.2.2.2; 5.7.2) ist es also wenig sinnvoll, die überbetriebliche Ausbildung der Bäckerlehrlinge in der BBS Lübeck-Travemünde nach Berufsschulklassen zu organisieren. Zwecks Steigerung der Lernmotivation müßte eigentlich für jeden Lehrling bzw. Berufsschüler explizit ein Lehrgang entwickelt werden, der die individuellen Lernvoraussetzungen berücksichtigt. Das ist selbstverständlich eine Illusion - aber: Wie schon für den Teil III der Meisterprüfung soll Anlehnung an das Organisationsprinzip der Modularisierung (vgl. 6.2.1.5.2.6) für die überbetriebliche Ausbildung ebenfalls die Erarbeitung eines entsprechenden Seminarkonzeptes vorgeschlagen werden.

Möglich wären in diesem Sinne beispielsweise Zwei-Tages-Seminare mit abgeschlossenen thematischen Einheiten, die durchaus auf den Unterweisungsplänen des HPI basieren können, u.a.:

- Herstellung eines handwerklichen Brötchensortimentes;
- Herstellung roggenhaltiger Brote mit verschiedenen Sauerteigen;
- Herstellung von Spezialbroten;
- Herstellung von Diabetikerbackwaren;
- Herstellung eines Weihnachtsgebäcksortimentes;
- Herstellung von Kränzen, Streifen und Teilchen nach original dänischen Plunderrezepturen;
- Herstellung attraktiver Snacks zur Sortimentsbereicherung;
- Einführungsseminar "Tortenherstellung";
- Aufbauseminar "Spezialtorten zu festlichen Anlässen";
- Herstellung von Weizengebäcken mit GU/GV, incl. Programmierübungen etc.

Die Seminarthemen sollten mit kurzen Erläuterungen versehen in einem Jahresprogramm zusammengefaßt werden (vgl. z.B. BÄCKERFACHSCHULE HANNOVER 1999), welches dann folgende Möglichkeiten der Umsetzung bietet:

- Zunächst könnte eine Verteilung an die Berufsschüler im Rahmen des Einführungsseminars erfolgen, wodurch dann gleichzeitig die überbetriebliche Ausbildung thematisiert wäre;

- unter Einbezug eigener Interessen können sich die Lehrlinge während ihrer dreijährigen Lehrzeit in Übereinstimmung mit Betrieb und Berufsschule entsprechende Seminare auswählen, durchführen und anschließend wiederum im Betriebsalltag reflektieren bzw. in der Berufsschule wissensbasiert strukturieren;

- diesbezüglich ist zum Vorteil der Betriebe eine rechtzeitige Planung möglich;

- hinsichtlich der Termine ist darauf zu achten, daß die Seminare montags und dienstags bzw. mittwochs und donnerstags laufen, sodaß einerseits die Lehrlinge zum arbeitsintensiven Wochenende wieder im Betrieb sind und andererseits die

Ausbilder der ÜAS am Freitag die Seminare der kommenden Woche vorbereiten können[150].

Ein weiterer Vorteil für die Auszubildenden: Es wird eine Lernsituation geschaffen, in welcher der enge Klassenverband der Berufsschule gesprengt wird, da in der BBS ein Zusammentreffen mit Kollegen aus ganz Schleswig-Holstein möglich ist und sicherlich das Blickfeld des Einzelnen erweitert.

Der Verfasser geht davon aus, daß einige Auszubildende über das Maß des Vorgeschriebenen hinaus Seminare besuchen werden, weil sie mehr leisten können und wollen, als in den Ausbildungsordnungen gefordert wird (vgl. 6.2.1.4; vgl hierzu auch die Ausführungen über die Lernmotive von Berufsschülern i. 5.7.2 sowie i. Fußnote 99).

Gegebenenfalls könnte der Besuch zusätzlicher Seminare mit dem Urlaub verrechnet werden oder, auch dieser Fall wäre denkbar, der Meister will seinen Lehrling mit einem Seminar „belohnen"[151].

Selbstverständlich sind zusätzliche Seminare extra zu bezahlen - es käme demnach auch noch einiges Geld in die Kasse der ÜAS[152].

Und in diesem Zusammenhang ergibt sich eine weitere Frage: Wieviele Seminare sollen verbindlich vorgeschrieben werden?

Eine Antwort entwickelt sich aus folgendem Vergleich:
Zur Zeit werden für die Kurse der ÜAS drei Wochen veranschlagt, mithin 15 Arbeitstage. Demgegenüber erfolgt durch das Organisationsprinzip der Modularisierung[153] konkret eine Einsparung von 28 Stunden infolge der Vermeidung von Überschneidungen, es

---

150 Die erworbenen Qualifikationen sollten durch repräsentative Urkunden ausführlich dokumentiert werden.

151 In diese Richtung geht zum z.B. das Vorhaben, die jeweils Innungsbesten der Zwischenprüfung auf Kosten des Landesinnungsbverbandes mit einem einwöchigen Fortbildungskurs zu belohnen bzw. zu motivieren. „Dieser Kurs soll irgendwo in Europa stattfinden", so wurde auf der Lehrlingswartetagung 1998 festgehalten (vgl. LIV-SH 1998a, S. 2 f.; LIV-SH 1998b; WINTERMEYER 1999, S. 43).

152 Diesbezüglich besagt ein plattdeutsches Sprichwort: "Wenn dat wat köst, döcht dat ok wat" (Wenn es etwas kostet, taugt es auch etwas) ...

153 Hinsichtlich der Klassifikation handelt es sich um die Differenzierungsform einer betriebs- bzw. berufsschulexternen Ad-hoc-Gruppe (vgl. Abb. 21; vgl. auch Meyer 1994b, S. 259).

ergibt sich ferner für den einzelnen Lernenden effektiv mehr Lernzeit durch Ausnutzung der individuellen Lernvoraussetzungen, sodaß in Verbindung mit einer verbesserten Motivationslage und einer Abstimmung der Lerninhalte von ÜAS und Praktischer Fachkunde[154] eine Reduzierung auf fünf zweitägige Seminare vorgeschlagen wird - insgesamt läßt sich somit eine Woche betriebliche Ausbildungszeit gewinnen.

---

154 In Anlehnung an IHLENFELD dient die Praktische Fachkunde der

- Motivation, weil die Beispiele den realen Anregungsvariablen der Berufswelt entnommen sind;

- anschaulichen Darstellung komplexer und teilweise im beruflichen Alltag verdeckter technisch-physikalischer bzw. chemisch-biologischer Zusammenhänge;

- Problemstellung und Verbesserung der Fragehaltung, um einer nur rezeptiven Haltung gegenüber den komplexen technischen Erscheinungen zu begegnen und um technisches Denken zu bewirken;

- quantitativen und qualitativen Auswertung technisch-physikalischer bzw. chemisch-biologischer Zusammenhänge;

- übenden Anwendung in begrenztem und ausgewähltem Umfang (vgl. 1976, S. 7 ff.),

wobei insbesondere der letzte Punkt eine Verkürzung der überbetrieblichen Ausbildung rechtfertigt, denn schon in der Berufsschule vermittelte Teilhandlungen bzw. Operationen können in der ÜAS entsprechende Lernhandlungen konstituieren, so wäre z.B. in einem Seminar über die "Herstellung von dänischem Plunder" überflüssig, das Tourieren zu üben, wenn dies bereits im Rahmen von Versuchsreihen mit unterschiedlichen Fettmengen in der Praktischen Fachkunde geschehen ist. Insofern ist an dieser Stelle hervorzuheben, daß im Jahresprogramm der ÜAS die Eingangsvoraussetzungen der jeweiligen Seminare zu definieren sind - im Sinne der Lernmotivation für Auszubildende ein weiterer Anreiz, sich auf ein solches Seminar vorzubereiten.

6.3.2   Qualitätsmerkmale der Handlungsorientierung als
Analysekriterien für die überbetriebliche Ausbildung

Die überbetriebliche Ausbildung wird durch das vorgelegte Konzept (vgl. 6.3.1) grundlegend verändert, und zwar infolge einer Umstrukturierung der lehrgangsmäßigen Unterweisung ganzer Berufsschulklassen zu einem Seminarkonzept in modularisierter Form.

Als integrativer Bestandteil einer auftragsorientierten Lernortkooperation (vgl. 6.2.2.2) muß die überbetriebliche Ausbildung nunmehr auch die Ansprüche an eine handlungsorientierte Didaktik erfüllen. Festgestellt wurde aufgrund übereinstimmender Handlungsregulationsprozesse die prinzipielle Srukturidentität schulischen und betrieblichen bzw. überbetrieblichen Lernens (vgl. 3.1.5). Insofern gelten die Qualitätsmerkmale handlungsorientierten Berufsschulunterrichts (vgl. Abb. 17) in ihrer Eigenschaft als didaktische Leitlinien für den Grad der Handlungsorientierung ebenfalls für die überbetriebliche Ausbildung und können als Analysekriterien angelegt werden:

→ Handlungstheoretische Fundierung ist gegeben, weil die Auszubildenden jetzt in Abstimmung mit Betrieb und Berufsschule die Handlungsprozesse ihrer überbetrieblichen Unterweisung selbst regulieren können, d.h. es wird dem didaktischen Prinzip der Selbstorganisation entsprochen (vgl. 4.4.3.1). Lerntheoretisch erhält hierbei die „Ergänzungsfunktion" der überbetrieblichen Unterweisung den Status einer Einschubhandlung, denn das jeweilige Seminar wird nicht „verordnet", sondern aufgrund erkannter Defizite vom Lernsubjekt angefordert (vgl. 3.2.4) und vom Ausbilder nach dem Handlungsmuster einer planmäßigen bzw. analytischen Arbeitsunterweisung (vgl. 6.1.1) in der ÜAS durchgeführt.

→ Ganzheitlichkeit wird durch die Modularisierung erreicht, weil sich der Lernende eine individuelle Zielhierarchie erarbeiten kann, sodaß in der Folge Teilziele generiert und zu Aktionsprogrammen dekodiert werden können (vgl. 3.2.2.1), wobei die Seminardauer von zwei Tagen entgegen dem lehrgangsmäßigen Konzept des „Vorratslernens" bzw. des massiven Vorlaufs (vgl. 6.3.1.1) den kurzphasigen Lernrhythmus Handeln-Denken-Handeln ermöglicht (vgl. 3.2.7.1 u. 5.7.2).

→ <u>Subjektorientierung</u>, d.h. die Auszubildenden können sich entsprechend ihrer individuellen Lernvoraussetzungen und Interessen ihre Seminarthemen auswählen, den unterschiedlichen Lernmotiven (vgl. 5.7.2 u. Fußnote 99) wird Rechnung getragen.

Gleichzeitig stellt sich nunmehr die überbetriebliche Ausbildung im Sinne einer didaktischen Reduktion dar

a) als subjektbezogene Orientierungsstrategie für die Lernenden (vgl. 3.2.7.3) sowie

b) als prozeßbezogene Entlastungsstrategie für die Lehrenden, denn es können z.B. gezielt Lerninhalte vor dem Hintergrund betriebsindividueller Defizite in Verbindung mit zeitiger Planung an die ÜAS delegiert werden (vgl. 5.7.3).

Darüberhinaus führt diese Strategie auch zu einer Entlastung der überbetrieblichen Ausbilder, weil die Unruhe infolge langweiliger Wiederholungen ausbleiben wird (vgl. 6.3.1.2).

Allerdings wird sich das modularisierte Konzept als prozeßbezogene Entlastungsstrategie erst vollständig im Rahmen eines verbindlichen Gesamtcurriculums entfalten können - unter der Maßgabe nämlich, daß sich alle Beteiligten an einen Tisch setzen und <u>einen</u> Gesamtausbildungs- bzw. „integrierten Berufsbildungsplan" (vgl. KMK 1998b, S. 9) miteinander abstimmen (vgl. 4.4.2 sowie die Fußnoten 53, 54 u. 55), der anschließend allen Ausbildungsbetrieben, der überbetrieblichen Ausbildungsstätte sowie den Berufsschulen vorliegt.

Hierbei müssen u.a. die Eingangsvoraussetzungen der überbetrieblichen Seminare formuliert werden, um diese dann als jeweils konstituierende Elemente von Lernhandlungen in der ÜAS einbringen zu können (vgl. Fußnote 154).

Nur so wird es möglich sein, zeit- und kostenaufwendige Wiederholungen und Überschneidungen (vgl. Abb. 28) noch weiter zu reduzieren bzw. zusätzliche Lernzeit zu gewinnen resp. umzuleiten.

6.4 Zusammenfassung und Überleitung

Herausgearbeitet wurden Konsequenzen, die an den Lernorten erforderlich sind, um eine auftragsorientierte Lernortkooperation im Sinne einer intentionalen Lernform so zu optimieren, daß die Auszubildenden ihre Lernhandlungen im Hinblick auf eine sich ständig erweiternde Handlungskompetenz regulieren können (vgl. 6.1 - 6.2).

Organisatorische Konsequenzen für die Betriebe (vgl. 6.1.1) betrafen die Aufgabenauswahl und -zuordnung, die Bestimmung der Mitwirkungsformen, die Lernunterstützung sowie besondere Organisationsformen des Lehrens und Lernens als Ergänzung der arbeitsintegrierten Ausbildung.

Personelle Konsequenzen für die Betriebe (vgl. 6.1.2) bezogen sich in erster Linie auf die Person des Ausbilders, d.h. auf dessen veränderte Rolle vom „überlegenen Bescheidwisser" zum nachfragenden Lernorganisator (vgl. Abb. 25) bzw. auf adäquate Fortbildungsmaßnahmen nach dem handlungsorientierten Konzept „Ausbildung der Ausbilder" (AdA). Hingewiesen wurde ebenfalls darauf, durch eine pädagogische Grundbildung Gesellen zu „Lehrgesellen" zu qualifizieren bzw. wurde die Möglichkeit erörtert, Auszubildende als später ausbildende Fachkraft vorzubereiten.

Organisatorische Konsequenzen für die Berufsschule ergaben sich durch ein integriertes Fachraumkonzept (vgl. 6.2.1.1), durch die Einbindung der Berufsschule in ein Lernorte-Netz (vgl.6.2.1.2) und durch stundenplantechnische Überlegungen (vgl. 6.2.1.3). Es wurde ein Einführungsseminar in der Berufsschule als praxisorientierte Einstiegsphase in die Berufsausbildung (vgl. 6.2.1.4) angeregt, und im Hinblick auf ein Laufbahnmodell wurde für die Öffnung der Berufsschule für den Weiterbildungssektor plädiert (vgl. 6.2.1.5).

Personelle Konsequenzen für die Berufsschule befaßten sich mit der veränderten Lehrerrolle, d.h. mit der eines „Organisators ganzheitlicher Lernsituationen" (vgl. 6.2.2), wobei dafür eingetreten wurde, daß der Berufsschullehrer den von ihm zu vermittelnden Beruf (zumindest) selbst erlernt haben sollte (vgl. 6.2.2.1), und es wurde die Mitarbeit von qualifizierten, älteren Berufstüchtigen sowie von Studenten des Gewerbelehramtes (mit Gesellen und/oder Meisterbrief) an einer Berufsschule diskutiert (vgl. 6.2.2.2).

Darüberhinaus wurde auch auf <u>Konsequenzen für die überbetriebliche Ausbildung</u> geschlossen und deren Integration in die auftragsorientierte Lernortkooperation nach dem Prinzip der Modularisierung postuliert (vgl. 6.3).

Im folgenden Resümee werden die an dieser Stelle zusammengefaßten Konsequenzen für die Lernorte noch einmal ausführlich in den Kontext der vorliegenden Arbeit gestellt. Dort soll dann auch die Möglichkeit genutzt werden, Erkenntnisse aus den entsprechenden Kapiteln zusammenzuführen und unter ganzheitlichem Gesichtspunkt zu reflektieren.

7 Resümee

In der vorliegenden Arbeit wurden mögliche Beiträge der Berufsschule zum auftragsorientierten Lernen im Handwerk untersucht.

Hierbei zeigte sich zunächst, daß aufgrund des vorherrschend funktionalen Ausbildungscharakters der Handwerksbetriebe (vgl. 1.1.3) die Entwicklung von Schlüsselqualifikationen (vgl. Abb. 4) zur Förderung der Handlungskompetenz in den Verantwortungsbereich der Berufsschule delegiert wird (vgl. 2.2).

Die Berufsschule kann diese Aufgabe übernehmen durch einen handlungsorientierten Unterricht, der sich auf die Handlungstheorie als Begründungskonzept stützt (vgl. 3.1).

In diesem Sinne handelt es sich beim handlungsorientierten Unterricht um eine kontextgebundene Methodenkonzeption kategorialer Prägung, die keinen wissenschaftsorientierten Lektionismus fördert, sondern durch das Aufrechterhalten einer Spannung zwischen Handeln und Einordnung sowohl die komplexe Struktur der Ernstsituation als auch die erforderliche Systematik als Voraussetzung vernetzten Denkens berücksichtigt und ein ganzheitliches, fächer- und lernortübergreifendes Unterrichten ermöglicht (vgl. 3.2).

Diesbezüglich wurden aus dem „Strukturmodell" der Lernhandlung" (vgl. Abb. 11) die für berufliches Lernen wesentlichen „Strukturmerkmale" abgeleitet, im pädagogischen Kontext diskutiert und derart ausgeweitet als „Qualitätsmerkmale des handlungsorientierten Berufsschulunterrichts" (vgl. Abb. 17) festgemacht, d.h. die didaktischen Leitlinien der „handlungstheoretischen Fundierung", der „Ganzheitlichkeit" und der „Subjektorientierung" bieten nunmehr eine Möglichkeit, den handlungsorientierten Unterricht zu reflektieren bzw. zu beurteilen.

Nachgewiesen wurde infolge übereinstimmender Handlungsregulationsprozesse (vgl. Abb. 11) die prinzipielle Strukturidentität von motorisch akzentuiertem Lernhandeln im Betrieb und kognitiv akzentuiertem Lernhandeln in der Berufsschule (vgl. 3.1.5). Insofern gelten die Qualitätsmerkmale in ihrer Eigenschaft als didaktische Leitlinien für den Grad der Handlungsorientierung nicht nur für die Berufsschule, sondern auch für die betriebliche Berufsausbildung (vgl. 3.2.9).

Durch die Qualitätsmerkmale ist eine handlungsorientierte Ausbildung objektivierbar geworden, d.h. die Qualitätsmerkmale wirken anläßlich einer Selbst- oder Fremdevaluation dem unterschiedlichen Vorverständnis von Handlungsorientierung entgegen und verengen die Möglichkeit, daß z.B. verschiedene Personen, die einen handlungsorientierten Unterricht in antizipativer, aktionsbegleitender oder resultativer Kontrolle auswerten, dabei zu divergierenden Ergebnissen bzw. Interpretationen kommen, die wiederum abweichende Folgen nach sich ziehen können.

Darüberhinaus läßt sich anhand der Qualitätsmerkmale auch die Integrationsfähigkeit der Konzeption „Auftragsorientierte Lernortkooperation von Betrieb und Berufsschule" kontrollieren, also unter ganzheitlichen Aspekten die lernortübergreifende und nicht lernortisolierende, vielmehr die in synergistischer Wechselwirkung stehende Vermittlung von „Theorie und Praxis", wodurch die starre Zuweisung dieser beiden Aufgabengebiete an Berufsschule und Betrieb aufgelöst wird   - letztendlich im Interesse einer kontextorientierten Entwicklung von Schlüsselqualifikationen, denn:

Schlüsselqualifikationen können zwar im handlungsorientierten Unterricht der Berufsschule entwickelt werden, aus ihrer Kontextorientierung heraus aber nur in Zusammenarbeit mit den Betrieben, d.h. ausgehend von den Kundenaufträgen (vgl. 3.4).

Eine entsprechende Lernortkooperation ist seitens der Ausbildungsbetriebe gekennzeichnet durch den pragmatisch-utilitaristischen und seitens der Berufsschule durch den methodisch-didaktischen Verständnistyp (vgl. 4.2 u. Abb. 18). Ferner wurde die Lernortkooperation herausgestellt als eine extrinsisch motivierte Mittelhandlung mit divergierender Zielvorstellung der Dualpartner:

Berufspädagogische Intentionalität hinsichtlich der Berufsschule versus (mindestens) Kostenneutralität seitens der Handwerksbetriebe, wobei unter Beibehaltung dieser inkongruenten Zielvorstellungen durch eine dialektische Verschränkung beider Positionen im Zuge der Handlungsregulation die Komponente des Handlungsvollzugs verändert wurde, d.h. die Aktivitäten der Lernortkooperation (vgl. 4.4.2).

Unter Reduktionsgesichtspunkten dient hierbei allen an der Ausbildung Beteiligten (Lehrenden, Lernenden und Arbeitenden) ein verbindliches Gesamtcurriculum als sachbezogene Entlastungs- bzw. personenbezogene Orientierungsstrategie (vgl. 3.2.7.3). Die Abstimmungsbemühungen können sich nunmehr zu kontinuierlich-konstruktiven Kooperationsaktivitäten verfestigen, denn ein solcher Gesamtausbildungsplan verringert den Abstimmungsaufwand (vgl. Fußnoten 53, 54 u. 55). Zu berücksichtigen ist diesbezüglich, daß sich die Auswahl und Reihung der

Lerninhalte an technologischen Ganzheiten orientiert, d.h. nach dem Materialfluß bzw. Prozeßschema erfolgt (vgl. 4.4.3.2.3 u. 5.2.2).

Unter Beachtung des Prozeßcharakters selbstgesteuerten Lernens (vgl. Abb. 14) wurde einhergehend die Selbstorganisation der Lernenden zum didaktischen Prinzip erhoben, d.h. die Lehrlinge bzw. Berufsschüler werden bei gleichzeitiger Steigerung der Selbstregulationsfähigkeit aktiviert, inhaltliche Zusammenhänge zwischen den Lernorten herzustellen resp. am jeweiligen Lernort zu präsentieren (vgl. 4.4.3.1) und dabei Verantwortung für ihre Ausbildung zu übernehmen. Hingewiesen wurde diesbezüglich darauf, daß Maßnahmen zur Realisierung selbstregulierten Lernens im Interesse einer einheitlichen Vorgehensweise zwischen Berufsschullehrern und Ausbildern abgestimmt werden müssen (vgl. 3.2.4).

Entsprechende Freiräume wurden durch auftragsorientierte Lernfelder geschaffen, welche als Grundlage didaktischer Parallelität exemplarisch in den Handlungssituationen von Betrieb und Berufsschule repräsentiert sind (vgl. 4.4.3.2 u. Abb. 21), und zwar einbezüglich „betrieblicher Besonderheiten" (vgl. 4.4.3.2.1).

Die herausragende Stellung der didaktischen Parallelität zeigte sich am Unterrichtsbeispiel der „Toastbrotherstellung" (vgl. 5.1 - 5.6 u. Abb. 23), als Voraussetzung nämlich für den kurzphasigen Rhythmus „Handeln-Denken-Handeln", denn im Gegensatz zum dualistischen Konzept des Vorratslernens konnte sich die zyklische Struktur einer Lernhandlung nur entfalten, weil eine unmittelbare Handlungskontrolle in der Realität des Betriebsalltags ermöglicht worden war.

Durch diese Betrachtungsweise soll nun kein Lernort auf- oder abgewertet werden, vielmehr ist auf die Intentionen der BMBW-Markierungspunkte (vgl. 1973) zu verweisen, aus denen hervorgeht, daß jedem Lernort seine besondere Bedeutung zukomme, und jeder Lernort jeweils die Aufgaben zu erfüllen habe, die er fachlich und pädagogisch am besten zu leisten vermöge bzw., wie ALBERS es formuliert (vgl. 1991, S. 490), daß ein bedeutsamer Vorteil der dualen Ausbildung gerade in der Unterschiedlichkeit der Partner liege, und aus dieser Unterschiedlichkeit eine bestmögliche Ergänzung in dem Sinne erfolgen sollte, daß der jeweils eine Partner mache, was er besser könne als der andere (vgl. beide Aussagen nochmals im historischen Kontext der Abstimmung zwischen den Lernorten i. 4.4.3.1).

Am vorgelegten Unterrichtsbeispiel läßt sich dieses Postulat hinsichtlich der Entwicklung von Schlüsselqualifikationen verdeutlichen:

Das in der Berufsschule erarbeitete Verfahren zur Produktion eines Toastbrotsortimentes, eine Herstellungsweise, die sich immerhin an einschlägiger Fachliteratur orientiert hatte und somit abgesichert erschien (vgl. 5.4.1), wurde aus Kostengründen von den unter Wettbewerbsdruck stehenden Betrieben nicht angenommen.

Den Lehr- bzw. Reflexionsgesprächen (vgl. 4.4.3 u. Fußnote 58), welche diesbezüglich in den Betrieben geführt worden waren, konnte seitens der Berufsschule im Zuge der resultativen Kontrolle entnommen werden, daß die Sortimentsgestaltung zwar einhellig gelobt wurde, die Handlung also gelungen war, allerdings hatte sich die Umsetzung des aufgebauten Handlungsschemas unter Ernstcharakter als nicht konkurrenzfähig erwiesen, die Handlung war demnach unter der Prämisse sozialbezogener Lernmotive für die Schüler nicht erfolgreich (vgl. hierzu auch die Fußnoten 13 u. 14).

In diesem Sinne wurde der Impuls in der Berufsschule aufgenommen und zu einer Technologie umgestaltet, die für die Praxis auch aus betriebwirtschaftlicher Perspektive interessant war.

Der Wettbewerbsdruck erforderte also Maßnahmen zur Kostenreduzierung - anders ausgedrückt bzw. wie schon in der Einleitung erwähnt (vgl. 1.2):

Unter dem Eindruck ökonomischer Notwendigkeit mußten Schlüsselqualifikationen entwickelt werden, in diesem Falle teamentwicklerische Fähigkeiten zur Gestaltung einer rationellen Arbeitsweise (vgl. Abb. 4), d.h. auf dem Wege der empirischen Deduktion (vgl. 2.2.1) wurden von den konkreten Arbeitsplätzen der Bäckereibetriebe Qualifikationselemente abgeleitet.

Die Entwicklung der benötigten Schlüsselqualifikationen aber mußte lernortübergreifend erfolgen, ein Lernort alleine wäre damit überfordert gewesen - allerdings resultierte aus der Unterschiedlichkeit der Dualpartner ein bedeutsamer Vorteil, jene bestmögliche Ergänzung nämlich, die ALBERS weiter oben artikulierte und die sich wie folgt induzieren läßt:

→ In den unter Wettbewerbsdruck stehenden Ausbildungsbetrieben entsteht aufgrund funktionaler Ausrichtung die Forderung nach Schlüsselqualifikationen, die sich unter

Ernstcharakter bewähren müssen. In der Hektik des Betriebsalltags können sich die Strategien der didaktischen Regulation (vgl. 6.1.1 u. Abb. 1) zur Entwicklung dieser Schlüsselqualifikationen aber nur unzureichend entfalten. Es befinden sich nun einmal in den Klein- und Mittelbetrieben des Bäckerhandwerks keine Abteilungen zur Ausarbeitung neuer Rezepturen und Verfahrensweisen, die Handlungssituationen in den Lehrbetrieben bilden daher ungünstige Rahmenbedingungen z.B. für ein Brainstorming (vgl. 5.5.2) als methodisches Element kreativer, gestaltungsorientierter Teamarbeit.

→ Der Berufsschule hingegen fehlt der aus dem Wettbewerbsdruck resultierende Ernstcharakter, unter dem sich Handlungen zu bewähren haben - sie kann zwar, wie im Unterrichtsbeispiel dargelegt, durchaus gelungene Handlungen produzieren, nicht aber unbedingt erfolgreiche ...!
Dafür bietet die Berufsschule einen pädagogischen Schonraum, in welchem, losgelöst von der Hektik des Betriebsalltags, Lerngesichtspunkte vor ökonomischen den Vorrang haben (vgl. 3.2.8) - eine intentional ausgerichtete Handlungssituation mithin, in der durch Abstraktionsprozesse individuelle Betriebserlebnisse ihren prototypischen Charakter verlieren und eine exemplarische Funktion erhalten (vgl. 4.4.3.2.3), d.h. in einer solchen Lernatmosphäre können einzelbetrieblich gewonnene Erfahrungen wissensbasiert strukturiert, systematisiert und in gestaltungsorientierter Teamarbeit zusammengefaßt bzw. kreativ zu neuen, innovativen Verfahrensweisen umgestaltet werden.

In der Berufsschule werden somit kontextorientiert jene Schlüsselqualifikationen entwickelt, die der Wettbewerbsdruck erfordert hatte und unter dessen Bedingungen sie sich wiederum bewähren müssen, wobei hierzu auch die prozeßorientierte Erhöhung der Selbstregulationsfähigkeit gehört, d.h. die Auszubildenden steuern im Verlauf der didaktischen Korrespondenz (vgl. Abb. 21) ihre Lernprozesse zunehmend selbständig und eigenverantwortlich (vgl. 4.4.3.3), optimieren also selbst durch den Einsatz ihrer Schlüsselqualifikationen den funktionalen Ausbildungscharakter der Betriebe in Richtung einer intentionalen Lernform.
Von der ansteigenden Selbständigkeit ihrer Lehrlinge aber werden in der Folge auch die Betriebe profitieren, denn es wird ein Überhang des Nutzens vor dem Aufwand entstehen bzw. wird den Betrieben der Nutzen einer auftragsorientierten Lernortkooperation zunehmend einsichtig werden (vgl. 1.1.3) resp., sofern sich diese

Form der lernortübergreifenden Zusammenarbeit erst einmal etabliert hat, auch einsichtig sein und dann a priori - zwar nicht auf einem methodisch-didaktischen Verständnis basierend, sich aber aus pragmatisch-utilitaristischer Perspektive daran orientierend - auch begrüßt, akzeptiert und unterstützt werden (vgl. 4.4.2).

Zusammengenommen konnte durch das Unterrichtsbeispiel bzw. durch dessen Überprüfung unter den entwickelten „Qualitätsmerkmalen handlungsorientierten Unterrichts" (vgl. Abb. 17) nachgewiesen werden:

- Handlungsorientierung ist auch unter lernortübergreifendem Gesichtspunkt keine beliebig austauschbare Methode, sondern ein handlungstheoretisch fundiertes Ausbildungsprinzip, welches seine Entsprechung in einer Methodenkonzeption erfährt, sei es als handlungsorientierter Unterricht oder als handlungsorientierte Unterweisung, wobei beide Konzeptionen keinem Methodenzwang unterliegen, sondern jeweils zur Schaffung geeigneter Lern- bzw. Handlungssituationen ein umfangreiches Methoden- und Medienrepertoire voraussetzen (vgl. 5.7.1).

- Ganzheitlichkeit ist gekennzeichnet durch ein Lernen in „vollständigen Handlungen", und zwar über den einzelnen hinaus auch in einer bzw. durch eine Gruppe. Ganzheitliches Lernen verläuft ferner als ein integratives Lernkonzept mehrdimensional und erfordert schon am Anfang der Ausbildungszeit die Bildung einer individuellen Zielhierarchie, sodaß von den Lernenden - jeweils unter Berücksichtigung des Gesamtauftrags - in der Folge Teilziele generiert und individuell zu Aktionsprogrammen dekodiert werden können (vgl. 5.7.2).

- Handlungsorientierung ermöglicht als ein subjektorientierter Ansatz die Entwicklung von Schlüsselqualifikationen in Ausrichtung auf eine umfassende Handlungskompetenz mit einhergehender Persönlichkeitsbildung (vgl. 5.7.3).

Diesbezüglich wurden in der vorliegenden Studie Konsequenzen herausgearbeitet, die zur Umsetzung der Handlungsorientierung unter dem Dach einer auftragsorientierten Lernortkooperation erforderlich sind, und zwar in den Ausbildungsbetrieben und der Berufsschule.

Organisatorische Konsequenzen für die Betriebe (vgl. 6.1.1) bezogen sich auf die Selektions- und Gestaltungsstrategien, mit deren Hilfe die Einbeziehung der Lehrlinge in den Produktionsprozeß didaktisch gestaltet und reguliert werden kann, d.h. auf die Aufgabenauswahl und -zuordnung, die Bestimmung der Mitwirkungsformen, die Lernunterstützung sowie auf besondere Organisationsformen des Lehrens und Lernens als Ergänzung der arbeitsintegrierten Ausbildung. Hierbei wurde darauf hingewiesen, die „Vier-Stufen-Methode" als Form der planmäßigen Arbeitsunterweisung unter Einbeziehung von Ansätzen zur kognitiven Regulation des Aneignungsprozesses weiterzuentwickeln, z.B. zur „Analytischen Arbeitsunterweisung". Zur problembezogenen Nutzung von Informationsquellen wurde den Betrieben eine „Lerninsel" mit integrierter „Medienecke" empfohlen, wo insbesondere jene Bücher archiviert sind, die auch in der Berufsschule Anwendung finden. Als Möglichkeit, lernortübergreifendes Lernen gerade im Zusammenhang mit Lehrgesprächen zu verstärken, wurde die sparsame Nutzung eines auftragsorientierten Leittextsystems vorgeschlagen (vgl. Abb. 24 u. Fußnote 104). Um die betriebliche Ausbildung im Sinne der Auftragsorientierung zu verbessern und auch nach außen hin zu dokumentieren, wurde als Anreiz das Gütesiegel „Anerkannter Ausbildungsbetrieb der Innung" vorgestellt.

Personelle Konsequenzen für die Betriebe (vgl. 6.1.2) bezogen sich in erster Linie auf die Person des Ausbilders, d.h. auf dessen veränderte Rolle vom „überlegenen Bescheidwisser" zum nachfragenden Lernorganisator (vgl. Abb. 25) bzw. auf adäquate Fortbildungsmaßnahmen nach dem handlungsorientierten Konzept „Ausbildung der Ausbilder" (AdA).Hingewiesen wurde ebenfalls darauf, durch eine pädagogische Grundbildung Gesellen zu „Lehrgesellen" zu qualifizieren bzw. wurde die Möglichkeit erörtert, Auszubildende als später ausbildende Fachkraft vorzubereiten.
Herausgestellt wurde schließlich:
Werden Auszubildende aufgrund ihres Frageverhaltens als „interessiert" eingeschätzt, werden ihnen zugleich hohe Leistungsbereitschaft und -fähigkeit attribuiert.

Vom Fragenverhalten als Bestandteil kommunikativer Fähigkeiten wurde auf die Berufsschule übergeleitet, denn in ihren Aufgabenbereich fällt die Entwicklung dieser Schlüsselqualifikation, d.h. zu den Konsequenzen organisatorischer Art gehört für die Berufsschule ein integriertes Fachraumkonzept (vgl. 6.2.1.1), um dem häufigen methodischen Wechsel von praktischer Tätigkeit und theoretischer Reflexion entsprechen zu können (z.B. also das Frageverhalten an berufsspezifischen Beispielen zu trainieren, u.a. im Hinblick auf konkrete Fragen zur Weitergabe an den Betrieb). Weitere organisatorische Konsequenzen betrafen die Einbindung der Berufsschule in ein Lernorte-Netz, d.h. Berufsschule, Betriebe und Zulieferfirmen sollten sich einander öffnen (vgl.6.2.1.2), stundenplantechnische Überlegungen, wobei herausgestellt wurde, daß das Fach- bzw. Fachlehrerprinzip einem fächerübergreifenden Unterricht resp. einem Lehrer weichen sollte, der bestimmte Lernfelder in Kooperation mit anderen Lehrern abdeckt (vgl. 6.2.1.3), und es wurde ein Einführungsseminar in der Berufsschule als praxisorientierte Einstiegsphase in die Berufsausbildung (vgl. 6.2.1.4) angeregt: In diesem - der betrieblichen Lehre vorgeschalteten - Unterricht werden die Berufsschüler auf das zunehmend selbständige Lernen vorbereitet. In einem integrativen Lernprozeß wird hier Grundlagen- bzw. „Knotenpunktwissen" (vgl. 3.2.2.1) als Voraussetzung vernetzten Denkens vermittelt bzw. wird eine individuelle Zielhierarchie erarbeitet. Erkennbar wurde an dem vorgestellten Unterrichtsbeispiel die Notwendigkeit einer Leistungsdifferenzierung im Interesse einer Stützung/Förderung für lernschwache bzw. einer Vertiefung/Erweiterung für leistungsstarke Schüler. Auch unter motivationalen Aspekten führte diese Überlegung zur Konzeptualisierung eines durchlässigen Laufbahnmodells nach den Kriterien der auftragsorientierten Lernortkooperation (vgl. 6.2.1.5.2 u. Abb. 27) - und somit wurde dafür plädiert, die Berufsschule für den Weiterbildungssektor zu öffnen. In diesem Zusammenhang erfolgte dann der Hinweis, daß die Berufsschule, in Konkurrenz gesetzt zu anderen Anbietern auf dem Weiterbildungssektor, beizeiten daran denken sollte, sich in Ausrichtung auf eine Zertifizierung bzw. eine Konformitätserklärung ein QM-System aufzubauen (vgl. 6.2.1.5.2.1 sowie die Fußnoten 117 u. 118).

Personelle Konsequenzen für die Berufsschule befaßten sich mit der veränderten Lehrerrolle, d.h. der Lehrer sollte sich entfernen von der allwissend dozierenden Kapazität und sich hinbewegen zu einem Pädagogen, der mit seinem Methoden- und Medienrepertoire ganzheitliche Handlungssituationen organisiert (vgl. 6.2.2) - in lernortübergreifender Betrachtungsweise formuliert: Lehrer und Ausbilder sollten mit ihren Auszubildenden eine partnerschaftliche Allianz eingehen im Hinblick auf die Entwicklung einer umfassenden Handlungskompetenz. Zur Unterstützung handlungsorientierter Bildungsprozesse wurde auf curriculum- bzw. prozeßorientierte, also unterrichtsbegleitende Fortbildungsveranstaltungen, verwiesen (vgl. 5.2.4 u. Fußnote 76). Betont wurde, daß der Berufsschullehrer den von ihm zu vermittelnden Beruf (zumindest) erlernt haben sollte, um angemessen auf die individuellen Betriebserlebnisse seiner Schüler eingehen zu können, d.h. der Lehrer muß in der Lage sein, den exemplarischen Charakter betrieblicher Praxiserfahrungen auf den aktuellen Lerngegenstand zu fokussieren - ein Anspruch, der eingedenk auftragsbezogener Lernfelder nicht mit Buch-, sondern nur mit Erfahrungswissen und produktivem Können erfüllt werden kann (vgl. 6.2.2.1; vgl. hierzu auch 5.3.1 des vorgelegten Unterrichtsbeispiels). Herausgestellt wurde in diesem Zusammenhang ebenfalls, daß die Sicherung arbeitsweltlicher Kompetenzen für Berufsschulen zu einem kontinuierlichen Prozeß umgestaltet werden muß. Diesbezüglich wurde der Vorschlag gemacht, Rahmenbedingungen zur Mitarbeit für ältere, berufstüchtige Fachkräfte zu schaffen, damit diese in einem dekadischen Zyklus von ca. 10 Jahren innovative Elemente aus ihrem Erfahrungsschatz in die jeweilige Abteilung einer Berufsschule einbringen können. Einhergehend wird durch eine solche Strategie das arbeitsplatzbezogene Lernen nach dem Lernfeldkonzept zusätzlich abgesichert, und zwar durch die arbeitsweltliche Erfahrung aus dem Bereich des Dualpartners. Die Mitarbeit könnte z.B. auf der Ebene eines Werkstattmeisters erfolgen (vgl. 6.2.2.2). Ein weiterer Hinweis bezog sich darauf, daß Studenten des Gewerbelehramtes, die z.B. einen Gesellen- oder Meisterbrief besitzen, die Möglichkeit zu eigenverantwortlichem Unterricht erhalten sollten. Einerseits könnten sie die Theorie der Universität mit der Praxis des Schulalltags verbinden, und andererseits hätten sie die Möglichkeit, in ein Lehrerkollegium „hineinzuwachsen" bzw. sich durch entsprechende Leistungen einer Schule zu empfehlen (vgl. ebd.).

Eine weitere organisatorische Veränderung bezieht sich auf die überbetriebliche Ausbildung:
Um der betrieblichen und biographischen Vielfalt gerecht zu werden (vgl. GONON 1998, S. 317), ergänzt sie als integrativer Bestandteil der auftragsorientierten Lernortkooperation Berufsschulen und Betriebe durch Seminare, welche nach dem Prinzip der Modularisierung angeordnet sind (vgl. 6.3.1.1 - 6.3.1.2) - ein abgestimmtes Konzept, welches durch die Qualitätsmerkmale „Handlungstheoretische Fundierung", „Ganzheitlichkeit" und „Subjektorientierung" in deren Eigenschaft als didaktische Leitlinien für den Grad der Handlungsorientierung abgesichert wurde (vgl. 6.3.2).

Last, but not least - eine organisatorische Konsequenz betrifft gewissermaßen beide Lernorte:

Zum Abschluß der Lehre dürfen keine zentralisierten Prüfungsaufgaben die handlungsorientierte Ausbildung konterkarieren, und Schlüsselqualifikationen müssen zum Gegenstand von Kammerprüfungen werden (vgl. hierzu 3.2.8). In diesem Zusammenhang ist zu überlegen, wie der Berufsschulunterricht in die Prüfungen einbezogen werden kann. Beispielsweise könnte der teamorientierte Ablauf der Fertigkeitsprüfung in der Berufsschule geplant und anschließend im Hinblick auf die Kenntnisprüfung reflektiert werden, d.h. Ereignisse der Fertigkeits- sind unter dieser Maßgabe in der Kenntnisprüfung zu thematisieren (vgl. NIEDERSÄCHSISCHES KULTUSMINISTERIUM 1997, S. 5 ff; PUSEN 1999, S. 16; vgl. auch Fußnote 120, dort ist vermerkt, daß das „Schleswig-Holstein-Modell" für die Vorbereitung und Durchführung von Prüfungen Berufsschulunterricht zur Verfügung stellt).

Fazit:

Im Verlauf der vorliegenden Arbeit wurden visionäre Verlockungen und gradliniger Pragmatismus in einem Modell <u>aufgehoben</u>, das sich auf dem harten Boden der Realität bewähren muß[155].

In Übereinstimmung mit dem Projektleiter der ALiH-Studie sei darauf hingewiesen:
„*Die endgültige Umsetzung der Forschungsergebnisse in konkrete und situationsspezifische Ausbildungsmaßnahmen kann im Rahmen dieser Forschungsstudie nicht geleistet werden [...]. Im Hinblick auf die dafür erforderlichen und geplanten Modellversuche hat die vorliegende Untersuchung den Charakter einer 'Vorstudie*" (STRATENWERTH 1991a, S. 12).

Diesbezüglich sollen sich beide „Vorstudien" - ALiH-Studie und die vorliegende Arbeit - zu einer Grundlage für Modellversuche ergänzen. So könnte in Schleswig-Holstein mit Unterstützung einer Kooperationsstelle die Umsetzung der auftragsorientierten Lernortkooperation am Beispiel des Bäckerhandwerks erfolgen - letztendlich, um die Bereitschaft zur Übernahme auch in weiteren Bundesländern zu bewirken.

---

155 In der deutschen Sprache wird eine dreifache Wortbedeutung von „aufheben" angeboten, die in den Sinn einer Synthese eingehen soll: „*'Aufheben' besagt nämlich: a. ein Negieren, b. ein Aufbewahren und c. ein Hinaufheben*" (DANNER 1989, S. 181). Bei der Entwicklung der „auftragsorientierten Lernortkooperation" kamen alle drei Auslegungen zum Tragen ...

Bislang hat sich das Handwerk der ALiH-Studie, deren Intentionen auf den Lernort Arbeitsplatz gerichtet sind, weitgehend verschlossen (vgl.1.1.2).

Durch einen lernortübergreifenden Ansatz, der den funktionalen Ausbildungscharakter der Handwerksbetriebe berücksichtigt, könnte das auftragsorientierte Lernen aber im Sinne einer intentionalen Lernform optimiert werden, und zwar unter Einbezug eines durchlässigen Laufbahnmodells.

Am Beispiel des schleswig-holsteinischen Bäckerhandwerks wurde ferner dargestellt, daß sich trotz vermehrten Berufsschulunterrichts 45 Tage betriebliche Ausbildungszeit zurückgewinnen lassen (vgl. Fußnote 120) - eine beachtliche Größe, insbesondere, wenn in einem Betrieb mehrere Lehrlinge ausgebildet werden.

Diese Zeit kann genutzt werden zur Vermittlung handwerklicher Grundqualifikationen bzw. zur betrieblichen Beteiligung an der Entwicklung von Schlüsselqualifikationen (vgl. 6.2.1.5.2.5), ist aber ebenfalls bedeutsam hinsichtlich der Feststellung, daß zum auftragsorientierten Lernen im Handwerk auch ein zunehmend wirtschaftlicher Beitrag zum Betriebergebnis gehöre, der die Ausbildungskosten für die Betriebe in Grenzen halte und somit entscheidend für die Ausbildungsbereitschaft gerade von kleinen und mittleren Betrieben sei (vgl. 1.1.3).

Die zurückgewonnene betriebliche Ausbildungszeit ergibt sich

a) durch das Einführungsseminar, welches zu einem der betrieblichen Lehre vorgeschalteten Zeitpunkt stattfindet (vgl. 6.2.1.4);

b) weil der Berufsschulunterricht so organisiert wurde, daß nicht im ersten Ausbildungsjahr zweimal/Woche Unterricht mit jeweils neun Unterrichtsstunden erteilt wird und dann im zweiten und dritten Ausbildungsjahr jeweils ein Tag/Woche mit acht Unterrichtsstunden, sondern es findet durchgehend im ersten, zweiten und dritten Ausbildungsjahr einmal/Woche Unterricht mit jeweils neun Unterrichtsstunden statt (vgl. 6.2.1.5.2.5);

c) infolge einer Umstrukturierung der überbetrieblichen Ausbildung, d.h. von der lehrgangsmäßigen Unterweisung ganzer Berufsschulklassen hin zu einem Seminarkonzept in modularisierter Form (vgl. 6.3.1. - 6.3.2).

Im Berufsfeld Ernährung und Hauswirtschaft, also über das Handwerk hinausgehend, steht die Umsetzung des Lernfeldkonzeptes in den Ordnungsmitteln im Mittelpunkt der Entwicklungsarbeit (vgl. MBWFK.SCHL.-H. 1999c) - hier könnte der angeregte Modellversuch wichtige Beiträge für die didaktische Diskussion liefern.

In Abgrenzung zu den vorgestellten Modellversuchen (vgl. 4.4.3.1 u. Fußnote 62) entfällt nach dem vorliegenden Konzept die aufwendige Identifikation und Aufbereitung exemplarischer Aufgabenstellungen, entfallen ebenso wöchentliche Arbeitssitzungen von Ausbildern und Berufsschullehrern, denn innerhalb der auftragsorientierten Lernfelder werden betriebliche Besonderheiten ausdrücklich berücksichtigt, in der Berufsschule aufgenommen, reflektiert und koordiniert bzw. systematisiert.

Eingangs wurde - nicht zuletzt vor dem Hintergrund eines subjektorientierten Didaktikanspruchs - wissenschaftstheoretisch die Position vertreten, daß sich Vorschläge zur Weiterentwicklung der Zusammenarbeit von Betrieben und Berufsschule an den Gegebenheiten der Praxis orientieren müßten, um eine realistische Chance auf Umsetzung zu haben (vgl. 1.3).

In diesem Sinne besteht auch über einen Modellzeitraum hinaus die Möglichkeit, nach dem Konzept der „auftragsorientierten Lernortkooperation" arbeiten zu können.

8 Literaturverzeichnis

ABEL, H. (1964): Grund- und Realformen der Lehrlingsausbildung im produzierenden Gewerbe. In: Archiv für Berufsbildung, Braunschweig.

ABELE, R. (1996): Im Ruhestand um die Welt. In: Bäcker Zeitung (29), S. 6 f.

ABELE, R. (1997): Das Handy wird zum Nachrichtenterminal. In: Bäcker Zeitung (43), S. 20 f.

ACHTENHAGEN, F. (1991): Bemerkungen zu einigen Herausforderungen für die kaufmännische Berufsbildung - verbunden mit einigen Hinweisen, wie ihnen begegnet werden sollte. In: Wirtschaft und Erziehung (6), S. 194 ff.

ACHTENHAGEN, F. u.a. (1992): Lernhandeln in komplexen Situationen: Neue Konzepte der betriebswirtschaftlichen Ausbildung, Wiesbaden 1992.

ADAMSKI, M./DRECHSEL, K. (1995): Lehrer für berufspraktische Ausbildung - Erprobung einer Hochschulausbildung an der TU Dresden im Lichte heutiger Theorie-Praxis-Diskussion. In: Pätzold, G./Walden, G. (Hrsg.): Lernorte im dualen System der Berufsbildung, Bielefeld, S. 235 ff.

ADOLPH, G. (1992): Projektorientierung - eine Möglichkeit ganzheitlichen Lernens. In: Pätzold, G. (Hrsg.): Handlungsorientierung in der beruflichen Bildung, Frankfurt a. Main, S. 165 ff.

ADOLPH, G. (1997a): Von der Lernzielorientierung zur Produktorientierung. In: Heidegger, G./ Adolph, G./Laske, G.: Gestaltungsorientierte Innovation in der Berufsschule, Bremen, S. 122 ff.

ADOLPH, G. (1997b): Innovationen im Schulalltag: Bedingungen und Chancen. In: Heidegger, G./Adolph, g./Laske, G.: Gestaltungsorientierte Innovation in der Berufsschule, Bremen, S. 165 ff.

AEBLI, H. (1993a): Grundlagen des Lehrens: eine allgemeine Didaktik auf psychologischer Grundlage, Stuttgart.

AEBLI, H. (1993b): Zwölf Grundformen des Lehrens: eine allgemeine Didaktik auf psychologischer Grundlage; Medien und Inhalte didaktischer Kommunikation; der Lernzyklus, Stuttgart.

AEBLI, H. (1993c): Denken: Das Ordnen des Tuns, Bd. I: Kognitive Aspekte der Handlungstheorie, Stuttgart: Klett-Cotta.

AEBLI, H. (1994): Denken: Das Ordnen des Tuns, Bd. II: Denkprozesse, Stuttgart.

AFFELDT, M. (1994): Erlebnisorientierte Gruppenarbeit in der Schule, Bad Heilbrunn.

AFFELDT, M. (1997): Erlebnisorientierte psychologische Gruppenarbeit zur Begleitung von Jugendlichen in ihrer Entwicklung, Hamburg.

AG-WEBBS - Arbeitsgruppe des Ministeriums für Bildung, Wissenschaft, Forschung und Kultur „Weiterentwicklung der berufsbildenden Schulen in Schleswig-Holstein" (1997): Vorschläge für die künftige Gestaltung der berufsbildenden Schulen: Künftige Struktur, Kiel.

AHH - Akademie des Handwerks Hamburg (1998): Betriebswirt/in des Handwerks. Von der Meisterleistung zur Managerqualität, Hamburg.

AKWH/BM.SCHL.-H. - Arbeitskreis Wirtschaftsverband Handwerk/Bildungsministerium Schleswig-Holstein (1995): Ergebnisse des Arbeitskreises Wirtschaftsverband Handwerk/Bildungsministerium über die Organisation des vermehrten Berufsschulunterrichts für Fachklassen für Auszubildende (Lehrlinge) und die Zusammenarbeit zwischen der Berufsschule und der betrieblichen Ausbildung, Kiel.

ALBERS, H.-J. (1991):	Der Beitrag der Berufsschule zum auftragsorientierten Lernen im Handwerk. In: Stratenwerth, W. (Hrsg.): Auftragsorientiertes Lernen im Handwerk, Bd. I, Bad Laasphe i. Westf., S. 477 ff.
ALBERS, H.-J. (1995):	Handlungsorientierung und ökonomische Bildung. In: Albers, H.-J. (Hrsg.): Handlungsorientierung und ökonomische Bildung, Bergisch Gladbach, S. 1 ff.
ALBERT, K./ZINKE, G. (1992):	Der Kernauftrag - ein Konzept auftragsorientierten Lernens mit Medien. In: Albert, K. u.a. (Hrsg.): Auftragsorientiertes Lernen im Handwerk: Vorstellungen, Konzepte, Praxisbeispiele, Berlin, S. 81 ff.
ALEF, P. (1995):	Die Ausbildereignung: Basiswissen für Prüfung und Praxis des betrieblichen Ausbilders, Hamburg.
ALTRICHTER, H./POSCH, P. (1998):	Lehrer erforschen ihren Unterricht, Bad Heilbrunn.
ANDREAS, B./BRASCH, C.H. (1997):	Kommunikation (IPTS-Veranstaltung 23958/97 W), Flensburg.
ANDREAS, B./WÖRPEL, C. (1997):	Spiele zur Einschulung (Skript; Städtische Handelslehranstalt), Flensburg.
ANONYMUS (1994):	Breites Toastsortiment hilft übers Wochenende. In: Bäcker Zeitung (49), S. 21.
ANONYMUS (1997):	Zitat des Tages. In: Norddeutsche Rundschau (24. Mai), S. 3.
ARBEITGEBER NRW (1996):	Bildungspolitische Stellungnahme zur Denkschrift der Kommission „Zukunft der Bildung - Schule der Zukunft" beim Ministerpräsidenten des Landes Nordrhein-Westfalen, Düsseldorf/Köln.
ARBEITSGEMEINSCHAFT GETREIDEFORSCHUNG e.V. (1995):	Was ist eigentlich Qualitätsmanagement nach ISO 9000 ???, Detmold.
ARENS, U/GÜNTHER, B. (1986):	Ernährungslehre; Hannover.
ARNOLD, R. (1990):	Berufspädagogik: Lehren und Lernen in der beruflichen Bildung, Aarau/Frankfurt a. Main.
ARNOLD, R. (1994):	Schlüsselqualifikation und Selbstorganisation in Betrieb und Schule. In: Beiler,J./Lumpe, A./Reetz,L. (Hrsg.): Schlüsselqualifikation, Selbstorganisation, Lernorganisation, Hamburg, S. 45 ff.
ARNOLD, R. (1995):	Neue Methoden betrieblicher Bildungsarbeit. In: Arnold, R./Lipsmeier, A. (Hrsg.): Handbuch der Berufsbildung, Opladen, S. 294 ff.
ARNOLD, R. (1996):	Schlüsselqualifikationen - „Fachwissen in der Krise" oder Erziehung zur Inkompetenz? In: Seyd, W./Witt, R. (Hrsg.): Situation, Handlung, Persönlichkeit: Kategorien wirtschaftspädagogischen Denkens; Festschrift für Lothar Reetz. Hamburg, S. 57 ff.
ARNOLD, R. / KRAMMENSCHNEIDER, U. (1997a):	Berufliche Bildung in Chile (Teil I). In: Die berufsbildende Schule (9), S. 254 ff.
ARNOLD, R. / KRAMMENSCHNEIDER, U. (1997b):	Berufliche Bildung in Chile (Teil II). In: Die berufsbildende Schule (10), S. 288 ff.
ARNOLD, R./ KRÄMER-STÜRZL, A (1996):	Berufs- und Arbeitspädagogik; Leitfaden der Ausbildungspraxis in Produktions- und Dienstleistungsberufen, Berlin.
ARNOLD, R./LIPSMEIER, A. (1995):	Berufspädagogische Kategorien didaktischen Handelns. In: Arnold, R./Lipsmeier, A. (Hrsg.): Handbuch der Berufsbildung, Opladen, S. 13 ff.
ARNOLD, R./MÜLLER, H.-J. (1991):	Betriebspädagogik und Organisationsentwicklung - ein Verhältnis besserwisserischer Konkurrenz oder erfolgreicher Kooperation? In: Arnold, R. (Hrsg.): Taschenbuch der betrieblichen Bildungsarbeit, Hohengehren, S. 16 ff.

ARNOLD, R./MÜLLER, H.-J. (1992): Ganzheitliche Berufsbildung. In: Pätzold, G. (Hrsg.): Handlungsorientierung in der beruflichen Bildung, Frankfurt a. Main, S. 97 ff.

AUSUBEL, D.P. (1973): Psychologische und pädagogische Grenzen des entdeckenden Lernens. In: Neber, H. (Hrsg.): Entdeckendes Lernen, Weinheim; Basel, S. 30 ff.

AUSUBEL, D.P. (1974): Psychologie des Unterrichts, Bd. I, Weinheim und Basel.

AUTSCH u.a. (1993): Gestaltungsmerkmale der Kooperation von Betrieben, Berufsschulen und überbetrieblichen Berufsbildungsstätten. In: Berufsbildung in Wissenschaft und Praxis (2), S. 32 ff.

AX, C. Auswirkungen der Globalisierung auf das Handwerk, HWK Hamburg.

BACHMANN, W. (1988): Theoretische Grundlagen einer handlungsorientierten Wirtschaftsdidaktik, Bergisch Gladbach.

BACHMANN, W. (1989): Konzepte der didaktischen Reduktion aus handlungsorientierter Sicht: eine berufspädagogische Bestandsaufnahme und Neuinterpretation, Bergisch Gladbach.

BACHMANN, W. (1991a): Der Lernbereich „Gestaltung" aus der Sicht des auftragsorientierten Lernkonzeptes. In: Stratenwerth, W. (Hrsg.): Auftragsorientiertes Lernen im Handwerk, Bd. I, Bad Laasphe i. Westf., S. 229 ff.

BACHMANN, W. (1991b): Skizze eines Trainingskonzeptes zur Förderung der Kommunikationsfähigkeit des Ausbilders im Vermittlungs- und Beratungsprozeß (Coaching). In: Stratenwerth, W. (Hrsg.): Auftragsorientiertes Lernen im Handwerk, Bd. I, Bad Laasphe, S. 443 ff.

BACHMANN, W. (1998): Auftragsorientiertes Lernen im Handwerk und didaktische Reduktion. Unveröffentlichte Gesprächsnotiz v. Verf.

BÄCKERFACHSCHULE HANNOVER (1999): Kommen auch Sie zu den Meistermachern nach Hannover. Jahresprogramm 1999, Hannover.

BÄCKER-INNUNG PINNEBERG (1989): 250 Jahre Elmshorner Bäckerzunft; Pinneberg.

BÄCKERINNUNGSVERBAND HESSEN (1996): Betriebsassistent/Betriebsassistentin im Bäckerhandwerk. Informationen über die Ausbildung in einem wunderbaren Beruf, Königstein/Taunus.

BACKES-HAASE, A. (1998): Semantische Innovation und theoretische Kontinuität? Kritische Anmerkungen zur Diskussion um den innovativen Gehalt konstruktivistisch fundierter Lernkonzepte in der Theorie beruflicher Bildungsgänge. In: Euler, D. (Hrsg.): Berufliches Lernen im Wandel - Konsequenzen für die Lernorte?, Nürnberg, S. 63 ff.

BADER, R. (1990): Entwicklung beruflicher Handlungskompetenz in der Berufsschule. Dortmund: Landesinstitut für Schule und Weiterbildung Nordrhein-Westfalen.

BADER, R. (1994): Ausbildungsverbund. In: Die berufsbildende Schule (9), S. 280.

BADER, R. (1995): Didaktische Konzepte und Entwicklungen in der Berufsbildung - Konkretisierungen für gewerblich-technische Berufsfelder. In: Dehnbostel, P./Walter-Lezius, H.-J. (Hrsg.): Didaktik moderner Berufsbildung, Bielefeld, S. 151 ff.

BADER, R. (1996a): QM-Denken: ein Problem der Berufspädagogik. In: QMB; 1. Zwischenbericht zum BLK-Modellversuch „Qualitätsmanagement und berufliche Bildung", Kiel.

BADER, R. (1996b): Auf dem Weg in eine Wissens- und Dienstleistungsgesellschaft. In: Die berufsbildende Schule (48), S. 363 f.

BADER, R. (1998): Lernfelder - Erweiterter Handlungsraum für die didaktische Kompetenz der Lehrenden. In: Die berufsbildende Schule (3), S. 73 f.

BADER, R. u.a. (1996): Qualitätsmanagement und berufliche Bildung. In: Die berufsbildende Schule (6), S. 204 ff.

BADER, R./SCHÄFER, B. (1998): Lernfelder gestalten. In: Die berufsbildende Schule (7-8), S. 229 ff.

BAHR, D. (1986):   Fachrechnen in der Berufsschule. Referat vor dem Studienseminar
                               Nahrung am 16. Januar; unveröffentlichtes Manuskript, Lübeck.
BÄKO - Bundeszentrale Deutscher Der kleine Comic-Strip für die Branche. In. BÄKO-magazin -
Bäcker- und   Offizielles Organ der BÄKO-Wirtschaftsorganisation des Bäcker- und
Konditorengenossenschaften   Konditorenhandwerks (4), Bad Honnef, S. 98.
(Hrsg.) (1998):
BASTIAN, J. (1984):   Lehrer im Projektunterricht. Plädoyer für eine profilierte Lehrerrolle
                               in schülerorientierten Lernprozessen. In: Westermanns Pädagogische
                               Beiträge (6), S. 293 ff.
BAUER, H. (1996):   Handlungsorientiert unterrichten - aber wie? Neusäß.
BAUSCH, T. (1997):   Die Ausbilder im dualen System der Berufsbildung: eine
                               Strukturanalyse des betrieblichen Ausbildungspersonals, Bielefeld.
BBS TRAVEMÜNDE (1998):   Terminmitteilung (2. Halbjahr 1998), Lübeck.
BECK, H. (1995):   Schlüsselqualifikationen: Bildung im Wandel, Darmstadt.
BECK, H. (1996):   Handlungsorientierung des Unterrichts, Darmstadt.
BECK, K. (1996):   Die „Situation" als Bezugspunkt didaktischer Argumentationen - Ein
                               Beitrag zur Begriffspräzisierung. In: Seyd, W./Witt, R. (Hrsg.):
                               Situation, Handlung, Persönlichkeit: Kategorien
                               wirtschaftspädagogischen Denkens; Festschrift für Lothar Reetz,
                               Hamburg, S. 87 ff.
BECKER, G.E. (1994a):   Handlungsorientierte Didaktik I: Planung von Unterricht; Weinheim,
                               Basel.
BECKER, G.E. (1994b):   Handlungsorientierte Didaktik III: Auswertung und Beurteilung von
                               Unterricht; Weinheim, Basel.
BECKER, G.E. (1995):   Handlungsorientierte Didaktik II: Durchführung von Unterricht;
                               Weinheim, Basel.
BECKERS, H.J. (1998):   Der „Kleine Gesellenbrief" - Was steckt dahinter? In: Wirtschaft und
                               Berufserziehung (6), S. 19 f.
BEHR, K. (1978):   Das Ende der Fachdidaktik Deutsch. In: Red. „betrifft:erziehung"
                               (Hrsg.): Projektorientierter Unterricht; Weinheim, Basel., S. 65 ff.
BEHRENS, R. (1999):   Neue Wege der Ausbildung. Berufsakademie Baden-Würtemberg
                               verbindet Praxis mit Studium.
                               In: Deutsche Bäcker Zeitung (29), S. 20 f.
BEILER, J./LUMPE, A./   Schlüsselqualifikation, Selbstorganisation, Lernorganisation,
REETZ, L. (1994):   Hamburg.
BEINKE, L. (1999a):   Berufsorientierung, eine Aufgabe auch für Gymnasien. In: Wirtschaft
                               und Berufserziehung (1), S. 19 ff.
BEINKE, L. (1999b):   Nutzen die Betriebe die Möglichkeiten bei der Berufswahl richtig? In:
                               Der Ausbilder (1), S. 4 ff.
BENNER, H. (1994):   Ausbildungsberuf (Ausbildungsordnungen - Charakterisierung der
                               Ausbildungsberufe). In: Lenzen, D.: Pädagogische Grundbegriffe, Bd.
                               I, Reinbek bei Hamburg, S. 101 ff.
BENZ, F. u.a. (1989):   Backwarenherstellung; Hannover.
BERG, H.-J. (1990):   Entwicklung einer Schulklasse zur Gruppe: Erfahrungen mit
                               Interaktionsübungen in einer Berufsfachschulklasse im Lernort
                               Berufsschule, Frankfurt a. M.
BERGER, K. (1995a):   Überbetriebliche Ausbildung. In: berufsbildung (bb Karteikarten) (32).
BERGER, K. (1995b):   Lehr- und Lernprozesse in überbetrieblichen Berufsbildungsstätten des
                               Handwerks. In: Pätzold, g./ Walden, G. (Hrsg.): Lernorte im dualen
                               System der Berufsbildung, Bielefeld, S. 275 ff.
BERGER, K. (1998):   Berufsbildungsgänge in der Einschätzung von Jugendlichen. In:
                               Euler, D. (Hrsg.): Berufliches Lernen im Wandel - Konsequenzen für
                               die Lernorte? , Nürnberg, S. 381 ff.
BERGER, K./WALDEN, G.   Kooperation zwischen Betrieb und Berufsschule - ein Ansatz zur
(1994):   Typisierung. In: Berufsbildung in Wissenschaft und Praxis (2), S. 3 ff.

BERGER, K./WALDEN, G. (1995): — Zur Praxis der Kooperation zwischen Schule und Betrieb - ein Ansatz zur Typisierung von Kooperationsaktivitäten und -verständnissen. In: Pätzold, G./Walden, G. (Hrsg.): Lernorte im dualen System der Berufsbildung, Bielefeld, S. 409 ff.

BERGMANN, B. (1994): — Zur Lernförderung im Arbeitsprozeß aus psychologischer Sicht. In: Bergmann, B./Richter, P. (Hrsg.): Die Handlungsregulationstheorie. Von der Praxis einer Theorie, Göttingen, S. 118 ff.

BERNARD, F./WENGEMUTH, F. (1995): — Professionalisierung der Lehrerbildung aus hochschuldidaktischer Sicht. In: Pätzold, G./Walden, G. (Hrsg.): Lernorte im dualen System der Berufsbildung, Bielefeld, S. 219 ff.

BERNDT, W./BIEL, W. (1997): — Individuelles Lernen in der Berufsschule: Modellversuch der Bund-Länder-Kommission. In: Schulverwaltung Niedersachsen (3), S. 70 ff.

BERUFSAKADEMIE STUTTGART (1998): — Studienführer (Fachrichtung Handwerk), Stuttgart.

BIBB (1997): — Empfehlung des Hauptausschusses des Bundesinstituts für Berufsbildung zur Kooperation der Lernorte, Beilage zur BWP (6).

BIBB (Hrsg.) (1990): — Mit Leittexten ausbilden, Berlin.

BIBB (Hrsg.) (1995): — Ausbilden im Verbund - Argumente/Modelle/Checklisten/Vertragsmuster, Bielefeld.

BIBB (Hrsg.) (1997): — Verbundausbildung - Adressen und Informationen, Bielefeld.

BIBB (Hrsg.) (1998a): — Moderne Ausbilderqualifizierung für eine moderne Berufsausbildung (Pressemitteilung), Berlin/Bonn.

BIBB (Hrsg.) (1998b): — Handlungsorientiert ausbilden. Neuer Rahmenstoffplan AdA, Bielefeld.

BIBB (Hrsg.) (1998c): — Handlungsorientierte Ausbildung der Ausbilder: neue Empfehlungen und Rechtsverordnungen, Bielefeld.

BILDUNGSKOMMISSION NRW (1995): — Zukunft der Bildung - Schule der Zukunft: Denkschrift der Kommission „Zukunft der Bildung - Schule der Zukunft" beim Ministerpräsidenten des Landes Nordrhein-Westfalen, Neuwied; Kriftel; Berlin.

BIRKENBIHL, V.F. (1994): — Die Kunst der Gesprächsführung: Tips und Hinweise für die Gesprächspraxis. In: Franken, F. (Hrsg.): Die Kunst der Gesprächsführung, Bonn, S. 3 ff.

BITTNER, H./SCHUMACHER, H. (1983): — Meisterhaft backen; Bochum.

BLANKERTZ, H. (1982): — Die Geschichte der Pädagogik: Von der Aufklärung bis zur Gegenwart, Wetzlar.

BLBS - Bundesverband der Lehrer an berufsbildenden Schulen (1995): — Fremdsprachen in der Berufsschule ausbauen. In: Die berufsbildende Schule (1), S. 29 f.

BLBS - Bundesverband der Lehrer an berufsbildenden Schulen (1997): — Differenzierung des Bildungsangebots. In: Die berufsbildende Schule (3), S. 98 f.

bmb+f - Bundesministerium für Bildung, Wissenschaft, Forschung und Technologie (1996): — Aufstiegsförderung. Gesetz und Beispiele, Bonn.

bmb+f (Hrsg.) - Bundesministerium für Bildung, Wissenschaft, Forschung und Technologie (1998): — Berufsbildungsbericht 1998, Bonn.

bmb+f/BMWi - Bundesministerium für Bildung, Wissenschaft, Forschung und Technologie/ Bundesministerium für Wirtschaft (Hrsg.) (1997): — Ausbilden im Verbund - Tips und Anregungen für kleine und mittlere Betriebe, Bielefeld.

BMBW - Bundesminister für Bildung und Wissenschaft (1973): — Grundsätze zur Neuordnung der beruflichen Bildung (Markierungspunkte), Bonn.

BMJ - Bundesministerium der Justiz (Hrsg.) (1998): Bundesanzeiger: Neuer Rahmenstoffplan für die Ausbildung der Ausbilder. Richtlinien in Form einer Musterprüfungsordnung für die Durchführung von Prüfungen zum Nachweis der berufs- und arbeitspädagogischen Qualifikation, Bonn.

BMW - Bundesminister für Wirtschaft (1983): Verordnung über die Berufsausbildung zum Bäcker/zur Bäckerin. In: Deutscher Handwerkskammertag/Zentralverband des Deutschen Bäckerhandwerks e.V. (Hrsg.): Bäcker, Düsseldorf.

BOGALSKI, I./BALDIN, K.-M. (1990): Die Vermittlung von Schlüsselqualifikationen in der Kooperation von Betrieb und Schule. In: Reetz, L./Reitmann, T. (Hrsg.): Schlüsselqualifikationen: Fachwissen in der Krise? Hamburg, S. 211 ff.

BÖHRK, G. (1995a): Unterrichtsorganisation. In: MFBWS.SCHL.-H. - Ministerin für Frauen, Bildung, Weiterbildung und Sport des Landes Schleswig-Holstein: Stärkung der Eigenverantwortung an Schulen in Schleswig-Holstein, Kiel.

BÖHRK, G. (1995b): Das duale Ausbildungssystem: Weiterentwicklung im Spannungsfeld zwischen Akzeptanz und Ablehnung. Rede der Ministerin für Frauen, Bildung, Weiterbildung und Sport des Landes Schleswig-Holstein vor dem Berufsbildungsausschuß der IHK zu Lübeck am 28. August 1995. Redekonzept, Kiel.

BÖNSCH, M. (1994): Differenzierungsform. In: Lenzen, D. (Hrsg.): Pädagogische Grundbegriffe (Bd. 1), Reinbek bei Hamburg, S. 320 ff.

BONZ, B. (1995): Selbstverständnis und Arbeitssituation von Berufsschullehrern. In: Pätzold, G./Walden, G. (Hrsg.): Lernorte im dualen System der Berufsbildung, Bielefeld, S. 193 ff.

BONZ, B. (1996): Methoden in der schulischen Berufsbildung. In: Bonz, B. (Hrsg.): Didaktik der Berufsbildung, Stuttgart, S. 47 ff.

BRAND, A. u.a. (1998): Vom Taylorismus zum Qualitätsmanagement. In: Die berufsbildende Schule (6), S. 196 ff.

BRATER, M. (1991): Didaktikkonzept zur auftragsorientierten Ausbildung im Handwerk bzw. in Klein- und Mittelbetrieben. In: Stratenwerth, W. (Hrsg.): Auftragsorientiertes Lernen im Handwerk, Bd. II, Bad Laasphe i. Westf., S. 261 ff.

BRATER, M./BÜCHELE, U. (1991): Persönlichkeitsorientierte Ausbildung am Arbeitsplatz, München.

BRAUNER, P. u.a. (1997): Methodensammlung. Anregungen und Beispiele für die Moderation; Landesinstitut für Schule und Weiterbildung, Soest.

BRINKMANN, K. (o. Jg.): Gerhart Hauptmann „Der Biberpelz" (Königs Erläuterungen, Bd. 188), Hollfeld/Obfr.

BROCK, B. (1998): „Ein moderner Diogenes". In: Spiegel (20), S. 96.

BROY, A./MEYER, H.(1995): „Schulische und betriebliche Ausbildung in der Kritik - Perspektiven zur Sicherung einer Qualifizierung handlungsfähiger Fachkräfte" (Podiumsdiskussion). In: Meyer, H. (Hrsg.): Fachtagung Ernährung, Neusäß, S. 135 ff.

BRÜGGEMANN, W. (1991): Motivationale Bedingungen und Faktoren des auftragsorientierten Lernens am Arbeitsplatz im Handwerk. In: Stratenwerth, W. (Hrsg.): Auftragsorientiertes Lernen im Handwerk, Bd. I, Bad Laasphe i. Westf., S. 289 ff.

BRÜGGEMANN, W. (1998): Tendenzen beruflicher Weiterbildung im Handwerk. In: berufsbildung (53), S. 22 f.

BRÜMMER, J.-M. (1999): Convenience gefährdet Fachwissen. In: Back Journal [Trend Book], S. 44.

BRUNER, J.S. (1973): Der Akt der Entdeckung. In: Neber, H. (Hrsg.): Entdeckendes Lernen, Weinheim; Basel, S. 15 ff.

BÜCHELE, U. (1995):   Die didaktischen Prinzipien des Wacker-Modellversuchs - Fazit und Ausblick nach drei Jahren. In: Dehnbostel, P./Walter-Lezius, H.-J. (Hrsg.): Didaktik moderner Berufsbildung: Standorte, Entwicklungen, Perspektiven, Bielefeld., S. 48 ff.

BUER, J.v. (1992):   Schlüsselqualifikation „Kommunikationsfähigkeit" - Probleme und Perspektiven. In: Gelbe Reihe des Instituts für Pädagogik der Universität Kiel (3), S. 14 ff.

BULLINGER, H.-J. (1997):   Dienstleistungen für das 21. Jahrhundert. In: Allgemeine Bäcker Zeitung (22), S. 6 f.

BUNDESFACHSCHULE DES DEUTSCHEN BÄCKERHANDWERKS E.V. (1999):   Jahresprogramm 1999, Weinheim.

BURCHARD, A. (1991):   Möglichkeiten der Verbesserung der Vier-Stufen-Methode. In: Stratenwerth, W. (Hrsg.): Auftragsorientiertes Lernen im Handwerk, Bd. I, Bad Laasphe i. Westf., S. 349 ff.

CALCHERA, F./WEBER, J.C. (1990):   Entwicklung und Förderung von Basiskompetenzen/Schlüsselqualifikationen, Berlin.

CAROLUS, S. (1997):   ABH-Maßnahmen im Bäckerhandwerk. Schreiben an das Arbeitsamt Elmshorn (AZ 4.9 CA/Stu), Elmshorn.

COMENIUS, J.A. (1993):   Große Didaktik. Übers. und hrsg. von Flitner, A., Stuttgart.

CRANACH, M. von (1994):   Die Unterscheidung von Handlungstypen - Ein Vorschlag zur Weiterentwicklung der Handlungspsychologie. In: Bergmann,B./Richter,P. (Hrsg.): Die Handlungsregulationstheorie. Von der Praxis einer Theorie, Göttingen, S. 69 ff.

CZYCHOLL, R. (1996):   Handlungsorientierung in der beruflichen Bildung. In: Bonz, B. (Hrsg.): Didaktik der Berufsbildung, Stuttgart, S. 113 ff.

CZYCHOLL, R./EBNER, H. (1988):   Handlung und System in Modellen der Wirtschaftspädagogik und Wirtschaftsdidaktik. In: Twardy, M. (Hrsg.): Handlung und System, Düsseldorf, S. 99 ff.

CZYCHOLL, R./EBNER, H. (Hrsg.) (1989):   Zur Kritik handlungsorientierter Ansätze in der Didaktik der Wirtschaftslehre, Oldenburg..

CZYCHOLL, R./EBNER, H.G. (1995):   Handlungsorientierung in der Berufsbildung. In: Arnold, R/Lipsmeier, A. (Hrsg.): Handbuch der Berufsbildung, Opladen, S. 39 ff.

DANNER, H. (1989):   Methoden geisteswissenschaftlicher Pädagogik, München.

DE FRIES, S. (1991a):   Struktur- und Entwicklungsanalyse des Handwerks. In: Stratenwerth, W. (Hrsg.): Auftragsorientiertes Lernen im Handwerk, Bd. II, Bad Laasphe i. Westf., S. 1 ff.

DE FRIES, S. (1991b):   Strategische Ansatzpunkte zur Intensivierung und Weiterentwicklung des auftragsorientierten Lernens im Handwerk. In: Stratenwerth, W. (Hrsg.): Auftragsorientiertes Lernen im Handwerk, Bd. I, Bad Laasphe i. Westf.,S. 65 ff.

DE FRIES, S./STEXKES, A. (1991):   Modelle der Auftragsabwicklung im Handwerksbetrieb. In: Stratenwerth, W. (Hrsg.): Auftragsorientiertes Lernen im Handwerk, Bd. I, Bad Laasphe i. Westf., S. 141 ff.

DEHNBOSTEL, P. (1995):   Lernen im Betrieb und in dezentralen betrieblichen Lernorten. In: Pätzold, G./Walden, G. (Hrsg.): Lernorte im dualen System der Berufsbildung, Bielefeld, S. 257 ff.

DEHNBOSTEL, P. (1996):   Lernorte und Lernortkooperationen im Wandel - Entwicklungstendenzen am Beispiel der Modellversuchsreihe „Dezentrales Lernen". In: BIBB (Hrsg.): Lernortkooperation und Abgrenzung der Funktionen von Betrieb und Berufsschule, Bielefeld, S. 155 ff.

DERRIKS, F./METZGER, A. (1995):   Kooperations- und Teamfähigkeit. In: berufsbildung (34), S. 31 ff.

342

DERRIKS, F./RÜTZEL, J. (1992):   Arbeiten - Ausbilden - Lernen. Ausbilder in Lern- und Arbeitsinseln.
                                   In: berufsbildung (16), S. 15 ff.

DEUTSCHER BUNDESTAG   Unterrichtung durch die Bundesregierung: Reformprojekt Berufliche
(1997a):   Bildung - Flexible Strukturen und moderne Berufe (Drucksache
                                  13/7625), Bonn.

DEUTSCHER BUNDESTAG   Antwort der Bundesregierung auf die Große Anfrage der
(1997b):   Abgeordneten Franz Thönnes, Peter Enders, Dieter Grasedieck,
                                  weiterer Abgeordneter und der Fraktion der SPD (Drucksache
                                  13/8527). Lebensbegleitendes Lernen: Situation und Perspektiven der
                                  beruflichen Weiterbildung, Bonn.

DHK - Deutscher   Bäckermeisterverordnung-BäckMstrV-, Bonn.
Handwerkskammertag (1998a):

DHK - Deutscher   Überarbeitung von Teil III der Meisterprüfung, Bonn.
Handwerkskammertag (1998b):

DIEDRICH-FUHS (1996):   Wie können die Rahmenbedingungen für die Lernortkooperation
                                  verbessert werden? In: BIBB (Hrsg.): Lernortkooperation und
                                  Abgrenzung der Funktionen von Betrieb und Berufsschule, Bielefeld,
                                  S. 95 ff.

DIESTERWEG, A. (1958):   Wegweiser zur Bildung für deutsche Lehrer. Nachdruck der 4.
                                  Auflage 1851, Paderborn.

DIETRICH, E. (1995):   Produktsicherheit ist garantiert. In: Konditorei und Café (23), S. 17 ff.

DIETRICH, G. (1984):   Pädagogische Psychologie, Bad Heilbrunn/Obb.

DIHT (Hrsg.) (1998):   Anforderungen an ein leistungsstarken Partner Berufsschule, Bonn.

DLG - Deutsche Landwirtschafts-   Prüfbestimmungen für Brot, Feine Backwaren, Getreidenährmittel
Gesellschaft e.V. (1994):   und Süßwaren, Frankfurt a.M.

DOBBERTIN, A. (1993a):   Neuer Lehrplan: Bald 12-Stunden-Woche in der Berufsschule. In:
                                  Bäcker Zeitung (39), S. 25 f.

DOBBERTIN, A. (1993b):   Erfunden von der Berufsschule Pinneberg: Der Siegeszug des Jody-
                                  Brots. In: Bäcker Zeitung (43), S. 24 f.

DOBBERTIN, A. (1997):   Deutliche Fragen zur Glasschürze. In: Bäcker Zeitung (16), S. 20

DOBBERTIN, A. (1998):   Neues Ausbildungsmodell. In: Back Journal (1), S. 30 ff.

DOERR, K. (1999):   Qualitätsmanagement für Bildungsorganisationen. In: Wirtschaft und
                                  Berufserziehung (1), S. 26.

DOOSE, O. (1964):   Neuzeitliche Herstellung von Roggenvollkorn- und Roggenschrotbrot;
                                  Stuttgart.

DOOSE, O. (1982):   Verfahrenstechnik Bäckerei; Alfeld (Leine).

DÖRIG, R. (1997):   Selbstgesteuertes Lernen. In: management & seminar. Jahrbuch
                                  Präsentationstechnik & Multimediales Lernen, München, S. 13 f.

DÖRNER, D. (1979):   Problemlösen als Informationsverarbeitung, Stuttgart.

DÖRNER, D. (1992):   Die Logik des Mißlingens. Strategisches Denken in komplexen
                                  Situationen, Reinbek bei Hamburg.

DÖRNER, D. (1994a):   Einleitung. In: Dörner, D. u.a. (Hrsg.): Lohhausen: vom Umgang mit
                                  Unbestimmtheit und Komplexität, Bern u.a., S. 16 ff.

DÖRNER, D. (1994b):   Handeln in Komplexität und Unbestimmtheit. In: Dörner, D. u.a.
                                  (Hrsg.): Lohhausen: vom Umgang mit Unbestimmtheit und
                                  Komplexität, Bern u.a., S. 19 ff.

DÖRPFELD, F.W. (1905):   Der didaktische Materialismus, Gütersloh.

DRÄGER (1988):   Schlüsselqualifikationen in der kaufmännischen und technischen
                                  Berufsausbildung der Drägerwerk AG, Lübeck.

DREES, G. u.a. (1995):   Ausbildungsbereiche mit geringer Struktur: Bedingungen der
                                  Lernortkooperation. In: berufsbildung (32), S. 8 ff.

DUBS, R. (1993a):   Pädagogische Modeerscheinungen in der Berufsbildung - Versuch
                                  einer Stellungnahme zu schulpraktischen Fragen. In: Sommer, K.-H./
                                  Twardy, M (Hrsg.): Berufliches Handeln, gesellschaftlicher Wandel,
                                  pädagogische Prinzipien. Festschrift für Martin Schmiel zur
                                  Vollendung des 80. Lebensjahres, Esslingen, S. 228 ff.

DUBS, R. (1993b):	Ganzheitliche Lern- und Bildungsprozesse. In: arbeiten + lernen/Wirtschaft (10), S. 6 ff.
DUBS, R. (1995):	Entwicklung von Schlüsselqualifikationen in der Berufsschule. In: Arnold, R./Lipsmeier, A. (Hrsg.): Handbuch der Berufsbildung, Opladen, S. 171 ff.
DUBS, R. (1996):	Curriculare Vorgaben und Lehr-Lernprozesse in beruflichen Schulen. In: Bonz, B. (Hrsg.): Didaktik der Berufsbildung, Stuttgart, S. 27 ff.
DULISCH, F. (1994):	Lernen als Form menschlichen Handelns: eine handlungstheoretisch orientierte Analyse von Lernprozessen unter besonderer Berücksichtigung des Selbststeuerungsaspektes, Bergisch Gladbach.
DÜNNEWALD, H.-B. u.a. (1996):	Betriebliche Lehrgänge für die Berufsausbildung zur Bäckerin/zum Bäcker, BIV Niedersachsen/Bremen.
DÜNNEWALD, H.-B./ FREUND, W. (1987):	Handwerk ohne Hände? Veränderungen der handwerklichen Backwarenherstellung durch neue Technologien; Hildesheim, Zürich, New York.
DÜNNEWALD, H.-B./ FREUND, W. (1990):	Die Zukunft des Bäckers: Neue Technologien im Unterricht; Hildesheim, Zürich, New York.
EBNER, H.G. (1992):	Facetten und Elemente didaktischer Handlungsorientierung. In: Pätzold, G. (Hrsg.): Handlungsorientierung in der beruflichen Bildung, Frankfurt a. M., S. 33 ff.
ECKERT, M. (1992):	Handlungsorientiertes Lernen in der beruflichen Bildung - Theoretische Bezüge und praktische Konsequenzen. In: Pätzold, G. (Hrsg.): Handlungsorientierung in der beruflichen Bildung, Frankfurt a.M., S. 55 ff.
ECKERT, M. (1999):	Handlungslernen. In: Pahl, J.-P./Uhe, E. (Hrsg.): Betrifft: Berufsbildung: Begriffe von A - Z für Praxis und Theorie in Betrieb und Schule, Seelze, S. 90.
EHEIM, H.-D. u.a. (1997):	Gestaltungs- und Lernchancen in Kundenaufträgen: Untersuchungen aus dem Sanitär-, Heizungs- und Klimahandwerk, Bielefeld.
EIGLER, G. u.a. (1973):	Grundkurs Lehren und Lernen, Weinheim.
EIMERS, H. (1991):	Bäckerinnung setzt auf gute Ausbildung: „Berufsbild anspruchsvoller". In: Norddeutsche Rundschau v. 14. Dezember., S. 4.
EINHAUS, T. u.a. (1997):	Der Handwerksmeister: Berufs- und Arbeitspädagogik, Hamburg.
EINSIEDLER, W. u.a. (1978):	Selbstgesteuertes Lernen im Unterricht - Einleitung und Überblick. In: Neber, H. u.a. (Hrsg.): Selbstgesteuertes Lernen: psycholog. und pädag. Aspekte e. handlungsorientierten Lernens, Weinheim; Basel, S. 13 ff.
ENGGRUBER, RUTH (1992):	Arbeitsprojekte: Ein Beispiel für auftragsorientiertes Lernen im Handwerk. In: Albert, K. u.a. (Hrsg.): Auftragsorientiertes Lernen im Handwerk: Vorstellungen, Konzepte Praxisbeispiele, Berlin, S. 97 ff.
EULER, D. (1996):	Lernortkooperation als Mittel zur Förderung von Transferkompetenz - Ansichten, Absichten und Aussichten. In: BIBB (Hrsg.): Lernortkooperation und Abgrenzung der Funktionen von Betrieb und Berufsschule, Bielefeld, S. 183 ff.
FAßHAUER, U. (1999):	Nicht nur das Erreichte halten - Perspektiven für arbeitstechnische Fachlehrende. In: Die berufsbildende Schule (1), S. 14 ff.
FEHM, K/LERCH, B. (1974):	Positive Kritik der didaktischen Transformation. In: Wirtschaft und Erziehung, 26. Jg., S. 241 ff.
FINKE, G. u.a. (1981):	Zum Zusammenhang von didaktischer Reduktion und lernpsychologischer Komplexion. In: Zeitschrift für Berufs- und Wirtschaftspädagogik, 77. Jg., S. 323 ff.
FISCHER, A. (1998):	Strategien im Handwerk. In: Allgemeine Bäcker-Zeitung (25), S. 1 f..
FLITNER, W. (1968):	Der Kampf gegen die Stoffülle. In: Heiland, H. (Hrsg.): Didaktik, Bad Heilbrunn, S. 35 ff.

FLOTHOW, K. (1991a): Umweltbildung im Rahmen einer auftragsorientierten Ausbildung im Handwerk. In: Stratenwerth, W. (Hrsg.): Auftragsorientiertes Lernen im Handwerk, Bd. I, Bad Laasphe i. Westf., S. 263 ff.

FLOTHOW, K. (1991b): Selbstgesteuertes Lernen lehren in der handwerklichen Berufsausbildung. In: Stratenwerth, W. (Hrsg.): Auftragsorientiertes Lernen im Handwerk, Bd. II, Bad Laasphe i. Westf., S. 201 ff.

FLOTHOW, K. (1991c): Eine Richtungsbestimmung berufspädagogischen Handelns durch die Diskussion um „Berufliche Handlungskompetenz". In: Stratenwerth, W. (Hrsg.): Auftragsorientiertes Lernen im Handwerk, Bd. II, Bad Laasphe i. Westf., S. 161 ff.

FRÄDRICH, M. (1999): Zusatzqualifikation in dualer Form. Der berufliche Bildungsweg: Mit Zusatzqualifikationen auf Erfolgskurs. In: Wirtschaft und Berufserziehung (5), S. 12 ff.

FRANKE, G. u.a. (1987): Der Lernort Arbeitsplatz, Schriften zur Berufsbildungsforschung (65).

FREI, F. u.a. (1984): Arbeit und Kompetenzentwicklung, Bern u.a.

FREUND, W. (1995): Bäckerei-Konditorei-Management: Verfahrenstechnik Brot & Kleingebäck, Alfeld (Leine).

FREUND, W. (1998): Die Schwachen zu Dummen machen oder die Leistungsfähigkeit fördern? In: Deutsche Bäcker Zeitung (34), S. 20 ff.

FREUND, W. u.a. (1997): Neustrukturierung der Ausbildung für den Beruf Bäcker/Bäckerin und Erweiterung der Ausbildungsinhalte um Zusatzqualifikationen. Erster Sachbericht, Hannover.

FREUND, W./REVERMANN, M. (1993): Vorstudie zur inhaltlichen Neustrukturierung der Ausbildungsinhalte für den Beruf Bäcker im Rahmen der geltenden Ausbildungsverordnung und Erweiterung der Ausbildungsinhalte um Zusatzqualifikationen, Hannover.

FREY, K. (1990): Die Projektmethode, Weinheim; Basel.

FRIEBERTSHÄUSER, B. (1997a): Feldforschung und teilnehmende Beobachtung. In: Friebertshäuser, B./Prengel, A. (Hrsg.): Handbuch Qualitative Forschungsmethoden in der Erziehungswissenschaft, Weinheim; München, S. 503 ff.

FRIEBERTSHÄUSER, B. (1997b): Interviewtechniken - ein Überblick. In: Friebertshäuser, B./Prengel, A. (Hrsg.): Handbuch Qualitative Forschungsmethoden in der Erziehungswissenschaft, Weinheim; München, S. 371 ff.

FRIEDRICHS, J. (1990): Methoden empirischer Sozialforschung, Opladen.

FRÖBE, E. (1996): Zwei Berufsschultage sind nicht tragbar. In: Norddeutsche Rundschau (28. Dezember), Itzehoe, S. 22.

FUCHS, M. (1986): Zur Logik didaktischer Prinzipien. In: Unterrichtswissenschaft (4), S. 416 ff.

FUCHS, W. (1994): Qualitätsmanagementsysteme nach DIN EN ISO 9000-9004. In: Die berufsbildende Schule (12), S. 395 ff.

FULDA, W. u.a. (1994): Berufsausbildung in Mittelbetrieben: eine Untersuchung betrieblicher Lehr- und Lernprozesse, Alsbach/Bergstr.

GABLER-WIRTSCHAFTS-LEXIKON (1997a): Kundenauftrag. In: Bd. 5 (I-K), Wiesbaden.

GABLER-WIRTSCHAFTS-LEXIKON (1997b): Bedarf. In: Bd. 2 (B-C), Wiesbaden.

GALPERIN, P. (1974): Die geistige Handlung als Grundlage für die Bildung von Gedanken und Vorstellungen. In: Galperin, P./Leontjew, A.N.: Probleme der Lerntheorie, Berlin, S. 33 ff.

GAUDIG, H. (1969): Die Schule der Selbsttätigkeit, Bad Heilbrunn/Obb.

GAUDIG, H. (1979): Die Schule im Dienste der werdenden Persönlichkeit. In: Reble, A. (Hrsg.): Die Arbeitsschule: Texte zur Arbeitsschulbewegung, Bad Heilbrunn/Obb., S. 72 ff.

GEIßLER, H. (1994): Wie Betriebe und Schulen (nicht) lernen. In: Beiler, J. u.a. (Hrsg.): Schlüsselqualifikation, Selbstorganisation, Lernorganisation, Hamburg, S. 96 ff.

GERDS, P. (1992): Die neuen Anforderungen an die berufliche Bildung und die Teilung der Lehrerarbeit. In: Pätzold, G. (Hrsg.): Handlungsorientierung in der beruflichen Bildung, Frankfurt a.M., S. 297 ff.

GERLACH, J.-R. (1993): Bausteine der gewerblichen Berufsbildung in Deutschland: Ausgewählte Daten aus 800 Jahren Berufsbildung in Handwerk, Industrie und Schule, Bonn.

GFA - Gewerbeförderungsanstalt der HWK Hamburg (1998): Stundenplan für den Meisterkurs Bäcker/Konditoren, Hamburg.

GIRKE, U. (1998): Praktische Fachkunde. In: Berufsbildung (bb Karteikarten), (49).

GNIZA, E. (1994): Winfried Hacker - ein Dresdner Psychologe - Leben und Werk. In: Bergmann, B./Richter, P. (Hrsg.): Die Handlungsregulationstheorie. Von der Praxis einer Theorie, Göttingen, S. 1 ff.

GOLAS,H./STERN. M./VOSS, P. (1976): Zur Theorie der didaktischen Reduktion im Fach Wirtschaftslehre. In: Bildung und Erziehung, 24. Jg., S. 13 ff.

GÖNNER, K. u.a. (1990): Allgemeine Wirtschaftslehre und Spezielle Betriebswirtschaftslehre; Bad Homburg vor der Höhe.

GONON, P. (1998): Modularisierung als reflexive Modernisierung. In: Euler, D. (Hrsg): Berufliches Lernen im Wandel - Konsequenzen für die Lernorte?, Nürnberg, S. 305 ff.

GREINERT, W.-D./MEYSER, J. (1996): Lernchancen in Produktionsschulen. In: Bonz, B. (Hrsg.): Didaktik der Berufsbildung, Stuttgart, S.132 ff.

GROTHE, P. (1994): Gleichwertigkeit beruflicher und allgemeiner Bildung ist überfällig - Abiturmonopol nicht mehr zeitgemäß. In: Die berufsbildende Schule (2), S. 69 f.

GRÜNDLING, H./SCHELTEN, A. (1988): Analyse eines fachpraktischen Unterrichts unter berufsmotorischem Aspekt. In: Die berufsbildende Schule (2), S. 75 ff.

GRUNDMANN, H. (1993): Mit abgeschlossener Berufsausbildung zur Universität. In: Die berufsbildende Schule (5), S. 179 ff.

GRÜNER, G. (1967): Die didaktische Reduktion als Kernstück der Didaktik. In: Die Deutsche Schule, 59. Jg., S. 414 ff.

GRÜNER, G. (1978): Bausteine zur Berufsschuldidaktik, Trier.

GRÜNER, G. (1982): Technik der Unterweisung, Bielefeld.

GUDJONS, H. (1992): Spielbuch Interaktionserziehung: 185 Spiele und Übungen zum Gruppentraining in Schule, Jugendarbeit und Erwachsenenbildung, Bad Heilbrunn/Obb.

GUDJONS, H. (1994): Handlungsorientiert lehren und lernen, Bad Heilbrunn/Obb.

GUDJONS, H. (1995): Pädagogisches Grundwissen: Überblick - Kompendium - Studienbuch, Bad Heilbrunn.

HABBEN-GOEBELS, I/ PFAHL, U. (1983): Haupt- und Berufsschule - eine Annäherung (Referat i. WS 82/83 an der Universität Hamburg: „Berufspädagogische Hospitationen: Einführung in Bereiche vorberuflicher und beruflicher Bildung"), Hamburg.

HACKENBROCH-KRAFFT, I./ PAREY, E. (1996): Training im Umgang mit Texten: Fachtexte erschließen, verstehen, auswerten; Stuttgart, Dresden.

HACKER, W. (1978): Allgemeine Arbeits- und Ingenieurpsychologie, Bern u.a.

HACKER, W. (1998): Allgemeine Arbeitspsychologie, Bern u.a.

HACKER, W./PFAHL, U. (1999): Schriftwechsel zum Thema „Lernen festgelegter Operationen / Arbeitsabläufe im Rahmen der Handlungsregulationstheorie", Dresden/Elmshorn.

HACKER, W./SKELL, W. (1993): Lernen in der Arbeit, Berlin.

HAGMÜLLER, P. (1985): Methoden und Techniken des Lernens, Düsseldorf.

HAHN, V. u.a. (1995): Lehrlinge lernen planen: Leittexte, Lernaufträge, Checklisten für das Handwerk, Bielefeld.

HAHNE, K. (1997): Auftragsorientiertes Lernen im Handwerk und Ansätze zu seiner Verbesserung. In: BWP (5), S. 3 ff.

346

HALFPAP, K. (1992):   Berufliche Handlungsfähigkeit - Ganzheitliches Lernen - Anforderungen an das Lehr- und Ausbildungspersonal. In: Pätzold, G. (Hrsg.): Handlungsorientierung in der beruflichen Bildung, Frankfurt a.M., S. 139 ff.

HALFPAP, K. (1994):   Ergebnisse aus der Sicht der wissenschaftlichen Begleitung (BLK-Modellversuch „Werkstattlabor"; Anm. v. Verf.). In: Beiler, J./Lumpe, A./Reetz, L. (Hrsg.): Schlüsselqualifikation, Selbstorganisation, Lernorganisation, Hamburg, S. 188 ff.

HALFPAP, K. (1996a):   Lernen lassen: Ein Wegweiser für pädagogisches Handeln, Darmstadt.

HALFPAP, K. u.a. (1996):   Vollsimulation im Lernbüro. In: Winklers Flügelstift (1), S. 24 ff.

HANSEN, M./PFAHL, U. (1983):   Muß der Lehrer in einem von ihm unterrichteten Beruf Fachmann sein? (Referat im SS 1983 an der Universität Hamburg: Didaktik III: „Der Lerner im Mittelpunkt der Tätigkeit des Lehrers"), Hamburg.

HAUPERT, B. (1991):   Vom narrativen Interview zur biographischen Typenbildung. In: Garz, D./Kraimer, K. (Hrsg.): Qualitativ-empirische Sozialforschung: Konzepte, Methoden, Analysen; Opladen, S. 213 ff.

HAUPTMEIER, G. (1968):   Die didaktische Reduktion als methodische Möglichkeit im Wirtschaftsunterricht. In: Die Deutsche Berufs- und Fachschule, 64. Jg., S. 925 ff.

HAUPTMEIER, G. (1980):   Verfahrensweisen der didaktischen Reduktion. Möglichkeiten einer unterrichtspratischen Umsetzung. In: Zeitschrift für Berufs- und Wirtschaftspädagogik, 76. Jg., S. 820 ff.

HAUPTMEIER, G./KELL, A./ LIPSMEIER, A. (1975):   Zur Auswahlproblematik von Lerninhalten und zur didaktischen Reduktion wissenschaftlicher Aussagen. In: Die Deutsche Berufs- und Fachschule, 71. Jg., s. 899 ff.

HECKHAUSEN, H. (1989):   Motivation und Handeln, Berlin, ...

HECKHAUSEN,H./RHEINBERG, F. (1980):   Lernmotivation im Unterricht, erneut betrachtet. In: Unterrichtswissenschaft (1), S. 7 ff.

HEERMEYER, H. u.a. (1998):   Gestaltungsorientierte Lern- und Arbeitsvorhaben - Leitkonzept für eine lernortintegrierende Ausbildung im Verbund von Klein- und Mittelbetrieben und Berufsschule. In: Jenewein, K. (Hrsg.): Theorie und Praxis der Lernortkooperation in der gewerblich-technischen Berufsausbildung, Neusäß, S. 61 ff.

HEIDEGGER, G. (1997a):   Bildungstheoretische Fundierung: Gestaltung als eine Leitidee für eine allgemeine berufliche Bildung. In: Heidegger, G./Adolph, G./ Laske, G.: Gestaltungsorientierte Innovation in der Berufsschule, Bremen, S. 19 ff.

HEIDEGGER, G. (1997b):   Einleitung. In: Heidegger, G./Adolph, G./Laske, G.: Gestaltungsorientierte Innovation in der Berufsschule. Bremen, S. 9 ff.

HEIDEGGER, G./RAUNER, F. (1997):   Was heißt Gestaltungsorientierung in der Berufsschule? In: Heidegger, G./Adolph, G./Laske, G.: Gestaltungsorientierte Innovation in der Berufsschule, Bremen, S. 83 ff.

HEIMERER, L./SCHELTEN, A. (1996):   Empfehlungen zur Einführung eines fächerübergreifenden und handlungsorientierten Unterrichts in der Berufsschule. In: Die berufsbildende Schule (10), S. 314 ff.

HEISE, C./JENEWEIN, K. (1998):   Arbeiten und Lernen mit Hilfe von Auftragstypen - Lernortintegrierende Ausbildungs- und Unterrichtsansätze in der Ausbildung handwerklicher und industrieller Elektroberufe. In: Jenewein, K. (Hrsg.): Theorie und Praxis der Lernortkooperation in der gewerblich-technischen Berufsausbildung, Neusäß, S. 81 ff.

HELLMIG, M. (1997a):   Bio-Backwaren vom Kollegen. In: Bäcker Zeitung (29), S. 9.

HELLMIG, M. (1997b):   Bäcker aus Hessen halfen in Argentinien. In: Bäcker Zeitung (1), S. 8.

HENNEKE, N. (1994):   Der organisatorische Aufbau des Bäckerhandwerks. Unterrichtsentwurf, Elmshorn.

HENSEN, C. (1998): Kommunikation im Internet am Beispiel einer Homepage über die Berufliche Schule Elmshorn. Schulinterne Arbeitsunterlage, Elmshorn.

HENSEN, C./PFAHL, U. (1994): Stoffverteilungsplan - Fachkunde/Fachrechnen - Bäcker/Bäckerin; Elmshorn.

HENSGE, K. (1998): Eckpunkte des neuen Ausbilder-Eignungskonzepts. In: Hensge, K. (Hrsg.): Handlungsorientierte Ausbildung der Ausbilder. Erläuterungen zum neuen Konzept, Bielefeld.

HENSGE, K./KAMPE, N. (1991): Lernbeeinträchtigte in den neugeordneten Metallberufen: Vermittlung von Schlüsselqualifikationen in Grund- und Fachbildung, Berlin.

HERGERT, K.-H. (1998): DIHT-Aussagen konterkarieren die Leistungen der Berufsschule. In: Die berufsbildende Schule (5), S. 142 ff.

HERGERT, K.-H. (1999): Lebensbegleitendes Lernen mit Struktur - Berufliche Weiterbildung. In: Die berufsbildende Schule (3), S. 99 ff.

HERING, D. (1959): Zur Faßlichkeit naturwissenschaftlicher und technischer Aussagen, Berlin.

HERING, D./LICHTENECKER, F. (1966): Lösungsvarianten zum Lehrstoff-Zeit-Problem und ihre Ordnung. In: Wissenschaftliche Zeitschrift der TU Dresden, 15. Jg. (5), S. 1189 ff.

HERRMANN, G./ELSING, W. (1998): Lernfelder und Fachsystematik - Eine unendliche Geschichte. In: Wirtschaft und Erziehung (10), S. 355 f.

hm-SPEZIAL - handwerk magazin (1998): Weiterbildung 1998: Lehre und Studium im Doppelpack, Bad Wörishofen.

HOCH, A. (1993): Meister an die UNI?! In: Die berufsbildende Schule (3), S. 106.

HOFFMANN, B./ LANGEFELD, U. (1996): Methoden-Mix, Darmstadt.

HOLLING, E./BAMMÉ, A. (1982): Die Alltagswirklichkeit des Berufsschullehrers, Frankfurt a. Main, New York.

HÖLTERHOFF, D. (1997): Betriebsassistent/-in im Handwerk - ein neuer Weg in Brandenburg. In: berufsbildung (44), S. 39 ff.

HOLTHAUS, K. (1998): Sortimentserweiterung durch Convenience. In: Deutsche Bäcker Zeitung (42), S. 8 ff.

HOLZ, H./SCHEMME, D. (Hrsg.), (1998): Medien selbst erstellen für das Lernen am Arbeitsplatz, Bielefeld.

HONER, A. (1991): Die Perspektive des Heimwerkers. Notizen zur Praxis lebensweltlicher Ethnographie. In: Garz, D./Kraimer, K. (Hrsg.): Qualitativ-empirische Sozialforschung, Opladen, S. 319 ff.

HOTT, F. (1999a): Berufsbildungszentren. Zusammenfassung beruflicher Schulen zu Bildungszentren (Teil 1). In: Die berufsbildende Schule (5), S. 183 ff.

HOTT, F. (1999b): Berufsbildungszentren. Zusammenfassung beruflicher Schulen zu Bildungszentren (Teil 2). In: Die berufsbildende Schule (6), S. 230 ff.

HPI - Heinz-Piest-Institut für Handwerkstechnik an der Universität Hannover (1996a): Unterweisungsplan für einen Lehrgang der überbetrieblichen beruflichen Bildung im Bäckerhandwerk (501) - Zusatzqualifikation Betriebsassistent (in), Kennziffer: BAEASS1/96; Hannover.

HPI - Heinz-Piest-Institut für Handwerkstechnik an der Universität Hannover (1996b): Unterweisungsplan für einen Lehrgang der überbetrieblichen beruflichen Bildung im Bäckerhandwerk (501) - Zusatzqualifikation Betriebsassistent (in), Kennziffer: BAEASS2/96, Hannover.

HPI - Heinz-Piest-Institut für Handwerkstechnik an der Universität Hannover (1995a): Unterweisungsplan für einen Lehrgang der überbetrieblichen beruflichen Grundbildung im Bäckerhandwerk (501) - Kennziffer: G/BAE/95 -, Hannover.

HPI - Heinz-Piest-Institut für Handwerkstechnik an der Universität Hannover (1995b): Unterweisungsplan für einen Lehrgang der überbetrieblichen beruflichen Bildung im Bäckerhandwerk (501) - Kennziffer: BAE1/95 -, Hannover.

HPI - Heinz-Piest-Institut für Handwerkstechnik an der Universität Hannover (1995c): Unterweisungsplan für einen Lehrgang der überbetrieblichen beruflichen Bildung im Bäckerhandwerk (501) - Kennziffer: BAE2/95 -, Hannover.

HUWENDIEK, V. (1994):	Didaktisches Denken und Handeln. In: Bovet, G./Huwendiek, V. (Hrsg.): Leitfaden Schulpraxis, Berlin, S. 91 ff.
HWK HAMBURG (1991):	Stoffverteilungsplan zum Teil III der Meistervorbereitung, Hamburg.
HWK HAMBURG (1996):	Planung, Organisation und Durchführung von Meisterprüfungen, Hamburg.
HWK LÜBECK (1996):	Sondervereinbarungen mit Berufsschulen. Rundschreiben an Obermeister und Lehrlingswarte der Innungen des Handwerkskammerbezirks Lübeck, Lübeck.
HWK LÜBECK (1997):	Überbetriebliche Unterweisung: Lernortkooperation. In: Tätigkeitsbericht 1996, Lübeck.
HWK LÜBECK (1998):	Überbetriebliche Lehrlingsunterweisung: Struktur der überbetrieblichen Lehrlingsunterweisung im Kammerbezirk. In: Tätigkeitsbericht 1997, Lübeck.
IHLENFELD, H. (1976):	Thesen zur Praktischen Fachkunde. In: IPTS (Hrsg.): Praktische Fachkunde in der Berufsschule, Kiel., S. 18 ff.
IPTS - Landesinstitut Schleswig-Holstein für Praxis und Theorie der Schule (Hrsg.) (1992):	Förderung schüleraktiver Unterrichtsformen. Schulversuch FSU an berufsbildenden Schulen des Landes Schleswig-Holstein. Endbericht, Kiel.
IPTS - Landesinstitut Schleswig-Holstein für Praxis und Theorie der Schule (Hrsg.) (1999):	Ganzjahresverzeichnis für die Fortbildung der Lehrkräfte an berufsbildenden Schulen, Kronshagen.
IREKS (Hrsg.) (1992):	Ireks-ABC der Bäckerei; Kulmbach.
IW - Institut der deutschen Wirtschaft (1997):	Anforderungsprofile von Betrieben - Leistungsprofile von Schulabgängern (Untersuchung im Auftrag des Bundesministeriums für Bildung, Wissenschaft, Forschung und Technologie, Köln.
JAKOB, G. (1997):	Das narrative Interview in der Biographieforschung. In: Friebertshäuser, B./Prengel, A. (Hrsg.): Handbuch Qualitative Forschungsmethoden in der Erziehungswissenschaft, Weinheim; München, S. 445 ff.
JANK, W./MEYER, H. (1994):	Didaktische Modelle, Frankfurt a. M.
JANßEN, H.-L. u.a. (1995):	Bäckerei Produktion: Grund- und Fachstufe, Berlin.
JAQUES, K. (1976):	Grundsatzüberlegungen zur Praktischen Fachkunde. In: IPTS (Hrsg.): Praktische Fachkunde in der Berufsschule, Kiel., S. 4 ff.
JENEWEIN, K. (1993):	Betriebliche Berufspraxis - ein konstitutiver Bestandteil der Berufsschullehrerausbildung in technischen Fachrichtungen. In: Die berufsbildende Schule (6), S. 202 ff.
JENEWEIN, K. (1998a):	Auftragsorientierte Lern- und Arbeitsaufgaben - Instrument einer lernortintegrierenden Ausbildung und mögliche Grundlage einer didaktischen Weiterentwicklung der Lernfortfunktion in handwerklichen und industriellen Elektroberufen. In: Euler, D. (Hrsg.): Berufliches Lernen im Wandel - Konsequenzen für die Lernorte?, Nürnberg, S. 429 ff.
JENEWEIN, K. (1998b):	Überlegungen zur Weiterentwicklung der dualen Berufsausbildung unter dem Gesichtspunkt der Lernortkooperation. In: Jenewein, K. (Hrsg.): Theorie und Praxis der Lernortkooperation in der gewerblich-technischen Berufsausbildung, Neusäß, S. 283 ff.
JENEWEIN, K./ SCHULTE-GÖCKING, W. (1997):	Auftragsorientierte Lern- und Arbeitsaufgaben. In: Die berufsbildende Schule (7-8), S. 229 ff.
JONGEBLOED, H.-C. (1983):	Reduktion und Transformation. In: Twardy, M. (Hrsg.): Kompendium Fachdidaktik Wirtschaftswissenschaften (3 Bd.), Düsseldorf, S. 351 ff.
KAHLKE, J./KATH, F.M. (1984):	Didaktische Reduktion und methodische Transformation (Quellenband), Alsbach.
KAISER, A./KAISER, R. (1994):	Studienbuch Pädagogik: Grund- und Prüfungswissen, Frankfurt a. M.

KAISER, F.J. (1995):   Didaktische Parallelität als Problem der kaufmännischen Berufsausbildung - Erfahrungen aus dem Modellversuch Lernbüro. In: Pätzold, G./Walden, G. (Hrsg.): Lernorte im dualen System der Berufsbildung, Bielefeld, S. 379 ff.

KAISER, F.-J. (1998):   Fremdevaluation: Inwieweit sind die Erkenntnisse aus Modellversuchen inhaltlich und methodologisch für die Berufsbildungsforschung verwendbar? Dargestellt am Beispiel des Modellversuchs „Fächerübergreifender Unterricht in der Berufsschule". In: Euler, D. (Hrsg.): Berufliches Lernen im Wandel - Konsequenzen für die Lernorte?, Nürnberg, S. 537 ff.

KAISER, F.-J./KAMINSKI, H. (1994):   Methodik des Ökonomie-Unterrichts: Grundlagen eines handlungsorientierten Lernkonzeptes mit Beispielen, Bad Heilbrunn.

KARPEN, K. (1998):   Schulgesetznovelle zwischen Anhörung und Landtagsberatung. In: SchulVerwaltung (1).

KÄSELAU, M. (1997):   Module im Ausbildungsverbund - ein Lernkonzept zum Thema „Trennen und Umformen". In: berufsbildung (43), S. 27 ff.

KATH, F.M. (1983):   Einführung in die Didaktik, Alsbach/Bergstraße.

KATH, F.M. (1990):   Schlüsselqualifikationen - Vorwärts in die Vergangenheit? In: Reetz, L/ Reitmann, T. (Hrsg.): Schlüsselqualifikationen: Fachwissen in der Krise? Hamburg, S. 101 ff.

KATH, F.M./KAHLKE, J. (1985):   Das Umsetzen von Aussagen und Inhalten. Didaktische Reduktion und methodische Transformation - Eine Bestandsaufnahme -, Alsbach.

KAU, W. (1995):   Herausforderungen des dualen Systems in den 90er Jahren. In: Pätzold, G./Walden, G. (Hrsg.): Lernorte im dualen System der Berufsbildung, Bielefeld, S. 53 ff.

KAU, W. u.a. (1992):   Szenario 2000 des Qualifikationsbedarfs im Tischlerhandwerk, Berlin; Bonn.

KECK, A. (1995):   Zum Lernpotential kaufmännischer Arbeitssituationen - theoretische Überlegungen und empirische Ergebnisse zu Lernprozessen von angehenden Industriekaufleuten an kaufmännischen Arbeitsplätzen. Berichte aus dem Seminar für Wirtschaftspädagogik der Georg-August-Universität, Bd. 23, Göttingen.

KECKEISEN, W. (1994):   Erziehungswissenschaft, Kritische. In: Lenzen, D. (Hrsg.): Pädagogische Grundbegriffe, Bd. 1, Reinbek b. Hamburg; S. 482 ff.

KEGELMANN, K. (1995):   Qualitätsmanagement nach DIN/EN/ISO 9000 ff.: eine Herausforderung für die berufliche Bildung. In: Die berufsbildende Schule (2), S. 56 ff.

KEIM, H. (1964)   Die berufsschultypischen Verfahrensweisen im praktischen Unterricht des Nahrungsgewerbes, Weinheim/Bergstr.

KEIM, H. (1985):   Berufsbezogenheit und Lernzielorientierung im nahrungsgewerblichen Berufsschulunterricht. In: Die berufsbildende Schule (6), S. 356 ff.

KELL, A./LIPSMEIER, A. (1976):   Berufsbildung in der Bundesrepublik Deutschland. Analyse und Kritik, Schriften zur Berufsbildungsforschung (38).

KELLER, E./PFAHL, U. (1999):   Aus- und Weiterbildung in gemeinsamer Verantwortung von Berufsschule und Handwerkskammer. Protokoll eines Strategiegespräches vom 09. August 1999 in der Gewerbeförderungsanstalt der Handwerkskammer Hamburg.

KERSCHENSTEINER, G. (1931):   Theorie der Bildung, Leipzig/Berlin.

KERSCHENSTEINER, G. (1961):   Begriff der Arbeitsschule, Stuttgart.

KERSCHENSTEINER, G. (1966):   Die Schulwerkstatt als Grundlage der Organisation der Fortbildungsschule. In: Wehle, G. (Hrsg.): Georg Kerschensteiner. Berufsbildung und Berufsschule. Ausgewählte pädagogische Schriften (Bd. I), Paderborn, S. 116 ff.

KIPP, M. (1992):	Mit Kopf, Herz und Hand? - Kritische Anmerkungen zu „ganzheitlichen" Qualifizierungskonzepten. In: Pätzold, G. (Hrsg.): Handlungsorientierung in der beruflichen Bildung, Frankfurt a. Main, S. 123 ff.
KIRSCHNER, O (1971):	Zum Problem der didaktischen Reduktion ingenieur- und naturwissenschaftlicher Aussagen. In: Die Deutsche Berufs- und Fachschule, 67. Jg., S. 261 ff.
KLAFKI, W. (1971):	Hermeneutische Verfahren in der Erziehungswissenschaft. In: Klafki u.a.:Funk-Kolleg Erziehungswissenschaft, Bd. III; Frankfurt a. M., S. 150.
KLAFKI, W. (1975):	Studien zur Bildungstheorie und Didaktik, Weinheim.
KLAFKI, W. (1996):	Neue Studien zur Bildungstheorie und Didaktik, Weinheim.
KLAFKI,W./STÖCKER, H. (1996):	Innere Differenzierung des Unterrichts. In: Klafki, W.: Neue Studien zur Bildungstheorie und Didaktik, Weinheim, S. 173 ff.
KLAUSER, F. (1998):	Steigerung der Wirtschaftlichkeit der betrieblichen Berufsausbildung. In: Wirtschaft und Erziehung (4), S. 115 ff.
KLEIN, H. (1976):	Wesen und Bedeutung der didaktischen Prinzipien und die Notwendigkeit ihrer Weiterentwicklung. In: Drews, U. (Leitg.): Didaktische Prinzipien, Berlin, S. 15 ff.
KLEIN, U. (Hrsg.) (1990):	PETRA, projekt- und transferorientierte Ausbildung: Grundlagen, Beispiele, Planungs- und Arbeitsunterlagen; München.
KLEINEMEIER, H. (1992):	Frühstücksgebäcke; Bochum.
KLEINEMEIER, H. (1995):	Eingebaute Sicherheit. Unterschiedliche Einschätzungen im Bereich Convenience-Produkte und Fertigmehle. In: Deutsche Bäcker Zeitung (37), S. 4 ff.
KLEINEMEIER, H. (1996):	Probleme der Ausbildung im Bäckerhandwerk. In: Deutsche Bäcker Zeitung (4), S. 11.
KLINGBERG, L. (1982):	Einführung in die allgemeine Didaktik, Berlin.
KLIPPERT, H. (1996):	Kommunikations-Training, Weinheim und Basel.
KLIPPERT, H. (1997):	Methoden-Training, Weinheim und Basel.
KLOFT, M/MAICHLE, U. (1996):	Erfassung beruflicher Handlungskompetenz in den Abschlußprüfungen der Industrie- und Handelskammern. In: Die berufsbildende Schule (5), S. 166 ff.
KMK (1995):	Position der Kultusministerkonferenz zu Umfang und Organisation des Berufsschulunterrichts, Mainz.
KMK (1996a):	Handreichungen für die Erarbeitung von Rahmenlehrplänen der Kultusministerkonferenz für den berufsbezogenen Unterricht in der Berufsschule und ihre Abstimmung mit Ausbildungsordnungen des Bundes für anerkannte Ausbildungsberufe, Bonn.
KMK (1996b):	Ergänzung zu den Handreichungen für die Erarbeitung von Rahmenlehrplänen der Kultusministerkonferenz für den berusbezogenen Unterricht in der Berufsschule und ihre Abstimmung mit Ausbildungsordnungen des Bundes für anerkannte Ausbildungsberufe, Bonn.
KMK (1997a):	Weiterentwicklung des dualen Systems der Berufsausbildung. Thesen und Diskussionsvorschläge, Bonn.
KMK (1997b):	Grundlagen und Maßnahmen zur Optimierung der Organisation des Berufsschulunterrichts. Aktualisierter Bericht der Kultusministerkonferenz, Bonn.
KMK (1997c):	Gleichwertigkeit von allgemeiner und beruflicher Bildung - Bericht des Schulausschusses -, Bonn.
KMK (1998a):	Rahmenvereinbarung über die Zertifizierung von Fremdsprachenkenntnissen in der beruflichen Bildung, Bonn.
KMK (1998b):	Positionen der KMK zur Weiterentwicklung der Berufsbildung, Bonn.
KOBER, P. (1997):	Zweiter Berufsschultag entschärft. In: NORD-HANDWERK (4).

KÖBLER, D./OBERHOFER, P. (1998):   Die Berufsschule - Partner der Handwerksbetriebe in der dualen Ausbildung. In: berufsbildung (49), S. 15 ff.

KOCH, J. (1998a):   Handlungsorientierung als didaktisches Prinzip. In: berufsbildung (54), S. 7 ff.

KOCH, J. (1998b):   Handlungsregulationstheorie. In: berufsbildung (bb Karteikarten) (54)

KOCH, J. (1998c):   Ausbilder handlungsorientiert ausbilden - Das Konzept. In: Hensge, K. (Hrsg.): Handlungsorientierte Ausbildung der Ausbilder: Erläuterungen zum neuen Konzept, Bielefeld, S. 13 ff.

KOCH, J./MEERTEN, E. (1991):   Einsatzmöglichkeiten von Leittexten in der Handwerksausbildung. In: Stratenwerh, W. (Hrsg.): Auftragsorientiertes Lernen im Handwerk, Bd. II, Bad Laasphe i. Westf., S. 307 ff.

KOCH, J./SELKA, R. (1991):   Leittexte - ein Weg zu selbständigen Lernen, Berlin; Bonn.

KOLLS, H. (1993):   Nachhilfeunterricht für Berufsschüler des Bäckerhandwerks. Innungsrundschreiben, Pinneberg.

KOLLS, H./LORENZEN, R. (1996):   Vermehrter Berufsschulunterricht ab Sommer 1996. Rundschreiben 1.96, Rellingen.

KORB, G. (1994):   Ausbildungsverbund (Gegendarstellung zum Artikel von Reinhard Bader in BbSch 9/94). In: Die berufsbildende Schule (11), S. 378 f.

KORNHARDT, U. (1986):   Entwicklungstendenzen im Konsumgüterhandwerk. In: König, W./Kucera, G. (Hrsg.): Göttinger Handwerkswirtschaftliche Studien, Bd. 37.

KÖSEL, E./DÜRR, U. (1995):   Neuorientierung in der Didaktik der beruflichen Bildung. In: Dehnbostel, P./Walter-Lezius, H.-J. (Hrsg.): Didaktik moderner Berufsbildung: Standorte, Entwicklungen, Perspektiven; Bielefeld, S. 241 ff.

KRAAK, R. (1992):   Hilfen für Handwerksbetriebe, ihre gesamte Auftragsbreite für eine zukunftsweisende Ausbildung zu nutzen. In: Albert, K. u.a. (Hrsg.): Auftragsorientiertes Lernen im Handwerk: Vorstellungen. Konzepte, Praxisbeispiele, Berlin.

KRAFT, S. (1999):   Lernen in konstruktivistischer Sicht. In: berufsbildung (55), S. 10 ff.

KRATSCH, K. (1991):   Schlüsselqualifikationen in der betrieblichen Ausbildung. In: Bildung durch Schlüsselqualifikationen? Protokoll 16/1991 der Evang. Akademie Bad Boll.

KS-H - Kultusminister des Landes Schleswig-Holstein (1986):   Abkürzung des regelmäßigen Vorbereitungsdienstes - X 550 e -, Kiel.

KS-H - Kultusminister des Landes Schleswig-Holstein (1983a):   Grundsätze der Lehrplanarbeit in Schleswig-Holstein; Kiel.

KÜHL, P. (1998):   Projekt „Berufswahlunterricht" (Rundschreiben an die Betriebe und Organisationen, die an der Berufsmesse '98 in der BBS Elmshorn teilgenommen haben), Elmshorn.

KÜHNLEIN, G. (1998):   Revitalisierung statt Marginalisierung - Neue Aufgaben und Funktionen der Berufsschulen im Lernortsystem. In: berufsbildung (49), S. 32 f.

KULLMANN, V. (1997):   Referatsthemen finden und formulieren. In: Lernbox Friedrich Jahresheft, S. 6.

KÜMMEL, K. (1980):   Quellen und Dokumente zur schulischen Berufsbildung 1918 - 1945, Köln.

LAMP, D. (1996):   Ist Handlungsorientierung ansteckend? In: Lehrer im Berufsfeld Körperpflege (7/8), S. 9 f.

LANFER, H. (1992):   Gleichstellung der Berufsausbildung mit dem Abitur gefordert. In: Die berufsbildende Schule (5), S. 296 ff.

LANGEWAND, A. (1994):   Handeln. In Lenzen, D. (Hrsg.): Pädagogische Grundbegriffe, Bd. I, Reinbek b. Hamburg, S. 699 ff.

LANGMAACK, B. (1995):   Wie die Gruppe laufen lernt: Anregungen zum Planen und Leiten von Gruppen: ein praktisches Lehrbuch, Weinheim.

LAU, C. (1997):   Kooperationsmodelle im Bäckerhandwerk; Rellingen.

LAUR-ERNST, U. (1984):   Entwicklung beruflicher Handlungsfähigkeit, Frankfurt a. Main u.a.

LAUR-ERNST, U. (1986):   Lernziel Kooperativität - angesichts menschenleerer Fabriken? In: BWP (4), S. 101 ff.

LAUR-ERNST, U. (1990a):   Schlüsselqualifikationen - innovative Ansätze in den neugeordneten Berufen und ihre Konsequenzen für Lernen. In: Reetz, L./Reitmann, T. (Hrsg.): Schlüsselqualifikationen: Fachwissen in der Krise? Hamburg, S. 36 ff.

LAUR-ERNST, U. (1990b):   Handeln als Lernprinzip. In: Reetz, L./Reitmann, T. (Hrsg.): Schlüsselqualifikationen: Fachwissen in der Krise? Hamburg, S. 145 ff.

LAUR-ERNST, U. (1991):   „Schlüsselqualifikationen" - Perspektive oder Sackgasse? Einige Überlegungen zur (neuen) Qualität beruflicher Bildung. In: BIBB: Tagungen und Expertengespräche zur beruflichen Bildung (9), S. 121 ff.

LAY, R. (1990):   Dialektik für Manager, Frankfurt a.m./Berlin.

LENNARTZ, D. (1998):   Modernisierungswege in der Aus- und Weiterbildung: Dynamisierung der Berufsprofile - Kompetenzerweiterung durch Weiterbildungsmodule. In: Euler, D. (Hrsg.): Berufliches Lernen im Wandel - Konsequenzen für die Lernorte? , Nürnberg, S. 233 ff.

LENNARTZ, D./WALTER-LEZIUS, H.-J. (1994):   Schlüsselqualifikationen im Kontext handlungsorientierter Ausbildung von Industriekaufleuten. In: Dybowski, G. et al. (Hrsg.): Lernen heute- Fragen für morgen. Zur Lernforschung in der Berufsbildung. Berichte zur beruflichen Bildung (168), S. 118 ff.

LENZEN, D. (1995):   Pädagogik - Erziehungswissenschaft. In: Lenzen, D. (Hrsg.): Pädagogische Grundbegriffe (Bd. 2), Reinbek b. Hamburg, S. 1105 ff.

LEONTJEW, A.N. (1977):   Tätigkeit, Bewußtsein, Persönlichkeit, Stuttgart.

LIPSMEIER, A. (1995):   Didaktik gewerblich-technischer Berufsausbildung (Technikdidaktik). In: Arnold, R./Lipsmeier, A. (Hrsg.): Handbuch der Berufsbildung, Opladen, S. 230 ff.

LIPSMEIER, A. (1996):   Lernen und Arbeiten. Berufspädagogische Thesen zu einem aktuellen alten Thema. In: Bonz, B. (Hrsg.): Didaktik der Berufsbildung, Stuttgart, S. 205 ff.

LIPSMEIER, A. (1998):   Theorielehrer - Praxislehrer: Das Problem der funktionellen Aufgabendifferenzierung für Lehrer an beruflichen Schulen im Kontext der neueren didaktisch-methodischen Entwicklungen beruflichen Lernens. In: Die berufsbildende Schule (3), S. 80 ff.

LISOP, I. (1995):   Lehren in schulischen Vermittlungsprozessen. In: Arnold, R./Lipsmeier, A. (Hrsg.): Handbuch der Berufsbildung, Opladen.

LISOP, I. (1996):   Exemplarik als bildungstheoretisches und didaktisches Prinzip an beruflichen Schulen. In: Bonz, B. (Hrsg.): Didaktik der Berufsbildung, Stuttgart, S. 162 ff.

LIV-SH - Landesinnungsverband des Bäckerhandwerks Schleswig-Holstein (1994)::   Protokoll der Sitzung des Ausschusses für Berufsbildung vom 06. September 1994, Rellingen.

LIV-SH - Landesinnungsverband des Bäckerhandwerks Schleswig-Holstein (1995):   Protokoll der Sitzung des Ausschusses für Berufsbildung vom 27. April 1995, Rellingen.

LIV-SH - Landesinnungsverband des Bäckerhandwerks Schleswig-Holstein (1998a):   Protokoll der Lehrlingswartetagung vom 28. Oktober 1998, Rellingen.

LIV-SH - Landesinnungsverband des Bäckerhandwerks Schleswig-Holstein (1998b):   Fortbildung für Zwischenprüfungsbeste. Gesprächsprotokoll der zuständigen Arbeitsgruppe vom 20. November 1998, Rellingen.

LIV-SH (1997):   Anforderungen in der praktischen Gesellenprüfung des Bäckerhandwerks, Rellingen.

LORENZEN, R. (1984):   Die Entwicklung der Schule. In: Sprachrohr (2), S. 16.

LORENZEN, R. (1995): Qualitätsmanagement-Handbuch. In: Sprachrohr (6), S. 11 f.

LÜTJENS, J. (1999): Berufliche Erstausbildung in komplexen Lehr- und Lernsituationen. Die „Lernfabrik" als produktions- und prozeßorientiertes Qualifikationskonzept im Berufsfeld Metalltechnik, Bremen.

LYDING, W. (1987): Problem der Transformation ökonomischer Modelle in Modelle für Unterricht. In Zeitschrift für Berufs- und Wirtschaftspädagogik (4), S. 311 ff.

MAGER, R.F. (1983): Lernziele und Unterricht; Weinheim; Basel.

MALEK, R. (1997): Modularisierung. In: berufsbildung (bb Karteikarten), (43).

MARTENS, H. (1999): Jagd nach Jugend. Unternehmensberater Berger über die Ausgrenzung Älterer in der Wirtschaft. In: Spiegel-special (2), S. 44 ff.

MARWEDE, M. (1994): Förderung von Schlüsselqualifikationen ist kein „Selbstgänger". In: Halfpap, K./Marwede, M. (Hrsg.): Werkstattlabor, Bd. 2: Abschlußbericht über den Modellversuch „Neue Informationstechnologien und die Vermittlung von Schlüsselqualifikationen im Berufsfeld Metalltechnik, Schwerte, S. 25 ff.

MARWEDE, M. (1995): (Noch ein) Thesenpapier zu Fragen der Gleichwertigkeit beruflicher und allgemeiner Bildung, Bildungsministerium (III 510), Kiel.

MARWEDE, M. (1996): Kommunikation - Ein neues Fach in der Rahmenstundentafel der Berufsschule (III 51 Schule aktuell), Kiel.

MAY, H. u.a. (1998): Neustrukturierung der Ausbildung für den Beruf Bäcker/Bäckerin und Erweiterung der Ausbildungsinhalte um Zusatzqualifikationen. Zweiter Sachbericht, Hannover.

MAYER, T. (1995): „Diese Nachteile sind zweifellos gravierend". Zum Beitrag „Handlungsorientierung ja - Kompetenzabbau nein" in WuE 2/95. In: Wirtschaft und Erziehung (5), S. 161.

MBWFK.SCHL.-H- - Ministerium für Bildung, Wissenschaft, Forschung und Kultur des Landes Schleswig-Holstein (1999d): Gestaltung der Berufsfachschule für Wirtschaftsassistentinnen und Wirtschaftsassistenten ab Schuljahr 1999/2000, Kiel.

MBWFK.SCHL.-H. - Ministerium für Bildung, Wissenschaft, Forschung und Kultur des Landes Schleswig-Holstein (1997a): Entwurf: Lehrplan-Baustein „Kommunikation" (III 503-3243.110-310), Kiel.

MBWFK.SCHL.-H. - Ministerium für Bildung, Wissenschaft, Forschung und Kultur des Landes Schleswig-Holstein (1997b): Bildung von Bezirksfachklassen für die Berufe Bäckerin und Bäcker, Fleischerin und Fleischer, Konditorinnen und Konditoren sowie die zugehörigen Fachverkäuferinnen, Kiel.

MBWFK.SCHL.-H. - Ministerium für Bildung, Wissenschaft, Forschung und Kultur des Landes Schleswig-Holstein (1997c): Organisation des Berufsschulunterrichts für Lehrlinge (Auszubildende) des Handwerks, Kiel.

MBWFK.SCHL.-H. - Ministerium für Bildung, Wissenschaft, Forschung und Kultur des Landes Schleswig-Holstein (1997d): Eingangsvoraussetzungen und mögliche Abschlüsse in der dualen Berufsausbildung in Schleswig-Holstein, Kiel.

MBWFK.SCHL.-H. - Ministerium für Bildung, Wissenschaft, Forschung und Kultur des Landes Schleswig-Holstein (1999a): Sofortprogramm der Bundesregierung zum Abbau der Jugendarbeitslosigkeit. Rundschreiben an die Damen und Herren Schulleiter der Beruflichen Schulen des Landes Schleswig-Holstein, Kiel.

MBWFK.SCHL.-H. - Ministerium für Bildung, Wissenschaft, Forschung und Kultur des Landes Schleswig-Holstein (1999b): Bündnis für Ausbildung. Vorlage für die Schulleiter-Dienstbesprechung in Sankelmark (29./30. März), Kiel.

MBWFK.SCHL.-H. - Ministerium für Bildung, Wissenschaft, Forschung und Kultur des Landes Schleswig-Holstein (1999c): Übersicht über die Neuordnung staatlich anerkannter Ausbildungsberufe durch Rahmenlehrpläne (RLP) der Kultusministerkonferenz (KMK) und Ausbildungsordnungen (AO) der Bundesregierung, Kiel.

MBWFK.SCHL.-H./ LWK.SCHL.-H./VIHK.SCHL.-H. (1996): Gemeinsame Erklärung des Ministeriums für Bildung, Wissenschaft, Forschung und Kultur und der schleswig-holsteinischen Industrie- und Handelskammern sowie der Landwirtschaftskammer Schleswig-Holstein zu Organisation und Inhalt eines Berufsschulunterrichts auf der Basis von durchschnittlich 480 Jahresstunden, Kiel.

MBWJK.SCHL.-H. - Ministerin für Bildung, Wissenschaft, Jugend und Kultur des Landes Schleswig-Holstein (1992): „Methoden geistigen Arbeitens"; Anregung zur Strukturierung für den Unterricht an berufsbildenden Schulen, Kiel.

MBWJKS.SCHL.-H. - Ministerin für Bildung, Wissenschaft, Jugend und Kultur des Landes Schleswig-Holstein (1991): Lehrplan Elektroinstallateur - XG 170 - 3243 - 110.2 - 1.5; Kiel.

MERDIAN, J. (1995): Ziel: Qualität. Die Mitarbeiter am Aufbau eines QM-Systems aktiv beteiligen. In: Deutsche Bäcker Zeitung (11), S. 21.

MERKENS, H. (1994): Forschungsmethode. In: Lenzen, D. (Hrsg.): Pädagogische Grundbegriffe, Bd. I, Reinbek b. Hamburg; S. 614 ff.

MERTENS, D. (1974): Schlüsselqualifikationen. In: Mitteilungen aus Arbeitsmarkt und Berufsforschung (7), S. 36 ff.

MERTENS, D. (1988): Das Konzept der Schlüsselqualifikationen als Flexibilisierungsinstrument. In: Nuissl, E. u.a. (Hrsg.): Literatur- und Forschungsreport Weiterbildung (22), S. 33 ff.

MEYER, HEINRICH (1995a): Ergebnisse der Fachtagung „Ernährung" - Forderungen an die Berufsbildungspolitik und die Berufsbildungspraxis. In: Meyer, H. (Hrsg.): Fachtagung Ernährung: Handlungsorientierte Berufsbildung im Hotel- und Gaststättengewerbe sowie im Ernährungshandwerk, Neusäß, S. 167 ff.

MEYER, HEINRICH (1995b): Entwicklungstendenzen der Berufsarbeit unter besonderer Berücksichtigung des Hotel- und Gaststättengewerbes sowie des Nahrungsmittelhandwerks - Konsequenzen für die berufliche Bildung. In: Meyer, H. (Hrsg.): Fachtagung Ernährung: Handlungsorientierte Berufsbildung im Hotel- und Gaststättengewerbe sowie im Ernährungshandwerk, Neusäß, S. 13 ff.

MEYER, HEINRICH/TÖPFER, B. (1998): Dienstleistungsqualität, Kundenorientierung, Dienstleistungskompetenz. Vortrag anläßlich der „Hochschultage Berufliche Bildung 1998". Unveröffentlichtes Manuskript, Dresden.

MEYER, HEINRICH/UHE, E. (1990): Perspektiven zur Realisierung von Schlüsselqualifikationen in Betrieb und Schule. In: Reetz, L./Reitmann, T. (Hrsg.): Schlüsselqualifikationen, Hamburg, S. 274 ff.

MEYER, HILBERT (1994a): Unterrichtsmethoden I: Theorieband, Frankfurt a. Main.

MEYER, HILBERT (1994b): Unterrichtsmethoden, Bd. II:Praxisband, Frankfurt a. Main.

MEYER, U. (1991): Didaktische Berücksichtigung der betriebswirtschaftlichen und arbeitsorganisatorischen Dimension des Arbeitsauftrages im Handwerk. In: Stratenwerth, W. (Hrsg.): Auftragsorientiertes Lernen im Handwerk, Bd. I, Bad Laasphe i. Westf., S. 191 ff.

MFBWS.SCHL.-H. - Ministerin für Frauen, Bildung, Weiterbildung und Sport des Landes Schleswig-Holstein (1993): Lehrplan Bäcker/Bäckerin - III 503 - 3243.110.240 - Kiel.

MFBWS.SCHL.-H. - Ministerin für Frauen, Bildung, Weiterbildung und Sport der Landes Schleswig-Holstein (1994):

Richtlinien für Schulausflüge. In: Nachrichtenblatt (11).

MFE.SCHL:-H. - Ministerium für Finanzen und Energie des Landes Schleswig-Holstein (1998):

Bildung sichern. In: Haushaltsentwurf 1999: Haushalt konsolidieren, auf Kernaufgaben konzentrieren, Umwelt und Bildung fördern, Wirtschaft stärken und Arbeit schaffen; Kiel.

MILLER, G.A. / GALANTER, E. / PRIBRAM, K.H. (1991):

Strategien des Handelns: Pläne und Strukturen des Verhaltens, Stuttgart.

MILLER, M./DRESCHER, K.-J. (1994):

Ist der Kaiser nackt? Zur Verfallszeit pädagogischer Leitbegriffe. In: Zeitschrift für Berufs- und Wirtschaftspädagogik (3), S. 288 ff.

MILLER, R. (1996):

SCHILF - Schulinterne Lehrerfortbildung. In: Miller, R. (Hrsg.): Schule selbst gestalten, Weinheim und Basel.

MOEN, P. (1995):

A Life Course Approach to Postretirement Roles and Well-Being. In: Bond, L.A./Cutler, S.J./Grams, A.: Promoting Successful and Productive Aging, Thousand Oaks; London; New Delhi, S. 239 ff.

MOEN, P. (1996):

A Life Course Perspective on Retirement, Gender, and Well-Being. In: Journal of Occupational Health Psychology (2), S. 1 ff.

MÖHLENBROCK, R. (1982):

Modellbildung und didaktische Transformation, Bad Salzdetfurth.

MÖLLGAARD, C./SIEBEL, W. (1998):

Verzahnung: Betriebliche Unterweisung und Berufsschule. In: Freie und Hansestadt Hamburg - Behörde für Schule, Jugend und Berufsbildung (Hrsg.): Zusammenarbeit der Lernorte, Hamburg, S. 45 ff.

MORGENSTERN, G. (1997):

Bäckereitechnologie gestern und heute. Backwarenqualität - Einflußfaktoren zur Qualitätserzielung, -erhaltung und -sicherung, II. Teil. In: Allgemeine Bäcker-Zeitung (23), S. 3 f.

MÜHRENBERG, H. (1996)

Das „Niedersachsen-Modell" - ein Modell auch für Schleswig-Holstein? Protokoll eines Abstimmungsgespräches, Itzehoe.

MÜLLER, H.-J. (1999):

Stimmen die Rahmenbedingungen für die Umsetzung der Lehrpläne noch? Unveröffentlichtes Manuskript eines Referates anläßlich der 4. Fachtagung der Handwerkskammer Hannover „Ausbildung im Bäckerhandwerk in gemeinsamer Verantwortung von Betrieb und Berufsschule", Hannover.

MÜNCH, J. (1971):

Berufsbildung und Berufsbildungsreform in der Bundesrepublik Deutschland, Bielefeld.

MÜNCH, J. (1995):

Die Pluralität der Lernorte als Optimierungsparadigma. In: Pätzold, G./Walden, G. (Hrsg.): Lernorte im dualen System der Berufsbildung, Bielefeld, S. 95 ff.

MÜNCH, J. u.a. (1981):

Interdependenz von Lernort-Kombinationen und Output-Qualitäten betrieblicher Berufsausbildung in ausgewählten Berufen, Berlin.

MWTV.SCHL.-H. - Ministerium für Wirtschaft, Technologie und Verkehr des Landes Schleswig-Holstein (1998):

Bericht zur Ausbildungsplatzsituation in Schleswig-Holstein 1997, Kiel.

NEBER, H. (1978):

Selbstgesteuertes Lernen (lern- und handlungspsychologische Aspekte). In: Neber, H. u.a. (Hrsg.): Selbstgesteuertes Lernen: psychologische und pädagogische Aspekte eines handlungsorientierten Lernens; Weinheim, Basel, S. 33 ff.

NEGT, O. (1975):

Soziologische Phantasie und exemplarisches Lernen. Zur Theorie der Arbeiterbildung, Frankfurt.

NEUBER, R. (1995):

Gleichwertigkeit von beruflicher und allgemeiner Bildung - Erkenntnisse aus den bisherigen Ansätzen. In: Wirtschaft und Erziehung (5), S. 151 ff.

NICOLAUS, M./WECKING, W. (1998):	„Installation eines Badezimmers" - ein Auftragstyp für die lernortintegrierende Ausbildung zum Elektroinstallateur/zur Elektroinstallateurin. In: Jenewein, K. (Hrsg.): Theorie und Praxis der Lernortkooperation in der gewerblich-technischen Berufsausbildung, Neusäß, S. 230 ff.
NIEDERMAIR, G. (1994):	Von der Klasse zum Team. In: Die berufsbildende Schule (9), S. 281 ff.
NIEDERSÄCHSISCHES KULTUSMINITERIUM (1997):	Materialien zu handlungsorientierten Aufgaben im Nahrungsmittelhandwerk, Hannover.
NIEMANN, C./VERG, C. (1997):	Ein Sprachlehrwerk für die handlungsbezogene Kommunikationsfähigkeit im Handwerk. In: Ross, E. (Hrsg.): Berufsbezogenes Fremdsprachenlernen, Bielefeld, S. 107 ff.
OEHLSCHLÄGER, H.-J. (1994):	Alternativschule. In: Lenzen, D. (Hrsg.): Pädagogische Grundbegriffe (Bd. I), Reinbek b. Hamburg, S. 38 ff.
ORTLEB, R. (1991):	Geleitwort. In: Stratenwerth, W. (Hrsg.): Auftragsorientiertes Lernen im Handeln, Bd. I, Bad Laasphe.
OTT, B. u.a. (1997):	Erfassen und Bewerten von Teamfähigkeit. In: Die berufsbildende Schule (6), S. 191 ff.
OTT, E. u.a. (1994a):	Thema Lernen. Methodik des geistigen Arbeitens, Stuttgart; Dresden.
OTT, E. u.a. (1994b):	Thema Lernen. Methodik des geistigen Arbeitens (Arbeitsblätter), Stuttgart; Dresden.
OVER, B. (1991):	Die Bedeutung des auftragsorientierten Methodenkonzeptes für Ausbilder und Ausbilderqualifizierung. In: Stratenwerh, W. (Hrsg.): Auftragsorientiertes Lernen im Handwerk, Bd. I, Bad Laasphe i. Westf., S. 393 ff.
PAHL, J.-P. (1992):	Ausbildungsziel: Selbständiges Lernen. In: Berufsbildung (16), S. 5.
PAHL, J.-P. (1998):	Berufsdidaktische Perspektiven der Lern- und Arbeitsaufgaben. In: Holz, H. u.a. (Hrsg.): Lern- und Arbeitsaufgabenkonzepte in Theorie und Praxis, Bielefeld, S. 13 ff.
PAHL, J.-P./VERMEHR, B. (1987):	Zur didaktisch begründeten Reduktion auf der Basis technikdidaktischer Auswahl von Inhalten der Metall- und Maschinentechnik. In: Die berufsbildende Schule (3), S. 152 ff.
PAREY, G. (1998):	Abstimmung von überbetrieblicher Ausbildung und Berufsschule. In: Freie und Hansestadt Hamburg - Behörde für Schule, Jugend und Berufsbildung (Hrsg.): Zusammenarbeit der Lernorte, Hamburg, S. 48 ff.
PÄTZOLD, G. (1982):	Quellen und Dokumente zur Geschichte des Berufsbildungsgesetzes 1875-1981, Köln.
PÄTZOLD, G. (1992):	Handlungsorientierung in der beruflichen Bildung - Zur Begründung und Realisierung. In: Pätzold, G. (Hrsg.): Handlungsorientierung in der beruflichen Bildung, Frankfurt a.M., S. 9 ff.
PÄTZOLD, G. (1995a):	Kooperation des Lehr- und Ausbildungspersonals in der beruflichen Bildung - Berufspädagogische Begründungen, Bilanz, Perspektiven. In: Pätzold, G./Walden, G (Hrsg.): Lernorte im dualen System der Berufsbildung, Bielefeld, S. 143 ff.
PÄTZOLD, G. (1995b):	Lernorte. In: berufsbildung (bb Karteikarten), (32).
PÄTZOLD, G. (1995c):	Lernortkooperation im Dualen System. In: berufsbildung (32), S. 3 ff.
PÄTZOLD, G. (1995d):	Vermittlung von Fachkompetenz in der Berufsbildung. In: Arnold, R./Lipsmeier, A. (Hrsg.): Handbuch der Berufsbildung, Opladen, S. 157 ff.
PÄTZOLD, G. (1998):	Zu den Problemen und Entwicklungsperspektiven der Lernortkooperation in der beruflichen Bildung. In: Jenewein, K. (Hrsg.): Theorie und Praxis der Lernortkooperation in der gewerblich-technischen Berufsausbildung, Neusäß, S. 11 ff.

357

PÄTZOLD, G. (1999):	Berufspädagogisch geleitete Lernortkooperation im Kontext beruflicher Modernisierung. In: Zeitschrift für Berufs- und Wirtschaftspädagogik (1), S. 10 ff.
PÄTZOLD, G. u.a. (1990):	Lernortkooperation als berufspädagogisches Handeln. In: Pätzold, G. (Hrsg.): Lernortkooperation, Heidelberg.
PÄTZOLD, G. u.a. (1992):	Projektartige Ausbildungsformen und die lernortkooperative Gestaltung der Ausbildung - Erfahrungen aus dem Forschungsprojekt „ZAB". In: Pätzold, G. (Hrsg.): Handlungsorientierung in der beruflichen Bildung, Frankfurt a.M., S. 327 ff.
PÄTZOLD, G. u.a. (1993):	Lernortkooperation - Begründungen, Einstellungen, Perspektiven. In: Berufsbildung in Wissenschaft und Praxis (2), S. 24 ff.
PÄTZOLD, G. u.a. (1995):	Lernortkooperation und neue Qualifikationen. In: Pätzold, G./Walden, G. (Hrsg.): Lernorte im dualen System der Berufsbildung, Bielefeld, S. 431 ff.
PEEK, H. (1995):	Eine Lanze für die pädagogische Freiheit - wider den pädagogischen Methodenzwang. In: Wirtschaft und Erziehung (6), S. 185.
PETERMANN, J. (verantwortlich) (1997):	„Sehr alt, sehr klug". In: Spiegel (27), S. 150 ff.
PETERS, H.G. (1943):	Das Problem der pädagogischen Vereinfachung. In: Die Erziehung, S. 37 ff.
PETERS, S. (1995):	Didaktik beruflicher Bildung - Von der Dominanz des Fachprinzips in der Didaktik zu Aspekten einer Konzeptualisierung als Subjektorientierung. In: BIBB (Hrsg.): Didaktik moderner Berufsbildung, Bielefeld, S. 307 ff.
PETERSEN, F. u.a. (1994a):	Erfahrungen mit Arbeitslernen. In: Halfpap, K./Marwede, M. (Hrsg.): Werkstattlabor; Bd. 2: Abschlußbericht über den Modellversuch „Neue Informationstechnologien und die Vermittlung von Schlüsselqualifikationen im Berufsfeld Metalltechnik, Schwerte, S. 58 ff.
PETERSEN, F. u.a. (1994b):	Schlüsselqualifikation und Schlüsselsituation. In: Halfpap, K/ Marwede, M. (Hrsg.): Werkstattlabor; Bd. 2: Abschlußbericht über den Modellversuch „Neue Informationstechnologien und die Vermittlung von Schlüsselqualifikationen im Berufsfeld Metalltechnik, Schwerte, S. 61 ff.
PFAHL, U. (1985):	Vergleichende Massenherstellung (herkömmlich/Convenience) am Beispiel der Sachertorte. Entwurf einer Unterrichtsübung, Elmshorn.
PFAHL, U. (1986a):	Projektarbeit für einen Demonstrationsfilm über die Herstellung von Roggenvollkornbroten einer dreistufigen Sauerteigführung in einem altdeutschen Holzbackofen. Hausarbeit zur zweiten Staatsprüfung für das höhere Lehramt an berufsbildenden Schulen, Elmshorn.
PFAHL, U. (1986b):	Projektorientierter Berufsschulunterricht. Skriptum zu einem Gastvortrag an der Universität Hannover, Elmshorn.
PFAHL, U. (1986c):	Unterstützung durch Medien in der Reflexionsphase des projektorientierten Berufsschulunterrichts. Vortrag anläßlich der „Hochschultage Berufliche Bildung 1986". Unveröffentlichtes Manuskript, Essen.
PFAHL, U. (1989):	„Bäcker müssen immer besser sein". Ein Bericht vom Delegiertentag des Verbandes Schleswig-Holstein. In: Deutsche Bäcker Zeitung (23), S. 809 f.
PFAHL, U. (1990a):	Verpackungsmaterial lieferte Unterrichtsstoff. In: Bäcker Zeitung (9), S. 21.
PFAHL, U. (1990b):	Obermeister stellten sich den Lehrlingen vor. In: Bäcker Zeitung (49), S. 9.
PFAHL, U. (1990c):	Zunehmend Probleme mit der Praxis. In: Allgemeine Bäcker-Zeitung (49), S. 7

PFAHL, U. (1990d):	Rationelle Backwarentechnologie als Grundlage betriebsindividueller Kalkulation. Skriptum für Seminare in Wismar und Rostock anläßlich der Grenzöffnung, Elmshorn.
PFAHL, U. (1991):	Pädagogen-Rat an die Schule: Statt vieler „Projekte" lieber rechnen! In: Bäcker Zeitung (51/52), S. 13.
PFAHL, U. (1992):	Ab 1993 „Gütesiegel" für Ausbildungsbetriebe. In: Allgemeine Bäcker-Zeitung (46), S. 20
PFAHL, U. (1993):	Offensiv gegen das Negativ-Image. In: Allgemeine Bäcker-Zeitung (46), S. 22
PFAHL, U. (1994a):	Handlungsorientierter Unterricht als Projektarbeit. Skriptum zu einem Referat an der Akademie für Lehrerfortbildung Dillingen, Elmshorn.
PFAHL, U. (1994b):	Ergänzung der Beistellehre durch betriebliche Lehrgänge. Vortrag anläßlich der „Hochschultage Berufliche Bildung 1994". Unveröffentlichtes Manuskript, München.
PFAHL, U. (1994c):	Toastbrotherstellung. Schulinterne Arbeitsunterlage der Beruflichen Schule Elmshorn, Elmshorn.
PFAHL, U. (1994d):	Produktbeschreibung und Inhaltsstoffe. Informationsmappe zur Verbraucheraufklärung in der Bäckerei-Konditorei, Rellingen.
PFAHL, U. (1994e):	Meistervorbereitung Bäcker/innen / Konditor/innen, Hamburg.
PFAHL, U. (1995a):	10 Jahre handlungsorientierter Unterricht als Projektarbeit an der Beruflichen Schule Elmshorn - dargestellt an ausgewählten Beispielen des Bäckerhandwerks. In: Meyer, H. (Hrsg.): Fachtagung Ernährung: Handlungsorientierte Berufsbildung im Hotel- und Gaststättengewerbe sowie im Ernährungshandwerk, Neusäß, S. 31 ff.
PFAHL, U. (1995b):	Lehrlinge sahen dem Frischebäcker über die Schulter. In: Bäcker Zeitung (6), S. 11.
PFAHL, U. (1995c):	Historische Worte der Beherzigung. Urkunde zur Einschreibung in das Bäcker- und Konditorenhandwerk, Elmshorn.
PFAHL, U. (1995d):	Verkaufen in der Bäckerei. In: berufsbildung (31), S. 29 f.
PFAHL, U. (1996a):	Handlungsorientierung als Unterrichtsprinzip. Vortrag anläßlich der Hochschultage Berufliche Bildung 1996. Unveröffentlichtes Manuskript, Hannover.
PFAHL, U. (1996b):	Vermehrter Berufsschulunterricht in Schleswig-Holstein. Skriptum zu einem Vortrag anläßlich der Lehrlingswartetagung in Travemünde, Elmshorn.
PFAHL, U. (1996c):	Auch das Lernen will gelernt sein - Elmshorner Bäcker-Ausbilder stellten handlungsorientiertes Ausbildungskonzept vor. In: Elmshorner Nachrichten (03. Januar), S. 3.
PFAHL, U. (1996d):	Kaffeeseminar für Lehrlinge: Spezialkenntnisse für Bäckerei-Fachverkäuferinnen in der Kreisberufsschule Elmshorn. In: Allgemeine Bäcker-Zeitung (6), S. 26 f.
PFAHL, U. (1997):	Aus der Praxis - für die Praxis: Instruktives Marzipan und Pralinenseminar an der Kreisberufsschule Elmshorn. In: Konditorei und Café (6), S. 14.
PFAHL, U. (1998a):	Auftragsorientiertes Lernen im Handwerk - Rezeption und sequentielle Analyse. Unveröffentlichtes Manuskript für ein Doktoranden-Kolloquium, Hamburg.
PFAHL, U. (1998b):	Ordnungsmittel der Berufsausbildung im dualen System. In: Pfahl, U.: Auftragsorientiertes Lernen im Handwerk - Rezeption und sequentielle Analyse. Unveröffentlichtes Manuskript für ein Doktoranden-Kolloquium, Hamburg.
PFAHL, U. (1998c):	Das lernortübergreifende Strukturmodell einer auftragsorientierten Lernorganisation. In: Pfahl, U.: Auftragsorientiertes Lernen im Handwerk - Rezeption und sequentielle Analyse. Unveröffentlichtes Manuskript für ein Doktoranden-Kolloquium, Hamburg.

PFAHL, U. (1998d): Rationelle Stollenherstellung. Skriptum für Schülerinnen und Schüler der Beruflichen Schule in Elmshorn; Elmshorn.

PIAGET, J. (1975): Gesammelte Werke (Studienausgabe, 10 Bände), Stuttgart.

PLATZKÖSTER, A. (1983): Ein handlungstheoretisches Modell des Hilfehandelns, Frankfurt a.M. u.a.

PRESSESTELLE DER LANDESREGIERUNG SCHLESWIG-HOLSTEIN (Hrsg.) (1997): Initiative flexible Arbeitszeit: Arbeit teilen - Zeit gewinnen, Kiel.

PREYER, K. (1978): Berufs- und Betriebspädagogik, München, Basel.

PROGRESS REPORT (1995 I): RETIREES, NEW YORK 14853.

PROGRESS REPORT (1995 II): Older Workers, New York 14853.

PROJEKTGRUPPE „BILDUNG" (Hrsg.) (1994): Bildungspolitik in schwieriger Zeit. Diskussionspapier der Projektgruppe „Bildung" im Auftrag des SPD-Landesparteitages Schleswig-Holstein vom 16. April, Kiel.

PROJEKTGRUPPE HUMMELN (1999): Methodenintegration im Handlungslernen. In: Die berufsbildende Schule (1), S. 18 ff.

PRÜTZ, K. (1995): Grundsätzliche Bemerkungen zum handlungsorientierten Unterrichtskonzept. IPTS 23, Kiel.

PUKAS, D. (1998): Die ungelöste Burnout-Problematik: Zum „Ausbrennen von Berufsschullehrern. In: Die berufsbildende Schule (6), S. 187 ff.

PUKAS, D. (1999): Das Lernfeld-Konzept im Spannungsfeld von Didaktik-Relevanz der Berufsschule und Praxis-Relevanz der Berufsausbildung. In: Zeitschrift für Berufs- und Wirtschaftspädagogik (1), S. 84 ff.

PUSEN, H.-G. (1999): Neue Prüfungsform ab 2001 flächendeckend. Erfahrungen in Niedersachsen: Höheres Niveau und mehr Qualität dank handlungsorientiertem Unterricht. In: Allgemeine Bäcker-Zeitung (14), S. 16.

RABENSTEIN, R. u.a. (1996): Das Methoden-Set, Münster.

RAUNER, F. (1995): Gestaltung von Arbeit und Technik. In: Arnold, R./Lipsmeier, A. (Hrsg.): Handbuch der Berufsbildung, Opladen, S. 50 ff.

RAUNER, F. (1998): Ausbildungspartnerschaft - Das Modell „Golo". In: berufsbildung (50), S. 22 ff.

REBMANN, K. (1999): Wissenserwerb aus konstruktivistischer Sicht. In: berufsbildung (55), S. 3 ff.

REETZ, L. (1990a): Zur Bedeutung der Schlüsselqualifikationen in der Berufsbildung. In: Reetz, L./Reitmann, T. (Hrsg.): Schlüsselqualifikationen: Fachwissen in der Krise? Hamburg, S. 16 ff.

REETZ, L. (1990b): Methoden handlungsorientierten Lernens. In: Schopf, M./Schwarz, M. (Hrsg.): Partner Berufsschule: Schlüsselqualifikationen, Hamburg, S. 129 f.

REETZ, L. (1991): Handlungsorientiertes Lernen in Betrieb und Schule unter dem Aspekt pädagogischer Arbeitsteilung im dualen Berufsbildungssystem. In: Aschenbrücker, K./Pleiß, U. (Hrsg.): Menschenführung und Menschenbildung, Hohengehren, S. 267 ff.

REETZ, L. (1992): Lernen lernen - Selbständiges Lernen in Schule und Beruf. In: Berufsbildung (16), S. 6 ff.

REETZ, L. (1994): Schlüsselqualifikation - Selbstorganisation - Lernorganisation (Einführungsvortrag). In: Beiler, J./Lumpe, A./Reetz, L. (Hrsg.): Schlüsselqualifikation, Selbstorganisation, Lernorganisation; Hamburg, S. 29 ff.

REETZ, L./SEYD, W. (1995): Curriculare Strukturen beruflicher Bildung. In: Arnold, R./Lipsmeier, A. (Hrsg.): Handbuch der Berufsbildung, Opladen, S. 203 ff.

REFA (1976): Methodenlehre des Arbeitsstudiums, Bd. 6, München.

REIER, G. (1994): Praxis beruflicher Bildung. Schlüsselqualifikationen - Funktionen und Grenzen einer Verständigungsformel, ZBW (90), S. 261 ff.

360

REINHARD, E. (o.J.):   Ökonomische Aspekte des Lehrens und Lernens, Darmstadt.

REINHARDT, E. (1994)   Grundlagen des Lehrens und Lernens: Anwendungsbezogene pädagogische Wissenschaft, Darmstadt.

REINISCH, H. (1995):   Modernisierung des Lehrens und Lernens in der Berufsschule als berufsbildungspolitisches, -theoretisches und didaktisches Problem. In: Pätzold, G./Walden, G. (Hrsg.): Lernorte im dualen Sytem der Berufsbildung, Bielefeld, S. 291 ff.

RHEINBERG, F. (1995):   Motivation. In: Lenzen, D. (Hrsg.): Pädagogische Grundbegriffe, Bd. II, Reinbek b. Hamburg, S. 1072 ff.

RICHEMONT (Hrsg.) (1989):   Das ideale Gebäck; Luzern.

RIEDEL, J. (1967):   Einführung in die Arbeitspädagogik, Braunschweig.

ROHLFING, H./SCHENK, B. (1991):   Laborklausuren: eine Form der Leistungskontrolle im handlungsorientierten Unterricht. In: Die berufsbildende Schule (9), S. 505 ff.

RÖMER, R. (1998):   Entwicklungsprozesse für lernortintegrierende Ausbildungs- und Unterrichtsaufgaben am Beispiel des Auftragstyps „Fehlereingrenzung und -beseitigung bei einem Elektromotor". In: Jenewein, K. (Hrsg.): Theorie und Praxis der Lernortkooperation in der gewerblich-technischen Berufsausbildung, Neusäß, S. 216 ff.

ROOLFS, J. (1996):   Ein Blick in die Arbeitswelt. In: Elmshorner Nachrichten v. 13. Mai, S. 3.

ROOLFS, J. (1997):   Einmaliger Meisterkurs: Angehende Bäcker- und Konditormeister „büffeln" gemeinsam. In: Elmshorner Nachrichten (26. November), S. 2.

RÖPER, U. UND FRAKTION DER CDU (1996):   Antrag der Fraktion der CDU: Berufliche Bildung (Drucksache 14/291), Kiel.

RÖSELER, R. (1978):   Die planung des nichtplanbaren. In: betrifft: erziehung (Hrsg.): Projektorientierter Unterricht, Weinheim, S. 44 ff.

ROSS, E. (1997):   Fremdsprachenlernen für den Beruf - neue Konzeptionen, Inhalte, Methoden und Medien (eine Einführung). In: Ross, E. (Hrsg.): Berufsbezogenes Fremdsprachenlernen, Bielefeld, S. 11 ff.

ROSS/, E./KERN, F./SKIBA, R. (1996):   Facharbeiter und Fremdsprachen: Fremdsprachenbedarf und Fremdsprachennutzung in technischen Arbeitsfeldern; eine qualitative Untersuchung, Bielefeld.

ROTH, L. (Hrsg.) (1991):   Pädagogik, München.

ROTTLUFF, J. (1992):   Selbständig Lernen: Arbeiten mit Leittexten, Weinheim; Basel.

RUBINSTEIN, S.L. (1968):   Grundlagen der allgemeinen Psychologie, Berlin.

RUMPF, H. (1968):   Zum Problem der didaktischen Vereinfachung. In: Kahlke, J./Kath, F.M. (1984): Didaktische Reduktion und methodische Transformation (Quellenband), Alsbach, S. 81 ff.

RUMPF, H. (1970):   Stereotype Vereinfachungen im Geschichtsunterricht. In: Kahlke, J./Kath, F.M. (1984):Didaktische Reduktion und methodische Transformation (Quellenband), Alsbach, S. 359 ff.

RÜTTGERS, J. (1997):   „Ausbildung lohnt sich immer" (Interview). In: Spiegel (26), S. 24.

SALZMANN, C. (1970):   Die Vereinfachung als didaktisch-methodisches Problem. In: Pädagogische Rundschau, 24. Jg., S. 106 ff.

SALZMANN, C. (1982):   Elementarisierung und Vereinfachung als Kernproblem des Lehr-/Lernprozesses. In: Pädagogische Rundschau 36. Jg., S. 535 ff.

SALZMANN, C./KOHLBERG, W.-D. (1983):   Modellunterricht und Unterrichtsmodell. In: Zeitschrift für Pädagogik, 29. Jg., S. 929 ff.

SCHAPER, R.-H. (1991):   Ausbildung rationell und zuverlässig planen: Planungshilfen für die betriebliche Berufausbildung und Umschulung, Hamburg.

SCHARFSCHEER,H./ TAUBER, R. (1995):   QMS in der Bäckerei. In: Deutsche Bäcker Zeitung (11), S. 16 f.

SCHEIBNER, O. (1979:	Die typischen Ausprägungen des Arbeitsschulgedankens. In: Reble, A. (Hrsg.): Die Arbeitsschule: Texte zur Arbeitsschulbewegung, Bad Heilbrunn/Obb., S. 23 ff.
SCHELTEN, A. (1991a):	Einführung in die Berufspädagogik, Stuttgart.
SCHELTEN, A. (1991b):	Grundlagen der Arbeitspädagogik, Stuttgart.
SCHELTEN, A. (1994):	Moderner Unterricht in der Berufsschule: Herausforderungen für die Zukunft. In: Gewerkschaftliche Bildungspolitik (6/7), S. 142 ff.
SCHIEFELE, H. (1974):	Lernmotivation und Motivlernen, München.
SCHIERZ, E. u.a. (1995):	Zwischenprüfung auf der Grundlage handlungsorientierten Unterrichts. In: Die berufsbildende Schule (10), S. 331 ff.
SCHIERZ, E./ERKEN, M (1997):	Gesellenprüfung auf der Grundlage handlungsorientierten Unterrichts. In: Die berufsbildende Schule (1), S. 17 ff.
SCHIEßL, M. (1999):	Reserve aus dem Rosengarten. US-Unternehmen entdecken Frührentner. In: Spiegel-special (2), S. 47.
SCHILD, E. (1989):	Meine Rezepte: Merkbuch zum Einschreiben von Rezepturen und Notizen; Gießen.
SCHILLING, E.-G./WALTER, J. (1990):	Schlüsselqualifikationen in den Ordnungsmitteln neuer und neugeordneter gewerblicher Berufe. In: Reetz, L./Reitmann, T. (Hrsg.): Schlüsselqualifikationen: Fachwissen in der Krise? Hamburg, S. 76 ff.
SCHINDOWSKI, H. (1999):	Weiterbildung. In: Pahl, J.-P./Uhe, E. (Hrsg.): Betrifft: Berufsbildung: Begriffe von A - Z für Praxis und Theorie in Betrieb und Schule, Seelze, S. 163.
SCHLESWIG-HOLSTEINISCHER LANDTAG (1997a):	Antrag der Fraktionen von SPD und BÜNDNIS 90/DIE GRÜNEN: Neubestimmung der Arbeitszeit der Lehrerinnen und Lehrer (Drucksache 14/489), Kiel.
SCHLESWIG-HOLSTEINISCHER LANDTAG (1998a):	Bericht der Landesregierung über die Unterrichtssituation an den öffentlichen allgemeinbildenden und berufsbildenden Schulen im Lande Schleswig-Holstein im Schuljahr 1997/98 (Drucksache 14/1476), Kiel.
SCHLESWIG-HOLSTEINISCHER LANDTAG (1998b):	Blockunterricht an Berufsschulen (Drucksache 14/1386), Kiel.
SCHMIEL, M. (1976):	Der Arbeitsplatz als Lernort. In: Die Deutsche Berufs- und Fachschule (4), S. 251 ff.
SCHMIEL, M. (1980):	Berufs- und Arbeitspädagogik, Köln.
SCHMITZ, E. (1996):	Positives Denken in der Burnout-Prophylaxe - Nutzen und Grenzen. In: Die berufsbildende Schule (3), S. 101 ff.
SCHONHARDT, M./ WILKE-SCHNAUFER, J. (1998):	Aspekte eines Anleitungssystems zur Erstellung von Arbeits- und Lernaufgaben. In: Holz, H. u.a. (Hrsg.): Lern- und Arbeitsaufgabenkonzepte in Theorie und Praxis, Bielefeld, S. 113 ff.
SCHONIG, B. (1995):	Reformpädagogik. In: Lenzen, D. (Hrsg.): Pädagogische Grundbegriffe (Bd. II), Reinbek b. Hamburg, S. 1302 ff.
SCHULTE-GÖCKING, W. (1998):	„Änderung einer bestehenden Rauminstallation" - Ein Auftragstyp für die lernortintegrierende Ausbildung zum/zur Energieelektroniker/-in. In: Jenewein, K. (Hrsg.): Theorie und Praxis der Lernortkooperation in der gewerblich-technischen Berufsausbildung, Neusäß, S. 198 ff.
SCHULZ VON THUN, F. (1997):	Miteinander Reden, Bd. 1, Reinbek bei Hamburg.
SCHÜNEMANN, C. (1996):	Bäckerei-Konditorei-Management: Berufsausbildung & Weiterbildung, Alfeld (Leine).
SCHÜNEMANN, C./TREU, G. (1993):	Technologie der Backwarenherstellung, 5. Auflage; Alfeld (Leine).
SCHÜNEMANN, C./TREU, G. (1998):	Technologie der Backwarenherstellung, 6. Völlig neubearbeitete Auflage; Alfeld (Leine).
SCHURER, B. (1984):	Gegenstand und Struktur der Lernhandlung, Bergisch-Gladbach.

SCHURER, B. (1991): Nutzungsmöglichkeiten der Erkenntnisse der modernen Handlungstheorie und Handlungspsychologie für die Unterweisungsdidaktik. In: Stratenwerth, W. (Hrsg.): Auftragsorientiertes Lernen im Handwerk, Bd. II, Bad Laasphe i. Westf., S. 119 ff.

SCHURER, B. (1995): Von der Handlungstheorie zur Lerntheorie - Einige Anmerkungen zur Kritik des handlungstheoretischen Ansatzes in Pädagogik und Didaktik ökonomischer Bildung. In: Albers, H.-J. (Hrsg.): Handlungsorientierung und ökonomische Bildung, Bergisch Gladbach, S. 23 ff.

SCHÜTT, W.-D. (1998): Umfrage der Handelskammer bei Ausbildungsbetrieben, Diskussion zur Lernortkooperation II. In: Freie und Hansestadt Hamburg - Behörde für Schule, Jugend und Berufsbildung (Hrsg.): Zusammenarbeit der Lernorte, Hamburg, S. 50 ff.

SCHWENK, B. (1994): Bildung (Bildung und Schule). In: Lenzen, D. (Hrsg.): Pädagogische Grundbegriffe, Bd. I, Reinbek b. Hamburg, S. 208 ff.

SCHWIEDRZIK, B. (1990): Bedingungen der Zusammenarbeit von Ausbildern und Berufsschullehrern. In: Pätzold, G. (Hrsg.): Lernortkooperation, Heidelberg, S. 15 ff.

SEIFERT, J.W. (1997): Visualisieren - Präsentieren - Moderieren, Offenbach.

SEIFFERT, M. (1988): Spezialrezepte Schrot & Vollkorn in Brot und Brötchen, Alfeld (Leine).

SEIFFERT, M. (1991): Spezialbrötchen: Toast-Brötchen. In: Deutsche Bäcker Zeitung (37), S. 1180 ff.

SELKA, R. (1995): Lernortverbund. In: berufsbildung (bb Karteikarten) (32).

SENGER, C. (1996): Azubis - reiner Luxus für den Betrieb? In: Grün ist Leben (9), S. 10 ff.

SEYD, W. (1994): Berufsbildung: handelnd lernen - lernend handeln: Situation und Perspektive der beruflichen Aus- und Weiterbildung, Hamburg.

SHJU - Senioren helfen jungen Unternehmern (1997): Tätigkeitsbericht und Pressespiegel, Pinneberg.

SHJU - Senioren helfen jungen Unternehmern (o.J.): Faltblatt mit Kurzinformationen, Pinneberg.

SIMONIS, H. (1995): Dankschreiben der Ministerpräsidentin an Friseurmeister Peter Burgdorff, Kiel.

SIMONIS, H. (1997): Kein Blatt vorm Mund: Für eine aktive Bürgergesellschaft, Hamburg.

SIMONS, P.R.J. (1992): Lernen, selbständig zu lernen - ein Rahmenmodell. In: Mandl, H./ Friedrich, H.F. (Hrsg.): Lern- und Denkstrategien, Göttingen, S. 251 ff.

SINDERN, K.H. (1995): Handlungsorientierten Unterricht ... gibt es nicht! In: berufsbildung (31), S. 8 ff.

SKELL, W. (1994): Eigenaktives handlungsorientiertes Lernen im Prozeß beruflicher Bildung. In: Bergmann, B./Richter, P. (Hrsg.): Die Handlungsregulationstheorie. Von der Praxis einer Theorie, Göttingen, S. 136 ff.

SKOBRANEK, H. (1991): Bäckerei Technologie, Hamburg.

SLOANE, P.F.E. (1998): Forschungsansätze in der wissenschaftlichen Begleitforschung von Modellversuchen - Überblick, Differenzierung, Kritik -. In: Euler, D. (Hrsg.): Berufliches Lernen im Wandel - Konsequenzen für die Lernorte, Nürnberg; S. 551 ff.

SOFTWARE BROKERS (1997): Crosswords & more, Mainz.

SÖLTENFUß, G. (1983): Grundlagen handlungsorientierten Lernens, Bad Heilbrunn/Obb.

SPD/BÜNDNIS 90/DIE GRÜNEN (1996): Koalitionsvertrag, Kiel.

SPRANGER, E. (1948): Die Fruchtbarkeit des Elementaren. In: Spranger, E.: Philosophische Pädagogik. Gesammelte Schriften. Bd. II, Heidelberg, S. 320 ff.

STECHER, R. (1999):	Stöhnen gefährdet das gute Image. Obermeistertagung des Verbandes Schleswig-Holstein in Rellingen. In: Allgemeine Bäcker-Zeitung (12), S. 17
STEFFEN, F.-J. (1984):	Toastbrot - Frisch vom Bäcker. In: Deutsche Bäcker Zeitung (24), S. 748 f.
STEFFEN, F.-J. (1989):	Brotland Deutschland, Bochum.
STEINBACH, H.-W. (1999):	„Neue Bäcker braucht das Land" - Interview mit Walter Freund. In: Back Journal (5), S. 14 ff.
STEINBRÜCK, P. (1996):	Thesenpapier zur Ausbildungssituation, Kiel.
STERNAGEL, K. (1997):	Mit gesundem Selbstvertrauen. In: Konditorei und Café (14).
STERNAGEL, K. (1998):	Innungsinterne Einschreibungsfeier. In: Konditorei und Café (3), S. 13.
STEXKES, A. (1991a):	Auftragsorientiertes Lernen im EDV-Bereich mit Hilfe der Leittextmethode. In: Stratenwerth, W. (Hrsg.): Auftragsorientiertes Lernen im Handwerk, Bd. I, Bad Laasphe i. Westf., S. 367 ff.
STEXKES, A. (1991b):	Strukturmodelle der Handlungssituation, der Arbeitssituation und der Lernsituation. In: Stratenwerth, W. (Hrsg.): Auftragsorientiertes Lernen im Handwerk, Bd. I, Bad Laasphe i. Westf., S. 101 ff.
STIEFENHÖFER, H. (1997):	Ein Referat vorbereiten und halten. In: Lernbox Friedrich Jahresheft, S. 18.
STILLER, I. (1990):	Berufliche Grundbildung für kaufmännische und verwaltende Ausbildungsberufe. In: Berufsbildung in Wissenschaft und Praxis (1), S. 6 f.
STILLER, I. (1996):	Überblick. In: BIBB (Hrsg.): Lernortkooperation und Abgrenzung der Funktionen von Betrieb und Berufsschule, Bielefeld, S. 7 ff.
STÖCKER, K. (1984):	Neuzeitliche Unterrichtsgestaltung, München.
STOCKINGER, G. (1999):	Die Natur ist erstaunlich nachsichtig. In: Spiegel-special (2), S. 130 ff.
STOMMEL, A. (1996):	Was ist und woran krankt handlungsorientierter Unterricht? In: Winklers Flügelstift (3), S. 2 ff.
STOMMEL, A. (1997):	Sie wissen nicht warum, aber sie tun es? In: Wirtschaft und Erziehung (4), S. 125 ff.
STRATENWERTH, W. (1978):	Skizze eines didaktischen Lernmodells. In: Baumgardt, J./Heid, H. (Hrsg.): Erziehung zum Handeln. Festschrift für Martin Schmiel, Trier, S. 290 ff.
STRATENWERTH, W. (1988):	Handlung und System in Modellen der Wirtschaftspädagogik und Wirtschaftsdidaktik - dargestellt am Beispiel eines Strukturmodells der Lernsituation. In: Twardy, M. (Hrsg.): Handlung und System, Düsseldorf, S. 123 ff.
STRATENWERTH, W. (1990):	Regulationsstruktur der Handlung. Unveröffentlichte Vorlesungsunterlage, Köln.
STRATENWERTH, W. (1991a):	Allgemeine Strukturen und Prinzipien der auftragsorientierten Lernorganisation in Ausbildungsbetrieben des Handwerks. In: Stratenwerth, W. (Hrsg.): Auftragsorientiertes Lernen im Handwerk, Bd. I, Bad Laasphe i. Westf., S. 23 ff.
STRATENWERTH, W. (1991b):	Forschungsauftrag. In: Stratenwerth, W. (Hrsg.): Auftragsorientiertes Lernen im Handwerk, Bd. I, Bad Laasphe i. Westf., S. 3.ff.
STRATMANN, K. (1990):	Der Kampf um die ausbildungsrechtliche und ausbildungspolitische Hoheit der Unternehmer während der Weimarer Republik und im NS-Staat - die didaktische Unterordnung der Berufsschule. In: Stratmann, K./Schlösser, M.: Das duale System der Berufsbildung: eine historische Analyse seiner Reformdebatten, Frankfurt a. Main, S. 35 ff.
STRATMANN, K. (1995):	Das duale System der Berufsbildung - eine historisch-systematische Analyse -. In: Pätzold, G./Walden, G. (Hrsg.): Lernorte im dualen System der Berufsbildung, Bielefeld, S. 25 ff.

STRAUBE, R./FRÖMSDORF, O. (1987):	Erfolgsbuch - Lernen leicht gemacht in der Berufsbildung, Bad Wörishofen.
SUIN DE BOUTEMARD, B. (1978):	Projektunterricht - wie macht man das? In: „betrifft:erziehung" (Hrsg.): Projektorientierter Unterricht, Weinheim, Basel, S. 25 ff.
SVANTESSON, I. (1997):	Mind mapping und Gedächtnistraining:Themen übersichtlich strukturieren; kreatives Arbeiten; ein besseres Gedächtnis; Offenbach.
TAYLOR, F. (1919):	Die Grundsätze wissenschaftlicher Betriebsführung, München und Berlin.
TEICHMANN, U. (1989):	Firmen mit Profil haben Erfolg. In: Bäcker Zeitung (43), S. 25 f.
TENBERG, R. (1998):	Selbstevaluation des Modellversuchs Fächerübergreifender Unterricht in der Berufsschule durch den Lehrstuhl für Pädagogik der Technischen Universität München - Zusammenfassende Darstellung der Interventionen, Daten und Erkenntnisse. In: Euler, D. (Hrsg.): Berufliches Lernen im Wandel - Konsequenzen für die Lernorte? , Nürnberg, S. 527 ff.
THIERSCH, H. (1994):	Pädagogik, Geisteswissenschaftliche (historisch). In: Lenzen, D. (Hrsg.): Pädagogische Grundbegriffe, Bd. II, Reinbek b. Hamburg; S. 1117 ff.
THURM, D. (1999):	Modellversuch in Hessen. Kein Dach ohne ein stabiles Fundament. In: Allgemeine Bäcker-Zeitung (31), S. 14.
TILCH, H. (1977):	Zur Definition des Terminus „Lehrgang". In: Die berufsbildende Schule (7), S. 428 ff.
TOLLKÖTTER, B. (1999):	Überlegungen zu Bader/Schäfer: Lernfelder gestalten. In BbSch (1998) 7-8. In: Die berufsbildende Schule (1), S. 29.
TOMASZEWSKI,T. (1978):	Tätigkeit und Bewußtsein, Weinheim u.a.
TRAMM, T. (1992):	Konzeption und theoretische Grundlagen einer evaluativ-konstruktiven Curriculumstrategie - Entwurf eines Forschungsprogramms unter der Perspektive des Lernhandelns (Bd. 17 der Berichte des Seminars für Wirtschaftspädagogik der Universität Göttingen), Göttingen.
TRAMM, T. (1994):	Die Überwindung des Dualismus von Denken und Handeln als Leitidee einer handlungsorientierten Didaktik. In: Wirtschaft und Erziehung (2), S. 39 ff.
TRUMM, L. (1997):	Für die Zukunft gerüstet. In: Deutsche Bäcker Zeitung (46), S. 23.
TULODZIECKI, G. (1996):	Unterricht mit Jugendlichen: eine handlungsorientierte Didaktik mit Unterrichtsbeispielen; Bad Heilbrunn u. Hamburg.
UHE, E. (1995):	Abstimmung „vor Ort". In: berufsbildung 32), S. 2.
UHE, E. (1999):	Eckpunkte für ein neues Berufsbildungsgesetz. In: berufsbildung (55), S. 2.
ULRICH, H./PROBST, G.J.B. (1991):	Anleitung zum ganzheitlichen Denken und Handeln: ein Brevier für Führungskräfte, Bern; Stuttgart.
VERBRAUCHER-ZENTRALE SCHLESWIG-HOLSTEIN e.V. (1995):	Fragebogen „Verbraucherinformation auf dem Brotmarkt" mit Anlage „Informationen und Hinweise zur Marktbegehung Brot 'Sortimentsvielfalt"; Kiel.
VESTER, F. (1993):	Neuland des Denkens, München.
VESTER, F. (1994):	Denken, Lernen, Vergessen, München.
VETTINGER, H. u.a. (1979):	Lernziel: Selbständigkeit - Arbeitstechniken für Schüler, Düsseldorf.
VLBS - Verband der Lehrer an Berufsbildenden Schulen (1996):	Berufliche Schulen als Dienstleistungszentren der Region. In: Die berufsbildende Schule (1), S. 32.
VLW/BLBS (1997):	Gemeinsame Presseerklärung: Zum Gespräch: „Organisation des Berufsschulunterrichts für Lehrlinge (Auszubildende) des Handwerks" vom 3. März 1997 zwischen dem Bildungsministerium, den Handwerkskammern Lübeck und Flensburg sowie dem Wirtschaftsverband Handwerk Schleswig-Holstein, Kiel.

VOIGT, J. (1997): Unterrichtsbeobachtung. In: Friebertshäuser, B./Prengel, A. (Hrsg.): Handbuch qualitative Forschungsmethoden in der Erziehungswissenschaft, Weinheim; München, S. 785 ff.

VOJTA, J. (1996): Inhaltliche Verknüpfung der beiden Lernorte zur Verbesserung der Ausbildungsqualität. In: BIBB (Hrsg.): Lernortkooperation und Abgrenzung der Funktionen von Betrieb und Berufsschule, Bielefeld, S. 91 ff.

VOLLMER, G./HOBERG, G. (1994): Top-Training: Lernen - Behalten - Anwenden, Stuttgart; Dresden.

VOLPERT, W. (1979): Der Zusammenhang zwischen Arbeit und Persönlichkeit aus handlungstheoretischer Sicht. In: Groskurth, P. (Hrsg.): Arbeit und Persönlichkeit, Reinbek b. Hamburg, S. 21 ff.

VOLPERT, W. (1983): Das Modell der hierarchisch-sequentiellen Handlungsorganisation. In: HACKER, W. u.a. (Hrsg.): Kognitive und motivationale Aspekte der Handlung, Bern u.a., S. 38 ff.

VOLPERT, W. (1994): Wider die Maschinenmodelle des Handelns, Lengerich u.a.

WAGENSCHEIN, M. (1965): Ursprüngliches Verstehen und exaktes Denken. Pädagogische Schriften, Stuttgart.

WAGENSCHEIN, M. (1968): Verstehen lehren, Weinheim und Berlin.

WALDEN, G. (1998): Möglichkeiten und Grenzen eines Ausbaus der Lernortkooperation im dualen System der Berufsausbildung - Schlußfolgerungen aus einer empirischen Untersuchung. In: Jenewein, K. (Hrsg.): Theorie und Praxis der Lernortkooperation in der gewerblich-technischen Berufsausbildung, Neusäß, S. 43 ff.

WALDEN, G./BRANDES, H. (1995): Lernortkooperation - Bedarf, Schwierigkeiten, Organisation. In: Pätzold, G./Walden, G. (Hrsg.): Lernorte im dualen System der Berufsbildung, Bielefeld, S. 127 ff.

WALTER, J. (1996): Gestaltung handlungsorientierter Lernerfolgskontrollen. In: berufsbildung (38), S. 26 ff.

WECKECK, K. (1991): Sonderfahrt Baumschulen ins (Grüne) Blaue: Erfahrungen mit dem „Rollenden Klassenzimmer" im Kreise Pinneberg. In: Deutsche Baumschule (10), S. 468 f.

WEINBRENNER, P. (1995a): Welche Methoden fördern einen handlungsorientierten Unterricht? Vorschläge und Beispiele für die wirtschafts- und sozialwissenschaftlichen Unterrichtsfächer. In: Albers, H.-J. (Hrsg.): Handlungsorientierung und ökonomische Bildung, Bergisch-Gladbach, S. 117 ff.

WEINBRENNER, P. (1995b): Allgemeinbildende Inhalte in der beruflichen Bildung. In: Arnold, R./Lipsmeier, A. (Hrsg.): Handbuch der Berufsbildung. Opladen, S. 245 ff.

WEIß, C. (1996): Vier Ohren hören mehr als zwei: eine Orientierungshilfe im Irrgarten der Kommunikation, Paderborn.

WELTY, E. (1946): Vom Sinn und Wert der menschlichen Arbeit, Heidelberg u.a.

WENZEL, H. (1987): Unterricht und Schüleraktivität: Probleme und Möglichkeiten der Entwicklung von Selbststeuerungsfähigkeiten im Unterricht; Weinheim.

WERBIK, H. (1978): Handlungstheorien, Stuttgart u.a.

WESTMEYER, H. (1995): Gütekriterien. In: Lenzen, D. (Hrsg.): Pädagogische Grundbegriffe; Reinbek bei Hamburg, S. 1515 f.

WIEGAND, U. (1996): Berufsschule und Betrieb - Kooperationspartner für morgen? In: BIBB (Hrsg.): Lernortkooperation und Abgrenzung der Funktionen von Betrieb und Berufsschule, Bielefeld, S. 101 ff.

WILHELM, T. (1957): Die Pädagogik Kerschensteiners, Stuttgart.

WILLUMEIT, K. (1996): Ausbildungseinstiegsworkshop. In: Qualitätsmanagement und berufliche Bildung (BLK-Modellversuch, 1. Zwischenbericht), Kiel, S. 86 ff.

WILSDORF, D. (1991): Schlüsselqualifikationen: die Entwicklung selbständigen Lernens und Handelns in der industriellen gewerblichen Berufsausbildung, München.

WINTER, F. (1997): Den Unterricht mitplanen. In: *Lernbox* Friedrich Jahresheft, S. 4.

WINTER, H. (1998a): Qualifizierung zum Ausbilder. In: Bäcker Zeitung (26), S. 32 f.

WINTER, H. (1998b): Mit BAFÖG zum Meisterbrief. In: Bäcker Zeitung (29), S. 26 f.

WINTER, H. (1998c): Das Procedere der Meisterprüfung. In: Bäcker Zeitung (44), S. 27 f.

WINTER, H. (1998d): Das Regelwerk der Meisterprüfung. In: Bäcker Zeitung (45), S. 34.

WINTER, H. (1999): Berufsperspektiven im Handwerk: Qualifizierungsangebote, Fortbildungsprüfungen, Förderprogramme, Bochum.

WINTERMEYER, A. (1997): Jeder Konditor muß es können. In: Konditorei und Café (25), S. 16 f.

WINTERMEYER, A. (1999): Erste Sitzung des Obermeister-Arbeitskreises. In: Deutsche Bäcker Zeitung (11), S. 42 f.

WISSENSCHAFTLICHER RAT DER DUDENREDAKTION (1994): Duden, Das große Fremdwörterbuch: Herkunft und Bedeutung der Fremdwörter, Mannheim; Leipzig; Wien; Zürich.

WISSENSCHAFTLICHER RAT DER DUDENREDAKTION (1997): Duden „Etymologie": Herkunftswörterbuch der deutschen Sprache, Mannheim; Wien; Zürich.

WITT, R. (1982): Das Verhältnis von Berufsbildung und Allgemeinbildung als Frage der didaktischen Transformation. Dargestellt an Beispielen aus dem Wirtschaftslehreunterricht an kaufmännischen Schulen. In: Zeitschrift für Berufs- und Wirtschaftspädagogik, 78. Jg., S. 766 ff.

WITTWER, W. (1999a): Anpassungsfortbildung. In: Pahl, J.-P./Uhe, E. (Hrsg.): Betrifft: Berufsbildung: Begriffe von A - Z für Praxis und Theorie in Betrieb und Schule, Seelze, S. 12.

WITTWER, W. (1999b): Aufstiegsfortbildung. In: Pahl, J.-P./Uhe, E. (Hrsg.): Betrifft: Berufsbildung: Begriffe von A - Z für Praxis und Theorie in Betrieb und Schule, Seelze, S. 18.

ZABECK, J. (1991): Schlüsselqualifikationen -Ein Schlüssel für eine antizipative Berufsbildung? In: Twardy, M. (Hrsg.): Duales System zwischen Tradition und Innovation, Köln, S. 47 ff.

ZEDLER, R. (1996): Kooperation mit der Berufsschule - aus der Sicht der Betriebe. In: BIBB (Hrsg.): Lernortkooperation und Abgrenzung der Funktionen von Betrieb und Berufsschule, Bielefeld, S. 109 ff.

ZELLER, B. (1997): Effizientere Formen der Lernortkooperation - ein Beitrag zur Modernisierung des Berufsausbildungssystems. In: Berufsbildung in Wissenschaft und Praxis (26), S. 18 f.

ZINKE, P. (1997): Am Ende des Projektes stand der Genuß: Handlungsorientierter Unterricht an der Elmshorner Berufsschule. In: Allgemeine Hotel- und Gaststättenzeitung (12. Juli), S. 20.

ZSPSUH - Zentrum für Studienberatung/Psychologische Beratung und Studentensekretariat der Universität Hamburg (Hrsg.) (1996): Informationen mit Bewerbungsunterlagen für den Besonderen Hochschulzugang nach § 31a HamHG, Hamburg.

*Anhang**

10 Jahre handlungsorientierter Unterricht als Projektarbeit an der Beruflichen Schule Elmshorn

Die folgenden Unterrichtsbeispiele sollen einerseits Anregungen geben, andererseits eine Entwicklung aufzeigen - von zaghaften Anfängen bis hin zur lernortübergreifenden Projektarbeit, die als selbstverständlicher Bestandteil des Schulalltags in den laufenden Unterricht integriert wurde. Dargestellt wird, wie sich der handlungsorientierte Unterricht entwickelt hat aus der Praktischen Fachkunde „vor Ort", und daß Ansprüche des handlungsorientierten Ansatzes fokussiert werden können in der methodischen Großform des Projektunterrichts. Hierbei entsprechen die Unterrichtsschritte den jeweiligen Projektphasen, also der Motivations- und Zielentscheidungsphase sowie der Planungs-, Durchführungs- und Reflexionsphase.

Verständlich sind die Beispiele nur im Kontext der angeführten Zeitungsartikel, welche aus der jeweiligen Reflexionsphase resultieren. Die Öffentlichkeitsarbeit gehörte als methodisches Element zum Unterricht, sei es als fertiges Manuskript, in Form einer Presseerklärung oder aus einem Interview heraus.

---

* Der Anhang ist nicht Teil der vorgelegten Dissertation. Es handelt sich um die überarbeitete und erweiterte Fassung eines Vortrages, welcher anläßlich der „Hochschultage Berufliche Bildung 94" in München gehalten worden war. Die Erstveröffentlichung erfolgte im Kieser-Verlag (vgl. PFAHL 1995).

1. Zunächst schaute ich in die „Röhre" ...

Seit 1982 hatte ich einen Lehrauftrag an den Beruflichen Schulen des Kreises Pinneberg in Elmshorn, um mir mein Studium zu finanzieren, aber ebenfalls, wie ich es seinerzeit in meinem Bewerbungsschreiben vermerkte, „um die Theorie der Universität mit der Praxis des Schulalltags verbinden zu können".

Im Rahmen eines Didaktikseminars an der Universität Hamburg berichtete der Dozent, StD Walter Kühn, über seinen Unterricht mit einer Bäckerklasse im Museumsdorf Volksdorf. Die Idee faszinierte mich. Ich beschloß daraufhin, auch mit meiner Klasse eine derartige Unternehmung zu wagen.

Damals unterrichtete ich als Klassenlehrer wöchentlich zwei Stunden fachbezogene Mathematik und vier Stunden Fachkunde, wobei auch die Praktische Fachkunde von mir gegeben wurde.

Es sollten nun im Museumsdorf Roggenvollkornbrote mit einem dreistufigen Sauerteig als „Holzofenbrote" (vgl. DLG 1984, S. 12) hergestellt und verkauft werden. Die Resthitze des Steinbackofens wollte ich ausnutzen, um noch altdeutschen Butterkuchen abzubacken.

Nach mehrwöchigem theoretischen Vorlauf konnte es losgehen. Seitens der Schulverwaltung gab es keine Probleme, und auch ansonsten hatte ich alles perfekt organisiert, d.h.:

- notwendige Absprachen mit dem Museumswart getroffen;
- Bus bestellt, Abfahrt und Ankunft genau terminiert;
- nach meiner Rezepturvorgabe Rohstoffe, Zutaten und Betriebsmittel besorgt, incl. Reinigungssachen;
- den Verkauf vorbereitet, einschließlich Wechselgeld;
- ausgerechnet, daß nach Abzug aller Kosten noch ein kleiner Gewinn für die Klassenkasse übrigbleiben müßte;
- Schülergruppen für die Arbeit im Museumsdorf eingeteilt;
- Arbeitsplätze so geplant, daß die Zuschauer zwar etwas sehen, nicht aber dazwischenlaufen konnten;
- abends vorher in der Berufsschule den Anfrischsauer hergestellt;
- von Elmshorn nach Hamburg gefahren und den Steinbackofen vorgeheizt;
- um Mitternacht in der Berufsschule den Grundsauer bereitet;
- am Abfahrtstag mit Hilfe der Schüler alles Notwendige im Bus verstaut.

Ja, und im Museumsdorf lief dann eigentlich alles so, wie es von mir geplant gewesen war:

Zunächst wurde ein Brühstück angesetzt, dann der Vollsauer gemacht, und während seiner dreistündigen Reifezeit wurden die Arbeitsplätze hergerichtet. Erstmalig hatten die Schüler Gelegenheit, einen Teig für 90 Brote von Hand herzustellen. Wechselseitig wurden in der alten Teigmulde die sich bildenden Teigschichten übereinander verstrichen und die richtige Teigfestigkeit durch weitere Wasserzugabe eingestellt. Die Schüler spürten bei gleichzeitig erlahmenden Kräften, wie der Teig zunehmend trockener und homogener wurde. Sie merkten, die Hände des Bäckers sind nicht nur weitgehend mechanisierte Werkzeuge, sondern auch Sinnesorgane z.B. zur Prüfung der Teigbeschaffenheit (vgl. DÜNNEWALD/FREUND 1987, S. 1 f.) und erkannten dabei, daß das Prinzip der betriebsüblichen Knetmaschinen dem manuellen Prozeß der Teigbereitung nachempfunden wurde, denn statt die Teigschichten übereinander zu verstreichen, geschieht dies nun durch Knetwerkzeuge, welche den Teig an der Kesselwand reiben. Nach der Teigruhe wurden die Teiglinge aufgearbeitet und auf Stückgare gestellt. Beobachtet werden konnte das Verhalten eines Teiges, der ohne Backmittel hergestellt worden war. Er bestand lediglich aus Schrot, Sauerteig, Wasser und Salz - nicht einmal Hefe ist zugesetzt worden, da diese im Anfrischdauer gezüchtet worden war. Das anschließende Arbeiten am Steinbackofen war für die Schüler völlig neu, und mit entsprechender Begeisterung gingen sie zu Werke:

- glühende Holzkohle mit dem „Füerraker" aus dem Ofen holen;
- den Ofen ausfegen;
- mit der „Bäckerfahne" ausschleudern;
- begutachten, ob die richtige Temperatur vorhanden ist;
- die Teiglinge mit dem Schlagschieber ein- bzw. anschieben sowie
- die Brote nach ca. anderthalbstündiger Backzeit und prüfender „Klopfprobe" ausbacken.

Beim Backprozeß verliert ein Steinbackofen zunächst sehr schnell an Temperatur, welche er an die zu backenden Teiglinge abgibt. Diese „Flughitze" ist verantwortlich für die charakteristische dicke Kruste der Holzofenbrote. In der heutigen Zeit wird versucht, den überlieferten Backprozeß z.B. durch moderne Vorbacköfen nachzugestalten. Auch an diesem Beispiel hatten die Schüler Gelegenheit, dem Ursprünglichen ihres Handwerks auf die Spur zu kommen.

Mittlerweile waren schon viele Zuschauer im Museumsdorf eingetroffen, schauten interessiert bei der Arbeit zu und hatten viele Fragen an die Schüler, die ich gerne beantwortete. Während in der Resthitze noch die Butterkuchen gebacken wurden, konnten die Brote innerhalb von nur 20 Minuten verkauft werden, und auch die Kuchen fanden reißenden Absatz. Abschließend wurden die Arbeitsplätze gemeinsam gereinigt, alles wieder im Bus verstaut, und eine zufriedene, wenn auch erschöpfte Truppe trat den Heimweg an - mit einem Lehrer vorneweg, der einmal mehr bestätigen konnte, daß die Praktische Fachkunde - zumal „vor Ort" - im Vergleich zum herkömmlichen Unterricht erheblich anstrengender ist, denn: *„Ist doch nicht nur der Unterrichtsstoff in einem Lehrbuch nachzulesen oder eine schon mehrmals vorbereitete Unterrichtseinheit herauszusuchen, gar das Sichverlassen auf die über Jahre eingeübte Routine der Unterrichtsführung ausreichend, um diese anspruchsvolle Unterrichtsform zu praktizieren"* (JAQUES 1976, S. 4).

In der vom Museumswart herbeizitierten Presse erschien nach einem Interview mit mir sogar ein Bericht über unsere Aktivitäten, der ganz ordentlich war ... - bis auf die Tatsachen, daß ich nicht der Lehrmeister meiner Schüler war, und wir auch nicht auf Initiative der Innung im Museumsdorf verweilten, daß man Brote, auch wenn man sie in die „Röhre" schiebt, beim besten Willen nicht bei 35 °C backen kann, und daß wir schließlich - das wußte ich genau! - auch keine „Butterkuchen mit Äpfeln" produziert hatten (vgl. Abb. 1).

„Handgemachtes" Brot

Bei strahlender Sonne und 27° Celsius saßen am vergangenen Montag 35 Bäckerlehrlinge der Kreisberufsschule Elmshorn mit ihrem Lehrmeister, Herrn Pfahl, am Backhaus des Volksdorfer Museumsdorfes. Die Damen und Herren Lehrlinge hatten gerade 90 Vollkornbrote in die Röhre geschoben, und nun gönnten sie sich bei der Hitze eine ehemals kalte Brause.

Auf Initiative der Bäckerinnung sollten die Lehrlinge zum Abschluß ihres zweiten Lehrjahres noch einmal die Wurzeln der »Backkunst« erfahren. Ohne die modernen technischen Geräte, wie sie heute in jeder Backstube stehen, wollten sie Schwarzbrot und Butterkuchen nach alten Rezepten backen.

Am Tag vor der Backaktion hat der Meister Pfahl den Schamottsteinofen mit Buchenholz angeheizt.

In die gemauerte Backröhre mit einfachem Durchzug wird Holz gestaut und abgebrannt, bis es im Innern weiß gebrannt ist, das heißt, der Ruß verbrannt ist. Die Glut wird entfernt, und mit der »Bäckerfahne« — einer langen Stange mit »Nadelöhr«, durch das ein nasser Lappen gezogen wird — schleudert der Meister den Ofen aus.

Inzwischen haben die Lehrlinge den natursauer gezüchteten Vollkornbrotteig — ohne Hefe, mit Milch und Essigsäure — geknetet und zu Laiben geformt. Neunzig Brote à 1 kg wurden in die 35°-C-Hitze geschoben.

»Eins, zwei, drei! — Eh' man's gedacht, sind zwei Brote draus gemacht. In dem Ofen glüht es noch — Ruff!! — damit ins Ofenloch! Ruff!! — man zieht sie aus der Glut, denn nun sind sie braun und gut.«

So flott, wie Wilhelm Busch das Brotbacken beschreibt, ist es nicht zu bewerkstelligen. In früheren Zeiten mußten die Bäcker nicht nur Teigzüchter, -mischer und -kneter sein, sondern auch Chauffeure.

Die erste Hitze — Flughitze — sorgt für die knackige Kruste, die Resthitze backt das Brot in 1 1/2 Stunden.

Außerdem haben die Elmshorner acht Bleche mit Butterkuchen (mit Äpfeln) in die Röhre geschoben. Siebzig Stücke Kuchen bekam die Altentagesstätte.

Das Backhaus ist eine Nachbildung eines Jahrhunderte alten Hauses aus den Vierlanden. Das Original soll bis kurz nach dem letzten Krieg benutzt worden sein.

Abb. 1: Unterricht "vor Ort" im Museumsdorf Volksdorf; Quelle: "Volksdorfer Markt" v. 07. Juni 1984

Knapp einen Monat später war ich schon wieder im Museumsdorf, und zwar auf Wunsch des Meisterkurses der Handwerkskammer Hamburg, den ich seit 1983 unterrichtete. Von meinen Meisterschülern erwartete ich allerdings, daß sie den Dreistufensauer selbst züchten werden. Auch ansonsten bezog ich sie mehr in die Planung und Durchführung ein. So wurde ich dann etwas entlastet, und weil die jungen Gesellen während der Woche arbeiten mußten, durfte ich mit ihnen das Wochenende im Museumsdorf verbringen. Übernachtet (und auch ein wenig gefeiert) wurde vor dem knisternden Feuer des Steinbackofens. Zwischendurch wurden Grund- und Vollsauer hergestellt. Am Sonntag erlebten wir dann einen wahren Ansturm von Zuschauern, unsere Aktion war wiederum erfolgreich gewesen und hatte allen Beteiligten viel Freude bereitet.

Auch die Presse war wieder zugegen. Diesmal war _ich_ beim Interview besonders konzentriert und ließ mir in meiner Freude über den Erfolg sogar die Rezeptur für den Butterkuchen entlocken.

Der nachfolgende Artikel war dann wirklich gut - bis auf die Kleinigkeit, daß aus der „geriebenen Schale zweier Zitronen" für den Butterkuchen der „Saft von zwei Zitronen" wurde (vgl. Abb. 2).

Butterkuchen auf Buchenscheiten

Gut Ding will Weile haben. Genau 24 Stunden schufteten 18 angehende Bäckermeister und ihr Lehrer Udo Pfahl am Wochenende im Museumsdorf Volksdorf wie ihre Vorväter: Sie backten 84 Sauerteig-Roggenschrot-Brote und zwölf Bleche Butterkuchen in einem Steinofen. Er war nach alten Originalen gebaut worden.

Sonnabend 16 Uhr: Der Ofen wird mit Buchenscheiten angeheizt. Die Meisterschüler mischen den „Anfrischsauer"; 21 Uhr: Der „Grundsauer" wird angerührt; Sonntag 5 Uhr früh: Mixen des „Vollsauer" und Nachheizen des Ofens; 9.30 Uhr: Herstellung des Teiges; 10 Uhr: Im Ofen backt Butterkuchen; 11 Uhr: Die Brote kommen in den Ofen; 12.30 Uhr: Die leckeren Zweipfünder sind fertig; 13. Uhr: Weitere Bleche mit Butterkuchen werden in den Ofen geschoben; bis 16.30 Uhr: Aufräumen.

Etwa 300 Besucher des Museumsdorfs kauften den Bäckern die köstlichen Waren ab. Ein Laib Brot kostete fünf Mark, ein Stück Butterkuchen 50 Pfennig.   bre

Die angehenden Bäckermeister Jens Weigert (24) und Bernhard Töpelmann (23) von links, schneiden den frischen Butterkuchen an   Foto: TRAMPE

Bäckermeister Pfahls Rezept für den Butterkuchen

Der Butterkuchen ist eine norddeutsche Spezialität. In Ostpreußen wurde Butterstreusel vorzugsweise bei Beerdigungsfeiern gereicht. Hier das Rezept von Bäckermeister Udo Pfahl:

Man nehme: 500 Gramm Weizenmehl, 80 Gramm Zucker, eine Messerspitze Salz, 200 Gramm Butter, 80 Gramm Hefe, ein Ei, 75 Milliliter Milch, Saft von zwei Zitronen.

Anrühren des Teigs: Hefe in Milch auflösen, etwas Mehl hinzugeben, dann alle Zutaten miteinander vermischen, nicht lange kneten. Ausrollen.

Auf den Teig: 250 bis 300

Gramm Butter, gehobelte Mandeln und Zucker.

Bei etwa 240 Grad acht bis zehn Minuten lang backen. Zeigt der Kuchen Farbe, sollte er aus dem Ofen genommen werden.

Abb. 2: Eine Rezeptur, die zur Nachahmung nicht empfohlen wird;
Quelle: "Hamburger Abendblatt" v. 02. Juli 1984

373

Die Folge war ein Proteststurm enttäuschter Hausfrauen und -männer, deren nach dieser Rezeptur gewirkter Teig wie „tot" auf dem Tisch lag - kein Wunder, denn Hefe ist in einem solch sauren Milieu kaum zu einer Gärleistung fähig!

2. ... dann aber gab es eine Medaille

Nachdem ich als Student bzw. Lehrbeauftragter meine ersten Erfahrungen mit Aspekten des handlungsorientierten Unterrichts im Rahmen der Praktischen Fachkunde gemacht hatte, habe ich diese während meines Referendariats vertiefen können und eine entsprechende Unterrichtseinheit als Hausarbeit zur zweiten Staatsprüfung schriftlich angefertigt sowie auf einer dazugehörigen Videokassette dokumentiert (vgl. PFAHL 1986).

Und wieder ging es ins Museumsdorf - jedoch:

Während es mir anläßlich des ersten Besuches ausschließlich darauf ankam, fachliche Inhalte zu vermitteln, habe ich beim zweiten Mal gemerkt, wie gerne sich Schüler z.B. auch an der Planung des Unterrichts beteiligen. In diesem Sinne machte ich mich gemeinsam mit meinen Schülern an die Arbeit. Das Thema hatten sich die Schüler gewünscht, denn sie hatten über das Backen in Volksdorf schon einiges von ihren Vorgängern gehört. In der Motivations- und Zielentscheidungsphase ergab sich folgende Erweiterung des Projektes:

- Die Arbeit im Museumsdorf sollte zunächst von den Schülern in der Presse angekündigt werden;
- die Brot- und Kuchenherstellung sollte auf einem Videofilm festgehalten und von den Schülern mit einem fachlichen Text unterlegt werden;
- dieser Film sollte dann von den Schülern auf der internationalen Backwarenausstellung präsentiert und
- über das Gesamtprojekt sollte von den Schülern ein Bericht für verschiedene Fachzeitungen geschrieben werden.

Um es noch einmal zu betonen: Dieses umfangreiche Programm hatte sich erst im Gespräch mit den Schülern ergeben. Den anstehenden Mehraufwand wollten sie gerne bewältigen, und zwar in arbeitsteiliger Gruppenarbeit, wobei sich die Gruppen nach der jeweiligen Interessenlage gebildet hatten. Mein Dispositionsziel für diese Phase lautete: *„Die Schüler sind motiviert, die eigene Leistungsfähigkeit auszuschöpfen und zum Erreichen der gemeinsamen Ziele beizutragen"* (PFAHL 1986, S. 35). Anzumerken ist an dieser Stelle, daß die Handlungsziele der Schüler weitreichender waren als die ursprünglichen Lehrziele, d.h. Lehr- und Lernziele müssen nicht immer deckungsgleich sein.

In der Planungsphase gingen die Gruppen dann sehr selbstbewußt ans Werk, und schon nach 15 Minuten übergab mir der „Organisationsleiter" einen Ablaufplan (vgl. Abb. 3).

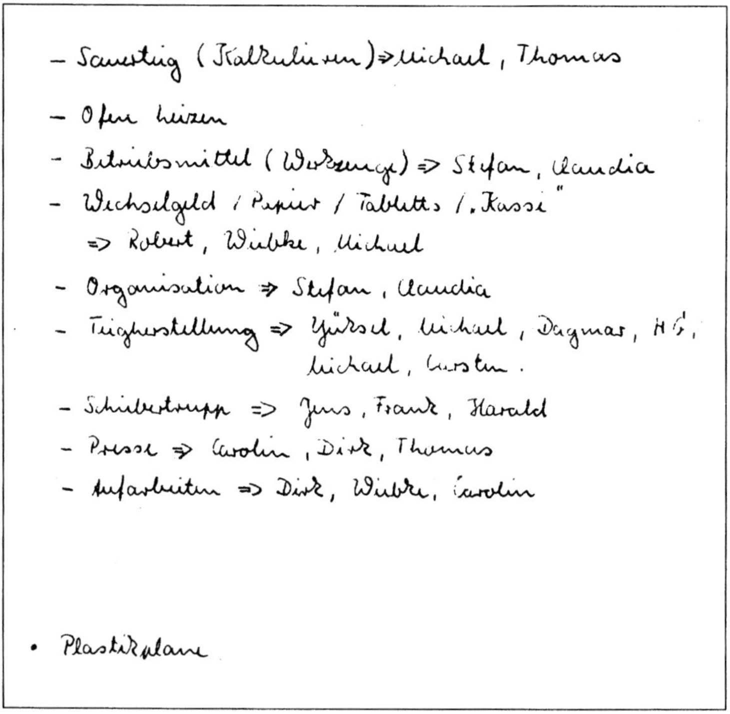

– Samstag (Kalkulieren) ⇒ Michael, Thomas
– Ofen heizen
– Betriebsmittel (Werkzeuge) ⇒ Stefan, Claudia
– Wechselgeld / Papier / Tabletts /. Kasse "
  ⇒ Robert, Wiebke, Michael
– Organisation ⇒ Stefan, Claudia
– Teigherstellung ⇒ Yürsel, Michael, Dagmar, H.,
  Michael, Carsten.
– Schülertrupp ⇒ Jens, Frank, Harald
– Presse ⇒ Carolin, Dirk, Thomas
– Aufarbeiten ⇒ Dirk, Wiebke, Carolin

• Plastikplane

Abb. 3: Ablaufplan einer Schülergruppe; Quelle: PFAHL 1986, S. 71

Nun wäre es auf der Grundlage einer solchen Planung unverantwortlich gewesen, mit den Schülern ins Museumsdorf zu fahren, nur um sie dort in Anwesenheit der Zuschauer erfahren zu lassen, daß sie zu oberflächlich geplant hatten. Mit Recht wären dann Vorwürfe an den Lehrer erhoben worden. Also wurde im Klassenplenum eine weitere Zergliederung der Arbeit vorgenommen, sodaß konkrete Aufgaben an die einzelnen Schüler verteilt werden konnten.

Als Dispositionsziel hatte ich vermerkt: *„Die Schüler sind bereit, systematisches Arbeiten in der betrieblichen Praxis anzuwenden"* (PFAHL 1986, S. 42).

Die Durchführungsphase soll der besseren Übersicht wegen mit folgenden Schwerpunkten dargestellt werden:

- Erstellen des Sauerführungsschemas,
- Backen im Museumsdorf,
- Texterstellung und Vertonung des Filmes,
- Filmpräsentation auf der Messe.

Auf einer Folie hatte ich den Arbeitsauftrag zum **Erstellen eines Sauerführungsschemas** fixiert, und zwar bewußt in der gleichen Formulierung wie sonst im Fachrechenunterricht. Diesmal allerdings ging nicht das übliche Stöhnen durch die Klasse, sondern unternehmungslustige Schüler warteten hier auf ein Startzeichen. Sie hatten eine Aufgabe erhalten, die nicht gelöst werden sollte, um sie dann wegzuheften, sondern die gelöst werden mußte, um 90 Brote herstellen zu können. Ein unter Ernstcharakter stehendes fachkundliches Problem forderte also zum Rechnen heraus. Anläßlich früherer Besuche im Museumsdorf hatten meine Schüler die Rezeptur noch „serviert" bekommen, denn mir ging es um die „Brotherstellung in einem Steinbackofen" - und das war schließlich Fachkunde!

Im Rahmen dieses fächerübergreifenden Ansatzes waren die Schüler zusätzlich motiviert, weil sie beschlossen hatten, das Erstellen des Sauerführungsschemas für spätere Schülergenerationen auf einem Videofilm festzuhalten. Um sich also vor laufender Kamera nicht zu blamieren, mußten zunächst einmal die Zahlen stimmen. Außerdem mußte dramaturgisch begründet werden, wie denn ein Führungsschema nachvollziehbar für einen Lehrfilm aufzubereiten und an die Tafel zu schreiben sei. Selten hatte ich so leidenschaftlich diskutierende Schüler erlebt - und das in einer Mathestunde ...

Auf der Grundlage des erstellten Führungsschemas erfolgte dann das **Backen im Museumsdorf**. Zuvor hatte ein Schüler mit Hilfe seines Meisters den Anfrisch- und Grundsauer hergestellt, wobei diese Szenen nochmals in der Berufsschule nachgestellt und gefilmt wurden. Am Sonntagnachmittag vor dem eigentlichen Backtag machte sich eine Kolonne von sieben PKW auf den Weg ins Museumsdorf, um den Ofen vorzuheizen bzw. um das Arbeiten mit dem Schlagschieber zu üben. Um sieben Uhr am Montag war dann Treffpunkt vor der Berufsschule. Rohstoffe, Zutaten und Betriebsmittel wurden überprüft und im Bus verstaut. Mit peinlicher Sorgfalt hakte der „Organisationsleiter" jeden Punkt seiner Liste ab. Die Fahrt ging los - bei Temperaturen um den Gefrierpunkt. Der Busfahrer prophezeite uns, daß das Brot bei diesen Temperaturen niemals etwas werden könnte! Sofort nach der Ankunft im Museumsdorf mußte der Vollsauer hergestellt werden. Die gegebenen Außentemperaturen waren tatsächlich eine denkbar schlechte Ausgangslage für den herzustellenden Sauerteig, also: „Bloß nicht zu kalt schütten ...", war von der Schülerseite zu hören, „aber auch nicht zu heiß, sonst verkleistert uns die Stärke!" Es mußte also sehr genau aus den Temperaturen des Grundsauers und des Schrotes ermittelt werden, welche Temperatur das Schüttwasser haben sollte. Und plötzlich standen alle um die alte Backmulde herum und waren am Rechnen. Die weiteren Arbeiten nahmen ihren planmäßigen Verlauf, und abermals waren viele Zuschauer zugegen. Die schriftlich von der „Pressegruppe" verfaßte Vorankündigung hatte sich demnach gelohnt (vgl. Abb. 4).

Auch der Museumswart hatte eine entsprechende Meldung herausgegeben: „Anläßlich der Backwaren-Fachmesse, zu welcher Bäckermeister aus allen Teilen Deutschlands kommen, wird im Museumsdorf Volksdorf Brot im alten Steinofen gebacken."

Unvorsichtigerweise aber ist diese Pressemeldung telefonisch durchgegeben worden - und so staunten viele Zuschauer nicht schlecht angesichts jener jugendlichen Frische der im Museumsdorf tätigen „Bäckermeister".

Kreisberufsschüler ins Museumsdorf

ELMSHORN. Am Montag, dem 17. März, fahren 18 Bäcker-Auszubildende der Kreisberufsschule Elmshorn ins Museumsdorf nach Volksdorf. Dort werden sie an einem alten Holzofen nach altdeutscher Art Vollkornbrote und Apfelkuchen backen. Bevor die eigentliche Backarbeit beginnen kann, müssen die Berufsschüler und ihr Lehrer Udo Pfahl den Ofen einen Tag vorher bereits anheizen. Während der Arbeiten im Museumsdorf entsteht ein Dokumentarfilm, der auf der internationalen Backwarenausstellung, der „IBA '86", in Hamburg gezeigt werden wird.

Abb. 4: Pressemitteilung einer Schülergruppe; Quelle: "Elmshorner Nachrichten" v. 13. März 1986

Für die Schüler war es natürlich ein erhebendes Gefühl, als „Bäckermeister" beobachtet zu werden ... (vgl. Abb. 5).

Mit Nachdruck wurde aber deutlich, wie wichtig es ist, Presseerklärungen schriftlich zu verfassen.

Auch diesmal hatten die Zuschauer wieder viele Fragen, welche die Schüler gut vorbereitet beantworten konnten. Hierbei ergab sich auch eine rührende Beschäftigung meiner Schüler mit den anwesenden Kindern: Bereitwillig wurde etwas Teig abgegeben und mit den „Minibäckern" adressatengerechte Kleinbrote hergestellt.

Brotbacken im Museumsdorf

Anläßlich der Backwaren-Fachmesse in Hamburg kommen Bäckermeister aus allen Teilen Deutschlands in das **Museumsdorf Volksdorf**, um im alten Steinofen Brote zu backen: **Am kommenden Montag, dem 17. März, ab 11 Uhr.** Übrigens: Zuschauer sind willkommen. Das frischgebackene Brot wird etwa ab 13 Uhr verkauft.

Abb. 5: Berufsschüler als Bäckermeister; Quelle: "Volksdorfer Markt" v. 13. März 1986

Folgende Gedanken machte ich mir während meiner Unterrichtsplanung zum Verkauf der Brote: Die meisten Schüler werden diesbezüglich erstmalig in direktem Kontakt zum Kunden stehen und merken, wie kritisch der Verbraucher sein kann. Sie werden das unangenehme Gefühl der Ablehnung spüren, wenn der Kunde ihre Brote zurückweist - oder sie werden feststellen, wie erhebend Zuspruch sein kann, wenn der Kunde ihre Brote lobt. Beide Gefühle - Ablehnung und Zuspruch - können den Schülern aber helfen, sich in die Kollegin „an der Front" hineinzuversetzen, denn ihr, der Verkäuferin, wird nur allzuoft der Verkauf minderwertiger Waren zugemutet. Somit sollte die Beteiligung angehender Bäckergesellen am Verkaufsgeschehen zu sorgfältigem Arbeiten in der Backstube motivieren und die Gleichgültigkeit mindern.

In diesem Sinne freute ich mich dann, daß die ausgebackenen Brote das erwartete rustikale Aussehen zeigten, und die Schüler beim Verkauf den verdienten Zuspruch erhielten. Einige Brote allerdings waren an der Unterseite etwas zu dunkel, weil der Ofen an einer Stelle zu viel Unterhitze erzeugt. Diese Brote schoben die verkaufenden Schüler bis zuletzt verschämt zur Seite ...

Auf Anregung der Organisationsgruppe waren auch zwei Vertreter des Pinneberger Innungsvorstandes ins Museumsdorf eingeladen worden, um die Produkte der Schüler begutachten zu können. Durch den Besuch der Obermeister hatte das Projekt in den Augen der Schüler erheblich an Bedeutung gewonnen.

Meine Dispositionsziele für diese Phase des Unterrichts lauteten: „Die Schüler ändern ihre Einstellung, daß Theorie und Praxis zwei voneinander getrennte Bereiche sind.

Die Schüler entwickeln die Fähigkeit, sich in das Verkaufspersonal hineinzuversetzen und zeigen ihre Bereitschaft, durch bessere innerbetriebliche Kommunikation zum Betriebserfolg und zur Förderung des Betriebsklimas beizutragen" (PFAHL 1986, S. 57).

Am nächsten Berufsschultag hatte der Film dann im Klassenplenum „Premiere" und wurde von der Filmgruppe zunächst im Originalton und in voller Länge vorgeführt.

Sodann kam es zur **Texterstellung und Vertonung des Filmes**. Die einzelnen Filmpassagen mußten in dem Bewußtsein kommentiert werden, daß nachfolgende Bäckerlehrlinge von dem Film etwas lernen können. Daher mußte der Film von Fachleuten, die etwas von Sauerteigführungen verstehen (!), verständlich aufbereitet werden. Die Schüler mußten also fachliche Hintergründe reflektieren und didaktisch so reduzieren, daß die Textlänge zu den entsprechenden Filmausschnitten paßt. Als der Text fertig erstellt war, konnte erst eine Abstimmung Einigkeit darüber herbeiführen, ob nun ein Schüler oder mehrere den Film besprechen sollten. Die Klasse entschied sich für mehrere Sprecher, weil der Film dadurch lebhafter werden könnte.

Ich hatte im Vorwege folgendes Dispositionsziel formuliert: *„Die Schüler haben Freude, ihre Arbeitsziele anderen Lerngruppen zugänglich zu machen"* (PFAHL 1986, S. 60).

Die **Filmpräsentation auf der Messe (IBA '86)** sollte stattfinden im Rahmen einer Ausstellung des Verbandes der Deutschen Bäckerfachvereine. Auf einer Fläche von 25 Quadratmetern waren eine Videoanlage und einige Sitzreihen aufgebaut worden. Auf der Messe könnte es zur „Konfrontation" mit Vertretern der Backmittelbranche kommen, so eine Mutmaßung der Schüler eingedenk ihres natürlich gezüchteten Sauerteiges. Sie wollten sich intensiv darauf vorbereiten. Am Tag der Messeeröffnung macht der Bundesminister für Ernährung, Landwirtschaft und Forsten, 1986 war es Ignatz Kiechle, traditionell einen Messerundgang, welcher ihn auch zur Leistungsschau der Bäckerfachvereine führt. Und dort würde der Film der Bäcker-Oberstufe laufen, präsentiert von Schülern, die fachlich zu jeder Auskunft bereit sind ...

Vor diesem Hintergrund wurde im Klassenplenum beschlossen, daß immer zwei Schüler gemeinsam zur Messe fahren sollten, um sich gegenseitig unterstützen zu können. Der Lehrer habe im Hintergrund zu bleiben, sollte aber immer erreichbar sein ...

Auf der Ausstellung waren die Schüler zunächst recht befangen, hatten sich aber schnell an die Atmosphäre gewöhnt, nicht zuletzt deshalb, weil sie von den Meistern und Gesellen der Bäckerfachvereine sehr kollegial aufgenommen wurden.

Es mußten viele fachliche Fragen der Messebesucher beantwortet werden. Einige Schüler hatten sich extra ihre Unterlagen mitgenommen. Während der gesamten Messedauer geschah es nicht ein einziges Mal, daß meine Schüler „von oben herab" behandelt wurden - im Gegenteil, die Leistung der Schüler nötigte vielen Messebesuchern Respekt ab. Einigen Schülern gelang es sogar, berufliche Kontakte zu knüpfen.

Ich denke, mein damaliges Dispositionsziel war richtig gewählt: *„Die Schüler finden Gefallen daran, aktiv an einer Fachmesse teilzunehmen"* (PFAHL 1986, S. 62).

Nach erfolgreichem Messeverlauf orientierte sich die Gesamtreflexion des Projektes an den einzelnen Abschnitten des zu schreibenden Fachaufsatzes. Die Abschnitte mußten chronologisch dem Projektverlauf entsprechen. Indem also das Projekt aufgearbeitet wurde, um Stichpunkte für den Fachaufsatz zu erhalten, mußten die einzelnen Projektphasen reflektiert werden. Während des Messeverlaufs hatten die Schüler mit den Fachredakteuren gesprochen und wußten, daß kurz nach Messeschluß alle Manuskripte für die Messeberichterstattung in den Redaktionen sein mußten - es wurde demnach auf ihre Artikel gewartet. Durch diesen methodischen Ansatz sollte dem möglichen Desinteresse der Schüler an einer ausführlichen Gesamtreflexion entgegengewirkt werden. In arbeitsgleicher Gruppenarbeit wurden nun Fachberichte angefertigt, dann miteinander verglichen, um letztendlich zu einer Fassung zu gelangen, in welcher sich alle Schüler wiedererkennen konnten. Ausgiebig wurde über die Überschrift diskutiert, und das Plenum entschied sich schließlich für folgende: „Brotbacken wie zu Opas Zeiten". Ich war von dieser Überschrift nicht sonderlich begeistert und räumte ihr wenig Chancen ein, gedruckt zu werden (wie man sich doch täuschen kann ...; vgl. Abb. 6).

Folgendes Dispositionsziel galt für den Schluß des Projektes: *„Die Schüler sind motiviert, an der Gestaltung von Fachzeitungen mitzuwirken"* (PFAHL 1986, S. 66).

In der Reflexionsphase wurden wir plötzlich unterbrochen. Das hatte allerdings einen erfreulichen Grund:

Der Bezirksmeister von Elmshorn, Werner Buck, war in die Berufsschule gekommen, um meiner Klasse eine Ehrenurkunde und eine Medaille vom Zentralverband des Deutschen Bäckerhandwerks zu überbringen, und zwar als Dank und Anerkennung für hervorragende Leistungen auf der internationalen Backwarenausstellung 1986.

Backen wie zu Opas Zeiten

Schüler der Kreisberufsschule Elmshorn arbeiteten im Museumsdorf – Videofilm für die »iba«

Hamburg – Eine besondere Werbung für das Bäckerhandwerk ließ sich eine Berufsschulklasse aus Elmshorn anläßlich der »iba« einfallen: Unter der Leitung ihres Fachlehrers Udo Pfahl, der übrigens in den siebziger Jahren bei der Bäckerei Richard Mayer in Neusubing bei München tätig war, gelang den Schülerinnen und Schülern der Oberstufe das Experiment, Roggenvollkornbrote aus Schrot, Wasser und Salz in einem altdeutschen Backofen herzustellen. Der Videofilm, der die einzelnen Arbeitsvorgänge im Bild festhielt, wurde auf der »iba« vorgeführt und fand beim Publikum viel Anklang. Mit ihrer Aktion dürfte es den angehenden Bäckern gelungen sein, das Image ihres Berufes in der Öffentlichkeit aufzupolieren und überdies künftigen Schulabgängern das Bäckerhandwerk schmackhaft zu machen. Im folgenden drucken wir den Erfahrungsbericht der Schulklasse ab.

Am 17. März haben wir, die Bäcker-Oberstufe der Kreisberufsschule Elmshorn, im Museumsdorf Volksdorf (Hamburg) Roggenvollkornbrote in einem altdeutschen Holzbackofen gebacken. Wir wollten einmal Brot herstellen ohne komplizierte Maschinen und aufwendige Herstellungsverfahren.

Auch Schieben will gelernt sein

Zunächst haben wir uns in der Schule in einzelne Arbeitsgruppen aufgeteilt. Dazu gehörten die Presse-, die Kalkulations- und die Organisationsgruppe. Die Pressegruppe bereitete die Presseerklärungen vor, die Organisationsgruppe war zuständig für den

Heiko Mohr präsentiert zwei der aromatischen Vollkornbrote, die aus Schrot, Wasser und Salz hergestellt wurden. Foto: Pfahl

reibungslosen Arbeitsablauf, und die Kalkulationsgruppe stellte ein Rechenschema für einen dreistufigen Sauerteig auf.

Zusammen errechneten wir dann das Rezept für 90 Roggenvollkornbrote. Am Vortag des eigentlichen Backens fuhren wir mit unserem Lehrer ins Museumsdorf. Dort übte der »Schieberttrupp« mit totem Teig das Einschieben der Brote. Nach dem Üben legten wir Holzscheite in das Ofenloch und heizten den Ofen vor. Zur selben Zeit begann ein

Schüler in seinem Lehrbetrieb den Sauerteig anzusetzen. Den Anfrischsauer mußte er um 18.00 Uhr, den Grundsauer um 24.00 Uhr anmachen.

Am nächsten Morgen trafen wir uns vor dem Schulgebäude und fuhren mit dem Bus, den uns die Innung des Kreises Pinneberg zur Verfügung gestellt hatte, zum Museumsdorf. Zuerst mußte der Ofen

nachgeheizt werden. Dann wurde ein Frühstück angesetzt, dessen Körner nach dem Backen als »speckige Körner« auf der Schnittfläche des Brotes erscheinen. Gegen 8.00 Uhr wurde der Vollsauer hergestellt. Da der Vollsauer drei Stunden reifen muß, haben wir uns in der Zwischenzeit das Museumsdorf angesehen. Um 11.00 Uhr konnten wir den Teig machen.

Kuchen fand reißenden Absatz

Beim Teigmachen von Hand ist darauf zu achten, daß man eine bestimmte Technik anwendet: Vom vorgemischten Teig auf der einen Seite des Troges werden Stücke abgeknippen und auf der anderen

Seite schichtweise verstrichen. Dann wird dieser Vorgang wiederholt man acht- bis zehnmal, bis die Zutaten innig miteinander vermischt sind.

Nach 13 Minuten Teigruhe wurde der Teig aufgearbeitet und die Teiglinge mit Fett eingestrichen, damit die angeschobenen Brote nach dem Backen wieder auseinandergehen. Während der Stückgare wurde der Ofen vorbereitet. Zuerst zogen wir die Glut mit dem Feuerhaken heraus und löschten sie sofort ab. Dann wurde der Ofen ausgefegt und mit der »Bäckerfahne« ausgeschleudert. Der Ofen hatte jetzt knapp 400°C. und die Brote konnten eingeschoben werden. Beim Backprozeß verliert der Ofen zunächst sehr schnell an Temperatur. Diese sogenannte »Flughitze« ist verantwortlich für die dicke Kruste der Holzofenbrote.

Unsere Arbeit wurde übrigens ständig von kleinen Nachwuchsbäckern begleitet. Sie hatten sich unter unserer Anleitung selbst »Minibrote« aufgemacht, die ebenfalls mit eingeschoben wurden.

Während der Backzeit säuberten wir unsere Arbeitsplätze und bereiteten den Verkauf vor. Nach etwa anderthalb Stunden holten wir die Brote aus dem Ofen, der noch ungefähr 180°C hatte. Wir konnten jetzt die drei Bleche alldeutschen Apfelstreusel, die eine Schülerin in ihrem Lehrbetrieb vorbereitet hatte, abbacken.

Unser Bezirksmeister aus Elmshorn, Werner Buck, und der Ehrenobermeister der Pinneberger Innung, Heinz Schlüter, haben uns im Museumsdorf besucht und sich von der Qualität unserer Brote überzeugt. Von den Kuchen jedoch haben sie nur die Kanten abbekommen, denn wir wurden unsere Backwaren reißend los.

Medaille vom Zentralverband

Das gesamte Projekt wurde auf einem Videofilm festgehalten und mußte in mühevoller Arbeit vertont werden. Der Film wurde dann auf der »iba 86« in Hamburg im Rahmen der Gebäck- und Leistungsschau der Bäckerinnungen gezeigt. Täglich standen zwei bis drei Schüler zur Verfügung, um Fragen der Messebesucher zu beantworten. Während der gesamten Messe wurden wir von den Mitgliedern der Fachvereine kollegial betreut. Am ersten Schultag nach der Messe gab es noch eine große Überraschung: Herr Buck besuchte uns in der Schule, um uns eine Ehrenurkunde und eine Medaille des Zentralverbandes des Deutschen Bäckerhandwerks zu überreichen, und zwar für unsere besondere Mitarbeit an der »iba 86«.

Beim Backen im Museum haben wir gelernt, daß es möglich ist, nur aus Schrot, Wasser und Salz ein aromatisches Vollkornbrot herzustellen.

Für uns alle war das Projekt mit ungewöhnlich viel Arbeit verbunden. Doch jeder würde es noch einmal machen, da wir auch sehr viel Spaß dabei hatten.

Nach getaner Arbeit im Museumsdorf: die Oberstufenklasse aus Elmshorn mit ihrem Klassenlehrer Udo Pfahl (Bildmitte). Links im Bild: Ehrenobermeister Heinz Schlüter von der Innung Pinneberg, der die angehenden Kollegen tatkräftig unterstützte. Foto: Pfahl

Abb. 6: Schüleraufsatz in einer Fachzeitung; Quelle: "Bäckermeister" v. 09. Mai 1986

Anhand ausgewählter Beispiele werden in den nächsten Abschnitten weitere Projekte geschildert, wobei ich mich kürzer fassen werde, denn die Einteilung der Projekte in die jeweiligen Phasen folgt stets den gleichen Grundsätzen.

3. Als es bei den Bäckern noch richtig „tickte"

Noch im Jahre 1986 entwickelte sich ein neues Projekt, und zwar aus der Gemeinschaftskunde heraus, wo laut Lehrplan „Chancen und Probleme der Industriegesellschaft" zu behandeln waren, u.a. am Beispiel der „Rationalisierung" (KS-H 1984a). Verknüpft werden konnte dieses Thema mit dem „Betrieblichen Leistungsprozeß", einem Lerninhalt der Betriebswirtschaft (KS-H 1984b), der „Gärunterbrechung" aus der Fachkunde (KS-H 1983) und den „Rezeptberechnungen" aus dem Fachrechnen (KS-H 1983). Vorgestellt werden sollte einer interessierten Öffentlichkeit der Lehrberuf des Bäckers unter dem Gesichtspunkt, daß auch hier die schwere körperliche Arbeit zurückgegangen sei infolge des erhöhten technischen Standards, gleichwohl aber die kreative handwerkliche Tätigkeit im Vordergrund stehe.

In diesem Sinne wurden auch die Bäckereifachverkäuferinnen mit eingespannt:

Sie ließen sich in ihren Lehrbetrieben 50 g schwere Brote aus dem üblichen Sortiment herstellen, gestalteten Plakate und dekorierten eine Vitrine in der Pausenhalle, um die Sortimentsvielfalt der Bäckereien zu beweisen. Die 130 Brotsorten wurden um eine gebackene, tatsächlich funktionierende Uhr herum gruppiert, welche wiederum aus dem Meisterkurs stammte - Motto: „Frische rund um die Uhr".

Zum Presseempfang wurde neben dem Schulleiter auch der Obermeister eingeladen, und zur allgemeinen Zufriedenheit entwickelte sich aus dem Projekt auch noch eine gelungene Nachwuchswerbung (vgl. Abb. 7 u. 8).

Erstmalig aber war mein Unterricht nicht nur fächer-, sondern auch klassen- und lernortübergreifend.

Berufliche Schulen Elmshorn stellten den Lehrberuf des Bäckers vor

„Frische" Backwaren brauchen auch am Nachmittag nicht alt zu sein

Bäckerlehrlinge im dritten Lehrjahr bereiten Croissants und Brötchen für den Gärautomaten vor.   **Foto: ina**

ELMSHORN/UETERSEN (ina). Bäcker werden ist heute schwerer als früher. Dieser Meinung ist jedenfalls Heinrich Kolls, Obermeister der Bäckerinnung Pinneberg, der selbst vor über 30 Jahren seine Gesellenprüfung abgelegt hat. Zwar sei die körperliche Arbeit zurückgegangen, so Kolls, doch habe die zunehmende Spezialisierung zu wachsenden Anforderungen geführt.

Anhand von drei Beispielen ist jetzt in den Beruflichen Schulen in Elmshorn das Bäckerhandwerk vorgestellt worden. Daß die Bundesrepublik Deutschland Weltmeister im Brotbacken ist, wollten Lehrer und Schüler anhand einer Vitrine unter Beweis stellen. Dort haben sie rund 130 Brotsorten aus 40 Betrieben in Form einer Uhr sortiert. Bei den ausgestellten Broten handelt es sich um Minibrote, die nur ein Zehntel

Fortsetzung Seite 22

Abb. 7: Öffentlichkeitsarbeit in der Berufsschule; Quelle: "Uetersener Nachrichten" v. 03. Dezember 1986

Frische Backwaren nachmittags

130 Brotsorten aus den Ausbildungsbetrieben stecken in diesem Uhrenarrangement.

Fortsetzung von Seite 1
des eigentlichen Gewichts haben. Nirgendwo, so hieß es, sei die Brot- und Brötchenvielfalt so groß wie in diesem Land. Auch hier seien Bäcker mehr gefordert als früher, als es nur ein begrenztes Sortiment gab.

Daß es einige Mühe kostet, dieses Sortiment auch an den Käufer zu bringen, will die Schule ihren Lehrlingen ebenfalls vermitteln. Wie Ware optisch reizvoll verpackt und präsentiert wird, zeigt ein kleines Schaufenster, in dem einige Präsente und ein Stollen liegen. Preisfrage: Wieviel Sultaninen befinden sich darin? So sollen Käufer gebunden werden.

Schüler im dritten Lehrjahr zeigten, daß am Nachmittag „frisch" angebotene Brötchen nicht immer aufgebacken sein müssen. Durch mikroprozessorgesteuerte Gärautomaten ist es den Bäckern jetzt möglich, zu jeder Tageszeit frische Backware zu liefern. Die Geräte sind zeitlich programmierbar. Auch diese neue Technik erfordere viel theoretisches Hintergrundwissen, das in Elmshorn vermittelt werden soll.

Von den etwa 3620 Berufsschülern wollen 355 Bäcker werden. Sie verteilen sich auf 15 Klassen. Der Anteil an Mädchen beträgt zehn Prozent mit steigender Tendenz. Oberstudiendirektor Siegfried Carolus erläuterte, daß auch in der Berufsschule nicht auf Fachpraxis verzichtet werden soll. Wert werde dabei auf die Demonstration und nicht auf die Anwendung gelegt.

Stolz ist die Bäckerinnung, daß sie bei ihrer letzten Freisprechung die Übernahme aller frischgebackenen Gesellen verkünden konnte. Außerdem habe jeder, der Bäcker werden wollte, auch einen Arbeitsplatz gefunden, so Kolls. Daß die Nachfrage das Angebot jedoch nicht wesentlich übersteigt, liegt laut Obermeister an dem seiner Meinung nach einzigen negativen Aspekt des Berufs: das frühe Aufstehen um vier Uhr. Doch spreche, so Studienrat Udo Pfahl, die technische Entwicklung dafür, daß das frühe . Aufstehen mehr und mehr verschwinde. Werden die Bäcker also bald mehr?

Abb. 8: Öffentlichkeitsarbeit in der Berufsschule (Fortsetzung);
Quelle: "Uetersener Nachrichten" v. 03. Dezember 1986

4. Hilfe zur Selbsthilfe

Aus dem Jahre 1987 habe ich zunächst ein Projekt ausgewählt, welches mir sehr am Herzen lag, da ich als junger Meister selbst in der technischen Entwicklungshilfe gearbeitet hatte.

Die Innung hatte seinerzeit eine neue Brotsorte zugunsten der Welthungerhilfe kreiert. Nun galt es, dieses Vorhaben einer breiten Öffentlichkeit vorzustellen. Und genau dieses Problem erörterte ich dann mit meiner Klasse. Wir beschlossen daraufhin, unter dem Thema „Spezialbrote" das Hirsebrot herzustellen, uns mit der Entwicklungshilfe zu beschäftigen und eine Presseerklärung zu verfassen (vgl. Abb. 9).

Brot aus Elmshorn für die Deutsche Welthungerhilfe

ELMSHORN. Das Hirse-Brot ist gebacken, die Auszubildenden an der Kreisberufsschule Elmshorn (Foto) können zufrieden sein. Ab sofort ist das Afrika-Brot in den Elmshorner Bäckereien zu kaufen. 50 Pfennig vom Kaufpreis gehen dabei an die Deutsche Welthungerhilfe.

Die Landfrauen am Victoria-See in Kenia wollen damit die Bewässerung der Felder verstärken, besseres Saatgut einsetzen. Die fachliche Beratung für diese Arbeit ist gewährleistet.

Das ballaststoffreiche Brot ist mit Hirse gebacken. Der Ertrag bedeutet für die kenianischen Familien Hilfe zur Selbsthilfe. Wer sich über das Projekt im Osten Afrikas informieren will, kann Material bei der Deutschen Welthungerhilfe, Adenauerallee 134, in 5300 Bonn anfordern.

Abb. 9: Herstellung von Hirsebrot für einen guten Zweck; Quelle: "Elmshorner Nachrichten" v. 26. September 1987

Deutlich wird daran, daß man Projektthemen nicht krampfhaft suchen muß (womöglich als Lückenbüßer in der letzten Woche vor den Ferien!), sondern daß oft kleine Anlässe ein Projekt initiieren, wobei dann die Lerninhalte die Methode erfordern, welche dabei gleichsam zum Lerninhalt avanciert und den Schülern „Hilfe zur Selbsthilfe" bietet.

Hilfe, das wurde im Jahr 1987 besonders deutlich, war auch auf einem anderen Gebiet erforderlich, und zwar aufgrund des drastischen Anstiegs berufsbedingter Krankheiten im Bäckerhandwerk. An diesem Thema hatte ich daher mit dem Meisterkurs den Lerninhalt „Berufsgenossenschaft" aufgearbeitet. Diesbezüglich hatten wir die Schule verlassen und uns an einer Aktionswoche „Sicherheit" der Berufsgenossenschaft beteiligt. Die Schüler hatten sich vorgenommen, einen Vortrag des technischen Aufsichtsbeamten auszuwerten und in Fachzeitschriften zu publizieren. Beeindruckt von den Fakten der aufgezeigten Problematik wurde in der unterrichtsfreien Zeit sogar in Betrieben von betroffenen Bäckermeistern recherchiert. Für mich war das ein Zeichen, daß motivierte Schüler auch über den Unterricht hinaus bereit sind, sich zu engagieren (vgl. Abb. 10).

5. Aus der Praxis - für die Praxis

Das folgende Beispiel soll zeigen, daß *„gerade Erkundungen nicht nur als umfassende Projekte möglich sind, sondern ausgezeichnet in den Alltag des normalen Fachunterrichtes integriert werden können"* (GUDJONS 1994, S. 99 ff.).

Schon lange war ich unzufrieden mit meiner Durchführung von Ausstellungsbesuchen, d.h. der Lehrer marschiert wichtig vorneweg, und die Schüler spazieren feixend hinterher! Wie viele Betriebsbesichtigungen überfordern solche Ausstellungsbesuche die Schüler durch ein Übermaß an Eindrücken und haben im Hinblick auf den Unterrichtserfolg meistens nur eine geringe Effizienz. Diesen Unmut äußerte ich im Jahre 1988 vor den Klassen der Bäcker-Mittelstufe, als wieder einmal die InternorGa vor der Tür stand. Gemeinsam wurde dann ein neues Konzept mit den Merkmalen einer Erkundung erarbeitet, welches in der Folge mit unterschiedlichen Schwerpunkten angewendet wurde:

- Planung des Ausstellungsbesuches und Festlegung bzw. Vergabe der „Spezialaufträge";
- Beobachtungs- und Befragungstechniken üben;
- Besuch der Ausstellung;
- Nachbereitung anhand des Anlegens von Ausstellungsmappen;
- Ausstellern für das bereitgestellte Material danken, z.B. durch einen Bericht in der Fachzeitung (vgl. Abb. 11).

Verbesserung der Arbeitsbedingungen

Im Rahmen des Ausbildungsthemas „Berufsgenossenschaft" besuchte der Meisterkursus der GFA Hamburg den Vortrag des Referenten Horst Wohlert, Technischer Aufsichtsbeamter der Berufsgenossenschaft NGG. Thema des Vortrages „Verhinderung von Bronchialasthma im Backbetrieb".

Nach neuesten Erkenntnissen der BG haben mehr als 20 % der Beschäftigten in Bäckereien eine Veranlagung zum Bäckerasthma.

Was ist eigentlich Asthma?

Asthma ist eine Atemwegserkrankung. Erste Anzeichen dafür sind: Augentränen, Fließschnupfen, Nießzwang, Hustenanfälle, Auswurf und Atembeschwerden. Die Atemnot des Asthmakranken wird durch drei Vorgänge ausgelöst.

Die Muskulatur der Atemwege verkrampft sich.

Die Schleimhaut der Atemwege schwillt an.

Meisterkurs der GFA Hamburg.

Schleimpfropfen engen die Atemwege noch weiter ein.

Folge: Der Betroffene leidet unter akuter Atemnot mit Angstzuständen.

Erschreckend ist die Statistik, die der Referent vorstellte. Während es 1969 nur 200 angezeigte Fälle von Bäckerasthma gab, waren es 1986 schon 1200, wobei die Dunkelziffer wahrscheinlich noch höher ausfällt.

Im Jahre 1972 wurden für die Entschädigung von Berufskrankheiten 1 Mio. DM ausgegeben, während im Jahre 1986 bereits 40 Mio. DM von der Berufsgenossenschaft aufgebracht werden mußten. Allein davon sind 90 % den Bäckern zugeflossen. Der größte Teil des Geldes entfällt auf das Bäckerasthma. Die Um-

schulungskosten für eine anerkannte Berufskrankheit betragen zwischen 120 000 DM und 150 000 DM.

Da die Beitragskosten der Berufsgenossenschaft aufgrund der aufgebrachten Leistungen errechnet werden, kann sich jeder Unternehmer ausrechnen, welche Kosten in Zukunft auf ihn zukommen, wenn keine Gegenmaßnahmen getroffen werden.

Hauptverursacher in den Bäckereien sind: Knetmaschinen in der Mischungsphase, Brötchenpresse, Sieben des Mehles von Hand aus dem Sack, Bestäuben des Arbeitstisches und der Brotkörbe, des Transportbandes bei der Ausrollmaschine sowie das Ablassen bei Mehlsilos usw.

Ein erster Schritt zur Verminderung der Staubentwicklung wurde bereits veranlaßt: Seit dem 1. Juni 1983 dürfen nur Knetmaschinen verkauft werden, deren Kessel mit einem Deckel verschlossen werden können, auch ältere Maschinen müssen umgerüstet werden.

Selbstinitiativen wurden bereits von einigen (meist betroffenen) Unternehmern erfolgreich ergriffen. So berichtete der Referent von einem Bäckermeister, der mit einer Gummiplane die Staubentwicklung in seinem Betrieb wesentlich vermeiden konnte.

Fridjoff Albers (Schüler der GFA) nahm dies zum Anlaß, den Bäckermeister zu besuchen. Er stellte schnell fest, daß mit wenig Kostenaufwand viel Erfolg erzielt werden kann.

Die Industrie bietet für Bäckereien Absauganlagen an, die sehr wirkungsvoll sind, aber oft aus Kostengründen nicht gekauft werden. Die bisher vorliegenden Ergebnisse haben gezeigt, daß die Staubbelastung in der Atemluft um mehr als 80 % vermindert werden kann.

Fazit: Es muß etwas getan werden, auch wenn es Geld kostet, denn es ist nicht nur vorbeugend gegen Asthmaerkrankungen, sondern dient auch zur allgemeinen Verbesserung der Arbeitsbedingungen in Backstuben. Oder soll das Geld über die Berufsgenossenschaft als Rente an Erkrankte ausgegeben werden?

Jörg Borowski

Viel Erfolg mit wenig Kostenaufwand.

Bäckermeister Günther Böhm.

Abb. 10:
Schüleraufsatz über Arbeitsbedingungen und Berufskrankheiten; Quelle: "Deutsche Bäcker Zeitung" v. 25. Juni 1987

Berufsschüler auf der InternorGa

Elmshorner Bäckernachwuchs legte Mappen aus Prospektmaterial an

Elmshorn. An zwei aufeinanderfolgenden Tagen fuhr jeweils eine Bäcker-Mittelstufe der Kreisberufsschule Elmshorn in Begleitung von Studienrat Udo Pfahl zur InternorGa nach Hamburg. Um sich die Ausstellung möglichst effizient erschließen zu können, hatten die Schüler sich in kleine Gruppen aufgeteilt, versehen mit unterschiedlichen „Spezialaufträgen": So kümmerte sich beispielsweise eine Gruppe um die Backöfen, andere erkundeten den Knetmaschinensektor, Froster und Gärunterbrecher oder die Teigaufbereitungsanlagen. Eine Gruppe hatte sich vorgenommen, möglichst viele neue Rezepte der Zulieferfirmen zu ergattern.

Diese Verfahrensweise verhinderte natürlich auch jenen Schreck, der wohl jedem Aussteller in die Glieder fährt, wenn sich ein geschlossener Trupp von 25 Lehrlingen mit Lehrer bedrohlich seinem Stand nähert. Gleichzeitig handelte es sich um eine „Präventivmaßnahme" – locken doch stets die Hallen der Gastronomie mit ihren flüssigen Kostproben.

Geplant war, daß jede Schülergruppe, ihrem Aufgabengebiet entsprechend, Klassensätze an Prospekten, also etwa 25 Stück, erbitten sollte. Diese Prospekte wurden dann eine Woche später in der Berufsschule nach Themen sortiert und verteilt, so daß sich schließlich jeder Schüler eine Mappe zusammenstellen konnte, die sich auf dem neuesten Stand der Bäckereitechnik befindet.

Unabhängig von den fachlichen Diskussionen, die sich beim ersten Betrachten der Prospekte ergaben, können die Schüler in Zukunft bei entsprechenden Fachthemen auf ihre Mappe zurückgreifen, um ihr Wissen anhand aktueller Beispiele zu vertiefen – getreu dem Motto: „Aus der Praxis – für die Praxis". Selbstverständlich muß die Mappe in eigener Regie auf kommenden

Bäcker-Berufsschüler aus Elmshorn auf der Internor-Ga in Hamburg.

Ausstellungen immer wieder aktualisiert werden. Ein so ausgerüsteter Fachmann wird seinen Betrieb im späteren Berufsleben ein stets kompetenter Ratgeber sein können, wenn zum Beispiel eine Neuanschaffung gemacht werden soll.

Die Schüler haben mit viel Eifer ihre erste Fachausstellung besucht und ausgewertet, wobei sie von den meisten Ausstellern hilfsbereit unterstützt wurden. Einige Firmen haben der Kreisberufsschule Elmshorn in den vergangenen Wochen sogar noch zusätzliches Anschauungsmaterial zukommen lassen.

Abb. 11: Besuch einer Fachausstellung - von Berufsschülern geplant, durchgeführt und ausgewertet; Quelle: "Allgemeine Bäcker-Zeitung" v. 13. Mai 1988

6. Alf, ein Hexenhaus und viele Stollen

An drei Beispielen aus dem Jahre 1989 möchte ich belegen, mit welcher Selbstverständlichkeit mittlerweile handlungsorientierte Sequenzen aufgenommen wurden.

Zunächst einmal stand ein Großereignis ins Haus: der 250. Geburtstag der Bäckerinnung Elmshorn. Ehrensache, daß die Berufsschule „mitfeiert" - und eine Herausforderung, wenn man bedenkt, daß ca. 200 Schülerinnen und Schüler eine Woche lang die Festtage mitgestalten sollten. Da gab es viel zu planen!

Als eine planerische Glanzleistung empfand ich die Idee, in der Berufsschule einen bunten Teller herzustellen, diesen mit einer Presseerklärung zu versehen und die Meister damit in die jeweiligen Lokalredaktionen zu entsenden, um auf die Aktionen aufmerksam zu machen (vgl. Abb. 12).

Interessante Ausstellung der Bäckerinnung

Bäcker machen Alf aus Marzipan

Uetersen/Elmshorn (ed). Eine interessante Ausstellung plant die Bäckerinnung des Kreises Pinneberg in der nächsten Woche in Elmshorn.

Aus Anlaß des 250jährigen Bestehens der Bäckerinnung Elmshorn, zu der übrigens früher auch die Uetersener Bäcker gehörten, will sich das Bäckerhandwerk unter dem Motto „Ausbildung in Schule und Beruf" einer breiten Öffentlichkeit vorstellen. Das soll geschehen auf einer 80 Quadratmeter großen Fläche und im Schaufenster des Elmshorner Kaufhauses Ramelow.

Die Bäcker wollen nach Angaben von Innungsmeister Hans Ossenbrüggen aus Uetersen über die Möglichkeiten der beruflichen Fortbildung im Bäckerhandwerk informieren, anhand eines prämierten Films der Berufsschule Elmshorn aus dem Museumsdorf Volksdorf die handwerkliche Brotherstellung in Theorie und Praxis zeigen, in einem weiteren Videofilm einen modernen örtlichen Backwarenbetrieb vorstellen und durch viele Fachbücher den Weg zum beruflichen Erfolg erläutern. Daß die Technik auch im Bäckerhandwerk weit fortgeschritten ist, wollen Berufsschüler mit einem integrierten Bäckerei-Programm am EDV-

Gerät und mit computergesteuerten Anlagen die Herstellung ofenfrischer Brötchen zu jeder Tageszeit demonstrieren.

Höhepunkt der Ausstellung

von der Unterstufe, Rosen von der Mittelstufe und Figuren von der Oberstufe. So wurde in der Berufsschule beispielsweise ein „Alf" aus Marzipan entwickelt. Nachdem das Fernsehen ihn aus dem Programm genommen hat, liebt er nun bei den Bäckern wieder auf. Ossenbrüggen: „Das Publikum wird diesen Alf sicher zum Fressen gern haben!"

Angehende Bäckereiverkäuferinnen werden die hergestellten Marzipanartikel festlich verpacken und verkaufen, zusammen mit einem von der Bäckerinnung eigens kreierten Jubiläumsbrot, das voll im Trend gesundheitsbewußter Ernährung liegt. Der Verkaufserlös soll einer gemeinnützigen Einrichtung zufließen. Ferner wird von den Verkäuferinnen der Oberstufe - gleichsam als Prüfungsvorbereitung - pro Tag ein Schaufenster nach vorgegebenem Motiv unter dem Plakatschrift dekoriert werden, wobei die Schaufenster nachvollziehbar wachsen und am späten Nachmittag fertig sein soll.

Während der gesamten Ausstellung - von Dienstag bis Sonnabend - werden Schüler, Meister und Lehrer mit dem interessierten Publikum mit Rat und Tat behilflich sein.

Bäckerinnungsmeister Hans Ossenbrüggen aus Uetersen zeigt einige Marzipanfiguren, die von Schülern kunstvoll angefertigt wurden: Das Königsberger Marzipan von Lehrlingen im ersten Berufsjahr, die Maikäfer, Äpfel und Birnen sowie der Alf von jungen Bäckern im zweiten Lehrjahr und die Rose von einem Lehrling im dritten Berufsjahr.   Foto:kk

dürfte aber die Vorstellung der Kreativität im Bäckerhandwerk sein. Kunstvolle Artikel aus Marzipan werden hier von Berufsschülern gefertigt: Königsberger Konfekt

Abb. 12: Ein Ausbilder präsentiert Arbeiten von Berufsschülern;
Quelle: "Uetersener Nachrichten" v. 13./14. Mai 1989

Die Jubiläumswoche wurde jedenfalls ein Erfolg. Sie festigte u.a. auch den Zusammenhalt der beteiligten Lehrer mit der Innung. Darüberhinaus konnte ein hübscher Gewinn an eine gemeinnützige Einrichtung übergeben werden (vgl. Abb. 13).

Bäckerinnung überreichte Scheck aus Kuchenteig

Ein gebackener Scheck über 700 Mark für die Lebenshilfe: von links Modehaus Ramelow-Geschäftsführer Klaus Teuschert, Bäckerinnungsobermeister Heinrich Kolls, Innungsmitglied Werner Buck, Kreisberufschulleiter Siegfried Carolus, Innungsmitglied Rolf Sedemund und Elmshorner Bürgervorsteher Georg Hansen, Ortsvorsitzender der Lebenshilfe.

Elmshorn (ib). Dem Elmshorner Bürgervorsteher Georg Hansen war die Freude anzusehen: Er konnte in seiner Eigenschaft als Ortsvorsitzender der Lebenshilfe für das behinderte Kind einen Scheck über 700 Mark entgegennehmen. Gespendet wurde dieser Betrag von der Kreisberufsschule Elmshorn und der Bäckerinnung des Kreises Pinneberg. Die Berufsschüler hatten vor den Sommerferien im Modehaus Ramelow in einer "gläsernen Backstube" Marzipanfiguren modelliert, die anschließend festlich verpackt und verkauft wurden. Der Reinerlös von 700 Mark wurde, wie es sich für die Bäckerinnung gehört, in Form eines gebackenen Schecks übergeben.

Abb. 13: Nach einer gelungenen Projektarbeit: Spende von Berufsschülern; Quelle: "Uetersener Nachrichten" v. 19. September 1989

Im Kaufhaus, wo obige Ausstellung stattgefunden hatte, war man von der Arbeit der Schüler so beeindruckt, daß dabei gleich eine Verabredung für die Weihnachtszeit herauskam: Elmshorns größtes Hexenhaus sollte im Schaufenster entstehen.

Also, aus Leb- und Honigkuchen wurde das Haus zusammengesetzt, und um die Vielfalt handwerklich hergestellter Weihnachtsgebäcke zu dokumentieren, brachten die Schüler diese aus ihren Lehrbetrieben mit als Schmuck für das Dach (vgl. Abb. 14).

In dieser Adventszeit wurden viele kleine Nasen an dem Schaufenster plattgedrückt und wer weiß, vielleicht war unter den Betrachtern auch ein zukünftiger Bäcker, denn ein nicht zu übersehendes Schild verwies auf die Produzenten dieses Kunstwerkes. Darauf hatten meine Schüler bestanden - zu Recht, wie ich finde!

Szene aus „Hänsel und Gretel" an der Königstraße

Michael Haß aus Elmshorn (von links), Jens Wilstermann aus Heist und Martin Röther aus Horst, Schüler der Bäcker-Oberstufe der Kreisberufsschule Elmshorn, beim Aufbauen und Dekorieren des Hexenhauses im Schaufenster des Hauses Ramelow
Foto: Stahl

Märchenschaufenster bei Ramelow

ELMSHORN (rs). Mit mehr als 50 verschiedenen Kleingebäcken aus ihren Lehrbetrieben haben Auszubildende der Bäcker-Oberstufe der Kreisberufsschule Elmshorn gemeinsam mit dem Deko-Team des Modehauses Ramelow ein zuckersüßes Kunstwerk geschaffen. Das Deko-Team gestaltete in einem Schaufenster des Hauses an der Königstraße eine Szene aus dem Weihnachtsmärchen „Hänsel und Gretel". Die Auszubildenden aus den Kreisen Pinneberg und Steinburg erarbeiteten im Rahmen des lehrplanmäßigen Berufsschulunterrichts zum Thema „Leb- und Honigkuchen" ein großes Hexenhaus für das Märchenfenster, das bis Weihnachten bewundert werden kann.

Abb. 14: Berufsschüler bauen ein Hexenhaus; Quelle: "Blickpunkt" v. 06. Dezember 1989

Im gleichen Zeitraum präsentierten meine Meisterschüler in Hamburg ein Stollensortiment, bestehend aus 15 verschiedenen Sorten, die im Unterricht hergestellt worden waren (vgl. Abb. 15).

Aus Hamburg

Stollensortiment präsentiert

25 Meisterschüler stellten ihr Können mit 15 Stollensorten unter Beweis
Große Publikumsresonanz

Hamburg. Den diesjährigen „Tag der offenen Tür" der Gewerbeförderungsanstalt Hamburg nutzten 25 Meisterschüler aus Hamburg, Schleswig-Holstein und Niedersachsen, um die ungeheure Vielfalt ihres Berufes vorzustellen. Im Mittelpunkt stand dabei die Präsentation und der Verkauf von 15 verschiedenen Stollenarten.

Das umfangreiche Stollenprogramm war als Thema im Unterricht des Meisterkurses gerade abgeschlossen, da stand der „Tag der offenen Tür" der GFA-Hamburg ins Haus. Also bot es sich für die Bäckermeister in spe an, das gerade Gelernte an den Mann/ die Frau zu bringen. Unterstützt vom Lehrgangsleiter, Studienrat und Bäckermeister Udo Pfahl, wurde ein Konzept erarbeitet.

Sehr engagiert waren dann die Schüler bei der Sache, als es darum ging, den Besu-

fene Ohren bei den verkaufenden Schülern. So wurde zum Beispiel der Unterschied zwischen Vollkorn- und „Vollwert"-Stollen fachmännisch und dennoch für jedermann verständlich erklärt. Viele Interessenten fanden sich auch für die Diabetikerstollen, die offensichtlich trotz der recht verbreiteten Krankheit nur selten im Programm der Bäckereien vertreten sind.

Für viele, die den Dresdner Stollen für das Nonplusultra der Stollen hielten, brach fast eine Welt zusammen, als sie erfuhren, daß der Butterstollen aufgrund seiner Zutaten qualitativ als hochwertiger angesehen werden kann.

Als Neuheit fand auch der 6-Früchte-Stollen viele Abnehmer, ebenso wurde der Cointreau-Mandel-Stollen von vielen Besuchern als sehr schmackhaft empfunden. Na-

Großer Andrang herrschte beim „Tag der offenen Tür", wo 15 verschiedene Stollensorten probiert und gekauft werden konnten.

chern die Unterschiede der einzelnen Stollen zu erklären. Folgende Stollen hatten die Bäcker hergestellt: Butterstollen, Dresdner Stollen, Quarkstollen, Mohnstollen, Nußstollen, Stollenschnitte, Stollenfladen, 6-Früchte-Stollen, Diabetikerstollen, Haferstollen, Vollkornstollen, „Vollwert"-Stollen, Mandelstollen, Cointreau-Mandel-Stollen, Rheinischer Butterstollen.

Mit meist ungläubigen Augen standen die Besucher dann vor der Qual der Wahl, vor dieser wohl nicht für möglich gehaltenen Vielfalt an Stollen. Viele Fragen fanden of-

türlich fanden auch Kaffee und Glühwein viele Abnehmer.

Alles in allem war der „Tag der offenen Tür" für den Bäckerberuf eine sehr gute Gelegenheit, die Kunden auf die große Sortimentsvielfalt der Bäckereien aufmerksam zu machen und über das Bäckerhandwerk im allgemeinen zu informieren. Und das ist den Meisterschülern hervorragend gelungen. Viel geleistet haben auch die Fachverkäuferinnen der Kreisberufsschule Elmshorn, die Plakate geschrieben und zahlreiche Beratungsgespräche geführt haben.

Abb. 15: Meisterschüler zeigen handwerkliche Stollenvielfalt;
Quelle: "Allgemeine Bäcker-Zeitung" v. 22. Dezember 1989

Die Menge war so bemessen worden, daß die Bäckereifachverkäuferinnen daraus in der Berufsschule zusätzlich eine Verkostung arrangieren konnten. Zwecksdessen hatten sie in der Pausenhalle festlich geschmückte Tische hergerichtet, Plakate erstellt und standen nun dort in schmucker Berufskleidung, um Schülern und Lehrern unter fachkundiger Beratung Kostproben anzubieten.

7. Jung und Alt gehen über eine süße Brücke

Im Jahre 1990 war u.a. ein sogenanntes „Tortenseminar" bemerkenswert. Erstmalig wurde den Schülern aufgrund ihres außergewöhnlichen Einsatzes und zur Bescheinigung ihrer Qualifikation eine Urkunde ausgehändigt, welche hervorragend ankam (vgl. Abb. 16). Weitere Erläuterungen sind den Artikeln der Fach- und Lokalpresse zu entnehmen (vgl. Abb. 17 u. 18).

393

Berufliche Schulen des Kreises Pinneberg in Elmshorn

Meinert-Johannsen-Schule

Herr /Frau /Frl. _____

hat erfolgreich an einem dreitägigen

Tortenseminar

teilgenommen.

Das Seminar wurde duchgeführt im Rahmen des offiziellen Berufsschulunterrichtes unter Einbezug eines nachgeholten Schultages infolge überbetrieblicher Ausbildung.

Es wurden folgende Themen behandelt:

- Herstellung verschiedener Tortenböden
- Zubereitung alkoholhaltiger Tränken mit Läuterzucker
- Verarbeitung diverser Tortenüberzüge
- Rationelle Fertigung eines Tortensortimentes:
  Sahne- und Sahnekremtorten
  Butter- und Lukullkremtorten
  Obsttorten
  Gebackene Torten
  Diabetikertorten
- Jeweilige Begründung der unterschiedlichen Technologien
- Sensorische Beurteilung

Elmshorn, den 05. Februar 1990

_____   _____
Schulleiter   Seminarleiter

Abb. 16: Urkunde für die Bewerbungsunterlagen

394

VERBÄNDE · INNUNGEN · GENOSSENSCHAFTEN

SCHLESWIG-HOLSTEIN

Nach der Schlacht zur Herstellung der Torten: einige Berufsschüler der Kreisberufsschule Elmshorn.

Foto: Pfahl

Tortenseminar an der Kreisberufsschule

Elmshorn. Zwei Klassen der Bäcker-Oberstufe an der Kreisberufsschule Elmshorn haben erfolgreich ein Tortenseminar beendet. Das jeweils dreitägige Seminar wurde durchgeführt im Rahmen des offiziellen Berufsschulunterrichtes unter Einbezug eines nachgeholten Schultages infolge überbetrieblicher Ausbildung.

Mit den Schülern wurden folgende Themen behandelt: Herstellung verschiedener Tortenböden, Zubereitung alkoholhaltiger Tränken mit Läuterzucker, Verarbeitung diverser Tortenüberzüge, rationelle Fertigung eines Tortensortimentes (Sahne- und Sahnekremtorten mit kaltem und warmem Fond, Butter- und Lukullkremtorten,

Obsttorten, gebackene Torten, Diabetikertorten), jeweilige Begründung der unterschiedlichen Technologien, sensorische Beurteilung.

Nach der Herstellung wurden die Torten einzeln fotografiert, so daß sich anschließend jeder Schüler ein Tortenalbum zusammenstellen konnte, in welches künftig weitere Rezepte eingeordnet werden können. Es wurde seitens der Schüler außerordentlich begrüßt, daß das Album benotet worden war, weil sich diese Zensur auch im Zeugnis bemerkbar machen wird, stand man doch nicht so unmittelbar unter dem Druck einer Klassenarbeit, sondern konnte in Ruhe zu Hause arbeiten! Zur Bescheinigung ihrer Qualifikation erhielten die Schüler abschließend eine Urkunde.

Die 27 verschiedenen Torten,

welche während des Seminars hergestellt worden waren, wurden sodann im Beisein von Lehrlingswart Horst Millahn, Bezirksmeister Werner Buck und Klassenlehrer Udo Pfahl dem Alten- und Pflegeheim „Haus Elbmarsch" in Elmshorn übergeben. In ihrer Berufskleidung hatten die Schüler dort ein imposantes Tortenbüfett errichtet und bewirteten mit viel Engagement die Heimbewohner, wobei es selbstverständlich fachliche Informationen gratis dazu gab.

Jenen Bewohnern, die am Büfett nicht teilnehmen konnten, brachten die angehenden Bäk-

ker Portionen zum Probieren auf die Zimmer.

Für die Schüler war es nach anfänglicher Skepsis ein erhebendes Gefühl, mit welcher Wertschätzung die alten Menschen, die sich extra für diesen Tag „fein gemacht" hatten, ihrem handwerklichen Können begegneten.

Die gesamte Aktion fand in der Lokalpresse ein sehr positives Echo und war nicht zuletzt dank des weit über das „Normalmaß" hinausgehenden Einsatzes der Berufsschüler eine gelungene Image- und Nachwuchswerbung für das Bäckerhandwerk.   Pf.

Abb. 17: Bericht in einer Fachzeitung über ein Tortenseminar der Berufsschule; Quelle: "Bäcker Zeitung" v. 20. Februar 1990

Angehende Bäcker der Kreisberufsschule hatten in Elmshorn ein riesiges Tortenbüfett aufgebaut und es den Senioren zukommen lassen.
Foto: mt

27 Torten für Elm~~~~~r Senioren

„Tortenschlacht"
im Alten- und Pflegeheim

Aber bitte mit Sahne!

Bäckerschüler bereiteten Mitmenschen eine Freude

16 Bäckerschüler der Kreisberufsschule bereiteten den Bewohnern des Altenwohnheims mit ihrem Tortenbuffet eine Freude.
Foto: Held

27 leckere Torten für Senioren

ELMSHORN (ph). Einen Augen- und Gaumenschmaus boten 16 Schüler der Bäcker-Oberstufe der Kreisberufsschule Elmshorn in der vergangenen Woche den Heimbewohnern im Haus „Elbmarsch": Von einer Trüffel-Mandeltorte über eine Müsli-„Fitness-Torte" bis zu einer spanischen Vanilletorte reichte das leckere Tortenangebot für das Altenwohnheim am Sandberg.

27 verschiedene Torten, die die Bäckerschüler während eines dreitägigen Tortenseminars hergestellt hatten, wurden von dem Nachwuchs in zünftiger Berufskleidung vorgestellt und den Heimwohnern zum Kaffee serviert.

In Anwesenheit von Lehrlingswart Horst Milahn, Bezirksmeister Werner Buck und Studienrat Udo Pfahl wollten die Schüler mit den köstlichen Torten anderen Menschen eine Freude bereiten – was ihnen auch gelang. Damit auch diejenigen Heimbewohner in den Genuß der Leckereien kommen konnten, die an der Kaffeetafel nicht teilnehmen konnten, brachten ihnen die jungen Bäcker Kostproben auf das Zimmer.

Abb. 18:
Berichte in der Lokalpresse (Februar 1990) über ein Tortenbüfett, das Berufsschüler in einem Seniorenheim errichtet haben;
Quellen: "Blickpunkt", "Elmshorner Nachrichten", "Holsteiner Allgemeine", "Pinneberger Tageblatt"

Zur Begegnung der Generationen blieb mir folgendes in der Erinnerung:

Mit den hergestellten Torten wurde in einem Seniorenheim ein Tortenbüfett errichtet. Den Bewohnern, die nicht an der Kaffeetafel teilnehmen konnten, wurden Kostproben auf die Zimmer gebracht. Und ich weiß noch genau, daß sich nach über einer Stunde Abwesenheit zwei Bäckerlehrlinge mit folgenden Worten entschuldigten: „Wir haben uns so lange mit den alten Damen unterhalten" (sie sagten tatsächlich alte „Damen"!). Ich versicherte meinen Schülern seinerzeit, daß sie sich dafür ganz gewiß nicht hätten entschuldigen müssen ...

Zurück in der Berufsschule war es den Schülern ein Bedürfnis, über ihre Erlebnisse im Haus „Elbmarsch" zu reden. Sie äußerten ihre Freude über die Wertschätzung, die man ihnen im Seniorenheim entgegengebracht hatte. Es wurde darüber gefachsimpelt, welche Torten begehrt waren und welche weniger. Doch dann nahm das Unterrichtsgespräch eine andere Richtung:

Einigen Schülern war nämlich aufgefallen, daß die alten Menschen im Rückblick auf ihr bisheriges Leben nicht über schnelle Autos, große Häuser und rauschende Feste gesprochen hatten sondern über ihre Berufe, ihre Familien, über ihr Glück mit Kindern, Enkeln und Urenkeln.

Daher stellten wir die eigene Zukunft auf den Prüfstand.

Wir diskutierten darüber, ob das ausschließliche Streben nach Reichtum, Macht und Ansehen Erfüllung bringen oder möglicherweise auch zerbrochene Familien, Magengeschwüre und Gallenleiden nach sich ziehen könnte - kurz, unser gerontologischer Exkurs hatte uns zu einem Nachdenken über Ziele, Normen und Werte geführt.

Ein halbes Jahr später war die Freisprechungsfeier. Meine Schüler wurden von den Rechten und Pflichten ihrer Ausbildungsverträge entbunden ("freigesprochen"). Im Beisein von Ausbildern und Eltern übergab ihnen der Obermeister ihre Gesellenbriefe. Als ich dann in meiner Abschiedsrede anmerkte, daß es doch "relativ wenig" sei, was der Mensch im Hinblick auf ein erfülltes Leben brauche, und ich ihnen Gesundheit sowie berufliche Zufriedenheit im Kreise einer glücklichen Familie wünschte, da erhob sich spontaner Beifall.

Meine Schüler hatten wohl verstanden ...

8. Verpackungskünstler versus Verpackungs-Vermeidungskünstler

Fachzeitschriften genießen bei den Schülern einen sehr hohen Stellenwert, wenn sie regelmäßig im Unterricht ausliegen und darin „herumstöbert" werden kann. Es entwickeln sich nicht nur interessante Fachgespräche, sondern die Fachliteratur wird von den Schülern auf vielfältige Weise in den Unterricht einbezogen. Ein beredtes Beispiel dafür liefert die von meiner Verkäuferinnenklasse inszenierte Fotogeschichte über eine fast alltägliche Umweltsünde (vgl. Abb. 19).

Abb. 19: Eine Fotogeschichte von Berufsschülerinnen;
Quelle: "Allgemeine Bäcker-Zeitung" v. 09. März 1990

9. Diabetes mellitus und die Handlungsorientierung

Mittlerweile hatte sich wohl unser handlungsorientierter Unterrichtsansatz auch in der Stadtverwaltung herumgesprochen, denn anläßlich der 850-Jahr-Feier der Stadt Elmshorn im Jahre 1991 erhielt ich einen Anruf mit der Frage, ob wir wohl ein spezielles Kuchensortiment für den Seniorennachmittag entwickeln könnten - Schwierigkeit: Es werden etwa 50 Diabetiker zugegen sein.

Nun, nach Rücksprache mit den Schülerinnen und Schülern sowie mit der Innung konnten wir - wie aus dem folgenden Artikel hervorgeht (vgl. Abb. 20).

Bunter Seniorennachmittag

ELMSHORN (be). Wenn die Bäckerinnung des Kreises Pinneberg und die Kreisberufsschule Elmshorn gut zusammenarbeiten, profitiert nicht nur der berufliche Nachwuchs davon, sondern auch die Öffentlichkeit.

So geschehen auch zur 850-Jahr-Feier der Stadt Elmshorn: Organisatorin Käte Meyn hatte für einen Seniorennachmittag ein buntes Programm zusammengestellt, bestehend aus Vorträgen, Musik und Folklore-Tänzen sowie einer Kaffeetafel für 180 ältere Mitbürger.

Und eben diese Kaffeetafel galt es zu bestücken, wobei als besondere Schwierigkeit noch die Tatsache hinzukam, daß ungefähr 50 Diabetiker zugegen sein würden. Mit diesem Anliegen wandte sich Frau Meyn an die Kreisberufsschule Elmshorn. Studienrat Udo Pfahl war gerne bereit, ein entsprechendes Kuchensortiment im Rahmen des Fachkundeunterrichtes zusam-

menzustellen und in der Lehrwerkstatt zu backen.

Und weil die Fachverkäuferinnen des Bäckerhandwerks immer mehr zu Ernährungsberaterinnen werden, wurden auch sie in das Projekt mit einbezogen: Klassenlehrer Claus Hensen vermittelte seinen Schülerinnen nicht nur das notwendige Wissen über die hergestellten Erzeugnisse, sondern auch die richtige

Präsentation auf der Grundlage lebensmittelrechtlicher Vorschriften. Derart vorbereitet sorgten die jungen Damen für einen gelungenen Service an der Kaffeetafel und haben den Gästen viele fachliche Fragen beantworten können.

Für die Bäckerinnung, vertreten durch Obermeister Heinrich Kolls und Lehrlingswart Horst Millahn, war es eine Ehrensache, die Kosten der hergestellten Gebäcke zu übernehmen.

Bürgermeister Bernd Schwachenwalde beim Seniorencafé

Abb. 20: Diabetikererzeugnisse von Berufsschülern; Quelle: "Blickpunkt" v. 29. Mai 1991

10. Von einem, der auszog, Bäume auszureißen

Im Jahre 1992 konnten sich die Schüler das Thema „Sand- und Rührmassen" am reizvollen Beispiel der Baumkuchenherstellung erschließen, und zwar im Rahmen der „Störschau", einer Messe in Itzehoe, die von den Oberstufenklassen der Bäcker und Bäckereifachverkäuferinnen aktiv mitzugestalten war (vgl. Abb. 21).

Aus Schleswig-Holstein

Dank für Messe-Einsatz

Die Schüler des 3. Lehrjahres der Kreisberufsschule Elmshorn erhielten einen Scheck von der Bäckerinnung Steinburg

Elmshorn. Da kam Freude auf: Mit einem überdimensionalen Scheck über 600 DM erschienen Obermeister Horst Stange und Lehrlingswart Heino Mührenberg in der Kreisberufsschule Elmshorn, um sich bei den Schülern des dritten Lehrjahres im Namen der Bäckerinnung Steinburg zu bedanken. Mit großem Erfolg war es den Azubis gelungen, während der „Störschau" in Itzehoe ihr Handwerk zu präsentieren. Insgesamt waren 56 Bäcker und Bäckerei-Fachverkäuferinnen im Schichtdienst auf der Ausstellung tätig.

So wurden zum Beispiel von den Berufsschülern laufend frische Berliner hergestellt. Ebenso konnte man verfolgen, wie der „König aller Gebäcke" entsteht, nämlich ein Baumkuchen, der Schicht für Schicht auf einer Baumkuchenwalze gebakken wurde. Nach überlieferten ostpreußischen Verfahren wurde Königsberger Marzipankonfekt modelliert und abgeflämmt.

Sämtliche Artikel wurden von den angehenden Fachverkäuferinnen hübsch verpackt und verkauft, wobei es von den jungen Damen selbstverständlich fachliche Informationen gratis dazugab.

Die Verwaltung einer modernen Bäckerei-Konditorei wurde mittels branchenspezifischer Software an einem Computer demonstriert. Und daß die Technik längst auch in den Backstuben Einzug gehalten hat, konnten die Bäckerlehrlinge beweisen, indem sie für den Betrachter nachvollziehbar einen computergesteuerten Gärvollautomaten programmierten.

Etwas ganz Besonderes hatte sich das Bäcker- und Konditorenhandwerk für die Kleinsten einfallen lassen. Nach dem Motto „Früh übt sich . . ." durften sich die Mini-Bäcker selbst eine Marzipanfigur herstellen, um stolz das kleine Naschwerk als Erinnerung an die „Störschau" nach Hause tragen zu können.

Seitens der Berufsschule wurde der handlungsorientierte Unterrichtsansatz betont, denn es gehöre im Bäckerhandwerk einfach dazu, während der Lehrzeit einmal eine Messe aktiv mitzugestalten, d. h., diese zu planen, durchzuführen und nachzubereiten.

Und was den Scheck angeht, so haben die Schüler beschlossen, ihn vorerst auf der Sparkasse zu deponieren. Im nächsten Jahr soll er dann zur Finanzierung einer zünftigen Abschlußfeier verwendet werden. Bis dahin aber gibt's noch viel zu tun – daher, so das Motto: „Backen wir es an!"

Die Schüler der Kreisberufsschule Elmshorn hatten bei der „Störschau" alle Hände voll zu tun.

Abb. 21: Berufsschüler "vor Ort"; Quelle: "Allgemeine Bäcker-Zeitung" v. 02. November 1992

Ausbildungspartner helfen sich

Itzehoe/Elmshorn. (EM) Zu den Spezialgebieten des Bäcker-und Konditorhandwerks gehört zweifellos die Baumkuchenherstellung. Mit viel Eifer hatten die Schüler und Schülerinnen der. Kreisberufsschule Elmshorn diese Kunst einem interessierten Publikum während der „Störschau" in Itzehoe demonstriert.

Dort wurde dann auch der Wunsch laut, besagte Technik im Berufsschulunterricht aufzuarbeiten und zu vertiefen. Um dies in Zeiten leerer öffentlicher Kassen zu ermöglichen, hatte sich der Lehrlingswart der Steinburger Bäckerinnung, Heino Mührenberg, spontan bereiterklärt, der Berufsschule eine Baumkuchenmaschine zu stiften. Anläßlich einer Sitzung des Prüfungsausschusses ist nun die offizielle Übergabe an die entsprechenden Fachlehrer erfolgt.

Zwischenzeitlich allerdings war die Maschine zwecks vieler Versuchsreihen zur Verdeutlichung unterschiedlicher Herstellungsverfahren schon im Einsatz. Die Unterrichtsergebnisse konnten an einem Buffet bewundert werden, in dessen Mittelpunkt ein prächtiger Baumkuchen stand, welcher durch eine Karamelarbeit der Jahreszeit entsprechend als Weihnachtsmann stilisiert worden war. An diesem Beispiel wird deutlich, daß auch angehende FachverkäuferInnen in den handlungsorientierten Unterricht einbezogen werden, denn nicht nur die Präsentation so verschiedener Produkte wie Baumkuchenringe und -spitzen, Cointreau-Dessert oder marmorierter Champagner-Baumkuchen will gelernt sein, sondern auch deren festliche Verpackung.

„Das Duale System der Berufsausbildung ist eine wesentliche Stütze der Gesellschaft", meinte Lehrlingswart Mühренberg, und notfalls müsse man sich eben selbst helfen, um eine Ausbildung zu gewährleisten, die das Bäcker- und Konditorhandwerk als ein individuelles und kreatives Handwerk bestehen lasse, welches so schnell von keiner Industrie verdrängt werden könne.

von links: *Bäckermeister Hans-Martin Soth, Heino Mührenberg und der Berufsschullehrer Udo Pfahl*

Abb. 22: Der Lehrlingswart stiftet der Berufsschule eine Baumkuchenmaschine;
Quelle: "Der Anzeiger" v. 06. Januar 1993

Und auf der Messe äußerten die angehenden Bäcker dann den Wunsch, besagte Technologie im weiteren Berufsschulunterricht noch zu vertiefen. Aus Freude über den gelungenen Messeverlauf erklärte sich daraufhin der Lehrlingswart der Steinburger Bäckerinnung, Heino Mührenberg, spontan bereit, der Berufsschule eine Baumkuchenmaschine mit allem erdenklichen Zubehör zu stiften.

Die offizielle Übergabe der Maschine erfolgte einige Wochen später in der Berufsschule vor dem Hintergrund eines von den Schülern prächtig gestalteten Baumkuchenbüfetts (vgl. Abb. 22).

Thematisch aber hatte sich das Projekt „Störschau" auf Schülerinitiative hin weiterentwickelt zum Erwerb von Kenntnissen und Fertigkeiten beim sachgerechten Umgang mit Kuvertüre im Unterschied zur Fettglasur, und zwar einschließlich der lebensmittelrechtlichen Bestimmungen sowie der Unterscheidung von Zuckerglasuren und Fondant bzw. Spritzglasuren und -schokolade (KS-H 1983b) unter Einbezug selbständigen Planens, Durchführens und Kontrollierens.

Beflissen kommentiert wurde der Unterricht schließlich vom Geschäftsführer des schleswig-holsteinischen Landesinnungsverbandes der Konditoren mittels eines unbedarften Leserbriefes (vgl. KLEY 1993, S. 31).

Diesen Leserbrief wiederum nahmen meine Schüler und ich zum Anlaß, die Berufsbilder des Bäcker- und Konditorenhandwerks zu diskutieren.

Übrigens: Im neuen Lehrplan für Bäcker wird der Baumkuchen jetzt ausdrücklich erwähnt (vgl. MFBWS.SCHL.-H. 1993) ...

11. Ein Unterricht für Genießer

In Elmshorn sei das Köllnflockenwerk, und darum sollten wir einmal ein leckeres Hafervollkornbrot erfinden!

Mit dieser Idee besuchte mich im Jahre 1993 Horst Millahn, Lehrlingswart der Pinneberger Bäckerinnung, in der Berufsschule. Aus obiger Vorstellung ergab sich letztendlich folgende Arbeitsteilung: In der Berufsschule wurde das neue „Genießerbrot" entwickelt und eine Nährwertanalyse erarbeitet. Die Innung übernahm das Marketing, und weil in der Rezeptur jodiertes Speisesalz enthalten war, konnte auch die Allgemeine Ortskrankenkasse in die Kampagne einbezogen werden. Während der Entwicklungsarbeit passierte nun folgendes:

Mit in Falten gelegter Stirn kam ein Schüler zu mir.

„Herr Pfahl, ich hab' mir da was überlegt, ..."

„Oha!"

„... und zwar glaube ich nicht, daß alle Betriebe das mit dem Quellstück richtig umrechnen können - das ist doch viel zu umständlich morgens in der Hektik!"

„Na, na ...!?!"

Da stand doch tatsächlich so ein „Stift" vor mir, der noch vor kurzem den Dreisatz für eine olympische Disziplin gehalten hatte und wollte mir weismachen, in den Betrieben gäbe es Schwierigkeiten mit dem Rechnen!

Das konnte ich überhaupt nicht nachvollziehen ...

„Wenn ich da so an unseren Teigmacher denke ...!" meinte ein Schüler aus der Traube heraus, die sich mittlerweile um uns gebildet hatte.

Schließlich schob der anerkanntermaßen beste Rechner der Klasse seinen gewaltigen Körper zwischen die Kollegen.

„Also, ...-...", hob er bedächtig an, „ich will mal so sagen ...-..., wenn ...-..."

Um es kurz zu machen: Neben der Variante mit dem Quellstück wurde auch noch eine direkte Führung entwickelt, wobei die Schüler im ersten Anlauf einen Teig bereiteten, der so fest wurde wie Beton!

Jetzt konnten sie be-„greifen", was es bedeutet, wenn ein Teig infolge direkt zugesetzter Haferflocken nachsteift, während ein Teig mit einem Quellstück nachlassende Eigenschaften hat. Die Gründe konnten geklärt, Gegenmaßnahmen abgeleitet werden, und am Ende hatten wir zwei verschiedene Führungsarten erstellt, die je nach Betriebsablauf in die Praxis umgesetzt werden konnten. Herausgekommen war bei dieser Aktion eine neue Brotsorte, die weit über die Landesgrenzen hinaus bekannt wurde (vgl. Abb. 23 u. 24). Und dem Vernehmen nach gibt es eine Vielzahl von Betrieben, die sich der direkten Führung befleißigen ...

403

Erfunden von der Berufsschule Pinneberg:

Der Siegeszug des Jody-Brots

Ein Brot macht Karriere. In Pinneberg von Schülern und Lehrern der Kreisberufsschule entwickelt, in Lauenburg verkauft, hat es von dort aus seinen Siegeszug bereits bis an die polnische Grenze fortgesetzt: Das Jody-Brot. Die BÄCKER ZEITUNG stellt das Brot und seinen Werdegang vor.

Erfunden wurde es unter dem Namen „Genießerbrot" von der Bäcker-Oberstufe der Kreisberufsschule Elmshorn. Zusammen mit Studienrat Udo Pfahl wurde dort die Rezeptur eines Hafervollkornbrots entwickelt, das mit jodiertem Speisesalz hergestellt wird. In zahlreichen Backversuchen beschäftigten sich die Lehrlinge mit den verschiedenen Rohstoffen und ihren Wechselwirkungen. Dabei konnte ihnen Studienrat Pfahl nach eigenen Worten „die in der heutigen Zeit so wichtigen Schlüsselbegriffe ‚planen',

‚durchführen' und ‚kontrollieren' vermitteln", außerdem die Freude an der Arbeit.

Pfahls Kollege Claus Hensen erarbeitete zusammen mit der Klasse im EDV-Raum eine Nährwertanalyse. Anschließend wurde das Brot im Betrieb des Lehrlingswartes der Bäcker-Innung Pinneberg Horst Millahn gebacken. Die Verkostung erfolgte beim Kegeln im Innungsrahmen – zur allgemeinen Zufriedenheit. Millahn war es auch, der daraufhin der AOK Pinneberg das Genießerbrot schmackhaft machte und zusammen mit der Klasse eine Marketing-Strategie entwickelte. Der zweite erfolgte im Rahmen der Innung Lauenburg. Hier übernahm Obermeister Gustav Baumgarten die Rezeptur, stellte das Brot in seinem Laden zum Verkauf und fügte eine Banderole hinzu. Bei ihm wurde auch der Name „Jody-Brot" gefunden. Im Kreis Herzogtum Lauenburg nahm sich die Innungskrankenkasse des Marketings an. Über diese gelangte dann auch die Rezeptur in die neuen Bundesländer. In der Bäcker-Innung Pasewalk stellte Frau Grimm von der IKK Neubrandenburg das neue „Jody-Brot" vor. Ergebnis: Die Bäcker erklärten sich bereit, das Brot auch in Mecklenburg-Vorpom-

Jody-Brot mit Hafervollkornanteil   Foto: Zapf

mern einzuführen. Unterdessen wird das Brot auch in anderen schleswig-holsteinischen Innungen angeboten, zum Beispiel auch in Lübeck, wo es auf der jüngsten Innungsversammlung vorgestellt wurde. Die Banderole ist bereits bei der Bäko erhältlich.

Eine Besonderheit des „Jody-Brotes" ist neben dem Jodsalz der hohe Hafervollkorn-Anteil. Hafer enthält eine bestimmte Art von Ballaststoffen, die Cholesterin binden können. Außerdem ist Hafer reich an ungesättigten Fettsäuren. Daher ist er besonders geeignet für Personen mit hohen Blutfettwerten. Schließlich enthält er von allen Getreidearten den höchsten Anteil an hochwertigem Eiweiß und viel Eisen und Calcium (siehe untenstehende Tabelle).

Einziger Nachteil: Die Backeigenschaften sind nicht so gut, daher muß Hafer mit anderen Mehlarten gemischt werden. Udo Pfahl: „Das Brot ist entstanden durch eine äußerst effektive Zusammenarbeit beider Partner des Dualen Ausbildungssystems im Interesse des Bäckerhandwerks. Und da sage noch jemand, Berufsschule und Betriebe könnten nicht miteinander!"   **Alf Dobbertin**

REZEPTUR

Hafervollkornbrot
(direkte Führung)

550 g Weizenvollkornmehl
100 g Weizenmehl Type 550
350 g kernige Haferflocken
25 g Vollmilchpulver
25 g Honig

Nährstoffe		Mineralstoffe		Vitamine	
Kohlenhydrate :	39,8 g	Insgesamt :	2,35 g	Vitamin B1 :	225 µg
Eiweiß :	7,8 g	Kalium :	276,30 mg	Vitamin B2 :	118 µg
Fett :	2,6 g	Phosphor :	226,71 mg	Nicotinamid :	1824 µg
Wasser :	42,3 g	Calcium :	40,91 mg	Pantothensr. :	601 µg
Ballaststoffe :	4,9 g	Eisen :	2,29 mg	Biotin :	7 µg
		Natrium :	473,27 mg	Folsäure :	33 µg
				Vitamin B6 :	208 µg
				Vitamin B12 :	0 µg
				Vitamin C :	141 µg
				Vitamin E :	487 µg
				Vitamin A :	10 µg
Angaben auf 100 g				Vitamin D :	0 µg
Ausbackverlust 10 %				Vitamin K :	0 µg

Abb. 23: Berufsschüler haben eine Brotsorte entwickelt; Quelle: "Bäcker Zeitung" v. 29. Oktober 1993

Die Jody-Brot-Erfinder: Die Teilnehmer der Pinneberger
Bäcker-Oberstufe sind inzwischen Gesellen.

Beteiligt an Rezeptur und Marketing (von links): Claus Hensen,
Horst Millahn, Udo Pfahl.

Fotos (2): Marziniak

25 g Malzbackmittel
20 g jodiertes Kochsalz
30 g Hefe
740 g Wasser

Hafervollkornbrot
(mit Quellstück)
Quellstück
(Stehzeit 1-5 Stunden)

350 g kernige Haferflocken
350 g Wasser

Teig
550 g Weizenvollkornmehl
100 g Weizenmehl Type 550
700 g Quellstück
25 g Vollmilchpulver
25 g Honig
25 g Malzbackmittel
20 g jodiertes Kochsalz
30 g Hefe
430 g Wasser

Teigtemperatur 25-26 °C
Teigruhe rund 20 min

Nach dem Aufarbeiten die Teiglinge anfeuchten und in Hafer-

flocken wälzen, freigeschoben
oder in Kästen backen, bei drei-
viertel Gare schneiden, wie
Weißbrote mit viel Schwaden
backen.
Der Teig der direkten Führung
ist zunächst sehr weich und
dann nachsteifend. Der Teig mit
Quellstück ist zunächst recht
fest und dann nachlassend. In
beiden Fällen entspricht die
Krumenelastizität (Schnittfähig-
keit) der Qualitätserwartung.
Bei der direkten Führung sind
die kernigen Haferflocken beim
Kauen besser wahrnehmbar.
Bei der indirekten Führung werden die wertvollen Inhaltsstoffe
des Hafers besser aufgeschlos-
sen (wichtiger ernährungsphysiologischer Aspekt beim Verkauf). Sofern ein herzhafterer
Geschmack gewünscht wird,
etwas betriebsüblichen Sauer
zusetzen. Hierdurch wird der
typische Hafergeschmack in
den Hintergrund treten. ■

Abb. 24: Berufsschüler haben eine Brotsorte entwickelt (Fortsetzung);
Quelle: "Bäcker Zeitung" v. 29. Oktober 1993

12. Dem „Frischebäcker" über die Schulter gesehen

Die Berufsschule wird aufgrund des schnellen technischen Wandels hinsichtlich der Einrichtung ihrer Lehrwerkstätten mit der Wirtschaft kaum Schritt halten können. Insofern sollte es ermöglicht werden, neue Technologien auch außerhalb der Berufsschule zu erkunden (vgl. Abb. 25). Im Sinne von Schlüsselqualifikationen als ein Instrument zur Weiterbildung sollten es aber die Schüler sein, die derartige Unternehmungen zunehmend selbständig planen, durchführen und auswerten.

Mehr Feuchtigkeit vor dem Frosten

**Bäcker-Oberstufe der Kreis-Berufsschule Elmshorn
zur Betriebsbesichtigung bei „Aquaplus" in Bordesholm**

Bordesholm. Arbeitsbeginn zwischen fünf und sechs Uhr morgens - der Traum vieler Bäcker wurde wahr, zumindest für die Belegschaft der Firma „Aquaplus", die unter dem Namen „Der Frischebäcker" unter Ernstcharakter eine Bäckerei in Bordesholm betreibt, um die Wirtschaftlichkeit einer neuen Technologie zu demonstrieren. Und genau diese neue Technologie erkundete die Bäcker-Oberstufe der Kreisberufsschule Elmshorn im Rahmen einer Betriebsbesichtigung.

Bäckermeister Eikermann, vielen Bäckerlehrlingen noch bekannt als Ausbilder auf dem Priwall und zur Zeit in Diensten obiger Firma, erläuterte die Verfahrenstechnik. Jedes Gebäck verliert beim Frosten Feuchtigkeit. Durch diese Feuchtigkeitsverluste trocknen die Gebäcke so stark aus, daß es beim Wiederaufbacken zur Absplitterung der Kruste kommt.

Durch das Aquaplus-System werden die Gebäcke daher nach dem Backen über eine Injektionsnadel mit Wasserdampf angereichert, entweder mit einem Handgerät oder mit einer vollautomatischen Anlage. Nach diesem sogenannten „Bethermen" müssen die Gebäcke schnell heruntergekühlt werden, damit der Wasserdampf zu Wasser kondensieren kann.

Die Ware wird dann in speziellen Behältern oder Beuteln verpackt und bei -18 °C eingelagert. Die so gefrorenen Produkte können auch in einem Isolierbehälter transportiert werden. Wird frische Ware benötigt, gelangen die Gebäcke (z. B. Brötchen) für zweieinhalb bis drei Minuten in den Backofen, wo sie bei 220 °C ohne Schwadengabe „regenerieren": Die Brötchen sind dann nicht bis zum Kern durchgetaut, müssen also noch etwa fünf Minuten liegen, so daß der Betrieb nach insgesamt sieben bis acht Minuten frische Brötchen zur Verfügung stehen.

Die so aufbereiteten Gebäcke sind von ab-solut frischer Qualität - davon konnten sich die Lehrlinge bei der Backvorführung und einem anschließenden Geschmackstest überzeugen. „Wir machen unseren Kunden gegenüber kein Geheimnis aus unserer Backtechnik", erklärte Bäckermeister Eikermann, „und die Leute nehmen das Verfahren an - viele Verbraucher decken sich sogar mit einem Wochenbedarf gefrorener Ware ein und regenerieren ihre Brötchen zu Hause selbst." Die Mehrarbeit durch das „Bethermen" könne im Betrieb durch die eingesparte Rüstzeit aufgefangen werden, so der Bäckermeister weiter.

Silvester beispielsweise habe ein Mitarbeiter von 5 bis 11 Uhr 6000 Berliner regeneriert. Auch falle bei allen Gebäcken die Gärkontrolle weg - ein Arbeitsschritt, der oft von den Verkäuferinnen nicht richtig beherrscht werde mit der Folge erheblicher Qualitätsverluste in den Ladenbackstationen.

Bäckermeister Eikermann erläutert Bäckerlehrlingen das Verfahren.

Abb. 25: Berufsschüler erkunden neue Technologien;
Quelle: "Allgemeine Bäcker-Zeitung" v. 10. Februar 1995

13. Einen „Toast" auf den Bäcker

Im Rahmen einer Versuchsreihe sollte der Einfluß unterschiedlicher Aufarbeitungsmethoden auf die Qualität von Toastbroten untersucht werden. Nach ihrer Beschäftigung mit der Fachliteratur meinten die Schüler, daß das Bäckerhandwerk einer anspruchsvolleren Verbrauchererwartung durch ein umfangreiches Toastbrot<u>sortiment</u> entsprechen müßte. Daraufhin wurde die Versuchsreihe erweitert, d.h. in arbeitsteiliger Gruppenarbeit mit verschiedenen Toastbrotsorten durchgeführt und ausgewertet. Das war im Jahre 1994.

Auch die Toastbrotherstellung läßt sich als handlungsorientierte Sequenz in den herkömmlichen Unterricht integrieren. Die Umsetzung dieses Themas unter der Maßgabe, daß die Handlungsorientierung als langfristig angelegtes Ausbildungsprinzip konzeptionell verankert wird, und zwar lernortübergreifend im Rahmen auftragsorientierter Lernfelder, ist im 6. Kapitel der vorliegenden Arbeit dargestellt.

Im Anhang verwendete Literatur

DLG (Hrsg.) (1984): DLG-Prüfbestimmungen für Brot und Feine Backwaren; Frankf. a. M.

DÜNNEWALD, H.-B./FREUND, W. (1987): Handwerk ohne Hände? Hildesheim, Zürich, New York.

GUDJONS, H. (1994): Handlungsorientiert lehren und lernen; Bad Heilbrunn/Obb.

JAQUES, K. (1976): Grundsatzüberlegungen zur Praktischen Fachkunde. In: IPTS (Hrsg.): Praktische Fachkunde in der Berufsschule; Kiel, S. 4.

KLEY, M. (1993): Unabhängige Berufsbilder. In: Nord-Handwerk (4), S. 31.

KS-H - Kultusminister des Landes Schleswig-Holstein (1983): Lehrplan Bäcker/Bäckerin; Kiel.

KS-H - Kultusminister des Landes Schleswig-Holstein (1984a): Lehrplan Gemeinschaftskunde; Kiel.

KS-H - Kultusminister des Landes Schleswig-Holstein (1984b): Lehrplan Betriebswirtschaft; Kiel.

MFBWS.SCHL.-H. - Ministerin für Frauen, Bildung, Weiterbildung und Sport des Landes Schleswig-Holstein (1993): Lehrplan Bäcker/Bäckerin; Kiel.

PFAHL, U. (1986): Projektarbeit für einen Demonstrationsfilm über die Herstellung von Roggenvollkornbroten mit einer dreistufigen Sauerteigführung in einem altdeutschen Holzbackofen. Hausarbeit zur zweiten Staatsprüfung für das höhere Lehramt an berufsbildenden Schulen; Elmshorn.

PFAHL, U. (1995): 10 Jahre handlungsorientierter Unterricht als Projektarbeit an der Beruflichen Schule Elmshorn - dargestellt an ausgewählten Beispielen des Bäckerhandwerks. In: Meyer, H. (Hrsg.): Fachtagung Ernährung: Handlungsorientierte Berufsbildung im Hotel- und Gaststättengewerbe sowie im Ernährungshandwerk; Neusäß.

Aus unserem Verlagsprogramm:

Erziehung - Unterricht - Bildung

Wassili Suchomlinski
Mein Herz gehört den Kindern
Aufzeichnungen eines Erziehers - Gekürzte Neuauflage
Hamburg 1998 / 242 Seiten / ISBN 3-86064-779-2

Hildegard Jenissen
Problemfälle und Beratungsdefizite in der Grundschule
Hamburg 1998 / 95 Seiten / ISBN 3-86064-803-9

Hella Meyer-Barth
Persönlichkeitsentwicklung des Kindes und ihre Bedeutung
Hamburg 1997 / 270 Seiten / ISBN 3-86064-597-8

Gerhard Prielipp
Schulkindergarten/Vorklasse in der Gegenwart:
Situation, Probleme und Konsequenzen
für eine zeitgemäße pädagogische Arbeit
Hamburg 1997 / 340 Seiten / ISBN 3-86064-550-1

Martin Lott
Pädagogik
Traditionelle und neue didaktische Konzeptionen
im Hinblick auf die Werteerziehung
Hamburg 1997 / 296 Seiten / ISBN 3-86064-484-X

Peter Münster
Wahrheit und Gewaltfreiheit als Wurzeln der Erziehung
Die Beudeutung Mahatma Gandhis für die Pädagogik im Atomzeitalter
Hamburg 1997 / 296 Seiten / ISBN 3-86064-203-0

Verlag Dr. Kovač - Postfach 50 08 47 - 22708 Hamburg - Fax: 040 - 39 88 80-55

Einfach
Wohlfahrtsmarken
helfen!